revista de crítica literaria latinoamericana

Director fundador:
Antonio Cornejo Polar
(1936-1997)

Año XLV – Nº 90
Lima-Perú /
Boston, MA-USA
2do semestre, 2019

REVISTA DE CRÍTICA LITERARIA LATINOAMERICANA

RCLL 90

Director:
José Antonio Mazzotti

Coordinadores de área:
Rodolfo A. Franconi
Carlos García-Bedoya

Editores asociados:
Kim Beauchesne
Enrique Cortez

Comité de redacción:
Arturo Arias
Pablo Brescia
Luis Cárcamo-Huechante
Christian Fernández
Álvaro Fernández Bravo
Rocío Ferreira
Paul Firbas
Rubén Gallo
Florencia Garramuño
Gustavo Guerrero
Nina Gerassi-Navarro
Paolo de Lima
Yolanda Martínez-San Miguel
Pedro Ángel Palou
Pablo Martín Ruiz
Ignacio Sánchez Prado
Marcel Velázquez Castro

Coordinadores bibliográficos:
Ulises J. Zevallos-Aguilar
Julia Sabena

Administración y suscripciones:
Barbara Corbett
rcll.subscriptions@gmail.com

Diseño de la carátula:
Alec Portelli

Consejo editorial:

Mario Benedetti †
Raúl Bueno Chávez
António Cândido †
Jaime Concha
Jorge Cornejo Polar †
Ariel Dorfman
Tomás Escajadillo
Roberto Fernández Retamar †
Ambrosio Fornet
Gwen Kirkpatrick
Antonio Melis †
Nelson Osorio Tejeda
Roberto Paoli †
Beatriz Pastor
Carlos Rincón †
Cristina Soto de Cornejo

Para envío de originales,
ver las Normas Editoriales
de la revista en
http://ase.tufts.edu/romlang/rcll/

La RCLL no comparte
necesariamente las opiniones
vertidas en las colaboraciones
firmadas

REVISTA DE CRÍTICA LITERARIA LATINOAMERICANA
Año XLV, N° 90. Lima-Boston, 2do semestre de 2019, pp. 3-5

SUMARIO

SECCIÓN MONOGRÁFICA

INFLEXIONES DE LO POPULAR EN LA LITERATURA BRASILEÑA

A CARGO DE LAURA CABEZAS Y JUAN RECCHIA PAEZ

Laura Cabezas y Juan Recchia Paez
Inflexiones de lo popular en la literatura brasileña. Presentación.   9

Javier Uriarte
Euclides da Cunha en la Amazonía:
pensar el desplazamiento, controlar los espacios, anunciar la guerra   15

Juan Recchia Paez
El testimonio de una mujer canudense
en la *Caderneta de Campo* de Euclides da Cunha   29

Byron Vélez Escallón
"A virtude, uma quase impiedade": inscrição
de Euclydes da Cunha em Jorge Luis Borges   51

Laura Cabezas
Escenas de creencias en el modernismo brasileño   81

Leonardo D'Avila
A "tendência à sinceridade" de Prudente de Moraes, neto:
um vazio na ensaística de nacionalidade brasileira   103

Ana Carolina Cernicchiaro
A resistência plural dos povos e o devir-índio da arte brasileira   121

Gonzalo Aguilar
Entre el pornô-chic y el pornô-trash,
Cartas de un seductor de Hilda Hilst   141

SECCIÓN MISCELÁNICA

ESTUDIOS

Loreley El Jaber
La voz de la plebe.
Emergencias en el Río de la Plata Colonial (Siglo XVI)   159

Paola Mancosu
El "Castellano de Indias" en *Khirkhilas de la sirena*
de Gamaliel Churata: aspectos léxico-semánticos   175

Betina Campuzano
Forasteros, indios urbanos y migrantes digitales. Figuras
y nociones de la migración en el sistema testimonial andino   193

Julio Prieto
Todo lo que siempre quiso saber sobre la autoficción
y nunca se atrevió a preguntar (con una lectura de Mario Levrero)   219

Julio Premat
¿Muerte de la literatura? Notas sobre un debate   243

NOTAS

Raúl Bueno Chávez
Permanencia de Roberto Fernández Retamar   265

Marta Lesmes Albis
La cubanidad, un postulado esencial en la lucha por los derechos
del cubano negro dentro del proyecto civil de Gustavo Urrutia   267

RESEÑAS

Ysmael Jesús Ayala Colqui sobre Rubén Quiroz Ávila, *Divina
metalengua que pronuncio. 16 poetas TRANSBARROCOS 16*   277

Emma Aguilar Ponce sobre Gabriela Núñez Murillo,
José María Arguedas a través de sus cartas   279

María Inés Aldao sobre Héctor Costilla Martínez y Francisco
Ramírez Santacruz, *Historia adoptada, historia adaptada.
La crónica mestiza del México colonial*   281

Antonio J. Arraiza Rivera sobre Francisco Ramírez Santacruz,
Sor Juana Inés de la Cruz: la resistencia del deseo   285

Ana Davis González sobre Yolanda Martínez-San Miguel,
Ben. Sifuentes-Jáuregui y Marisa Belausteguigoitia, editores,
Términos críticos en el pensamiento caribeño y latinoamericano:
trayectoria histórica e institucional   287

Joaquín Venturini Corbellini sobre Ofelia Ros, *Lo siniestro*
se sigue riendo en la literatura de Lamborghini, Aira y Carrera,
y en la producción cultural poscrisis 2001   291

Enrique Foffani sobre Javier Morales Mena, *La representación*
de la literatura en la ensayística de Mario Vargas Llosa   293

Christian Fernández sobre Javier Morales Mena, *La representación*
de la literatura en la ensayística de Mario Vargas Llosa   298

Diana Hernández Suárez sobre Laura J. Torres-Rodríguez,
Orientaciones transpacíficas. La modernidad mexicana y el espectro de Asia   306

Mijail Mitrovic Pease sobre Víctor Vich,
Poetas peruanos del siglo XX. Lecturas críticas   309

José Gabriel Valdivia Álvarez sobre Guissela Gonzales Fernández,
Tengo el color mismo de mi Madretierra: rito andino y decolonialidad
en la poética de Efraín Miranda Luján   313

Javier Morales Mena sobre Manuel González Prada, *Ensayos y poesías.*
Edición, introducción y notas de Isabelle Tauzin-Castellanos   318

Víctor Ramos Badillo sobre Paolo de Lima, editor, *Lo real*
es horrenda fábula. Acercamientos, desde Lacan y otros,
a la violencia política en la literatura peruana   322

Pedro Salas Camus sobre Alejandro Sánchez Lopera,
José Revueltas y Roberto Bolaño: formas genéricas de la experiencia   324

Víctor Ramos Badillo sobre Juan Carlos Ubilluz, *La venganza del indio.*
Ensayos de interpretación por lo real en la narrativa indigenista peruana   327

José Gabriel Valdivia Álvarez sobre Antonio Cornejo Polar,
La formación de la tradición literaria en el Perú   331

Número dedicado

A la memoria de José María Arguedas,
en el cincuentenario de su muerte (2 de diciembre de 1969)

A la memoria de Roberto Fernández Retamar (1930-2019),
poeta, ensayista, teórico de la literatura, cofundador de la
Revista de Crítica Literaria Latinoamericana

A la memoria de Carlos Rincón (1937-2018),
crítico y teórico de la literatura, cofundador de la
Revista de Crítica Literaria Latinoamericana

SECCIÓN MONOGRÁFICA

"INFLEXIONES DE LO POPULAR EN LA LITERATURA BRASILEÑA"

A CARGO DE
LAURA CABEZAS Y JUAN RECCHIA PAEZ

REVISTA DE CRÍTICA LITERARIA LATINOAMERICANA
Año XLV, N° 90. Lima-Boston, 2do semestre de 2019, pp. 9-13

INFLEXIONES DE LO POPULAR
EN LA LITERATURA BRASILEÑA. PRESENTACIÓN.

Laura Cabezas
Universidad de Buenos Aires
y Juan Recchia Paez
Universidad Nacional de La Plata

Guerrillas de *jagunços*, voces femeninas que cuestionan el poder de la letra y los estándares patriarcales de lo literario, cantos indígenas que divinizan el lenguaje, surrealismo y cultura popular, religiosidad del pueblo y modernidad: estas son algunas de las líneas que desarrolla el presente dossier, bajo el intento por reflexionar acerca de los modos en que ese concepto tan complejo, y contemporáneo, que es "lo popular" ha irrumpido e irrumpe en la literatura brasileña.

Los artículos acá reunidos surgieron de un panel presentado en el Simposio de la sección de Estudios del Cono Sur de LASA que tomó lugar en la Universidad de la República, en Montevideo, el año 2017. El impulso inicial que dio lugar a aquel encuentro fue el deseo por reunir en un mismo espacio a críticos y críticas sudamericanos que estaban repensando el papel de lo popular en el mapa latinoamericano, poniendo en funcionamiento nuevas herramientas y perspectivas teóricas. Estos nuevos horizontes se tradujeron en la posibilidad de redefinir viejas categorías o pensar nuevas, apostar por materiales novedosos, sensibilidades alternativas. En este sentido, el debate estuvo guiado por algunas de las siguientes preguntas: ¿cómo se dan inflexiones, rupturas, acontecimientos de lo popular en la literatura brasileña?, ¿cuál es su (no) lugar?, ¿qué valor se le otorga a lo popular en obras literarias consideradas "canónicas"?, ¿qué diseños temporales alternativos se imaginan?, ¿qué aspectos visibilizan y cómo pueden ser trabajadas metodológicamente? Y más aún, ¿qué campos de fuerza pone en escena el asalto de lo que se ubica silenciosamente al margen? Sin pretender abarcar o dar cuenta de todos los aspectos que transitan los textos, a continuación abordaremos algunos ejes que creemos tocan preocupaciones compartidas. En primer lugar, la crítica al Estado y a sus mecanismos se presenta como un tema recurrente. Michel Foucault en *Defender la sociedad*, curso dictado en el Collège de France en 1976[1], señala rupturas y continuidades del pasaje de regímenes imperiales a estatales bajo los cuales se puede aprehender la violencia constitutiva de una serie de "marginalidades" que están en disputa (hasta nuestros días) en la conformación de los Estados nacionales. Buena parte de los artículos acá publicados van a leer operaciones en los modos de apropiación cultural que el Estado (latinoamericano en estos casos) ha realizado en todas sus variantes tecnológicas y biopolíticas, bajo su proyecto de construcción de ciudadanía de "lo popular". Así, podemos mencionar la paradoja de un "indio ciudadano" tal como lo problematiza Ana Cernicchiaro, o las relecturas que realizan Byron Vélez y Juan Recchia Paez de *Os Sertões*, destacando la utilización que hace el Estado de los *jagunços* o la particular reescritura de voces de mujeres anónimas que realiza Euclides da Cunha en ese libro tan canónico de la literatura brasileña del siglo XIX. Al mismo tiempo, ubicándonos en la actualidad, como nos invita el artículo de Gonzalo Aguilar, percibimos que el pasaje del Estado "disciplinario" a una "sociedad de control", según la categorización de Deleuze, implica también una actualización de lo que entendemos por lo popular. En la sociedad de control en la que vivimos, señala Aguilar, el archivo ya no se agrupa en lugares cerrados, sino que nos acompaña a todos lados, en nuestro celular, en internet, en las redes de comunicación; en este sentido, la pornografía es un buen registro de cómo fueron cambiando los consumos populares: del recoveco de lo obsceno se pasa a la exhibición permanente, siempre accesible, de un clic.

Es que las inflexiones de lo popular ponen en escena el límite paradójico de la tan mentada identidad nacional bajo la cual se han constituido nuestros regímenes políticos y, también, culturales. No

---

[1] Foucault, Michel. *Defender la sociedad. Curso en el Collège de France (1975-1976).* Trad. de Horacio Pons. Buenos Aires: Fondo de Cultura Económica, 2000.

olvidemos que el problema de la misma definición de ciudadanía está históricamente ligado con las conceptualizaciones de literatura nacional que se han desarrollado en Brasil. Estos proyectos "modernos" mediante los cuales se han esbozado históricamente los procesos de exclusiones sociales van de la mano de proyectos de conceptualización y legitimación de lo que entendemos por "arte" y por "literatura" brasileña. Hay, entonces, un concepto particularizado de ciudadanía que se constituye como tal en términos propiamente del lenguaje, tal como señala Cernicchiaro al establecer cruces entre "lingua oficial" y "lingua paterna"; o como Recchia Paez señala al desmenuzar las disputas entre la lengua de la ley y el "hablar mal" de las subalternas. Buena parte de las luchas por el reconocimiento se llevan a cabo en un campo de combate constituido por el lenguaje; y dentro de la historia de América Latina, el concepto de lo artístico está sumamente ligado a la conceptualización de los sujetos marginales. Si por un lado, al decir de Recchia Paez, la literatura nacional no puede desprenderse del nombre de autor a la hora de concebir sus jerarquías legitimadoras, por otro lado, siguiendo a Cernicchiaro, las inflexiones de lo popular señalan espacios problemáticos donde se desarrollan otras posibilidades de entender las producciones de los "bárbaros" como obras de arte. Tal como Leonardo D'Avila señala al enunciar que en los márgenes de los ensayos de Prudente Moraes lo erudito y lo popular se encuentran en nuevas derivas de la imaginación, muchas veces bajo la forma de la paradoja que rebasa la militancia política o la posición social de cada escritor. Desandar los caminos históricos de la escritura de lo nacional pone en escena, en cada uno de los textos del dossier, maneras nuevas de entender procesos de apropiaciones, de reescritura, de adaptaciones, y de traducciones que exceden propósitos individuales, conscientes, morales, políticos y hasta institucionales.

Por eso, en todos los casos, se trata de "descubrir" un nuevo Brasil literario a partir del rastro que deja la cultura popular en sus inscripciones, algo que trabaja de forma muy acabada D'Avila en relación con la figura de Prudente de Moraes y su "nacionalismo espontáneo" o que Laura Cabezas desarrolla al trazar caracteres de una religiosidad popular en escenas que apelan de modo afectivo a las prácticas y rituales de un catolicismo que se despliega en diálogo, y tensión, con los rígidos estamentos de la normativa eclesiástica. Pero este recorrido desviado de la tradición literaria brasileña permite asimismo colocar en primer plano lo mínimo o precario –los testimonios olvidados que recupera Recchia Paez–, o la basura, lo que está más al margen que el margen, o que trasgrede la misma transgresión, en palabras de Gonzalo Aguilar, quien se ocupa de la literatura pornográfica de Hilda Hilst. En efecto, en su texto Aguilar pone en paralelo a Lispector y Hilst para mostrar un cambio de paradigma en relación con la noción moderna de la transgresión; ellas no denuncian ni se escandalizan por lo presuntamente transgresor, sino que lo llevan más allá para mostrar de ese modo la basura que se esconde bajo la alfombra, es decir, el dinero. Si la trasgresión en el arte estuvo vinculada históricamente con el desinterés por el dinero, sentencia Aguilar, en la trasgresión de la transgresión se dice lo que está silenciado: "el engranaje que une escritura y dinero".

Una noción que se repite en la textualidad del dossier se refiere al "pueblo". Si bien los usos varían, podríamos asegurar que una misma conceptualización se hace presente en los artículos y claramente apunta a renegar de cualquier tipo de aproximación homogeneizante. Los nombres de Agamben, Rancière, Didi-Huberman, Darcy Ribeiro y Viveiros de Castro son convocados para reflexionar desde y sobre las aristas que conforman ese constructo llamado "Povo Brasileiro". Desde aquí parte el planteo de Cernicchiaro que reflexiona sobre la problemática inclusión/exclusión de la cultura amerindia en Brasil, y la figura del indio como rasgadura en la historia cultural. Lo que muestra su artículo es que lo indígena arrasa con la misma idea de pueblo: siguiendo a Didi-Huberman proclama que no existe un único *Povo*, pues sería la reducción de algo que de por sí es múltiple. Cernicchiaro nos deja en claro que no podemos hablar de la noción de "Pueblo" en singular y en mayúscula ya que lo que siempre tenemos es una conformación múltiple y diversa. Por otro lado, se prefigura un nuevo alcance de lo religioso popular con los estudios de D'Avila y de Cabezas, quien lee las disputas por la "figuración de lo divino" donde las distintas inflexiones religiosas en el ámbito artístico y literario del modernismo brasileño tardío establecen conexiones ineludibles con el diseño de identidades, cuerpos, comunidades y pueblos. En palabras de Cabezas: "Lo que está en cuestión no es la religión en tanto creencia, sino las múltiples, diferentes y divergentes imágenes de pueblo que se construyen a partir del relato religioso".

En última instancia, nos interesa resaltar que, por encima del señalamiento que cada uno de los textos realiza sobre las acciones políticas y culturales de los sistemas estatales/eclesiásticos/institucionales de opresión y legitimación, leer las inflexiones de lo popular nos permite ensanchar el estudio sobre un campo de saberes que raramente se tienen en cuenta a la hora de teorizar sobre producciones literarias brasileñas. Tal es el caso de las múltiples citas orales de voces indígenas como la expresión "economía do cuidado" que trae a mención Cernicchiaro; de las búsquedas de significado y sus definiciones "guerrilleras" que Vélez realiza sobre el mundo de los *jagunços*; de las aperturas hacia la religiosidad popular que Recchia Paez pone en juego a la hora de leer las enunciaciones de una *jagunça*; de las "supervivencias religiosas" que Cabezas estudia más allá de la lógica Estado-Iglesia en el Cono Sur; del espacio del "no saber" que conceptualiza D'Avila al leer los alcances de la sinceridad en el ensayismo brasileño; entre otras apuestas críticas de los textos presentes.

Estos mundos en disidencia, estos mundos en común entre los artículos aquí incluidos no implican una monotonía de estilos y de voces, sino que, entre ellos, el lector encontrará contrapuntos necesarios y espacios de discusiones claramente señalados. Y es por esto que el presente dossier es sólo "um rabisco" que busca abrir caminos sobre el estudio de aquellos otros mundos culturales que también forman parte, en sus múltiples acciones (tensan, complican, discuten, pero también negocian) y bajo sus múltiples formas, de lo literario brasileño. Más que "influencia", más que una simple presencia, lo popular reside como "rasgadura" en la historia de la cultura brasileña y, en el presente dossier *vira* constitutivo de la literatura brasileña.

Sin más, nos queda agradecer a los autores por todo el trabajo realizado desde el Lasa Cono Sur 2017 para la concreción del presente dossier.

REVISTA DE CRÍTICA LITERARIA LATINOAMERICANA
Año XLV, N° 90. Lima-Boston, 2ᵈᵒ semestre de 2019, pp. 15-28

EUCLIDES DA CUNHA EN LA AMAZONÍA:
PENSAR EL DESPLAZAMIENTO, CONTROLAR LOS ESPACIOS, ANUNCIAR LA GUERRA

Javier Uriarte
Stony Brook University

Resumen
En este trabajo se estudia la representación de lo popular –entendido en un sentido amplio, como lo que escapa al saber letrado ordenador de territorios– en los ensayos amazónicos del escritor brasileño Euclides da Cunha incluidos en su libro póstumo *À margem da história* (1909). El artículo argumenta que la mirada del yo narrador en estos ensayos asocia a las poblaciones y las culturas amazónicas con el comportamiento "nómade", inconstante y cambiante de los ríos de esa región. Asimismo, en relación con las imágenes a través de las que se conciben el territorio y el desplazamiento, el ensayo pone de manifiesto continuidades entre *Os sertões* (1902), la obra máxima de este autor, y sus posteriores ensayos amazónicos. Finalmente, este artículo se detiene en las imágenes a través de las cuales el estilo de Cunha pone de manifiesto la dificultad para dar cuenta de espacios y culturas para las que el ojo letrado no está equipado, al mismo tiempo en que se ocupa de cierta imaginación infraestructural que la perspectiva oficial e ingenieril de Cunha proyecta para domesticar los ríos amazónicos, volviéndolos aliados del proyecto imperial brasileño, que incluye la posible guerra con los vecinos.
Palabras clave: ríos amazónicos, Euclides da Cunha, imaginación espacial, representación del desplazamiento, *À margem da história*, infraestructura.

Abstract
This article studies the representation of the "popular"—understood in a broad sense, as that which is different from the lettered knowledge that seeks to regulate territories—in Euclides da Cunha's essays on the Amazon, included in his posthumous book *À margem da história* (1909). Here I argue that the gaze of the "I" in these essays associates the populations and cultures of the region with the "nomad", changing, and unstable behavior of the rivers. Regarding the relationship with the images used to describe the territory and displacement through it, the essay makes clear some continuities between *Os sertões* (1902), Cunha's best-

known work, and his essays on the Amazon. Finally, this essay studies the images through which Cunha's style shows the difficulty that the lettered "eye" has to understand and represent spaces and cultures that are alien to it, while it includes elements of an infrastructural imagination that the official perspective that Cunha (a military engineer) uses to modify nature, in order to make it useful within Brazil's imperial project in Amazonía.

Keywords: rivers from the Amazon region, Euclides da Cunha, spatial imagination, representation of displacement, *À margem da história,* infrastructure.

En este ensayo propongo que en el lenguaje y en la retórica empleados por Euclides da Cunha en *À margem da história* (1909), su libro póstumo que recoge varios ensayos sobre la Amazonía, persisten imágenes –ya presentes en la obra más conocida de Cunha, *Os sertões* (1902)– que asocian el movimiento a formas de lo "otro", de lo extraño: se trata de una oscilación "salvaje" que genera inquietud en el narrador. Estas descripciones muestran una cierta ansiedad del intelectual con respecto a espacios que no logra controlar con la mirada, es decir, entender o domesticar. Se trata, en términos más generales, de la ansiedad que presenta Cunha en relación con formas de lo que podríamos llamar "popular": formas del "hacer" propias de las poblaciones que él va conociendo en sus viajes por Brasil. En sus ideas sobre estas comunidades "otras" que va descubriendo, alternativamente con horror y fascinación, y adoptando una mirada científica, pesan por supuesto los conceptos de la psicología social e ideas vinculadas a la locura colectiva dominantes en el pensamiento del cambio de siglo en América Latina.

Para Cunha, el espacio amazónico es fundamentalmente *movimiento*; un movimiento loco, violento, con un ritmo imposible de observar o entender lógicamente, que es también central a las culturas que lo habitan. En estas páginas me centraré en el texto *À margem da história,* que, como se ha dicho, incluye varios ensayos sobre la Amazonía, que Cunha visitó en conjunto con una comisión binacional peruanobrasilera destinada a recorrer y estudiar la frontera entre los países en los años 1904 y 1905; Cunha fue quien dirigió el contingente brasileño de esta comisión. El artículo volverá con frecuencia sobre la obra más conocida de Euclides da Cunha, *Os sertões* (1902), con el propósito de trazar continuidades estéticas y temáticas entre el primero y el último libro del autor. Tanto la mirada de Euclides sobre la Amazonía, como la de su contemporáneo, discípulo y amigo Alberto Rangel, autor del libro *Inferno verde* (1908), construyen una forma nueva de representar la región, que adquiere relevancia a lo largo del siglo XX[1]. La crítica en general ha leído los textos amazónicos de estos autores como equivalentes, estableciendo que hay en ellos una misma construcción del espacio y que las estrategias retóricas para poder explicarlo son básicamente las mismas. Por ejemplo, en su tesis de doctorado, Alejandro Quin sostiene que tanto en Cunha como en Rangel existe lo que él llama "estética del vacío": la Amazonía se representa, para él, como "un vacío legal, epistémico e histórico en el cual el conocimiento y la gobernabilidad parecen imposibles" (*Taming the Chaos* 110). Los dos autores pueden ser leídos como ejemplos centrales de una cierta literatura canónica de la selva que Ileana Rodríguez caracteriza, en su libro *Transatlantic Topographies,* de esta forma: "a través de los siglos, la jungla se ha tematizado explícitamente como aquello que está más allá de la comprensión, como una resistencia que impone restricciones al discurso dominante desde adentro" (165). Cabría pensar más en las significativas diferencias entre ambos escritores, pero sobre este punto, por razones de espacio, no podré explayarme en este texto.

La primera parte del libro *À margem da história* se centra en los viajes arriba mencionados, realizados por el autor a la región del río Purús, en la frontera entre Brasil y Perú. En el momento de la expedición, Cunha era ya un escritor célebre gracias a la publicación de *Os sertões*, que constituyó un gran éxito de público y crítica a comienzos del siglo pasado. Por eso, él no escribe ya como un

---

[1] Francisco Foot Hardman (*A vingança da Hileia* 25) demuestra que esta mirada, que se vuelve sistemática en *Inferno verde*, ya se encontraba en el prólogo de Franklin Távora a su novela *O cabeleira*, de 1876. Foot Hardman no llega a afirmar, sin embargo, que haya influencia de Távora en estos escritores posteriores. Puede decirse, entonces, que sería Cunha el inaugurador de esa mirada "infernal" sobre la Amazonía (si bien *À margem da história* es posterior a *Inferno verde*, los escritos de Cunha sobre la región son anteriores, y el conocido prefacio de Cunha a este libro de Rangel constituye una muestra de la importancia que el primero adquiría para el segundo). También Pedro Maligo rastrea imágenes que en el siglo XIX anticipan tanto el uso del oxímoron como de las imágenes de cielo e infierno en Cunha y Rangel. Uno de los ejemplos ofrecidos por Maligo es *O paraoara* (1899), de Rodolfo Teófilo (*Land of Metaphorical Desires* 53). Sobre la importancia de la retórica euclidiana en las representaciones de este espacio, ver el libro de Péricles Moraes *Os intérpretes da Amazônia*.

periodista alternativamente maravillado y horrorizado en el frente de guerra, sino desde un lugar definitivamente central en el mundo intelectual brasileño. Es de interés, en este sentido, considerar el rol del Estado en la escritura de Cunha, desde la publicación de *Os sertões* hasta su libro amazónico, para comprender cómo el "yo" que narra se sitúa y se piensa (y piensa el espacio, claro) en relación con el discurso oficial. En el marco de las ideas que propongo en este ensayo, es importante recordar que Cunha viaja a la Amazonía como perito en límites en esas regiones. Esa condición fronteriza –y, por lo tanto, esencialmente inestable y amenazante– de la región amazónica permite que la lectura euclidiana de la misma conserve importantes elementos que prolongan la descripción del espacio en términos de violencia y movimiento que aparecía en *Os sertões*. La escritura de Cunha se construye en la frontera y, más exactamente, en el diálogo entre la frontera interna, que serían los espacios el Estado necesita apropiarse para tener control sobre todo el territorio que supuestamente le pertenece, y la frontera externa o internacional, es decir, aquella con las demás naciones latinoamericanas[2].

En sus ensayos amazónicos, Cunha no sólo continúa refiriéndose a un espacio fronterizo, como lo era el *sertão* en su más famoso libro, sino también a otra forma del desierto. Aunque pueda parecer sorprendente, en él, como en muchos autores de su época en América Latina, la retórica que se usa para describir la selva y el desierto emplea imágenes y tropos casi idénticos[3]. Aunque, desde luego, la selva y el desierto sean prácticamente opuestos en el imaginario popular, ambos han sido representados por el discurso intelectual como vacíos a ser ocupados, como lugares caracterizados por el

---

[2] Acaso los términos ingleses *frontier* y *border* podrían corresponderse, en términos generales, a lo que llamo acá frontera interna y externa respectivamente.

[3] Quizá el caso paradigmático en este sentido sea el del escritor colombiano José Eustasio Rivera y su texto clásico *La vorágine* (1924). Rivera fue lector de Euclides da Cunha. Al respecto, ver el reciente libro de Leopoldo Bernucci, *Paraíso suspeito*, en el que se trazan posibles lecturas y acercamientos entre Rivera, Cunha y Rangel. Asimismo, en una línea similar se encuentra *La Vorágine de Euclydes da Cunha*, de Freddy Orlando Espinoza Cárdenas.

misterio y la ausencia de cultura o civilización, como lo que en inglés se llamaría *wilderness*[4].

En el ensayo "Terra sem história", que abre este libro de Cunha, el ritmo que caracteriza las corrientes de los ríos amazónicos es leído como un elemento nómade. Una obsesión que persigue a este ingeniero (también en *Os sertões* y en sus cartas) tiene que ver con el desplazamiento; para él, la forma de desplazarse por el espacio es un elemento clave en la relación entre este y el hombre. La forma de desplazarse es el reflejo de elementos ideológicos, morales, estéticos. El "grado de modernidad" alcanzado, el ser o no ser moderno, se puede leer, en los textos de Cunha, en la forma en que el sujeto se desplaza a lo largo del espacio, en que lo atraviesa. Para este autor, no se puede hablar de espacio ni de identidad sin hablar de desplazamiento: desplazarse es ser.

Así, aproximarse a la Amazonía requiere un ejercicio de adaptación del ojo, de ajuste de la mirada: se trata de aprender a mirar de nuevas formas. En *À margem da história,* el movimiento incesante que Cunha le atribuye al río es también una forma del vértigo. Por eso, a quien intenta describir los ríos amazónicos, "o olhar lhe more" (29). Otra bella expresión, que remite también a esta idea de la muerte de la mirada, establece que al observador de estos ríos se le están "yendo los ojos" ("indo-se-lhe os olhos", 30). Se trata, así, de un río que no puede *mirarse*[5], por supuesto desde la perspectiva ordenadora

---

[4] Otro elemento importante es que ese carácter fronterizo de este "desierto verde" hace que *À margem da história* sea el libro más sudamericano de Cunha. Es decir, en este texto el narrador se refiere en numerosas ocasiones a la política internacional del momento, expresando sus opiniones acerca de tensiones entre varios países relacionadas con estas regiones, al tiempo que reflexiona sobre la situación económica y política de otros países sudamericanos. Por causa de estas preocupaciones, quizá sea él uno de los primeros escritores brasileños en pensar el lugar de Brasil en el concierto de las naciones de América Latina, estudiando comparativamente la realidad política, económica y social de los países de la región. El problema de la guerra es sin duda una de las explicaciones del interés dialógico de Cunha. Al considerar la retórica de la guerra como central a la visión euclidiana del espacio amazónico (y de los movimientos a través de él), como propongo en estas páginas, la preocupación por los países vecinos se vuelve, es claro, algo imposible de ignorar.

[5] En el prólogo de Cunha al *Infierno verde*, de Rangel, leemos: "hoje se nos esvaem os olhos deslumbrados e vasios" (IV). Acaso no haya forma más

y simplificadora de la mirada oficial, para dar cuenta del cual se requiere un particular esfuerzo representacional e imaginativo. Si el observador se desplaza, ve siempre lo mismo; si se mantiene inmóvil, el movimiento incesante y las transformaciones del paisaje lo confunden y lo asustan: "Diante do homem errante, a natureza é estável; e aos olhos do homem sedentário que planeje submetê-la à estabilidade das culturas, aparece espantosamente revolta e volúvel, surpreendendo-o, assaltando-o por vezes, quase sempre afugentando-o e espavorindo-o" (*À margem* 12). En esta cita se aprecia que lo que predomina es siempre el movimiento nómade, la oscilación y el desorden. Cuando el paisaje parece estable, es el sujeto quien erra. Y, como veremos, esa volubilidad es un efecto del espacio. En el segundo caso, no hay en verdad nada fijo, nada inmóvil: los intentos de fijar el espacio resultan fallidos. Como el *sertão,* la Amazonía es sólo invisibilidad y oscuridad, dos elementos que serán también centrales en la representación de la guerra y del espacio enemigo en *Os sertões.* Y, también como en *Os sertões,* la idea del determinismo geográfico adquiere centralidad en este texto: el movimiento incesante del río, su enormidad y su energía indomable influyen en la lógica destructiva y nómade del hombre amazónico. En la Amazonía, el nomadismo de los hombres proviene de las formas del movimiento que los ríos imponen: "A volubilidade do rio contagia o homem" (*À margem* 12)[6].

El ensayista se refiere a esta característica con la expresión "coração leve para o erro" (*À margem* 11). Se trata de un término importante para la comprensión de la noción de oscilación euclidiana. El sentido doble del "errar" es, podríamos decir, la lógica desde la cual se describe el territorio. Para Cunha, "errar" significa, claro, moverse

---

elocuente de describir esta resistencia amazónica a la mirada, esta muerte de los ojos. A lo largo de este artículo, he optado por mantener, sin alteraciones, la grafía de las ediciones consultadas.

[6] El término "volubilidad" se asocia muchas veces con la perversión sexual, y esa es precisamente la connotación que los ríos adquieren en la escritura de Rangel. En *Os sertões* el narrador describe caminos (*veredas*) serpenteantes que le "contagian" al hombre del sertón la incapacidad de moverse en línea recta: "caminhando, mesmo a passo rápido, não traça trajetória retilínea e firme. Avança celeremente, num bambolear característico, de que parecem ser o traço geométrico os meandros das trilhas sertanejas" (*Os sertões* 208). Sobre la forma de concebir el movimiento como impulso sexual en Rangel, ver Javier Uriarte "A ilusão da casa".

sin rumbo y sin propósito; pero eso, para él, significa moverse *mal* en un sentido moral[7]. Es importante recordar aquí el famoso oxímoron con el que se describe el poblado de Canudos, el enclave resistente construido, según el narrador de *Os sertões*, por la lógica destructiva del sertón, como "a *civitas* sinistra do erro" (291). Esta ciudad aberrante, contradictoria, imposible, es el resultado de la lógica del desplazamiento impuesta por el espacio. El problema de Canudos, podríamos decir, es el hecho de ser una ciudad construida por el sertanero, quien, según Cunha, "não traça trajetória retilínea e firme" (*Os sertões* 179). Sin embargo, cuando decimos que Canudos es el resultado del espacio y de la tierra, no deberíamos olvidar que la tierra incluye la oscilación del río. En la primera referencia al río Vaza-Barris (el río que pasa por la ciudad insurgente) en *Os sertões* se lo describe como una sinuosidad que desemboca en Canudos, como si este fuera un resultado del ritmo loco de aquel. El río avanza "torcendo-se em meandros. Presa numa dessas voltas via-se uma depressão maior, circundada de colinas... E atulhando-a, enchendo-a toda de confusos tetos incontáveis, um acervo enorme de casebres..." (179). Uno de los "meandros" que constituyen este río termina siendo, así, el lugar donde el poblado (que en realidad no es nombrado sino anunciado, dado que acá nos encontramos en la primera mitad del libro, dedicada a la descripción del noreste brasileño) fue construido. La conexión entre desorden y río, central en *À margem da história*, se puede encontrar, por lo tanto, ya esbozada en el primer libro de este autor[8].

---

[7] También Rangel utiliza imágenes similares, asociando la errancia a la maldad y la irracionalidad: "no solo desanegado em que erra á boa mente" (*Inferno verde* 25). Esta imagen del suelo móvil está muy presente también en la retórica euclidiana, como veremos.

[8] En sus cartas, Cunha se refiere reiteradamente a la naturaleza "recta" de su carácter, a su propio avanzar "rectilíneo". Por ejemplo, en agosto de 1897, poco antes de partir hacia los escenarios de la Guerra de Canudos, le escribe al general Solon, su suegro: "Anima-me a intenção de ser o mais justo possível; porei de lado todas as afeições para seguir retilineamente" (12.08.97, p. 107). Moralidad y movimiento se entrelazan aquí nuevamente, ambos opuestos a la idea de errancia. Al ser electo para la Academia Brasileira de Letras, en lo que podríamos llamar su momento más "rectilíneo", le escribe a su padre agradeciéndole, ya que esta elección se habría debido a la "boa linha reta que o sr. me ensinou desde pequeno" (22.09.1903, p. 181). Roberto Ventura también notó esta característica en la escritura del ingeniero, sin relacionarla, no obstante, con una obsesión por

Se trata, entonces, de evitar la oscilación, el movimiento descontrolado. En la Amazonía, sin embargo, las ciudades que la modernidad transformadora de espacios procura fundar se vuelven también móviles, constituyendo en este sentido fracasos y contradicciones en su mismo origen, aberraciones efímeras: "as próprias cidades são errantes, como os homens, perpetuamente a mudarem de sítio, deslocando-se à medida que o chão lhes foge roído das correntezas" (*À margem* 10). El suelo no es tierra, sino agua; no es estable, sino móvil. Impide, por lo tanto, todo establecimiento fijo, imponiendo el desplazamiento como una alternativa resistente a la fundación de la ciudad y al triunfo de su lógica sedentaria. Leo este desplazamiento como una señal de conflicto, de hostilidad de la tierra y del agua a la presencia del agua. Y también como una forma de la guerra. En *À margem da história* podemos leer una referencia a "todos os movimentos convulsivos de uma enorme batalha sem ruídos" (8). Naturalmente, la misma idea está presente en *Os sertões*, donde la tierra se ve como una aliada del ejército canudense en momentos críticos de la guerra. Por ejemplo, el cielo se mueve cuando las tropas oficiales avanzan por el terreno desconocido del norte de Brasil: "O terreno inconsistente e móvel fugia sob os passos aos caminhantes" (446). Aquí podemos ver de nuevo la idea de la inconsistencia y la movilidad del suelo asociadas a un problema moral o, más precisamente, político. La imagen recurrente de la tierra móvil, de la tierra que huye, resulta muy útil para pensar las ideas de lo inaprensible y lo resistente, presentes en ambos textos de Cunha. La necesidad oficial y moderna de conquistar se enfrenta a una tierra esquiva, que resiste los intentos por volverla visible, apta para ser medida y controlada.

El movimiento que esta tierra produce es un movimiento sin rumbo, "uma agitação tumultuária e estéril" (*À margem* 12): es de ese modo que se concibe el nomadismo en estas páginas. Se trata, así, de una actividad sin sentido, carente de todo impulso productivo o creador; es un movimiento loco, como leemos en el prefacio a *Inferno verde*, también de la autoría de Cunha. En él, este describe la

---

la oscilación que atraviesa varias de sus obras: "tomava, como guia, a verdade luminosa dos ideais e da retidão de caráter, «linha reta», que procurou traçar ao longo da existência. Exprimia por meio de tal imagem, frequente nas cartas aos amigos e familiares, a fidelidade aos princípios éticos aprendidos com o pai" (281).

complejidad del estilo de Rangel (muy parecido, de hecho, al suyo propio) como una herramienta necesaria para dar cuenta de las "trilhas multívias e revoltas e encruzilhadas lançando-se a todos os rumos, volvendo de todas as bandas, em torcicolos, em desvios, em repentinos atalhos, em súbitas paradas, ora no arremesso de avances impetuosos, ora, de improviso, em recuos..." (Cunha, "Prefácio" V). La escritura adopta, así, la oscilación y la forma del propio espacio. El horror del narrador frente a esa locura contiene siempre una dosis de fascinación y encanto, sin embargo. Se trata de lo que el propio Cunha, en este prefacio, llama bellamente "vertigem do deslumbramento" (V), un elemento que de hecho está presente también en *Os sertões* y que describe a la perfección la retórica del autor[9]. Acaso este rasgo sea una parte decadente de esta, dado que existe en Cunha un claro gusto por lo monstruoso, por lo hiperbólico y lo grotesco, elementos propios de cierta literatura del cambio de siglo. O quizá se trata de una interpretación de lo "sublime" kantiano, que Allison Leão estudió como un rasgo común a las miradas sobre la Amazonía de Euclides y Rangel. Uno de los elementos de lo sublime, según Leão, tiene que ver con "a conjugação do terrificante com o prazer" (*Amazônia* 39)[10].

Construir un territorio exige "traer" de nuevo esa tierra al tiempo y al espacio de la modernidad; así, dar sentido al movimiento significa integrarlo a la nación, hacer que no esté más "fora da pátria" (*À margem* 30). De esta forma, territorializar la Amazonía significa devolverla a la historia (Cunha, conviene recordar, define a la Amazonía como "terra sem história"). Se torna imprescindible, en esta lógica, otorgarle una narración al espacio. El ejercicio mismo de escribir la Amazonía conlleva una violencia, una imposición de una lógica ordenadora en el espacio del caos. No sólo las relaciones entre la escritura y la historia, sino también entre geografía e historia, se vuelven centrales aquí. Como dice Cunha, "A geografia prefigura a história" (*À margem* 130), porque la geografía exige el comienzo de una narración integradora y moderna. Desde esta perspectiva, el

---

[9] Este elemento está también muy presente en la escritura de Rangel, particularmente en *Inferno verde*. Ver, en este sentido, el trabajo titulado "Postais do inferno", de Ettore Finazzi-Agrò.

[10] También Foot Hardman lee el bello capítulo "Judas-Ahsverus", de *À margem da história*, desde la perspectiva de lo sublime (*A vingança da Hileia* 47).

trazado de caminos y la construcción de puentes son formas de la narración. Trazar caminos es narrar el espacio.

Tan sólo unos años después de la publicación de *Os sertões*, el narrador de *À margem da história* ya es, en manera más definitiva, un ingeniero militar convencido de que el objetivo de su tarea es vencer las dificultades naturales (*À margem*, 77).Gilles Deleuze y Félix Guattari, en su "Tratado de nomadología", explican la importancia especial que el ingeniero militar adquiere en la imposición de lo que ellos llaman ciencia estatal sobre la ciencia nómade (*Mil platôs* 27). La ciencia estatal establece reglas civiles y métricas, intentando hacer que todas las "noções dinâmicas e nômades como as de devir, heterogeneidade, infinitesimal, passagem ao limite, transformação, heterogeneidade" sean eliminadas, y las "regras cívicas, estáticas e ordinais" sean impuestas (*Mil platôs* 27). En este sentido, creo que *À margem da história* puede ser leído como un trazado de sendas, como un ensayo acerca de cómo atravesar la Amazonía, cómo volverla un territorio *viajable*.

La retórica de Cunha tiene como principio rector la fijación, y su libro propone, por lo tanto, soluciones domesticadoras para una oscilación entendida como peligrosa. El texto acaba por afirmar su certeza de que, en el futuro, el Estado acabará llevando a cabo con éxito la conquista definitiva de esta última frontera. Es interesante considerar la distancia entre este funcionario estatal de los escritos amazónicos y el intelectual que elabora una crítica aguda de la Primera República en *Os sertões*; lo cierto es que entre ellos permanece siempre una cierta ansiedad con respecto a las tierras "amplias", un mismo deseo de extinguir el desierto. Una de las propuestas que realiza para lograr este objetivo es la construcción de un mar interior; idea que, una vez más, ya estaba presente en *Os sertões*[11]. Si se piensa la idea de

---

[11] Es importante aquí recordar la imagen que cierra la primera parte de *Os sertões*, llamada "A terra": "Abarreirados os vales, inteligentemente escolhidos, em pontos pouco intervalados, por toda a extensão do território sertanejo, três consequências inevitáveis decorreriam: atenuar-se-iam de modo considerável a drenagem violenta do solo e as suas consequências lastimáveis; formar-se-lhes-iam à ourela, inscritas na rede das derivações, fecundas áreas de cultura; e fixar-se-ia uma situação de equilíbrio para a instabilidade do clima, porque os numerosos e pequenos açudes uniformemente distribuídos e constituindo uma dilatada superfície de evaporação, teriam, naturalmente, no correr dos tempos, *a influência*

un mar interior, benéfico y modernizador, que el bello delirio científico de Cunha propone como forma de extinción del sertón en el contexto de sus escritos amazónicos, puede pensarse como el perfecto opuesto a los ríos nómades y errantes que él describe. Deleuze y Guattari sostienen lo siguiente: "o Estado precisa subordinar a força hidráulica a condutos, canos, diques que impeçam a turbulência, que imponham ao movimento ir de um ponto a outro, que imponham que o próprio espaço seja estriado e mensurado, que o fluido dependa do sólido, e que o fluxo proceda por fatias laminares paralelas" (*Mil platôs* 27-28). Transformar un río en un mar es una forma de suprimir el fluir, de resignificarlo, de apropiarlo. En *À margem da história* el narrador elogia la hidráulica fluvial, cuya tarea es la de "paralisar torrentes, de atenuar inundações e de encadear avalanchas, na dupla tentativa de facilitar a navegação e de proteger os territórios ribeirinhos" (*À margem* 26). Sin embargo, la derrota de los esfuerzos transformadores es inevitable si el hombre no utiliza los aspectos del río que podrían resultar útiles. Poco después, el narrador hace explícito el tránsito definitivo: "a construção de reservatórios compensadores no grande rio seria o mesmo que fazer um mar; e conclui-se que os existentes, numerosíssimos, às suas margens, representam um capital inestimável" (*À margem* 27). La misma propuesta de construcción de un mar interior ordenador aparece entonces como forma de domesticación de los ríos, de atenuar su movimiento desenfrenado y destructor.

El río será, para el narrador, uno de los mayores factores de progreso de Brasil, ya que "é pelo seu leito desmedido em fora que se traça, nestes dias, uma das mais arrojadas linhas de nossa expansão histórica" (28). Este plan expansionista tiene que ver con la condición fronteriza del territorio amazónico y, más exactamente, con lo que Susanna Hecht llamó "the scramble for the Amazon", es decir, el esfuerzo por apropiar territorios limítrofes en la región por parte de Perú, Ecuador, Colombia, Venezuela y Brasil (y, obviamente, también de Estados Unidos e Inglaterra). Por supuesto, aquí aparece

---

moderadora de um mar interior, de importância extrema" (137, énfasis mío). Las imágenes y el vocabulario usados son muy elocuentes: la idea de la distribución uniforme, la influencia moderadora, el carácter atenuante opuesto a la violencia del drenaje del suelo.

la sombra de la guerra, una presencia desde la cual el texto propone leer y poseer estas regiones. Las vías de tren, que el narrador entiende imprescindibles para la Amazonía, constituyen otra alternativa que la ciencia estatal propone para contrarrestar la fuerza nomádica de estos ríos. Las ferrovías representan acaso el movimiento más claramente opuesto a los ríos: ordenado, armonioso, recto, previsible. A través de ellas, Cunha mira el espacio salvaje como estriado (Deleuze y Guattari), como surcado por nuevas líneas que sustituirían a los ríos. Esos nuevos caminos que atravesarían la región no tienen sinuosidades ni oscilaciones. El tren constituye, así, una lógica de penetración alternativa. Representa la intención de concebir el espacio como una red visible que posibilitaría la redistribución de la población con un nuevo criterio. El tren, sin embargo, y todos los caminos oficiales en este espacio, no permanecen ajenos a la violencia, sino que son "verdadeiros caminhos de guerra contra o deserto, imperfeitos, selvagens" (79). El texto "Viação sul-americana", incluido en *Á margem da história* pero no dedicado exclusivamente a la Amazonía, propone el caso argentino como un ejemplo de modernización a través de la extensión de las ferrovías. Cunha, delirante, cita al escritor y presidente argentino Domingo Faustino Sarmiento (autor de *Facundo*, de 1845, libro que el brasilero conocía bien) y elogia la forma en la cual en Argentina las vías de tren habrían impuesto la modernización sin luchas, "com o só estirar-se de seus *rieles* paralelos, por cima dos rastros das montoneras" (87). El trazado de una línea nueva sobre el movimiento rebelde es descrito como una corrección inocua, precisamente como *un trazado, una escritura*. Sin embargo, la frase borra la violencia sistemática que acompañó la impresionante expansión de las vías ferroviarias a lo largo del territorio argentino[12]. Se trata de una violencia que, en realidad, fue el elemento que posibilitó la consolidación del Estado moderno en Argentina. Creo ver aquí un ejemplo más de cierta contradicción en un escritor que supo denunciar la guerra como un exceso y una perversión en la lógica modernizadora del Estado brasileño, pero que terminó

---

[12] No hay aquí, por ejemplo, ninguna referencia a la guerra sistemática de exterminio, llamada la "Conquista del desierto", que el Estado argentino llevó adelante contra los pueblos originarios de la pampa y la Patagonia entre 1879-1885.

invisibilizándola en procesos paralelos que se dieron en otros países latinoamericanos. Y, de hecho, como veremos a continuación, anunciándola con respecto al espacio amazónico.

Como ya se dijo en este ensayo, aunque *À margem da história* no sea explícitamente un libro sobre la guerra, aquí he sugerido cómo en la retórica y las imágenes del libro póstumo de Cunha muchos elementos presentes en *Os sertões*, y relacionados específicamente con la guerra, continúan presentes. Pero la guerra también acaba haciéndose explícita en *À margem*… En las últimas páginas del ensayo "Terra sem história", la sombra de un posible conflicto por el territorio amazónico está presente con claridad. Puede tratarse de una referencia al territorio de Acre, por el cual Brasil había enfrentado a Bolivia a comienzos del siglo XX, o a las pretensiones peruanas, que constituyeron la causa inmediata del viaje de Cunha. El narrador es deliberadamente poco específico en este punto en particular. Lo cierto es que la Amazonía se vuelve, así, en esta escritura, un potencial campo de batalla. Y es en este preciso instante que los caminos –central punto de atención y de reflexión en las páginas de este texto– se vuelven instrumento de guerra. Los ríos, conquistados, se volverían también una "estrada militar incomparável" (83). El ensayo "Terra sem história", en el que me he concentrado en estas páginas, muestra así un tránsito desde la idea de guerra *contra* el territorio hasta la necesidad de hacer la guerra *con* el territorio, de convertir al territorio enemigo en un aliado contra el enemigo exterior. Estos dos momentos se pueden leer como dos caras de la lógica guerrera del Estado: hay que hacer la guerra primero para seguir haciendo la guerra después, transformando la tierra resistente en aliada. En el fondo se trata de otorgar un significado nuevo al territorio a partir de una lógica bélica.

BIBLIOGRAFÍA CITADA

Bernucci, Leopoldo M. *Paraíso suspeito: a voragem amazónica*. São Paulo: Editora da Universidade de São Paulo, 2017.

Cunha, Euclides da. "Preámbulo". Alberto Rangel. *Inferno verde (Scenas e Scenarios do Amazonas)*. S. L.: Typographia Minerva, 1912. I-XXII.

—. *À margem da história* [1909]. São Paulo: Martins Fontes, 1999.

—. *Correspondência de Euclides da Cunha*. Walnice Nogueira Galvão e Oswaldo Galotti, eds. São Paulo: Edusp, 1997.

———. *Os sertões (Campanha de Canudos)* [1902]. Leopoldo M. Bernucci, ed. São Paulo: Ateliê Editorial, 2001.

Deleuze, Gilles y Félix Guattari. *Mil Platôs: Capitalismo e Esquizofrenia, Vol. 5*. Trad. Peter Pál Pelbart e Janice Caiafa. Rio de Janeiro: Editora 34, 1997 (1ª Reimpressão 2002).

Espinoza Cárdenas, Freddy Orlando. *La Vorágine de Euclydes da Cunha. Um livro do meu amigo mental José Eustasio Rivera*. Manaus: EDUA, 2014.

Finazzi-Agrò, Ettore. "Postais do inferno. O mito do passado e as ruínas do presente em Alberto Rangel". En *Literatura e cultura no Brasil: identidades e fronteiras*. Lígia Chiappini e Maria Stella Bresciani, eds. São Paulo: Cortez, 2002. 221-228.

Hardman, Francisco Foot. *A vingança da Hileia. Euclides da Cunha, a Amazônia e a literatura moderna*. São Paulo: Editora UNESP, 2009.

Hecht, Susanna. *The Scramble for the Amazon and the Lost Paradise of Euclides da Cunha* Chicago: U of Chicago P, 2013.

Leão, Allison. *Amazonas: natureza e ficção*. São Paulo: Annablume, 2011.

Maligo, Pedro. *Land of Metaphorical Desires. The Representation of Amazonia in Brazilian Literature*. New York: Peter Lang, 1998.

Moraes, Péricles. *Os intérpretes da Amazônia*. Manaus: Valer e Governo do Estado de Amazonas, 2001.

Quin, Alejandro. *Taming the Chaos: Nature, Sovereignty, and the Politics of Writing in Modern Latin America*. PhD Dissertation, University of Michigan, 2011.

Rangel, Alberto. *Inferno verde. (Scenas e Scenarios do Amazonas)* [1908]. S.L.: Typographia Minerva, 1914.

Rivera, José Eustasio, *La vorágine* [1924]. Ordóñez, Monsterrat, ed. Madrid: Cátedra, 1990.

Rodríguez, Ileana. *Transatlantic Topographies. Islands, Highlands, Jungles*. Minneapolis and London: U of Minnesota P, 2004.

Uriarte, Javier. "A ilusão da casa: viagens, domesticação e perdas da origem em Alberto Rangel e William Henry Hudson". *Letterature d'America* XXXVI, 160 (2016): 21-45.

Ventura, Roberto. "Euclides da Cunha e a República". *Estudos Avançados* 10, 26 (1996): 275-291.

REVISTA DE CRÍTICA LITERARIA LATINOAMERICANA
Año XLV, N° 90. Lima-Boston, 2do semestre de 2019, pp. 29-49

EL TESTIMONIO DE UNA MUJER CANUDENSE
EN LA *CADERNETA DE CAMPO* DE EUCLIDES DA CUNHA:
REESCRIBIR LO NACIONAL DESDE LO PRECARIO

Juan Recchia Paez
Universidad Nacional de La Plata

Resumen

La *Caderneta de campo* de Euclides da Cunha es uno de los pre-textos conservados dentro de un vasto archivo de crónicas, cartas y diarios a partir del cual el autor elaboró y publicó su obra cumbre *Os Sertões* en 1902. En el presente trabajo abordaré una escena de dicho documento en cuyas líneas se presenta el interrogatorio a una mujer canudense anónima en pleno conflicto bélico. Buscaré leer los alcances e implicancias que tienen determinados espacios de lo "popular" en la escritura del escritor nacional que, con una impronta etnográfica, registra y pone en escena la voz de los otros. Demostraré que las enunciaciones de la mujer canudense distan mucho de manifestaciones emotivas o "fanáticas" e implican no sólo una forma de resistencia en la que el ingenio popular se sobrepone al interrogatorio militar y se burla corrosivamente del poder; sino que, también, dichas enunciaciones posibilitan visibilizar una forma diferente, propia de los canudenses, de problematizar la experiencia que se hace presente en la escritura euclidiana.

Palabras clave: Caderneta de campo, Canudos, Euclides da Cunha, subalternidad, precariedad.

Abstract

The *Caderneta de Campo* by Euclides da Cunha is one of the pre-texts preserved within a vast archive of chronicles, letters and diaries from which the author elaborated and published his masterpiece *Os Sertões* in 1902. I will approach a scene of this document in whose lines Cunha presents the interrogation of an anonymous Canudense woman in the middle of a warlike conflict. I will seek to read the scope and implications of certain spaces of the "popular" in the writing of the national writer who, with an ethnographic stamp, registers and puts on stage the voice of others. I will show that the declarations of the woman are far from emotional or "fanatical" manifestations and imply not only a form of resistance; but also, that these enunciations make it possible to visualize a different form, typical of the Canudens, of problematizing the experience that is present in the text of Cunha.

Keywords: Caderneta de campo, Canudos, Euclides da Cunha, subalternity, precariousness.

La presente lectura de la *Caderneta de Campo* propone un desplazamiento que parte del lugar monolítico con el cual se ha leído la obra *Os Sertões* (1902) de Euclides da Cunha como uno de los "monumentos fundacionales" de la literatura brasileña. Esta noción descansa en una consagración de determinados autores del período inespecíficamente denominado "premodernista" (Euclides da Cunha, Machado de Assis, Olavo Bilac, Coelho Neto, Afonso Arinos, entre otros); y se legitima en concepciones de "obra", "valor", "estilo" y "autor" que poco explican los modos de producción textuales e históricos que han configurado lo que concebimos como canon literario brasileño. Al decir de Benicio Medeiros en la "Apresentação" a la *Caderneta* en su edición de 2009:

> Se compararmos *Os sertões* a um monumento, como muito já se fez, devemos acrescentar que ele não nasceu de repente, num ímpeto, num jorro de grande inspiração. Foi, ao contrário, construido tijolo por tijolo, a partir das notícias que Euclides enviou primeiramente para *O Estado de S. Paulo* –do qual era correspondente em Canudos– e de suas anotações feitas *in loco*, constantes de sua *Caderneta de campo* (Medeiros 8. En todo el texto se citará esta fuente).

La relectura del proceso de producción y escritura de la gran obra *Os Sertões* pone de manifiesto que ese modo de concepción de lo literario es parte de una serie de operaciones deliberadas en pos de menospreciar otras manifestaciones culturales; escindir las producciones orales; y hacer culto de la letra escrita en tanto herramienta que no se limita a lo estrictamente ornamental sino y sobre todo, entendida como una forma de la legalidad.

Me interesa, entonces, trabajar con la *Caderneta* en tanto pre-texto (Lois) o, más bien, "discurso del tabloide"[1] con el cual podamos visibilizar parte de "una historia sin amos, una historia poblada de sucesos frenéticos y autónomos una historia situada debajo del nivel del

---

[1] Al decir de Ranajit Guha: "El discurso del tabloide en el que este género es representado en su forma más popular y accesible cumple la función de cambiar la escala, agrandar las proporciones, hacer que el minúsculo grano de la historia se haga visible y lograr que lo cotidiano tenga acceso a la narrativa" (138).

poder y que se ha disgustado con la ley" (Guha 145). Esta historia, que es parte y opera sobre el campo literario, dinamita la categoría clásica de "sistema" (Candido) y nos permite releer aquellos pretextos literarios como prácticas heteróclitas[2] (Foucault, *Dits et écrits*) donde, por ejemplo, se manifiesta una escritura muy vinculada a aspectos orales considerados "menores" frente al cannon literario nacional. Por debajo de las clásicas formulaciones sistémicas de Antonio Candido, intentaré, en el presente artículo, reponer las "condiciones de la contextualidad" (Guha) para una lectura y revisión crítica de los modos de producción, "tijolo por tijolo", de la célebre narración euclidiana de la guerra de Canudo[3]. El archivo euclidiano compuesto por una multiplicidad de cartas, telegramas, crónicas, citas, comentarios, borradores y manuscritos se figura como una constelación diversa y heterogénea que posibilita y, en simultáneo, recorta, delimita y potencia la presente lectura. Trabajar con los pretextos por fuera de considerarlos como orígenes únicos de las grandes obras literarias (Derrida) permite ampliar el análisis crítico hacia las zonas oscuras o invisibilizadas del archivo[4]. Este "precario sistema de citacões" (tanto

---

[2] Rescatamos del concepto de *episteme* que formula Michel Foucault para resaltar el carácter incompleto y de posibilidad de la tan mentada "hegemonía": "La episteme en la que los conocimientos, considerados fuera de cualquier criterio que se refiera a su valor racional o a sus formas objetivas, hundan su positividad y manifiestan así una historia que no es la de su perfección creciente, sino la de sus condiciones de posibilidad" (*Dits et écrits* 15).

[3] Las discursividades denominadas "hegemónicas" (que en Canudos tienen sus variantes de realización, reproducción y réplicas: oficiales estatales, militares, prensa periodística nacional, prensa internacional entre otras) han ido obstruyendo los modos de leer la historia de los subalternos. Como plantea Ranajit Guha en su célebre artículo "La muerte de Chandra": "La función del discurso oficial como género es cercenar esa vía al asir el crimen en su especificidad, al reducir la amplitud de su significación a un conjunto de legalidades estrechamente definidas y al asimilarlo al orden existente convirtiéndolo en una de sus determinaciones negativas" (136).

[4] La *Caderneta de Campo* publicada, por primera vez, por Olímpio de Souza de Andrade en 1975 respeta grafías y estructura de la versión manuscrita e incluye croquis y dibujos originales (el original manuscrito fue donado por José Carlos Rodrigues al Instituto Histórico Geográfico Brasileiro, donde permanece). Soussa de Andrade ha leído la *Caderneta* como la matriz primera de la obra-libro ya que "contém em germe, na sua letra difícil, as primeiras impressões do escritor

manifiestas como omitidas por el propio autor), como lo llama Leopoldo Bernucci, nos permite indagar sobre aquellos fragmentos y episodios en los que se evidencian los excesos y desbordes de la correctísima obra literaria de Euclides da Cunha[5]. Con el objetivo de poner en escena procesos de escritura, me interesa resaltar los movimientos intertextuales (Bernucci) y aquellos otros elementos del material textual que serán reelaborados, apropiados, reescritos y/o traducidos por Euclides da Cunha en la publicación de su libro en 1902 en Rio de Janeiro, donde se convirtió rápidamente en un gran éxito de ventas (Ventura, *Os Sertões*). En este sentido, propongo leer la *Caderneta* reponiendo una noción de *testimonio* (Fornet; Nofal) que ha sido muy provechosa en los estudios latinoamericanos para visualizar estas otras dimensiones experienciales presentes en el proceso de escritura. Reponer intertextualidades, reescrituras y apropiaciones permite acercarnos a las experiencias testimoniales en sus dimensiones no sólo personales, sino, sobre todo, sociales y culturales. No se trata, entonces, de repetir una lectura de legitimación sobre la que se funda y consolida un monumento, sino de rastrear aquellas huellas más endebles que configuran lo que llamaré un *testimonio precario* sobre el conflicto bélico. Esta precariedad del archivo, en tanto escritura de un cuaderno de campo, nos permite, a su vez, reconfigurar el lugar que ocupa el testimonio en vínculo con lo literario. En palabras de Rosana Nofal: "los relatos testimoniales no pertenecen al canon literario, sin embargo disputan un espacio particular dentro del sistema. El testimonio nace de las experiencias en los márgenes de la literatura" (45).

Escritura y archivo: precariedad y mediaciones

La *Caderneta,* en tanto archivo precario, está conformada por "rudimentos de una obra inacabada" que nos colocan frente a los borradores caóticos que da Cunha esbozaba "no calor da hora" (Galvão). Hojas repletas de palabras amontonadas en pequeños renglones

---

no sertão" (32). En la presente lectura me distancio de la pretensión fetichista que lee el manuscrito como un único origen del libro-obra.

[5] Lejos estamos de la lectura estética o poética de la prosa euclidiana tal como señala la magnífica operación que realizan los hermanos Campos en su texto *Os Sertões dos Campos: duas vezes Euclides*.

definen una economía de la escritura y una caligrafía complicada que, por momentos, poco se consigue entender: palabras sueltas que impresionan, justamente, por su "estilo nu e cru" (Soussa Andrade 33). Sería en vano reconstruir una estructura de la *Caderneta* o algún sentido de totalidad; opto por definir como "impresiones" a aquel cúmulo de escenas e imágenes sueltas sin una línea clara de ordenamiento sobre el conflicto bélico[6]. Parto de la consideración de Bernucci quien formula que "é indispensável á nossa investigação pelo teor do registro que [Euclides], sem a preocupação beletrista, ia gravando os sucessos e as impressões da campanha á medida que o autor ia tomando conhecimento deles" (113, agregado mío); de allí resalto el carácter *acontecimental* de la guerra y sus modos del registro (Galvão; Siskind) y descarto que se trate de "ideas primitivas", tal como formula Soussa de Andrade sólo porque no tienen el tratamiento, refinamiento y "estilo" con el que se compone la obra-libro[7].

Considero que estos llamados de atención por parte de la crítica sobre pequeños aspectos gramaticales y numerales no son menores ya que los "rabiscos simples, inacabados e impropios" (poco dignos de un gran autor) son la huella (Derrida) del otro lado del proceso de la escritura: la *Caderneta* importa en tanto registro de una vivencia, o más bien, de varias vivencias. En su carácter precario, no constituye un ejercicio de memoria, sino que presenta elementos, rasgos y

---

[6] Como iremos viendo en varias oportunidades, la línea recta, ordenada y progresiva en tanto metáfora de las formas del conflicto bélico y de su escritura deja de operar en buena parte de estas impresiones que se perturban, una y otra vez, frente a la ruptura incesante de los acontecimientos (Garate; Uriarte; Ventura, "Canudos como cidade iletrada").

[7] Advierte Soussa de Andrade al leer el lenguaje de la *Caderneta*: "Eis a ideia primitiva na linguagem apressada, mantida pelos rabiscos de simples anotações, o que justifica defeitos de construção, frases inacabadas, impropriedades de expressão e de pontuação, nos quais não devemos atentar, como faríamos, se se tratasse de um texto definitivo" (49). A continuación lee los fragmentos como disculpándose, en nombre de da Cunha, al respecto de errores gramaticales e incoherencias lógico-matemáticas que parecen manchar la imagen del gran escritor nacional: "Vale observar que a pressa com que trabalhava dava em coisas como a expressão 'Deixaram-nos', e até em erro rudimentar de divisão da parte dele, conhecedor da matemática inteira: 118 ou 119 carretas, e não 121 bastavam para o transporte dos 83 mil quilos de munição... referidos no penúltimo trecho que, no original, é acompanhado do título 'Mobilidade' (55)".

diálogos heteróclitos de aquellos encuentros con los otros que habitaban y combatían en el sertón. En la *Caderneta* se visibilizan y hacen presentes formas de la subalternidad canudense; y, en este sentido, la escena particular seleccionada puede inscribirse entre los múltiples casos de "subtextos" elaborados por varios de los testimonios sobre la Guerra de Canudos, entre ellos: *Canudos: memórias de um combatiente* de Marcos Evangelista Villela Jr (1997); *Canudos. Historia en versos* de Bombinho (2002); y el ciclo de literatura de Cordel sobre Canudos (relevado exhaustivamente por Calasans, 1952). En todo este conjunto textual, la precariedad puede también pensarse, en el marco de la situación bélica, en tanto la vida de excombatientes, como las de mujeres prisioneras son, tomando un concepto de Judith Butler, "vidas precarias".

Mujeres precarias, mujeres anónimas, mujeres amenazantes

El paisaje del horror vivido por las mujeres anónimas sobrevivientes es el capturado por Flavio de Barros (Almeida 73) en su fotografía conocida como "400 Jagunços Prisioneiros" (editada bajo el título "Rendicão dos conselheristas em 02 de Octubro") con la cual se presenta el final del conflicto y el estado de las fuerzas canudenses[8].

Euclides da Cunha narra este final en *Os Sertões* de la siguiente manera: "Nem um rostro viril, nem um braço capaz de suspender uma arma, nem um peito resfolegante de campeador: mulheres, sem número de mulheres, velhas espectrais, mozas envelhecidas, velhas e mozas indistintas na mesma fealdade, escaveiradas e sujas [...]" (Almeida 73). Las mujeres sobrevivientes eran instigadas día a día con una serie de interrogatorios que se realizaban en el frente de batalla para averiguar información estratégica. *Os Sertões* narra una de esas escenas:

Se hizo una concesión al género humano: no se degollaban a las mujeres ni a las criaturas. Era menester, sin embargo, que no se revelaran peligrosas.

Fue el caso de una mamaluca cuarentona que apareció cierta vez, presa, en la carpa del comando en jefe. El general estaba enfermo. La interrogó desde su lecho de campaña, rodeado de gran número de oficiales. La investigación se resumía a las preguntas de costumbre, acerca del número de combatientes, del estado en que se hallaban, de los recursos que poseían y otras, de ordinario respondidas por "¡Sé, no!" decisivo, o un "¿Yo sé?" vacilante y ambiguo.

La mujer, sin embargo, desenvuelta, enérgica e irritada, se explayó en consideraciones imprudentes. (...) Y tenía la gesticulación incorrecta, desabrida y libre.

Irritó. Era una bruja peligrosa. No merecía el bienquerer de los triunfadores. Al salir de la tienda, un alférez y algunas plazas le aseguraron.

Aquella mujer, aquel demonio de enaguas, aquella bruja prediciendo la victoria próxima...fue degollada. (traducción al español de Florencia Garramuño en Cunha, Euclides da, *Los Sertones*, Buenos Aires: FCE: 2012, 394-395).

Este tipo de interrogatorio es parte de una práctica cotidiana en el campo de batalla en el que varias "mujeres presas" son llamadas para tomarles testimonio. En tanto determina las reglas de la guerra, el interrogatorio nos permite ver cómo la posesión de información estratégica y táctica es determinante para los posicionamientos de ambos bandos enfrentados y la resolución de los conflictos militares. No se trata de una negociación en la que se acuerdan modos de intercambio, sino, más bien, estamos en una situación liminar donde pretensiones de poder rigen la presión del interrogatorio y los modos de

---

[8] Sobre el cruce entre los textos de Euclides da Cunha y las fotografías de Flávio de Barros ver Alejandra Mailhe.

intercambio verbales (para esta altura el conflicto está muy desarrollado y no hay posibilidades de acordar negociaciones).

En una primera lectura, la transcripción y publicación de dicha
escena en el libro *Os Sertões* puede ser leída como una de las visiones
más crudas del "crimen" denunciado por da Cunha en el "Prólogo"
del libro célebre en su crítica al desvío de la visión oficial del avance
republicano; sin embargo, en la cita, claramente, se reproducen dos
modelos antagónicos de representación de las mujeres de larga
tradición colonialista[9]. El "crimen" denunciado por da Cunha presupone una representación de las mujeres que en tanto sumisas, despo-
jadas e ignorantes se las emparenta con niños y se las presupone en
condición de inferioridad inofensiva; a menos de que se demuestre lo
contrario. Frente a estas pobres indefensas, la mujer peligrosa lleva el
nombre de "mamaluca" y se asocia rápidamente en el texto a dos
figuraciones estereotípicas: la mujer bruja y la mujer demonio. Esta
"bruja peligrosa" es la que se vuelve, por sí misma, merecedora del
castigo de muerte final (degollada también); pero antes de que esto
ocurra, esta "mamaluca" es quien habló y sentó registro en la *Caderneta de campo*. Me permito la cita completa para su posterior análisis:

> Mulheres presas na ocasião em que os maridos caíam mortos na luta e a prole
> espavorida desaparecia na fuga aquí têm chegado, numa transição brusca do
> lar mais ou menos feliz para uma praça de guerra inimiga – e não lhes diviso
> no olhar a mais breve sombra de espanto e em algumas o rosto bronzeado e
> de linhas firmes é iluminado por um olhar de altivez estranha e quase amea-
> çadora. Uma destas mulheres foi trazida à presença do general:

[9] Son varias las textualidades sobre Canudos donde se replican representaciones de la mujer como "amenazante". El rol de las mujeres en la lucha de Canudos es señalado por varias noticias internacionales tales como la nota publicada
por *The Sun* (05/12/1897, p. 3, NY), la cual menciona un grupo especializado en
lucha con armas blancas: las mujeres fanáticas. No sólo eso, sino que en Canudos
se habría entrenado un batallón compuesto por mujeres con "facao", muy dies-
tras y culpables de la primera derrota republicana en Queimadas: "he enlisted
and held at Canudos a battalion of women, whom he armed with a *facao*, a blade
resembling the Cuban machete, which they very soon learned to wield effec-
tively". Las mujeres fanáticas aquí en el rol más temible con facón en mano se
las describe emparentadas con los machetes cubanos. Por su parte, el apartado
"Os Jaguncos de Conselheiro" de *Canudos. Memorias de um combatiente*, comenta la
presencia de mujeres, quienes "usavam saias de chita, generalmente muito sujas,
e uma camisa a que chamavam cabecao". Para profundizar estas representaciones de la mujer en la obra euclidiana ver Calasans ("As Mulheres de *Os Sertões*").

– Onde está teu marido?

– No céu.

– Que queres dizer com isto?

– Meu marido morreu.

O tte.-coronel Siqueira de Meneses julgou conveniente fazer-lhe algumas perguntas acerca do número de habitantes e condições da vida em Canudos.

– Há muita gente aí em Canudos?

– E eu sei? Eu não ando *navegando* na casa dos outros? Além disto *está com muitos dias* que ninguém sai por via das peças – e eu não sei contar, só conto até quarenta.

– O Conselheiro tem recebido auxílio estranho, munição, armas?

– E eu sei? Eu não vi nada, mas porém aí não *manca* arma prá brigar.

– Onde estava seu marido quando foi morto?

Esta pergunta foi feita por mim, e em má hora a fiz. Fulminou-me com o olhar:

– E eu sei?! Então querem saber do *miúdo até o graúdo*? Qué extremos!

E uma ironia formidável refletida nos lábios secos que se rugaram num sorriso indefinido sublinhou esta frase altiva, incisa, dominadora como uma repreensão.

– Onde está Vila Nova?

–E eu sei?

–E Pajeú?

–*É de hoje* que ele morreu?...

~~Respondem quase sempre uma pergunta com outra.~~

– Tem morrido muita gente aí?

– E eu sei?

Este *e eu sei* é quase o começo obrigado das frases de todos; surge espontaneamente, infalivelmente, numa toada monótona, coro- ando todos os períodos, como uma vírgula em todas as frases.

– E eu sei? meu marido foi morto quando *abancava* pro santuário no meio de um *lote de soldados*, o mesmo tiro quebrou o braço do meu filho. Fiquei estatalada... não vi nada... este sangue que-está aqui na mina roupa é do meu filho – o que eu queria era ficar lá também morta...

E assim vão torcendo e evitando a todas as perguntas, fugindo vitoriosamente ao interrogatorio mais hábilmente feito. E quando as perguntas assediam-nas demais, inflexivelmente, quando não é mais possível tergiversar –lá surge o incansável *e eu sei?* Eufemismo bizarro e mais expressivo do que o *não!* simples, positivo.

Não fazem a revelação mais insignificante e mesmo ladeados pelos soldados, é sempre com a veneração mais profunda refletida na palavra e no gesto que se referem *ao nosso Conselheiro*.

Outro sistema interessante: respondem a uma pergunta com outra. No diálogo as interrogações entrechocam-se de lado a lado, de um modo bizarro sendo difícil distinguir o que interroga do que responde (Extraída con marcas originales de la transcripción de: Cunha 2009: 156-159).

En la impresión presente se cruzan tres enunciaciones diferentes: la del corresponsal Euclides da Cunha, la del coronel Siqueira de Meneses y la de una mujer canudense prisionera. Cunha es la autoridad que establece el marco del relato: abre y cierra la escena, y transcribe el relato del interrogatorio reponiendo las voces de los/as o-tros/as. El discurso directo en forma del diálogo constituye el rasgo que emparenta la escena con aquellos recursos que Gilberto Freyre (1940) describe como "etnográficos" de la obra de Cunha. Las voces de interrogadores e interrogada se reconstruyen enunciativamente desde la figura del narrador en tanto corresponsal de guerra. La figura novedosa para la época del corresponsal de periódicos que viaja al sertón para recolectar información de primera mano forma parte de uno de los avances modernizadores con los que las capitales litoraleñas (Rio de Janeiro y Salvador de Bahia) presentan sus novedades pretendidamente fidedignas sobre los acontecimientos de la guerra. Sin embargo, esta presunción de información recolectada de primera mano, esconde en sí rasgos y operaciones que no podemos pasar por alto cuando estudiamos la materialidad de dichos intercambios. Como bien señala Danilo Bartelt, ninguno de los corresponsales bélicos enviados por los múltiples periódicos llegan en verdad a Canudos[10]. Hay, entonces, una mediación insalvable, que buena parte de la historiografía sobre Canudos advierte, a partir de la cual se desplaza la definición de "corresponsal" hacia la de "intérprete"[11]. El vínculo entre descripción e interpretación se evidencia, por ejemplo, en la lectura que realiza Antonio Cándido sobre la obra de Cunha al definirla

---

[10] Bartelt señala, muy lúcidamente que, "com frequência, não se leva em conta que nem todos os repórteres efetivamente presenciaram a guerra em Canudos. E quando estavam diretamente na frente de combate, sua presença não passava de poucos dias ou semanas. Portanto, muitos dos 'testemunhos oculares' se baseavam no que o jornalistas averiguavam junto a soldados e oficiais" (200).

[11] Esta mediación insalvable es parte de todo conflicto bélico, tal como señala Mariano Siskind: para el caso de la 1era Guerra Mundial: "Todos los escritores, sin excepción, vivieron la guerra desde lejos, y en todos los casos su experiencia estuvo mediada simbólicamente por la anticipación y el miedo, y sobre todo por la necesidad de procesar estos afectos de manera discursiva; solo los hombres y mujeres que murieron y sobrevivieron en la contienda vivieron la guerra de manera trágicamente inmediata" (235).

como "un ensayo de interpretación del Brasil" (Cándido, "Euclides da Cunha sociólogo" 29). La descripción etnográfica se encuentra enmarcada, entonces, en una puesta en escena particular (el mismo Cunha describe Canudos como un "espectáculo") sobre la que se imprimen puntos de vista a partir de un "reciclagem textual" (Bernucci 114). Abundan en la *Caderneta* indicios con los cuales Da Cunha expone, mide y pretende sistematizar las condiciones naturales extremas que se viven en el sertón y los rasgos característicos de sus habitantes. Aspectos que serán cruciales en las formulaciones de conceptos como "isolamento" (Freyre, "Euclides da Cunha, revelador da realidade bresileira") están aquí en su grado cero. Hay una clara conciencia del valor del registro en los apuntes de Cunha vinculada no sólo con su actividad de corresponsal periodista, sino también con sus roles en tanto enviado estatal que tiene en mente la importancia de la cartografía y del mapa como artefacto. Anotaciones sobre el clima y las temperaturas, y los bocetos geográficos realizados en carbonilla se configuran como formas modernas de mapeo del espacio del sertón en un marco de discusiones diplomáticas dónde la "joven" república brasileña se encontraba en plena delimitación de sus fronteras nacionales con Bolivia, Francia (Amapá)[12] y Perú[13]. Además de estos registros territoriales, en la *Caderneta* hay una serie muy amplia de disquisiciones y aclaraciones que reponen términos y significados del habla propio de la gente del lugar. Euclides da Cunha en tanto intérprete y, ahora también, traductor, reconstruye un glosario textual de doble propósito: por un lado, un interés de tipo etnográfico de recolección de formas de vida y de habla de los sertanejos[14]; por otro lado, pero en simultáneo, ese glosario funciona como avances de la escritura, en tanto tecnología moderna que busca imponer un saber

---

[12] Rui Barbosa fue el enviado a Francia para llevar adelante una larga discusión política que podemos reponer desde *La Prensa* de BS AS durante 1897.

[13] Cunha formó parte, luego de la campaña de Canudos, de la Comissão Brasileira de reconhecimento do Alto Purus encargada de la delimitación de fronteras en la región amazónica con Perú (Uriarte).

[14] De los cuales Cunha repone y reconstruye sus definiciones, tal como señala Medeiros en el Prólogo: "Na atenção que dedica à fala e aos costumes do sertanejo – um tipo de material que outros desprezariam – percebe-se uma curiosa afinidade, uma rude e estranha afeição que vai sendo construída aos poucos ao longo se suas anotações" (15).

legitimado y necesita "traducir" el habla del otro con objetivos colonialistas[15].

En este sentido, la transcripción del interrogatorio en tanto operación moderna/colonial nos ubica frente a lo que Gayatri Spivak denomina como "conocimiento subyugado" (317) y nos plantea ese doble juego simultáneo de rescate y colocación.

No podemos negar el contexto de "violencia epistémica" en el que se pasa a la escritura la voz de una mujer canudense (que por cierto en términos de singularidad ha quedado anónima para la historia nacional); mas asimismo, es, justamente, esta operación la que pone en escena un rescate de la voz de la otra (quien tampoco es aquí denominada con el adjetivo oficial, muy reproducido en casi toda la prensa internacional, de "fanática"). Esta doble operación puede pensarse también en términos de inclusión/exclusión tal como lo formula Agamben en *Homo Sacer*, donde el poder del Estado se funda en el acto de definir quien tiene derecho de vida y quien puede ser dejado para morir. La legalidad ciudadana (Garramuño) establece un vínculo directo con el valor de la vida en términos biopolíticos y la centralidad que adquiere el concepto de raza (Foucault, *Genealogía del racismo*) en la consolidación del Estado Nación es determinante para el caso del "ordem e progreso" republicano brasileño.

Traducciones, usos del lenguaje, tácticas y estrategias

Hay otro proceso de traducción visible en el fragmento trabajado: frente a la estrategia republicana consagrada por Siquiera de Meneses donde Euclides da Cunha actúa como traductor en tanto corresponsal (y miembro partícipe de la campaña estatal); la mujer canudense también actúa como traductora en la medida en que responde al interrogatorio traduciendo la imposición totalitaria y opresiva en escapes, vericuetos y respuestas propias (repletas de figuras retóricas) que constituyen lo que Michel de Certau ha conceptualizado como

---

[15] Por medio de la *Caderneta* nos enteramos también que este espíritu "coleccionista" (Ginzburg, *El hilo y las huellas*) de Cunha fue tal que al volver a San Pablo llevó consigo un botín de guerra muy particular: un cinto de jagunço, un *cornimboque*, un cuchillo o faca sertaneja, una bolsa llena de piedras y, entre ellos, un jaguncinho joven al que nombró Artur Oscar, quien luego vivió y estudió para profesor en la metrópolis (Calasans, "*O Jaguncinho de Euclides* da Cunha").

agencias "tácticas". La mujer canudense cumple el rol de una mediadora oral a la que se le exigen precisiones sobre los otros canudenses; ella decide también interpretar, omitir informaciones y relatar su versión en el juego de "comprensiones" que se da en el interrogatorio. Frente a las inquisiciones del general enfermo y en el marco de narración euclidiana, la mujer es una traductora "opaca"; sin embargo, leída desde sus propios fines, será, en verdad, muy exitosa.

Desde la perspectiva de Cunha, la mujer, en su representación amenazante, posee formas de hablar y de enunciarse que se caracterizan por ser de "gesticulación incorrecta, desabrida y libre". El "hablar mal" es la raíz de la conceptualización que la traducción de Da Cunha interpreta frente a las respuestas ambiguas y vacilantes de la torturada. El "no saber" es la fórmula que habilita el castigo de muerte, tal como se describe cuando Euclides da Cunha asume su rol de interrogador y formula una pregunta "sin sentido" (asumida por él mismo) sobre el marido muerto. La mujer lo fulmina con su respuesta sobre las pretensiones del "querer saber" y explicita frente a la sed de conquista: "Então querem saber do *miúdo até o graúdo*? Qué extremos!". Este gesto explicita las bases del denominado "conocimiento subyugado": un "querer saber" que necesita incorporar la alteridad amenazante de alguna manera[16]. Cunha comprende buena parte de las tácticas de la mujer y explicita la ironía de dicha enunciación. Esta ironía es una de las varias y diversas figuras retóricas que la canudense pone en juego. La tensión entre el saber y el no saber se puede leer como principio constitutivo del conflicto entre ambos traductores ya que en esta se visibilizan tanto la pretensión inquisidora como también la denuncia de dicha opresión.

Los inquisidores, a imagen y semejanza de sus estructuras de poder bélico, figuran una imagen de Antonio Conselheiro en tanto un jefe militar fuertemente amotinado, reproducida varias veces en el frente republicano. Sus preguntas cuantitativas son al respecto de

---

[16] La necesidad de incorporar las figuras sertanejas al imaginario de la República forma parte de la misión republicana de las letras (Sevcenko), tal como la formula Machado de Assis, quien resalta en una crónica sobre Antonio Conselheiro, la importancia de los caracteres románticos de los personajes de Canudos en comparación con la literatura de Victor Hugo. (Machado de Assis, *A semana*, publicado originalmente en la *Gazeta de Notícias*, Rio de Janeiro, de 24/04/1892 a 11/11/1900)

armas y municiones, replicando nuevamente la idea de que es en las tecnologías en donde radica el poder de resistencia de los canudenses[17]. La mujer responde sencillamente que no sabe porque no vio nada sobre Conselheiro (la experiencia directa es la que determina el conocimiento para ella) y responde con una frase regional de doble sentido "no *manca* arma para pelear".

En las insistentes preguntas a la mujer sobre los otros canudenses, aparece la gran preocupación del frente republicano acerca de cómo conseguir contar a los enemigos. El problema del contar (en su doble acepción gramático-matemática de la cuenta y del relato) es, para el conflicto de Canudos, un eje central de los enfrentamientos tanto bélicos como discursivos[18]. A la mujer se le consulta por cantidad de enemigos en Canudos y ella responde que no sabe contar en números naturales "más de 40" y además, no se considera una persona extrovertida que anda por ahí metiéndose en las casas de los otros. La mujer señala, en este sentido, la distancia cultural con la que estaban educados los canudenses, "educados numa rude escola de dificultades e perigos" al decir de Da Cunha en su artículo "A nossa vendeia"[19]; y, por ende, en un contexto alejado de los conocimientos disciplinares: la palabra escrita y los números naturales. Rodríguez Martínez considera esta distancia como una "educação sem palavras" (114); sin embargo, ¿no se trata más bien de una educación que se establece desde la palabra oral, con un acceso diferenciado a la escritura?

La mujer, con sus palabras, resalta un código cultural que rige entre los locales y nos permite circunscribir Canudos bajo el término de

---

[17] Esta fue, en parte, la causa de las derrotas bélicas de las tres primeras campañas militares donde la lucha republicana venía siguiendo estrategias militares europeas centradas en la artillería moderna inadaptable a las condiciones geográficas del sertón. Será recién en la batalla de Cocorobo donde la balanza se incline en favor de los republicanos, justamente a causa de una mímesis con los modos de luchar de los jagunzos en términos de estrategias militares y, sobre todo, en el abandono de la artillería pesada y el uso de armas blancas como los cuchillos. Ver cobertura internacional en los periódicos *El Nacional (MX), El Imparcial (Madrid), The San Francisco call (California), La Nación (Argentina)* del 30-07-1897 al 31-07-1897.

[18] Cuestión que se amplia, también, si pensamos el desarrollo nacional e internacional que tuvieron los relatos sobre esta guerra en la prensa. Ver Zilly.

[19] Publicado originalmente en dos partes en *O Estado de Sao Paulo* los días 14 de marzo y 17 de julio de 1897.

"comunidad" (Falco; Moniz): aparece en la voz de la prisionera el lugar importante que ocupa "el qué dirán" entre los y las habitantes de la comunidad. El "chisme" visualiza un modo de relación entre familias, respeto y códigos comunes del espacio ajeno y una demarcación territorial del espacio público: funciona aquí como modo de producción de saberes y circulación de información relevante en el contexto local.

En este punto, la distancia abierta entre los campos del saber de los interlocutores es tal que las inconsistencias de las respuestas, los excesos del decir y las desviaciones frente a lo esperado por los torturadores dan lugar no sólo a un no-entendimiento, sino también a una inversión de los roles entre quién pregunta y quién responde. Frente a las preguntas sobre dónde están los cabecillas del levantamiento, la mujer responde, literalmente, con más preguntas. La incisiva repetición hasta el hartazgo de la frase "E eu sei?" tiene un sentido literal en tanto se declara ignorante sobre los aspectos consultados (evidentemente a la torturada se le pide que dé explicaciones sobre eventos que están más allá de su experiencia y de su conocimiento); en una segunda lectura estamos frente a un "preferiría no hacerlo" a lo Batlebly, el escribiente, de la novela de Melville, reformulado de un modo mucho más astuto: "preferiría no saberlo".

Este avance crítico que desarticula los objetivos primeros del interrogatorio es señalado por el mismo Da Cunha, quien alerta sobre la operación táctica de la interrogada y la escribe en la Caderneta, pero prefiere tacharla: "~~Respondem quase sempre uma pregunta com outra.~~" ¿Será porque pone en evidencia el fracaso del interrogatorio y la denuncia euclidiana del "crimen" republicano no consigue alcanzar semejante derrota? ¿Será porque en verdad la mujer no sólo responde con otras preguntas? No lo sabemos. El mal del archivo precario (Derrida) expone una tachadura que nos permite visualizar el rastro expuesto por la tensión entre escribir/borrar. Estamos frente a un grafo que al tachar no hace desaparecer, no borra, sino que evidencia la dislocación y la expone. Sólo sabemos que Da Cunha opta por tachar e interpreta la frase repetida por la mujer que no sólo resuena en sus labios, sino que, surge de todos los interrogatorios a prisioneros, como un coro en el que los otros no se distinguen en su multitud: "Este *e eu sei* é quase o começo obrigado das frases de todos; surge espontaneamente, infalivelmente, numa toada monótona, coro- ando todos os períodos, como uma vírgula em todas as frases" [20].

Esta "inversión de papeles" entre interrogadores-interrogados permite releer el *ethos* civilizatorio porque cuestiona el valor de la antítesis, le hace perder su objetivo taxonómico y deconstruye los modos binarios de asignación republicanos. Particularmente, dicha subversión[21] no ocurre, como vemos, en la voluntad del cronista, sino en el registro (lo escrito, lo tachado, lo que no se puede interpretar) que subsiste e interfiere sobre las identificaciones de la alteridad comúnmente delimitadas por el discurso republicano. En este caso, las discursividades de los locales, las enunciaciones inexplicables para el propio Da Cunha, accionan sobre la lengua y provocan los mismos efectos que sus acciones bélicas: tuercen y deforman las líneas de defensas, evitan y reaparecen en lugares inesperados, responden desde otra lógica. Descolocar y subvertir son agencias tácticas producto de múltiples operaciones textuales (digresiones, omisiones, repeticiones, ambigüedades, indefiniciones) por medio de las cuales los y las canudenses se inscriben en la literatura de Euclides da Cunha.

Indicios de una cultura oral: religiosidad popular

Ahora bien, una vez enunciadas algunas de las operaciones o "micropolíticas" (Guattari y Rolnik) que la mujer canudense lleva a cabo; nos queda por indagar ese otro espacio de "visión del mundo" que se abre más allá del juego entre interrogadores/interrogados. Carlo Ginzburg en su conocido libro *El queso y los gusanos* comenta un trabajo previo que realizó con testimonios judiciales de los procesos de

---

[20] El problema de la multitud es clave en muchas facetas del conflicto y sobre él se estructura el paradigma positivista que lee el accionar canudense como "fanáticos e incivilizados", cuyo paradigma es "As Colectividades Anormais" de Nina Rodrigues publicado el 1 de Noviembre de 1897 en *Revista Brasileira*. Ver Carvalho.

[21] Miriam Gárate señala que en la escritura de Da Cunha no sólo "invierte" (por medio de la imagen) categorizaciones binarias del discurso republicano-positivista, sino que también el trabajo con el lenguaje obliga a "subverter" la propia jerarquía textual de la cual "los enunciados científicos y las imágenes literario-ornamentales forman parte" (390).

brujerías de los siglos XVI y XVII en el que se evidenciaba la presente distancia entre interrogantes (sujetos y preguntas) e interrogados:

La discrepancia entre las preguntas de los jueces y las respuestas de los acusados –discrepancias que no podía achacarse ni al trauma del interrogatorio ni a la tortura– traslucía un profundo núcleo de creencias populares sustancialmente autónomas (Ginzburg 22).

La visibilización de este núcleo profundo en la escena presente permite releerla no sólo como una forma de resistencia en la que el ingenio popular se sobrepone a las carencias, se burla corrosivamente del poder, o como una forma menor de enunciación aún no sustituida por medios más eficaces de resolver los apremios vitales; se trata más bien, de una forma diferente de decir y problematizar la experiencia.

En este sentido, me interesa formular que la experiencia religiosa, por medio de la cual la mujer explica acontecimientos ocurridos es uno de los modos propios de comprensión y explicación de la realidad, ya que opera como un saber en sí mismo. Ante la pregunta sobre el marido muerto, la mujer lo primero que enuncia es que está "no céu". Para el interrogador, se trata de una respuesta vacía y falsa por lo que repregunta y la mujer traduce: "meu marido morreu". Se evidencia así una tensión latente entre la segmentación y (pretendida) autonomía de los campos, en torno a la cisura moderna radical entre un aquí y ahora, y el más allá de la muerte que encarnan los instigadores al pedir explicaciones por fuera de lo sobrenatural o divino; y una visión cosmológica por parte de la mujer que supone que lo sagrado es un nivel más de la realidad[22]. Los postulados de la mujer descansan entonces en una concepción propia de la noción de "milagros" y "desgracias" que formulan su modo de comprensión del conflicto bélico. La "desgracia" total que describe (la muerte de su marido, su hijo herido y la sangre del hijo en su ropa) se impone en tal grado de positividad para el concepto "humanista" de los interrogadores que suspende las preguntas y obtura la continuación del interrogatorio. La "concesión al género humano" enunciada por Da Cunha se devela aquí como limitada, reductora e insuficiente. La

---

[22] Si aplicásemos aquí una lectura de tipo "ficcional" (como la propuesta por Machado de Assis) estaríamos (como ha hecho buena parte de la crítica literaria "autónoma") despojando las enunciaciones (y sus modos de producción) de los vínculos de sentido con la experiencia.

denuncia de Da Cunha no alcanza a concebir como "humanas" a las mujeres canudenses; por su parte la mujer interrogada alcanza una "huida victoriosa del interrogatorio más hábilmente hecho" al decir del propio Da Cunha[23].

Precarias conclusiones

El trabajo con lo precario, en tanto menor, posibilita un cruce particular entre textualidad y experiencia en la que, asumiendo las limitaciones propias del archivo, podemos acceder, por medio de la lectura crítica, a aquellas otras voces que hablan en el texto. En palabras de Ranajit Guha, "leer estas aseveraciones como un archivo es dignificarlas, dándoles la categoría de un escenario textual en el que se libra una lucha para devolver a la historia una experiencia que yace enterrada en una grieta oculta de nuestro pasado" (150)[24].

Las impresiones de la guerra se ubican en una posición extrema frente al trabajo escriturario con el cual Da Cunha elaboró, luego de su experiencia bélica en 1897, el estilo literario que consagró el valor de su libro célebre hacia 1902. Este trabajo mesurado del escritor releído a partir de las irrupciones de las enunciaciones subalternas permite desarticular buena parte de las tan mentadas lecturas consagratorias al señalar que, en palabras de Roger Chartier: "La cultura de elite está constituida, en gran parte, por un trabajo operado sobre materiales que no le son propios" (36).

El análisis comparativo entre diferentes campos del saber y del decir permite plantear un trabajo analítico que pone el foco en procesos de rescritura, apropiación y traducción sobre los cuales poco importa la búsqueda de un origen. La apertura analítica visibiliza otros

---

[23] Por último, cabe aclarar que no se trata de afirmar que, ante la situación bélica extrema, la única salida para la mujer es la de encomendarse a Dios, sino que más bien, me interesa apenas apuntar de qué maneras la variable religiosa está siempre presente y constituye un engranaje clave en la cultura de los canudenses.

[24] Machado de Assis ya alertaba en su crónica del 1897 el riesgo de la victoria definitiva de la ley al decir que "a perseguição [...] acabará por derribar o apóstolo, destruir a seita e matar os fanáticos. A paz tornará ao sertão, e com ela a monotonia. A monotonia virá também à nossa alma. Que nos ficará depois da vitória da lei?" (414).

registros y, por ende, nos permite acceder a otras voces anónimas para la historia, pero muy relevantes en la producción de materiales consagrados con nombres de autor. Es desde la letra, en sus variantes legales y literarias, desde donde el avance republicano ha insistido en construir una hegemonía del saber y del decir sobre Canudos. Frente a ello, los subalternos también hicieron un uso propio del lenguaje tal como leímos en la impresión analizada: la mujer canudense pone en juego un uso muy diestro, rico y particular del lenguaje en el que abundan figuras retóricas como la metáfora, la ironía, la repetición *ad absurdum*, las elisiones; frases hechas y dobles sentidos; abundantes exclamaciones por el sentido común. Las enunciaciones de la mujer distan mucho de manifestaciones emotivas o "fanáticas" y están impregnadas de una racionalidad extrema mediante la cual se dan argumentos a favor de su posición. Es en este sentido que las enunciaciones de la mujer pueden leerse, acuñando un término de Eduardo Viveiros de Castro, como una "traducción exitosa", en la medida en que la buena traducción es la que consigue deformar o transformar la lengua de llegada (en este caso, una lengua doblemente legitimada: legal y literariamente). La traducción de ella no sólo desrealiza los sentidos de la lengua del enemigo; sino que también consigue inscribirse en la tradición escrita de lo nacional. Los subalternos, en este caso, no sólo hablan (Spivak) sino que también interpretan, rezan y, entre otras cosas, escriben, dictan y dan letra a quienes buscan borrarlos de la historia.

BIBLIOGRAFÍA CITADA

Agamben, Giorgio. *Homo sacer. El poder soberano y la nuda vida*. Madrid: Pretextos, 1998.

Almeida, Cicero Antonio F. de. *Canudos: imagens da guerra, fotografias Flavio de Barros*. Rio de Janeiro: Lacerda Ed./Museu da República, 1997.

Assis, Machado de. *Obras completas de Machado de Assis*. São Paulo/Rio de Janeiro/Porto Alegre/Recife: Editora Mérito, 1961.

Bartlet, Dawid Danilo. *Sertão, República e Nação*. São Paulo: Editora da USP, 2009.

Bernucci, Leopoldo. *A imitação dos sentidos: prógonos, contemporáneos e epígonos de Euclides da Cunha*. São Paulo: EDUSP, 1995.

Bombinho, Manoel Pedro das Dores. *Canudos, Historia en versos*. São Paulo: Hedra, 2002.

Butler, Judith. "Vida precaria". En *Vidas precarias*. Buenos Aires: Paidós, 2006, 163-189.

Calasans, Brandão da Silva, José. *A guerra de Canudos na poesia popular.* Salvador: Centro de Estudos Baianos, 1952.

——. "*O Jaguncinho de Euclides* da Cunha". *Gazeta do Rio Pardo*, São José do rio Pardo, 9 ago. 1980.

——. "As Mulheres de "Os Sertões". *Coleção José Calasans.* Salvador: Centro de Estudos Baianos, 2001. 7-23.

Campos, Augusto de, y Campos, Haroldo de. *Os Sertões dos Campos: duas vezes Euclides.* Rio de Janeiro: Sette Letras, 1997.

Cándido, Antonio. "Literatura como Sistema". En *Formação da literatura Brasileira* (Vol. I). São Paulo: Ed. da Universidade de São Paulo/Ed. Itatiaia Limitada, 1975.

——. "Euclides da Cunha sociólogo". En *Remate de males.* Campinas: Departamento de Teoria Literária do IEL/UNICAMP, Número Especial Antonio Candido. Anual. ISSN 103-183X. 1999, 29-32.

Carvalho, Murilo de. *Os bestializados.* São Paulo: Companhia das Letras, 1996.

Chartier, Roger. *El mundo como representación.* Barcelona: Editorial Gedisa, 1992.

Cunha, Euclides da. *Os Sertões (Campanha de Canudos).* Edição, prefácio, cronologia, notas e índices por Leopoldo Bernucci. São Paulo: Ateliê Editorial/Imprensa Oficial do Estado/Arquivo do Estado, 2001.

——. *Caderneta de campo.* Introducción, notas e comentário Olímpo de Soussa Andrade. Rio de Janeiro: Fundação Biblioteca Nacional, 2009.

——. *Obra Completa.* São Paulo: Nova fronteira, 2009. 2 vols.

De Certeau, Michel. *La invención de lo cotidiano 1.* Artes de hacer. México, DF: Universidad Iberoamericana, 2008.

Derrida, Jacques. *Mal de archivo. Una impresión freudiana.* Madrid: Trotta, 1997.

Falco, Rui. *Cangaceiros e fanáticos.* Rio de Janeiro: Civilização Brasileira, 1976.

Fornet, Ambrosio. "El testimonio hispanoamericano: orígenes y transfiguración de un género". En *El otro y sus signos.* Santiago de Cuba: Ed. Oriente, 2008. 11-42.

Foucault, Michel. *Dits et écrits.* Paris: Gallimard, 1994. 4 vols.

——. *Genealogía del racismo.* La Plata: Editorial Altamira, 2015.

Freyre, Gilberto. "Euclides da Cunha, revelador da realidade bresileira". En Euclides da Cunha, *Obra Completa (Vol. 1).* Rio de Janeiro: Ed. Nova Aguilar, 1995. 15-45.

Freyre, Gilberto. *Atualidade de Euclydes da Cunha.* 2. ed. Rio de Janeiro: Casa do Estudante, 1943. (Conferência – Salão de conferências da Biblioteca do Ministério das Relações Exteriores do Brasil, 29 out. 1940).

Galvão, Walnice Nogueira. *No Calor da Hora: estudo sobre representação jornalística da Guerra de Canudos; Quarta Expediçã.* São Paulo: Editora Ática, 1994.

Garate, Miriam. "Cruzar a linha negra e desfazer a oposição". Em *O clarim e a oração: cem anos de Os Sertões.* São Paulo: Geração Editorial, 2002.

Garramuño, Florencia. "Pueblo sin Estado: los sertones y el imaginario moderno", Prólogo en Cunha, Euclides da. *Los Sertones: Campaña de Canudos.* Buenos Aires: Fondo de Cultura Económica, 2012. 7-21.

Ginzburg, Carlo. *El hilo y las huellas. Lo verdadero, lo falso y lo ficticio*. Buenos Aires: Fondo de Cultura Económica, 2014.

——. *El queso y los gusanos. El cosmos según un molinero del siglo XVI*. Buenos Aires: Ariel, 2016.

Guattari, Félix, y Rolnik, Suely. *Micropolítica. Cartografías del deseo*. Madrid: Traficantes de Sueños, 2006.

Guha, Ranajit. "La muerte de Chandra.". *Historia y grafía* 12 (1999): 49-86.

Lois, Élida. "Marco teórico, metodología y campo de investigación". En *Génesis de escritura y estudios culturales*. Buenos Aires: Edicial, 2001. 1-70.

Mailhe, Alejandra Marta. "Imágenes del otro social en el Brasil de fines del siglo XIX. Canudos como espejo en ruinas". *Prismas. Revista de historia intelectual* 14 (2010): 37-56.

Medeiros, Benicio. "Apresentação" a Cunha, Euclides da. *Caderneta de Campo* / Euclides da Cunha; introducción, notas e comentário Olímpo de Soussa Andrade. Rio de Janeiro: Fundação Biblioteca Nacional, 2009. 7-16.

Momiz, Edmundo. *A guerra social de Canudos*. Rio de Janeiro: Civilização Brasileira, 1978.

Nofal, Rossana. *La escritura testimonial en América latina. Imaginarios revolucionarios del sur*. Tucumán: Universidad Nacional de Tucumán, 2002.

Rodríguez Martínez, Benito. "Séculos sem fim: crónicas do centenário de Canudos". *Letras* 47 (Curitiba: Editora da UFPR, 1997): 109-121.

Sevcenko, Nicolau. *Literatura como missão: tensões sociais e criação cultural na Primeira República*. São Paulo: Brasiliense, 1983.

Siskind, Mariano. "La primera guerra mundial como evento latinoamericano: modernismo, visualidad y distancia cosmopolita". *Cuadernos de Literatura* XX, 39 (enero-julio 2016): 230-253.

Soussa Andrade, Olímpo de. "Introducción, notas e comentário" a Cunha, Euclides da. *Caderneta de Campo*. Rio de Janeiro: Fundação Biblioteca Nacional, 2009. 17-64.

Spivak, Gayatri. "Puede hablar el subalterno?". *Revista Colombiana de Antropología* 39 (enero-diciembre 2003): 297-364.

Uriarte, Javier. "Emergencias de lo invisible: ruina y lenguaje en *Os Sertões*". En *Entre el humo y la niebla. Guerra y cultura en América Latina*. Martínez-Pinzón, Felipe y Uriarte, Javier, eds. Pittsburgh: U of Pittsburgh P, 2016. 137-158.

Ventura, Roberto. "Canudos como cidade iletrada: Euclides da Cunha na *urbs* monstruosa". *Rev. Antropol.* 40, 1 (1997): 165-181 [online].

——. *Os Sertões*. São Paulo: Publifolha, 2002.

Villela Júnior, Marcos Evangelista C. *Canudos: memórias de um combatiente*. Rio de Janeiro: EdUERJ, 1997.

Viveiros de Castro, Eduardo. *Metafísicas caníbales*. Buenos Aires: Katz, 2010.

Zilly, Bertold. "Canudos telegrafado. A guerra do fim do mundo como evento de mídia na Europa de 1897". *Ibero-amerikanisches Archiv*, Neue Folge, 26, 1/2 (2000): 59-96.

REVISTA DE CRÍTICA LITERARIA LATINOAMERICANA
Año XLV, Nº 90. Lima-Boston, 2ᵈᵒ semestre de 2019, pp. 51-80

"A VIRTUDE, UMA QUASE IMPIEDADE":
INSCRIÇÃO DE EUCLYDES DA CUNHA EM JORGE LUIS BORGES

Byron Vélez Escallón[1]
Universidade Feddural de Santa Catarina

Resumo

A hipótese central deste trabalho é que o conto borgiano "Tres versiones de Judas" (1944) é, entre outras coisas, uma leitura elíptica –e trágica– de Euclydes da Cunha e, através dele, da República do Brasil; uma inscrição borgiana que nos permite pensar o *ethos* civilizatório, não como uma conjuração da guerra civil, mas como sua continuação e perpetuação. O propósito será, assim, especular sobre o modo em que Borges condensa (e conjura) Euclydes na figura de Judas, isto é, sobre a maneira em que faz dessa inscrição um paradigma, que constrói e torna inteligível todo um contexto histórico altamente problemático.
Palavras-chave: Euclydes Da Cunha, Jorge Luis Borges, *Stasis*, biopolítica, literatura latino-americana.

Abstract

The central hypothesis of this work is that the Borgiano tale "Tres versiones de Judas" (1944) is, among other things, an elliptical—and tragic—reading of Euclydes Da Cunha and through him, of the Republic of Brazil; an inscription that allows us to think of the civilizing *ethos*, not as a conjuration of civil war, but as its continuation and perpetuation. The purpose will thus be to speculate on how Borges condenses (and conjures) Euclydes Da Cunha into the figure of Judas, that is, on how he makes this inscription a paradigm, which constructs and renders intelligible a highly problematic historical context.
Keywords: Euclydes Da Cunha, Jorge Luis Borges, *Stasis*, biopolitics, Latin American literature.

¹ Este trabalho fez parte das atividades que desenvolvi em instância pós-doutoral em 2017, junto ao Programa de Pós-Graduação em Literatura da Universidade Federal de Santa Catarina, com bolsa do CNPq e supervisão do Prof. Dr. Raúl Antelo. Agradeço, além de ao Prof. Antelo, à Dra. Camila Volker, pois a ideia deste texto surgiu da leitura da sua tese *Uma superfície líquida, barrenta e lisa: A paisagem amazônica em Euclides da Cunha e Constant Tastevin*, defendida em 2017.

"Diadorim foi me desinfluindo. [...] O Hermógenes tinha seus defeitos, mas puxava por Joca Ramiro, fiel – punia e terçava. Que, eu mais uns dias esperasse, e ia ver o ganho do sol nascer. Que eu não entendia de amizades, no sistema de jagunços. Amigo era o braço, e o aço!"
Guimarães Rosa, *Grande Sertão: veredas*

Acredito que quando, em 1944, Jorge Luis Borges incluía no conto "Tres versiones de Judas" uma, já muito conhecida, alusão a Euclydes Da Cunha[2], não estava somente considerando ou aludindo o célebre capítulo "Judas-Asvero" (*À margem da história*, 1909)[3], nem exclusivamente a infâmia do extermínio do arraial de Canudos, mas também o artigo "Contra os caucheiros", que Euclydes publicara em 22 de maio de 1904 no jornal *O Estado de São Paulo*. Além destes, muitos são os *links* possíveis entre esses escritores. Por motivos de extensão apenas mapearei alguns deles, pois dessa maneira será mais plausível a argumentação que pretendo elaborar a partir da premissa acima esboçada.

Bôeres, jagunços, *gauchos*: entre a glória e a miséria

Corre a notícia, difundida pelo próprio Borges, de que a sua aproximação de Euclydes se deu junto, ou um pouco antes, da leitura do livro *Um místico brasileiro: vida e milagres de Antônio Conselheiro* (1920), de Robert B. Cunninghame Graham[4]. Essa mediação inglesa é provável[5], inclusive pela aproximação –nada estranha ao próprio Euclydes, como mostrarei mais adiante– que Graham faz, insistentemente,

---

[2] Uso propositalmente esta grafia do nome do autor, com um ípsilon que desapareceu nas edições modernizadas de acordo ao critério das novas normas ortográficas, não somente por ser essa a grafia do próprio Da Cunha, mas também por ser a usada por Borges.

[3] Cf. Da Cunha ("Judas-Asvero" 292-297).

[4] Resulta curioso que, via de regra, Borges mencione Euclydes como expoente do épico ou como manifestação de um *epos* lusófono em que também se conta Camões (cf. "Entrevista com Jorge Luis Borges" 529; Campos 373). A esse respeito, assim como em relação à Cunninghame Graham e à ascendência portuguesa do próprio autor, é ilustrativo "Borges em São Paulo", texto de Vicente Cechelero e Laura J. Hosiasson, em que se recolhem depoimentos da visita do escritor argentino ao Brasil, acontecida nos dias 13 e 14 de agosto de 1984.

[5] E mesmo determinante, como esclarece Raúl Antelo no ensaio "Borges/Brasil" (419).

entre as figuras do *gaucho*, do jagunço e do combatente bôer[6], mas há
indícios de uma leitura mais próxima, mais apurada, por Borges, a
partir dessa entrada.
Na obra de Borges há breves alusões à guerra do Transvaal. As
mais indiretas podem ser rastreadas nas citações, traduções e comentários de textos de ex-combatentes da Primeira Grande Guerra e da
Guerra dos Bôeres, ou de autores interessados nessas confrontações:
Lord Dunsany, Sir Arthur Conan Doyle, Frank Lloyd, Mark Twain,
William Morris, Rudyard Kipling, entre outros. Além dessas sucintas
alusões, há no corpus borgiano ocorrências de encontro ou aproximação entre as figuras do *gaucho*, do jagunço e do combatente bôer
que são de singular interesse para este trabalho. Em "Saludo a Buenos-Ayres" (*Marín Fierro*, n° 39, março de 1927), Borges e Leopoldo
Marechal, ou Evar Méndez, apresentam sob o pseudônimo tradutó-
rio B. M. um poema sobre a capital argentina atribuído a Rudyard
Kipling, em que se faz referência às invasões inglesas de 1806-1807
em termos de um "primer abrazo áspero", se mencionam Cunninghame Graham e Hudson, e se louvam "centauros americanos",
"gauchos domadores de potros" e "caballos / de las Pampas, vetera-
nos de la guerra bôer" ("Saludo a Buenos-Ayres" 295). Em "Kipling
y su autobiografia", se fala do ódio do autor inglês por bôeres, e se
mencionam também dois escritores de alguma maneira relacionados
à Guerra do Trasvaal: Mark Twain e William Morris. A referencia ao
anti-imperialista Twain é obvia e frequente, mas em outro texto sobre
William Morris –uma aula que Borges ministrara na Universidade de
Buenos Aires no dia 7 de dezembro de 1966 no marco de um curso
de literatura inglesa– se aproxima o sebastianismo conselheirista do
mito do retorno do Rei Arturo, e se explicita a tática da "Fabián So-
ciety" (de que Morris fora fundador) através de uma comparação com
a tática de luta comum aos montoneros argentinos, aos jagunços con-
selheiristas e aos bôeres: "no ofrecer batalla, sino cansar a los ejércitos
organizados contra los cuales luchaban llevándolos de un lugar a outro" (Borges, *Borges profesor* 327).

---

[6] Cf., a esse respeito, o capítulo 17 de *Um místico brasileiro: vida e milagres de
Antônio Conselheiro*, em que Cunninghame Graham, precisamente, aproxima essas
figuras para contrastá-las aos exércitos regulares, singularmente ao exército republicano brasileiro que devastara Canudos (cf. Cunninghame Graham 201).

Sintomaticamente, nesse contexto de explicitação da guerra de guerrilhas, Borges desliza uma equivalência que também encontraremos em Euclydes Da Cunha: "hubo a fines del siglo pasado un tal Antonio Conselheiro entre los 'jagunços', *los gauchos del norte del Brasil*, que também dijo que volvería Sebastián" (326; destaque meu).

Com efeito, também em *Os sertões* (1902) se aproximam as figuras do jagunço e do gaucho[7], mas é em *Contrastes e confrontos* (1907) que Euclydes desliza referencias decisivas a essas figuras –figuras que o próprio Da Cunha, na estela certamente de um Domingo Faustino Sarmiento e com seus paradoxos incluídos, domesticara como emblemas da barbárie–, com adição dos boêres. À Guerra do Transvaal há alusões várias nessa coletânea de textos breves. Nos textos "Conjecturas" e "Plano de uma cruzada", por exemplo, Euclydes justifica a expansão imperialista, incluída a "suplantação" do Transvaal pela Inglaterra, pela adaptação da "raça branca" aos mais íngremes climas e geografias, uma adaptação planejada e rigorosamente executada por exércitos de cientistas que viria combater "o barbarizar a terra" executado por "raças incompetentes": "um tal objetivo basta a nobilitar as invasões modernas. Redime-lhe todas as culpas e as grandes brutalidades da força esta empresa maravilhosa" (Da Cunha, *Contrastes e confrontos* 162-163).

Apesar da infame nobilitação, Euclydes não somente justifica o imperialismo, mas o sofre como *pathos,* da mesma maneira que em *Os sertões* afirmava que "ainda não existe um Maudsley para as loucuras e os crimes das nacionalidades" (*Os sertões* 551). E a Guerra Bôer lhe serve, geralmente, como manifestação farsesca de uma melancolia dos tempos.

Como se pode constatar em texto como "A arcadia da Alemanha" (originalmente publicado n'*O Estado de São Paulo,* em 6 de agosto de 1904), o imperialismo para Euclydes também está vinculado ao projeto naturalista, avatar decimonónico da *Enciclopédia,* que catalogara

---

[7] Para Da Cunha o gaucho não era uma figura rigorosamente nacional ou estrangeira, mas se estendia como população entre o Rio Grande do Sul, a Argentina e o Uruguai. Curiosamente, Borges sempre disse ter visto um único assassinato, a faca, acontecido na fronteira entre o Brasil e o Uruguai, no lugar em que para Borges se conserva uma certa autenticidade gauchesca: Sant'Ana do Livramento, no Rio Grande do Sul (cf. Porro 506; Cechelero e Hosiasson 279; Ribeiro 490; Antelo 418).

tão rigorosamente esta parte do mundo. Dessa maneira, o imperialismo seria uma espécie de platonismo manchado de sangue, um *revenant* da violência medieval paradoxalmente manifesto em termos científicos e produzido pelo cálculo e os interesses mais mesquinhos do *trust* capitalista.

Nesse quadro, que mais adiante –quando abordado o texto "Contra os caucheros"– veremos se desenvolver numa melancolia saturnina, não cabe a épica, mas apenas a contabilidade: "[essa] odisséia não tem rimas; tem cifras; reponta de argumentos inflexivelmente práticos; e os seus melhores cantores, uns velhinhos mansinhos, saem do recanto das academias" (*Contrastes e confrontos* 141).

Em "Civilização" (*O Estado de São Paulo,* 10 de julho de 1904), por sua vez, Euclydes questiona, para depois aceitar, o diagnóstico de um Herbert Spencer idoso: "há, nestes tempos, um recuo para a barbaria" (*Contrastes e confrontos* 226). Para Euclydes, apesar do fato do progresso material, científico e artístico da modernidade, não haveria "progresso moral", e disso seria sintoma um "atrativo": uma "pantomima heroica" na Exposição de Saint-Louis (Missouri), que reencenava em 1904 a Guerra Bôer. *Começa como tragédia...*: "Imagine-se o drama esquiliano da guerra do Transvaal sobre o palco amplíssimo de um vasto barracão de feira. A terra lendária, [...] à luz das gambiarras" (228). Os aplausos do ianque assistente a esse espetáculo fazem com que Euclydes considere, ecoando um cronista do *Figaro,* que o *freak show* somente pode ser comentado "com um humorismo laivado de melancolia" (228), pois manifesta um traço utilitário dos tempos: "Acabou-se o tipo tradicional do herói transfigurado pela desfortuna [...] Não mais Camões e Belisários... Rompe o herói político, esplendidamente burguês; [...] o herói que aluga a glória e que, antes de pedir um historiador, reclama um empresário" (229).

O herói burguês denunciado pela melancolia euclydiana é, concretamente, o general Piet Cronje, veterano da Primeira Guerra Bôer que, após derrota na segunda guerra e prisão na ilha de Santa Helena, aceitou em 1904 participar nessa reencenação de Saint-Louis. *Acabando como farsa,* a crônica euclidiana recolhe um trecho de carta do próprio Cronje em que se manifesta a profundeza da infâmia e da barbárie que habitam o *ethos* civilizatório: "é preciso viver e [...] desgraçadamente ainda não há incompatibilidade entre a glória e a miséria" (228).

O bôer é, portanto, "um recuo para a barbaria" pela via da farsa, isto é, *depois da civilização*. Antes ou fora dela, e nisso seguindo sem ressalvas o dogma de Sarmiento[8], Euclydes também vincula o "gaucho" ou a "gauchada" ao caudilhismo, e, portanto à barbárie, o que autorizaria a aproximação entre o centauro dos pampas e o habitante do *hinterland* brasileiro, muitas vezes chamado de caboclo, de sertanejo, de tabaréu e, finalmente, de *jagunço*[9]. Em *Contrastes e confrontos* há ocorrências dessa vinculação, como o perfil de José Artigas intitulado "Heróis e bandidos" (1904) que captura o *gaucho* no dispositivo discursivo da "barbárie". O artigo "Solidariedade sul-americana", trilhando o mesmo caminho, faz uma totalização metonímica desse dispositivo, pois denuncia "a perigosa solidariedade sul-americana" advinda depois que o império se transformou em república e que deixaria o Brasil, perante o olhar estrangeiro, enredado "na atividade revolucionária e dispersiva da política sul-americana, apisoada e revolta pelas gauchadas dos caudilhos" (*Contrastes e confrontos* 190). À vista desses "conceitos lastimáveis" que alinhariam o Brasil –pelo influxo internacional de uma espécie de "darwinismo pelo avesso"– numa "guerrilha do descrédito" junto a países como a Colômbia, a Bolívia, o Paraguai e o Uruguai (e longe de exemplos prestigiosos pela sua ferrenha fé positivista: o México de Porfírio Díaz, a Argentina de Mitre, o Chile aristocrático), seria fundamental combater "essas guerrilhas extravagantes" através de uma preservação do Tratado de Tordesilhas: "Sigamos –no nosso antigo e esplêndido isolamento– para

---

[8] No seu "Discurso de recepção" (1906) na Academia Brasileira de Letras, Euclydes se queixa de que "não temos ainda uma história [...] ainda não tivemos um Domingos Sarmiento ou um Herculano que nos abreviasse a distância do passado" (*Contrastes e confrontos* 233-234). De fato, e para além da aplicação de esquemas binários de interpretação nacional (civilização versus barbárie), não são poucas as ressonâncias entre os pensamentos de Domingo Faustino Sarmiento e Da Cunha. Para aprofundar essas –muitas– ressonâncias, remeto ao trabalho de Miriam Garate, arrolado na bibliografia deste trabalho.

[9] Como esclarece Walnice Nogueira Galvão, no seu "Prólogo" à edição Ayacucho d'*Os sertões*, o uso indiferenciado dessas denominações era moeda corrente na imprensa contemporânea à Guerra de Canudos e, no caso euclidiano, esse uso tem uma agência retórica concreta: "Llamar a los canudenses *jagunços* era lo mismo que llamarlos, a todos e indiscriminadamente, bandidos" ("Prólogo" XVIII-XIX). Quanto à etimologia, usos e origens da palavra "jagunço", Cf. Calasans, "Os jagunços de Canudos".

o futuro; e, conscientes da nossa robustez, para a desafronta e para a defesa da Amazônia, onde a visão profética de Humboldt nos revelou o mais amplo cenário de toda a civilização da terra" (191-193).

O maior paradoxo, como veremos, é que esse "esplêndido isolamento" civilizatório que o Brasil deveria manter a respeito de raças de "atributos inferiores", e que tem como cenário privilegiado a luta pela Amazônia, se deva fazer, justamente, na opinião de o autor de *Peru versus Bolívia,* através da luta guerrilheira de jagunços. E desse paradoxo é manifestação exemplar aquele artigo que Euclydes publicara em 22 de maio de 1904 no jornal *O Estado de São Paulo* e de que falei no primeiro parágrafo deste trabalho como precursor do conto "Tres versiones de Judas" (1944) de Jorge Luis Borges.

Povos, populações, ficções etnográficas: *stasis*

"Contra os caucheiros" faz parte de uma série de artigos que, exercendo a chefia de uma secção da Comissão Brasileira de reconhecimento do Alto Purus, Euclydes escrevera para que, juntos, conformassem em 1904 um argumento em torno da querela instaurada no conflito diplomático entre Brasil, Peru e Bolívia pela definição das fronteiras amazônicas e pelo manejamento das populações sediadas nesses territórios fronteiriços.

Na série integrada por "Contra os caucheiros", "Contrastes e confrontos", "Solidariedade sul-americana", "Entre o Madeira e o Javari" e "Conflito inevitável", como em outros artigos, o autor de *Os sertões* elaborara as bases do seu brasileirismo, um nacionalismo que nessa conjuntura opunha os "admiráveis caboclos do norte" (*Contrastes e confrontos* 189), fortes, numerosos, aclimados, corajosos, e bem identificados com os traços culturais de um povo –o povo brasileiro–, a uma "ficção etnográfica": os peruanos (177). Com efeito, o peruano para Euclydes é uma mistura de chinês, de quíchua, de espanhol, de negro e de mestiços de todos os tipos e cores; é violento e ávido; se deixa dominar por caudilhos, por patriarcas; é um parasita sem tradições, nem solidariedade, nem arraigo à terra. Enfim, sem os traços característicos dos brasileiros do norte, o conjunto dos peruanos seria uma "aglomeração irrequieta em que há todas as raças e não há um povo..." (181). Dado que essa "azáfama tumultuária" avança rapidamente sobre território brasileiro a causa da bonança extrativista *cauchera*[10], Euclydes diagnostica a necessária dominação –uma *domação*, de fato– dessa "ficção etnográfica".

Como é notória, a permeabilidade admitida, e até elogiada, por Da Cunha na fronteira sul do Brasil, é interditada no caso amazônico. A guerra, para Euclydes, é iminente e tem uma feição gravíssima: "Se contra o Paraguai [...] levamos cinco anos para destruir os caprichos de um homem [Solano López]– certo não se podem individuar e prever os sacrifícios que nos imporá a luta com a expansão vigorosa de *um povo*" (*Contrastes e confrontos* 182, destaque meu).

O paradoxo é perceptível, note-se: os peruanos *são um povo e não são um povo*. Quando lembramos que, precisamente, era a condição *sacer* (cf. Agamben, *Homo sacer*) da população de Canudos que, em *Os sertões* fundamentava o *nómos* da nacionalidade –eram um povo e não eram um povo, pois seu extermínio era o crime que fundava a República– surge mais um paradoxo. No caso da querela fronteiriça com o Peru, apesar de banidos, Euclydes diagnostica a possível inserção dos "admiráveis caboclos", esses seres excepcionais, pela sua participação num *bando*[11], a República do Brasil[12] –algo análogo, para lembrarmos o caso platino, aos *gauchos*, figuras fundamentais na constituição da República Argentina e vítimas de etnocidio pela força de lei do dogma liberal de que Sarmiento fora manifestação exemplar. Se *Os sertões* é a

---

[10] No contexto desta série dedicada ao conflito fronteiriço que nos ocupa, Da Cunha faz um uso tendencioso de grafias em castelhano. Remeto ao trabalho de Camila Bylaardt Volker, em que se elaboram algumas hipóteses e se fornecem fontes de outros estudos sobre esses usos, além de um panorama detalhado da querela diplomática mencionada.

[11] "A relação de exceção é uma relação de *bando*. Aquele que foi banido não é, na verdade, simplesmente posto fora da lei e indiferente a esta, mas é *abandonado* por ela, ou seja, exposto e colocado em risco no limiar em que vida e direito, externo e interno, se confundem. [...] *A relação originaria da lei com a vida não é a aplicação, mas o Abandono.* A potência insuperável do *nómos, a sua originária 'forca de lei'* é que ele mantém a vida em seu *bando* abandonando-a". (Agamben, *Homo sacer* 36) [*destaques no original*].

[12] É fato conhecido que a própria República brasileira fora fundada na ausência do povo, como registram as palavras do ministro do Interior do governo provisório Aristides Lobo (1838-1896), que descreveu a proclamação republicana como um feito "puramente militar": "O povo assistiu àquilo bestializado, atônito, surpreso, sem conhecer o que significava" (*apud* Rabello 44).

elegia dos jagunços de Canudos, a poesia gauchesca é a elegia dos heróis infames da independência rio-platense. Vejamos como se realiza essa inclusão-excludente no caso euclydiano. Em "Contra os caucheiros", Euclydes declara que a remessa de sucessivos batalhões para o Alto Purus "é um erro": "Está passado o tempo em que a honra e a segurança das nacionalidades se entregavam, exclusivamente, a tropas arregimentadas" (*Contrastes e confrontos* 182).

Disso seria uma demonstração a guerra do Transvaal, na África do Sul, a Guerra dos Bôeres (1880-1881; 1899-1902), laboratório em que o incipiente século XX testou duas "novidades": os campos de concentração e um dispositivo não somente disciplinar, mas propriamente biopolítico no quadro do humanismo da dobradiça entre os séculos XIX e XX: a guerra civil como paradigma político da "arte de governar", cujo corolário mais conhecido, por quotidiano e regrado, é o *apartheid*. Através deste exemplo, Da Cunha idealiza a *normalização* do uso de um exército de jagunços como estratégia no confronto fronteiriço. Como paradigma das vantagens de uma guerra de guerrilhas, e contrario ao uso de exércitos regulares (cujo exemplo desastrado mais emblemático é a Guerra de Canudos), Euclydes brande a "esgrima magistral dos bôeres contra as armas pesadas da Inglaterra": "a luta sul-africana fora a glorificação dos lutadores improvisados" (183). Nesse sentido, notemos, não seria exagerado afirmar que Euclydes também põe "o drama esquiliano da guerra do Transvaal sobre o palco [...] de um vasto barracão de feira" (*Contrastes e confrontos* 228), neste caso seu próprio texto.

Ora, qual a vantagem de se usar esses lutadores improvisados? Euclydes explicita: "quanto maior é a sua disciplina e o *training* da fileira, tanto menor é a aptidão individual de agir" (183). Isto é como dizer que não é preciso treinar soldados, pois já a própria exclusão histórica criou combatentes de aluguel para a ação expedita. Para que incorrer em gastos no preparo de soldados se sobram homens que matariam, e morreriam, por pouco, "com a mesma espontaneidade com que lhes saltam às bocas as rimas ressoantes dos folguedos"? (185). Daí deveríamos extrair uma conclusão arrojada, diz Euclydes, que nos afastasse "da nossa responsabilidade de latinos sentimentais e exagerados": "o civil apanhado a laço, o voluntário de pau e corda, o caipira a quem a farda aterroriza [...] surge de improviso desarticulando todas as peças da sinistra entrosagem em que a arte militar tem triturado os povos" (184; 183).

Euclydes, usando um oximoro[13], enumera exércitos paramilitares como "notáveis anomalias": a Guerra de Secessão, a Guerra de Independência Cubana, a resistência japonesa aos embates russos... Sabemos que mais que "anômalo", esse é, de fato, paradigma triunfante até hoje e evidente em todos os paramilitarismos normalizados[14], ao menos, desde as invasões napoleônicas, que Goya melancolicamente denunciara nos seus *Desastres de la guerra* (1810-20). E é ao bando jagunço que Euclydes dá a tarefa da "honra e a segurança da nacionalidade", tarefa em que seriam inúteis "tropas arregimentadas", e por isso devem se usar "minúsculos titãs", os "destemerosos sertanejos dos Estados do Norte", as "tropas irregulares do Acre": "Para o caucheiro –e diante desta figura nova imaginamos um caso de hibridismo moral: a bravura aparatosa do espanhol difundida na ferocidade mórbida do quichua– para o caucheiro *um domador único*, que o suplantará, o jagunço" (*Contrastes e confrontos* 185, destaques meus).

Trata-se de tornar familiares esses homens marginalizados, de torná-los recursos humanos, de *oikonomizá-los*, ajagunçados após a escravização seringueira, para que *domem* os peruanos e façam o controle fronteiriço mantendo os *caucheros* à margem.

Esse raciocínio, ao menos no que tange ao pertencimento compulsório a um *bando*, não tem nada de inédito. Lembremos Agamben: "A potência insuperável do *nómos, a sua originária 'força de lei'* é que ele mantém a vida em seu *bando* abandonando-a" (*Homo sacer* 36). Essa potência soberana pela qual a vida (*zoé*) só se torna política (*bíos*) através da sua captura como vida nua, isto é *abando*nada *no bando e pelo*

---

[13] Para Walnice Nogueira Galvão "o oximoro em Euclides não só orna como expressa a dificuldade real de alcançar uma síntese entre doutrinas contraditórias" (43). A respeito desse pensamento oximorótico, e para ver alternativas a essa síntese não atingida, remeto aos trabalhos de Carlos Capela e Camila Volker, arrolados na bibliografia deste trabalho.

[14] Hoje poderíamos falar de outras "notáveis anomalias" que se tornaram corriqueiras, exceções muito renomadas, pois a dominação ocidental as transformou em regra de ocupação de territórios colonizados: os Carabineiros de Bushveldt, os Transvaal National Scouts e os Orange River Volunteers, os esquadrões de eliminação de comunistas na Indonésia e nas Filipinas, o Talibã, ISIS, Al Qaeda, as Autodefensas Unidas de Colômbia, os CONTRAS da Nicarágua, etc. Todos esses, poderíamos dizer, são grupos "jagunços".

bando, já está implicitamente expressa na chamada Lei de Sólon[15], que na *Constituição de Atenas* (332-322 a.c.) dizia, de acordo com a crua paráfrase aristotélica: "Aquele que na guerra civil não toma um partido será golpeado pela *infâmia* e perderá todo direito político" (*apud* Agamben, "Stasis" s. p., tradução e destaque meus). Isto é, aquele que na guerra intestina não toma um partido é um *infame*, alguém despojado de *honra civil*, de acordo à apropriação dessa lei pelo Direito Romano.

Por esses motivos, posso dizer que o escritor e engenheiro Euclydes da Cunha, introduz no seu discurso de diplomata (lembremos que nesse momento exercia a chefia de uma secção da Comissão Brasileira de reconhecimento do Alto Purus), e a partir da consideração da problemática da "população" (um problema maior para as tecnologias modernas de governo), um dispositivo não somente *disciplinar*, mas propriamente *biopolítico* no quadro do humanismo latino-americano da dobradiça entre os séculos XIX e XX: a guerra civil como paradigma político da arte de governar[16].

---

[15] Acredito que não é ocioso registrar aqui que, após a proclamação da República, Euclydes fora reintegrado ao exército (de que tinha sido expulso em 1888) pela mediação do Maior Sólon Ribeiro (1842-1900). Esse oficial, que fora um dos líderes da proclamação republicana e viria a desempenhar um papel no início da guerra canudense, se tornou depois sogro de Euclydes. Em memória do Maior, com o nome "Sólon" também foram batizados a mulher e o filho de Euclydes: Ana Emília Sólon Ribeiro e Sólon da Cunha.

[16] O termo "biopolítica" aparece pela primeira vez na obra de Michel Foucault em 1974, em uma conferência intitulada "O nascimento da medicina social", proferida na cidade do Rio de Janeiro. Por "biopolítica", Michel Foucault entende, digamos de maneira geral e apenas esquemática, o modo pelo qual, a partir do século XVIII, a prática governamental procurou racionalizar fenômenos colocados, ou seja criados, pela enunciação e consideração dos viventes enquanto *população*: sexo, meio, saúde, extensão da vida, higiene, nascimento, raça (cf. Foucault; Castro, *Vocabulário de Foucault* 59-60; 188 et ss; 335-336). Complementariamente lembremos que para Foucault o liberalismo é condição de inteligibilidade daquilo que ele denomina "biopolítica", e por esse motivo seu curso *O nascimento da biopolítica* (College de France, 1978-1979) propõe "Estudar o liberalismo como quadro geral da biopolitica" (Foucault 30). É conveniente, também, lembrar que com a experiência de Canudos o próprio Euclydes já tinha elaborado uma teoria populacional, *Os sertões*, o que o coloca entre os agentes indígenas dessas tecnologias políticas modernas –e humanistas, e liberais– de governo da vida biológica.

Pode-se dizer que o paradigma jagunço, o paramilitarismo norma-
lizado, é algo assim como a encarnação de um universal, uma espécie
de corporificação *biológica* da guerra civil, da *Stasis emphylos* (conflito
próprio do *phylon*, do parentesco sanguíneo) grega, que para Agamben –nos seus pressupostos para a postulação de uma "estasiologia"–
não é outra coisa que o próprio umbral de toda politização, e portanto
de toda despolitização (cf. Antelo, *A ruinologia* 9), em Ocidente, e essa
indistinção entre "família" e "cidade", depende em grande medida de
uma distinção lábil entre "público" e "privado", "economia" e "política", *zoé* e *bíos* (Agamben, "Stasis" s. p).

"Es la guerra civil –*stasis* en griego– la que cumple el papel de la
permanencia, y el Estado moderno no habrá sido otra cosa que un
proceso de reacción a esta permanencia" (Tiqqun 32, destaques no orig-
nal). Isso quer dizer que o Estado moderno se apresenta como a conjuração da guerra civil, desde Hobbes ao menos, mas ele é, na verdade, o garante ou o administrador da permanência dessa guerra (cf.
Agamben, "Stasis"). Se o objetivo do poder é sempre tornar *bíos* a *zoé*,
quer dizer, se o objetivo do poder é sempre se preservar e permanecer
como biopoder, então mandar infames jagunços, *bandidos* (banidos do
bando, e no entanto, fundamentais ao bando à "nação brasileira"),
para preservar a "honra e a segurança" da nacionalidade não é outra
coisa que usar os recursos humanos já disponíveis, já capturados entanto que excluídos. O poder já está encarnado nesses viventes porque, ao excluí-los, esse poder tomou corpo neles. São produzidos
como soldados (nacionais) de aluguel pelo mesmo Estado nacional
que os despoja de cidadania, ou seja, de participação nos privilégios
da nação[17]. Nesse sentido, Euclydes Da Cunha opera como uma espécie de Judas em tempos seculares, em tempos em que a prioridade
metafísica é dessa outra divindade que chamamos de estado-nação.
O autor entrega discursivamente o jagunço –paradigma do próprio
bando– ao sacrifício necessário à preservação dos limites territoriais
da República, agora ameaçados pela ocupação peruana. Como no

---

[17] Isso em grande parte (e aqui sigo uma trilha tradicional na reflexão sobre
esse particular) se deve à transição do regime de trabalho servil ao assalariado e
a outras singularidades da formação da sociedade brasileira a partir da ordem
escravocrata. A esse respeito, remeto aos trabalhos de Franco, Galvão (*As formas
do falso*) e Schwarz, arrolados nas referências bibliográficas deste trabalho.

caso da chacina de Canudos, esse sacrifício funciona como um *análo-gon* da crucifixão, que é fundamento da nação cristã[18].

"Fue Judas"

Talvez por isso Euclydes, em "Contra os caucheiros", nos diz melancólica e sintomaticamente, tentando conjurar o "sentimentalismo dos filósofos": "a guerra cresceu para diminuir na guerrilha; e depois de devorar os povos devora os próprios filhos, extinguindo o soldado. Não é Marte, é Saturno" (*Contrastes e confrontos* 184). Observese: para Euclydes se está no tempo, justamente, do deus da melancolia, o deus que Goya retratara em *Saturno devorando a un hijo* (1820-1822), índice de uma temporalidade não-ascencional, um tempo titânico, ainda não –ou não-mais– cronológico[19]: "[a guerra] *evolveu ilogicamente* apropriando-se dos recursos da ciência, que a repelem, e dos da indústria, que é a sua antítese" (184, destaques meus).

Isto é mais que sintomático, pois essa cronologia melancólica tem em Euclydes uma figura concreta, a espiral (uma espécie de

---

[18] Não por acaso o coletivo Tiqqun em *Introducción a la guerra civil* pontua: "En teoría, en la práctica, el Estado moderno nace para poner fin a la guerra civil, entonces llamada 'de religión'. Es por tanto, históricamente y por propia confesión, *segundo* con respecto a la guerra civil" (33).

[19] Goya, o autor dos *Desastres de la guerra* (1810-20), faria de Saturno, devorador de homens, a imagem aterradora e paradigmática dessa concepção –não desligada dos períodos de terror político vivenciados pelo artista (cf. Nordström). Talvez não seja ocioso considerar que o próprio Euclydes é um homem de olhar insistentemente cravado na Terra (índice iconográfico paradigmático da melancolia), como se verifica pelo conjunto da sua obra, nem que Saturno é o deus do *Trauerspiel* alemão de que Benjamin derivara tanto seu conceito anti-historicista de história quanto a noção de *Ursprung* (a origem como redemoinho: algo que emerge do vir-a-ser e da extinção) (cf. Benjamin, *Origem do drama barroco alemão* 68; *Tesis sobre la Historia y otros fragmentos*). Em *Atlas*, Georges Didi-Huberman pensa na História da Arte como um arquivo heterotópico de sintomas e fantasmas que porta o insuportável à maneira do titã Atlas (um dos irmãos de Saturno), constituindo assim um *saber trágico*, que é também um saber cíclico e titânico do tempo. Por uma questão de espaço, não desenvolverei aqui reflexão mais aprofundada sobre essa temporalidade titânica: apenas remeto aos autores aqui mencionados e destaco que a matriz imagética dessa temporalidade trágica é a espiral, ou o redemoinho, caro à Patafísica, a Jacques Edwards, a Marcel Duchamp e Man-Ray, a Lezama e Sarduy, ao próprio Euclydes da Cunha...

equivalente imagético do oximoro?). É em águas espiraladas que o autor põe os peruanos de "Contra os caucheros", "girando pelas infinitas curvas e pelos incontáveis furos que formam a interessantíssima anastomose hidrográfica dos tributários meridionais do Amazonas" (*Contrastes e confrontos* 184) , assim como, aliás, faria depois com o Judas-Asvero de *À marjem da história* (1909), e como faria consigo mesmo no seu "Discurso de recepção" (1906) na Academia Brasileira de Letras[20].

A espiral é também o tempo da *stasis* pois, como antes disse, nela *oikos* e *polis* são indistintos, sem relação de sucessão entre elas; e *anacronicamente* esse é o tempo do "estado de natureza" hobbesiano, prévio à lei e ao Estado, isto é, prévio à história propriamente dita, em que todo homem é lobo do homem (*Homo homini lúpus*) (cf. Ginzburg). A guerra civil é um anacronismo ilógico, uma evolução às avessas, como o próprio Euclydes constata, pois o Estado se faz carne nesses lobisomens e é dessa carne que o Estado se alimenta: politiza na origem essas formas de vida porque as produziu, depois as engoliu, depois as cuspiu do quente da boca[21]. Antropoemeticamente, o Estado toma a sua forma mais extrema, e extrema por marginal, naqueles que corriqueiramente se assimilam à sua negação: os homens

---

[20] Com efeito, tanto na descrição do Purus como no capítulo "Judas-Asvero" (*À marjem da história*), assim como na narrativa sobre a sua primeira vista do rio Amazonas ("Discurso de recepção", incluído em *Contrastes e confrontos*), Euclydes se vale de imagens análogas. Poderia se dizer que esse rio espiralado é o *black lodge* das voltas e revoltas da ficção euclydiana. Sintomaticamente, no "Discurso de recepção", as águas amazônicas abrem aos olhos do autor "uma página inédita e contemporânea do *Gênesis* [...] a gestação de um mundo" (*Contrastes e confrontos* 230), isto é, um tempo prévio â cronologia, *antes da história*, ou *à margem* dela. Como Carlos Capela desenvolve em seu estudo *Nos confins de Judas*, o Judas-Asvero é uma espécie de duplo de Da Cunha, uma espécie de fantasma com que ele próprio se identifica, como pode se constatar em correspondência a João Luiz Alves de 1885 e, inclusive, pela "sinuosidade constante" (31) da escritura euclidiana. Para suplementar a ausência neste texto de uma reflexão aprofundada sobre Asvero, remeto ao trabalho de Capela, que reproduz trecho dessa carta e aprofunda na identificação entre Euclydes e a figura do judeu errante.

[21] "O Estado moderno pressupõe o estado de coisas que ele mesmo produz; da mesma maneira que ele, o Estado moderno, fixa em *antropologia* o arbitrário das suas próprias exigências" (Tiqqun 47).

infames, que acabam sendo algo assim como a encarnação estatal de que o Estado se alimenta. *Tragos*, bodes expiatórios, Cristos ou Judas. Como é evidente, apesar do diagnóstico estasiológico, não é que em Euclydes não opere um mal-estar permanente. Pelo contrário, é o mal-estar que o faz admirável. A autopunição de Judas advêm, é sabido, da melancólica constatação da traição. E só é traidor quem entrega alguém do próprio bando, ao menos para um jagunço. Euclydes era laico e secular. E formalmente desempregado, pois só conseguira nomeação permanente dentro do aparato do Estado na Cadeira de Lógica do Colégio Dom Pedro II, do Rio de Janeiro, em 1909, apenas um mês antes da sua morte violenta em ação quase suicida[22]. Acreditava no estado e no conhecimento, divindades seculares que, aliás, lhe permitiram saber que o jagunço é o mais extremado produto da República, ou do Império que a antecedia e que nela continuava. Por isso, talvez, em *À margem da história* (1909), Euclydes escreveria: "Naqueles lugares [na Amazônia], o brasileiro salta: é estrangeiro: e está pisando terras brasileiras" (*Obra completa* 254), ou explicitava que mandar homens do sertão para a Amazônia equivale a "Expatriá-los dentro da própria pátria" (276). E com o jagunço, ou ao menos com o Hércules-Quasimodo de *Os sertões,* ele se assimilava sequer parcialmente, se lembramos que ele mesmo se caracterizava, em dedicatória de 1903 a Lúcio de Mendonça, através de um oximoro: *"Este caboclo, este jagunço manso// -Misto de celta, de tapuia e grego..."* (727). Portanto, mandando discursivamente à fronteira o jagunço, o

---

[22] De fato, a exceção assedia a vida de Euclydes como um espectro, como um destino. Em trâmite que relembra os sequestros infantis perpetrados pelas ditaduras militares do Cone Sul, por exemplo, o escritor "resgatou" da barbárie um "jaguncinho", uma criança sobrevivente das ruínas de Canudos, que recebera como presente do general Artur Oscar (cf. Calasans, "O *Jaguncinho de Euclides* da Cunha"). Traído pela esposa, Ana Emília Sólon Ribeiro, que teve um filho adulterino com o oficial e campeão nacional de tiro Dilermando de Assis enquanto Euclydes chefiava a Comissão Brasileira de reconhecimento do Alto Purus, em 1909 o autor tentara –em clara defesa de um código de honra– matar o rival, que não somente matou o traído (na Estrada Real de Santa Cruz, na Piedade), mas também seu filho homônimo, Euclides da Cunha Filho (Quidinho), que tentara vingar o pai em 1916 (cf. Venâncio Filho; Galvão, "Prólogo"). Nesse mesmo ano, ainda, outro herdeiro da estirpe euclydiana, o filho Sólon da Cunha (Lalao), haveria de sucumbir à *stasis* generalizada, pois fora assassinado numa emboscada de jagunços, em seringal chamado Santa Cruz, no Acre (nas matas do rio Jurupari, em Feijó).

autor *se manda* rio abaixo, rio a fora, rio a dentro, como o seringueiro mandava o Judas-Asvero, esse seu *doppelgänger*, para receber tiros no sábado de aleluia.

Um do bando, banido, bandido, *infame*, Euclydes é Judas quando manda discursivamente à fronteira o jagunço. Para além da singularidade desses combatentes, o escândalo está em que Euclydes saiba, trágica e um pouco abjetamente, que só a guerra civil serve como modelo de ocupação e governo. A guerra civil, confrontando jagunços a *caucheros*, é inevitável para o mantimento e ocupação do território nacional. A fronteira deve ser ocupada, civis devem confrontar civis para evitar uma guerra regular: não se pode repetir Canudos. Agora deve se implementar o jaguncismo como instituição, como tecnologia de poder sobre a vida. De fato, foi isso que aconteceu e acontece no Brasil[23], um "grilo de seis milhões de kilómetros, talhado em Tordesilhas", na opinião de Oswald de Andrade ("Schema ao Tristão de Athayde", N° 5 da *Revista de antropofagia,* setembro de 1928).

A saída proposta por Euclydes, assim, é melancólica e trágica, além de pragmática. É com homens despojados e lançados à luta em virtude desse mesmo despojamento que a nação vai conseguir ser delimitada e preservada. Saturno devorando seus filhos, ou a loucura e o crime necessários à nacionalidade brasileira. É uma sorte de destino, algo inevitável, e nesse sentido o pensamento de Euclydes não é épico ou Olímpico, nem sublime, mas titânico, trágico, como antes disse[24]. *Tragos*, o bode expiatório que um país como o Brasil precisa para se alicerçar, e que está atravessado por um mal-estar: a linfa, o sem-sangue, a acedia, a indolência, a melancolia dos heróis-monstro euclidianos.

Esse herói é o paradigma da nacionalidade, assim como a *stasis* é o paradigma de governo. *Exceção* e *paradigma* são, assim, afins: enquanto a *exceção* é uma relação de exclusão-inclusiva, o *paradigma*[25] é

---

[23] "O exercício privado e organizado da violência é, ao longo da história brasileira, uma instituição e não uma exceção" (Galvão, *As formas do falso* 21).

[24] Convém lembrar que um dos fantasmas de Euclydes é o herói grego/moderno Sísifo, e que a figura que o convoca é, justamente, a espiral do rio Purus (cf. Capela 23).

[25] Entendo por *paradigma*, precisamente, aquilo que constrói e torna inteligível todo um contexto problemático: "un caso singular que se aísla del contexto del que

uma relação de inclusão-exclusiva, pois é excluído do caso normal como exemplar ou modelar, não porque seja muito diferente, mas, ao contrário, porque é normal em sumo grau (cf. Agamben, *Homo sacer*; "¿Qué es um paradigna?"). *Hércules-Quasimodo, jagunço-manso, glória-miséria, zoé-bíos, oikos-polis, notáveis-anomalias*, universais infâmias.

Jagunços, como gaúchos, são homens de honra. Seguem códigos de honra. Justamente: códigos ou leis de exceção, leis não escritas. Euclydes, que em outro lugar disse de si mesmo ser um "jagunço manso", nos diz em "Contra os caucheiros" que o jagunço é que deve proteger na fronteira a honra e a segurança da nacionalidade. Ora, para homens de honra não há pior infâmia que a delação, não há infame mais infame que um traidor. Euclydes foi, nesse sentido, um quase Hermógenes.

"Uma quase impiedade"

"This is the water and this is the well.
Drink full and ascend.
The horse is the white of the eyes
and dark within."
David Lynch, *Twin peaks* –"Got a light?", 2017.

---

forma parte sólo en la medida en que, exhibiendo su propia singularidad, vuelve inteligible un nuevo conjunto, cuya homogeneidad él mismo debe constituir" (Agamben, "¿Qué es um paradigna?" 25). Um paradigma é, assim, um exemplo, um *"para-deígma"* ("o que se mostra ao lado") que escapa à antinomia entre o universal e o particular, pois é uma singularidade como as outras e, ao mesmo tempo, ocupa o lugar de cada uma delas, valendo por si e pelo conjunto. Nesse sentido, ainda em sintonia com o pensamento de Giorgio Agamben, considerem-se *exceção* e *paradigma* como noções afins: enquanto a *exceção* é uma relação de exclusão-inclusiva, o *paradigma* é uma relação de inclusão-exclusiva, pois é excluído do caso normal como exemplar ou modelar, não porque seja muito diferente, mas, ao contrário, porque é normal em sumo grau. Na última parte de *Homo sacer I: o poder soberano e a vida nua*, vale a pena sublinhá-lo, Agamben caracteriza o *campo* de concentração *como paradigma biopolítico do moderno* (cf. *Homo sacer* 123 et. ss).

É Da Cunha que, justamente, está citado em "Tres versiones de Judas", de Jorge Luis Borges, o autor da *Historia universal de la infamia*[26] (1935). Numa das três versões do conto que Borges inclui em *Ficciones* (1944), Judas é Cristo, e é nesse contexto se cita, e se conjura, Euclydes da Cunha.

Não é gratuito, para o interesse deste trabalho, que o âmbito do conto borgiano seja outro cenário de expiação exemplar, a Segunda Guerra. "Judas Asverus" e "Contra os caucheiros" ressoam nesse texto em que se oferecem três versões teológicas, ou seja efeitos de leitura, desse famigerado infame que foi o apóstolo traidor. No "prólogo" de *Artifícios* (publicado em 1944, junto com *El jardín de senderos que se bifurcan*, no volume único *Ficciones*), "Tres versiones de Judas" é definido como uma "fantasía cristológica" (*Obras completas* 877), e no início do conto se adverte que apenas de maneira superficial se resenhará o desenvolvimento de três leituras que sobre a figura de Judas elabora ou inventa, ainda antes da Primeira Guerra Mundial, um teólogo sueco, Nils Runeberg.

A primeira versão de Judas destaca o constelacional, uma espécie de doutrina das semelhanças, isto é, a correspondência íntima entre ordens ínferas e superiores:

El Verbo se había rebajado a mortal; Judas, discípulo del Verbo, podía rebajarse a delator (el peor delito que la infamia soporta) y a ser huésped del fuego que no se apaga. El orden inferior es un espejo del orden superior; las formas de la tierra corresponden a las formas del cielo; las manchas de la piel son un mapa de las incorruptibles constelaciones; Judas refleja de algún modo a Jesús (Borges, "Tres versiones de Judas", *Obras completas* 906).

De acordo com a terceira versão, chamada de "monstruosa" pelo narrador:

Dios totalmente se hizo hombre hasta la infamia, hombre hasta la reprobación y el abismo. Para salvarnos, pudo elegir *cualquiera* de los destinos que traman la perpleja red de la historia; pudo ser Alejandro o Pitágoras o Rurik o Jesús; eligió un ínfimo destino: fue Judas (Borges, "Tres versiones de Judas", *Obras completas* 907).

---

[26] Não se descuide o paradoxo: se os protagonistas desse livro de 1935 são *infames,* como poderiam ter uma história *universal*? *Historia universal*: Cristo; da *Infâmia*: Judas. Tampouco se descuide o título foucaltiano *"A vida dos homens infames"* (1977), em que se prefacia uma antologia de documentos em que vidas foram inscritas e decididas, ou "postas em jogo", pelo poder.

Essa monstruosidade, a de que Deus foi realmente o ínfero Judas e não Jesus, é a terceira versão, a que vem depois da segunda. Nessa segunda e central versão de Judas –segunda, como Cristo é a segunda pessoa da Trindade–, lemos:

> El asceta, para mayor gloria de Dios, envilece y mortifica la carne; Judas hizo lo propio con el espíritu. Renunció al honor, al bien, a la paz, al reino de los cielos, como otros, menos heroicamente, al placer. Premeditó con lucidez terrible sus culpas. [...] Judas eligió aquellas culpas no visitadas por ninguna virtud: el abuso de confianza (Juan 12: 6) y la delación. Obró con gigantesca humildad, se creyó indigno de ser bueno. Pablo ha escrito: "El que se gloria, gloríese en el Señor" (I Corintios 1: 31); Judas buscó el Infierno, porque la dicha del Señor le bastaba. Pensó que la felicidad, como el bien, es un atributo divino y que no deben usurparlo los hombres (Borges, "Tres versiones de Judas", *Obras completas* 906-907).

No final desse parágrafo, o narrador de Borges remete a uma nota de rodapé, a segunda de "Tres versiones de Judas", em que somente há três notas de rodapé. Cito na sequencia essa nota do meio, a central, a nota cristológica, integralmente:

> Euclydes da Cunha, en un libro ignorado por Runeberg, anota que para el heresiarca de Canudos, Antonio Conselheiro, la virtud "era una casi impiedad". El lector argentino recordará pasajes análogos en la obra de Almafuerte. Runeberg publicó, en la hoja simbólica *Sju insegel*, un asiduo poema descriptivo, *El agua secreta*; las primeras estrofas narran los hechos de un tumultuoso día; las últimas, el hallazgo de un estanque glacial; el poeta sugiere que la perduración de esa agua silenciosa corrige nuestra inútil violencia y de algún modo la permite y la absuelve. El poema concluye así: "El agua de la selva es feliz; podemos ser malvados y dolorosos" (Borges, "Tres versiones de Judas", *Obras completas* 907).

Acredito não ser um exagero afirmar que essa é uma leitura que Borges fez de Euclydes da Cunha, elaborada através do suplemento. Como *signatura* ou inscrição (cf. Agamben, "Teoría de las *signaturas*"; Antelo, *A ruinologia*), ostensivamente, no rodapé, num lugar quase *infame,* algo que o leitor pode, e tende, a obviar. No rodapé, no próprio confim do texto, à margem, num lugar excepcional, destacado e, paradoxalmente, "fora" do texto. Por que senão terminar esse rodapé falando da selva e da sua água perdurável e feliz que nos liberta para ser maldosos e dolorosos? Isso está no centro, como a segunda pessoa da Trindade, e prefigura a conclusão teológica monstruosa de que Judas é, na verdade, Cristo.

Como resulta plausível, destarte, outros indícios da nota de rodapé apontam à guerra civil, à própria exceção que é regra. O poema de Runeberg, *El agua secreta*, por exemplo, é publicado na "hoja simbólica" *Sju Insegel*, que em sueco equivale a "Sete Selos". Isso quer dizer que o poema do teólogo sueco se publica numa folha, justamente, *simbólica*, cujo nome remete ao *Apocalipse*, e precisamente à ruptura dos sete selos do Livro lido pelo Cordeiro, prelúdio da guerra civil ininterrupta que haverá de preceder a segunda vinda do messias. Ora, o poema de Runeberg sugere que a perduração dessa água silenciosa e feliz corrige nossa inútil violência e de algum modo a permite e a absolve; é água de um tempo *estásico*: *a água da selva é feliz; podemos ser maldosos e dolorosos*.

A referência a Almafuerte –pseudónimo do poeta Pedro Bonifacio Palacios (1854-1917)– opera em sentido semelhante, com uma interessante nuance fundacional. Na obra de Borges, de fato, é frequente a aproximação entre as figuras de Almafuerte e Euclydes/Antônio Conselheiro, o que em modo algum constitui um dado menor, pois Almafuerte é, justamente, uma espécie de precursor do "menos documental que imaginativo" *Evaristo Carriego*[27] (1930), assim como do "*fervor*" de *Fervor de Buenos Aires* (1923). Pedro Bonifacio Palacios, justamente, é para Borges uma espécie de *Ur-objeto*, um escritor "orgánico, como lo fue Sarmiento" autor de um poema que "de algún modo parecía abarcar el universo entero" (Borges, "Prosa y poesía de Almafuerte" 11-16), mas cuja singularidade sul-americana, de *criollo* ou *compadrito* tão dado â coragem quanto ao sentimentalismo,

---

[27] Carriego é cifra, junto ao poema "Arrabal" (1921), daquilo que em outro lugar chamei de "paso de un cosmopolitismo ["neutro"] *tout court*, ultraísta, hacia un cosmopolitismo situado" (cf. Vélez, "Borges 4D" 119), e que Beatríz Sarlo caracteriza como "um programa sesgado", consistente na invenção das *orillas*, operação borgiana das décadas de 1920-1930 que procura descentrar a argentinidade literária, naquele momento capturada por discursos substancialistas, com Leopoldo Lugones como um dos seus estandartes (cf. Sarlo s. p). A respeito da proximidade entre as figuras de Almafuerte e Carriego, pode se consultar o verbete "*Almafuerte*", constante no corpus de comentários elaborado por Irma Zangara e Rolando Costa Picazo para a edição crítica das *Obras completas* de Borges (cf. Borges, *Obras completas* 298-299).

obrigaria a constatação da perda de toda prioridade ontológica[28]. Orgânico como Sarmiento, digamos de passagem, Almafuerte é também orgânico como Euclydes. O poeta é também o objeto de uma "Teoría de Almafuerte", hipótese de livro que Borges, em prólogo de 1962, declara ter empreendido a partir da década de 1930, inspirado por uma recitação de Carriego na casa dos seus pais a inícios do século XX (cf. Borges, "Prosa y poesía de Almafuerte" 11). Essa teoria consistiria, para Borges, no paradoxo de uma virtude íntima que se abre caminho através de uma forma às vezes vulgar. Essa "íntima virtude" de Almafuerte, esse "místico sin Dios y sin esperanza", está precisamente na força, manifesta no fato de ter querido "ser tan oscuro como el ciego, tan inútil como el tullido y –¿por qué no?– tan infame como el infame" ("Prosa y poesía de Almafuerte" 16). Desdenhando valores cristãos como a o perdão, que sempre comporta uma pedantaria ou a condescendência de um Juízo Final de um homem sobre outro, Almafuerte seria para Borges uma autêntica revelação, a primeira manifestação, justamente orgânica[29], do *compadecimento* –literalmente: *padecer com* o outro–, isto é, da barbárie ou *stasis* generalizada. E nessa equação, em que confluem infâmia, invenção do nacional a partir das margens (*orillas*) e experiência radical do ser da linguagem na própria carne, se coadunam Euclydes e Palacios. Note-se isso nesta citação de "Prosa y poesía de Almafuerte" (1962):

> Almafuerte debió desempeñarse en una época adversa. A principios de la era cristiana, en el Asia Menor o en Alejandría, hubiera sido un heresiarca, un soñador de arcanas redenciones y un tejedor de fórmulas mágicas; en plena barbarie, un profeta de pastores y de guerreros, un Antonio Conselheiro, un Mahoma; en plena civilización, un Butler o un Nietzsche (Borges, "Prosa y poesía de Almafuerte" 15).

No rodapé deste trecho, concretamente a partir de uma chamada junto ao nome "Antonio Conselheiro", Borges complementa: "Euclydes da Cunha (*Os sertões*, 1902) narra que para Conselheiro, profeta de los 'sertanejos' del Norte, la virtud 'era un reflejo superior de la

---

[28] "¿A qué suponer que el jaguar es plagio del tigre y la yerba misionera del té y la pampa de las estepas del Don y Pedro Bonifacio Palacios de Federico Guillermo Nietzsche?" (Borges, "Ubicación de Almafuerte" 36).

[29] "la poesía es algo que sentimos físicamente, con la carne y la sangre; debo a Almafuerte mi primera experiencia de esa curiosa fiebre mágica" (Borges, "Prosa y poesía de Almafuerte" 11).

vanidad, una casi impiedad'. Almafuerte hubiera compatido ese parecer" (Borges, "Prosa y poesía de Almafuerte" 15).

Perceba-se o sutil anacronismo, a perversão do esquema sarmientino: o tempo do Conselheiro, embora posterior, antecede o contemporâneo: a guerra civil está na origem (na era da barbárie), mas também está em plena civilização (em tempos de Spencer, Samuel Butler, Nietzsche). Isso quer dizer que a *stasis* não sucumbiu à criação do Estado Moderno, mas que, pelo contrário, o Estado a perpetua –e maximiza no entre-lugar latino-americano. A *stasis*, nesse sentido, é como essa água perdurável e feliz que, na selva, na eternidade do estado selvagem, nos liberta para sermos maldosos e dolorosos.

Note-se, por outra parte, a repetição da fórmula "la virtud era una casi impiedad": é a faísca íntima que anima tanto o prólogo "Prosa y poesía de Almafuerte" (1962) quanto a nota de rodapé, acima citada, de "Tres versiones de Judas" (1944). Nessa nota de rodapé Borges nos lembra que para Antônio Conselheiro a virtude "era uma quase impiedade", pressuposto infame dentre os pressupostos infames que, inclusive, Borges anotara nas páginas finais de um dos exemplares de *Os sertões* em que lera, em 1939, a obra euclydiana[30] –assim:

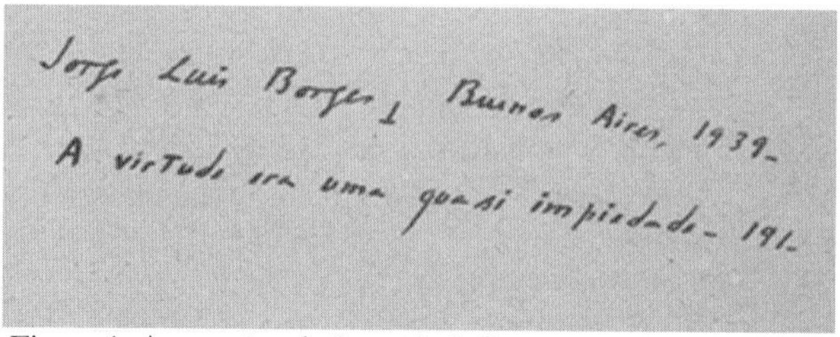

Figura 1. Anotações de Jorge Luis Borges nas páginas finais de *Os sertões* (Rio de Janeiro, Livraria Francisco Alves, 1925).

---

[30] De acordo com pesquisa de Pedro Corrêa do Lago, Borges lera um exemplar de 1925, editado no Rio de Janeiro pela Livraria Francisco Alves. Nas páginas finais desse exemplar, ao que parece emprestado pela biblioteca do Consulado do Brasil em Buenos Aires, um Borges de 40 anos de idade, fizera as anotações que reproduzo na Figura 1 deste trabalho (cf. Corrêa s. p). A rigor, a passagem d'*Os sertões* aludida nessa anotação é a seguinte: "Para Antônio Conselheiro [...] a virtude era como que o reflexo superior da vaidade. Uma quase impiedade. A tentativa de enobrecer a existência na terra implicava de certo modo a indiferença pela felicidade sobrenatural iminente, o olvido do além maravilhoso anelado" (Da Cunha, *Os sertões* 179-180).

Não se descuide a importância dessa sentença, quase um mantra, a cifra oximorônica de "Tres versiones de Judas"[31]. E, inclusive, poderia se escrever de outra maneira, usando as palavras do general bôer Piet Cronje que tanto marcaram Euclydes da Cunha em 1904, ao ponto de abalá-lo na sua fé civilizatória: "não há incompatibilidade entre a glória e a miséria" (Da Cunha, *Contrastes e confrontos* 228). O conto borgiano, à vista destas considerações, pode ser lido como uma leitura "estasiológica" de Euclydes da Cunha. Dado que esse nome aparece no corpus borgiano, *via de regra*, associado ao de Almafuerte, dado que Almafuerte é para Borges tão orgânico quanto Sarmiento, e dado que o dogma sarmientino é o próprio motor da escritura euclydiana, não me parece arriscado complementar que, através da figura paradigmática de Euclydes/Judas, Borges está lendo metonimicamente a constituição da República do Brasil e, claro está, da República Argentina.

Por outra parte, a guerra civil promovida em "Contra os caucheiros" se diagnostica, sequer â vista da experiência prévia de Canudos, com pleno conhecimento de causas, além de compartilhar com o liberalismo teorizado por Foucault (cf. *Nascimento da biopolítica*), o dogma de um Estado mínimo, potencialmente diminuído em proporção direta ao aumento da autonomia do mercado, isto é, de uma sociedade política fundada no nexo contratual entre os indivíduos. Em chave nacional, bem o sabemos a partir do trabalho de Maria Luisa de Carvalho Franco, um nexo contratual desse tipo se dá através da relação de favor e do contrato de palavra, cujo corolário mais saliente é o próprio jaguncismo, uma instituição armada entre homens "formalmente livres" de enorme transcendência na história moderna no Brasil. *Podemos ser maldosos e dolorosos*: a guerra civil é a estrutura

---

[31] No rascunho manuscrito de "El Aleph", também de 1939, dentre as muitas coisas enumeradas nesse outro *aleph* que é o poema *La Tierra*, de Carlos Argentino Daneri, se lê: "un túmulo en Canudos". Daniel Balderston faz uma descrição do contexto em que aparece essa menção, posteriormente descartada da versão final do conto: "el manuscrito incluye también, bajo tachadura, algunas zonas adicionales: 'los cráteres del Etna, todas las cervecerías de Zürich' y, después del gasómetro veracruzano, 'un túmulo en Canudos' (57), claro indicio (confirmado en otras partes) de la lectura que hizo Borges en estos años de *Os Sertões* de Euclides da Cunha" (Balderston 3).

profunda do Estado moderno; a ordem e o progresso brasileiros vêm da guerra civil.

Ora, como antes disse com Agamben ("Stasis"), é próprio da guerra civil estabelecer uma distinção lábil entre "família" e "cidade", "público" e "privado", "economia" e "política"; uma indistinção análoga daquela que entre *zoé* e *bíos*, entre vida e direito, a máquina jurídico-política de Ocidente produz em zonas diversas, com o campo de concentração como paradigma (cf. Agamben, *Homo sacer* 123 e ss; Castro, *Introdução a Giorgio Agamben* 57). Borges usa *Ficciones,* a própria "fantasia cristológica", contra, entre outras coisas, as "ficções etnográficas" euclydianas. Lendo Euclydes, o escritor argentino nos diz que Cristo é o próprio Judas, e isso, dito em 1944, é como dizer que o judeu que está morrendo, em plena Segunda Guerra, nos campos de concentração, é o próprio salvador.

Longe de abonar o sistema biopolítico da "formação" –um esquema que exerce a violência simbólica e o sequestro do vivo em nome da formação do homem nacional (cf. Antelo, "A *hybris* e o híbrido na crítica cultural brasileira"; "A mais-valia crioula: bioestética *in nuce*"; Vélez, "'Zero nada, zero'"), uma *hybris* domesticadora[32] que opera com a lógica do *bando* e foi há tempos cooptada pelo neoliberalismo[33]– e longe do hipócrita *mea culpa* fundacional que a elite brasileira fez sobre as ruínas de Canudos inscritas em *Os sertões* (cf. Galvão, "Prólogo"), Borges faz de Euclydes da Cunha o paradigma de uma "civilização" fundante, estruturada e estruturante, que não é uma conjuração da barbárie, mas a continuação e perpetuação da guerra civil e, portanto, do massacre imperialista: Roma, Inglaterra, o nacional-socialismo, a República do Brasil...

Já que considerada sob a ótica humanista da *formação,* não raro nacional, a obra de Euclydes é constitutiva do *próprio campo* que nos mantém "no nosso antigo e esplêndido isolamento", Borges condensa (e conjura) esse "jagunço manso" na figura de Judas, e faz dessa inscrição um paradigma, que constrói e torna inteligível todo um contexto histórico altamente problemático. Um paradigma, pois através

---

[32] Domesticação exercida através do próprio Euclydes como explicita Silviano Santiago em *Genealogia da ferocidade.*

[33] Por exemplo na obra de Francisco C. Weffort, *Formação do pensamento político brasileiro.*

dele compreendemos a partir de que *a priori* histórico –precisamente a fórmula ambivalente, tão transcendental quanto situada, com que Michel Foucault veiculara a sua noção de *arqueologia*[34]– se criaram as condições de possibilidade da República. Nesse sentido, a inscrição "Judas-Euclydes", opera ao modo do *Ursprung* benjaminiano, isto é, como um vórtice:

> O movimento arquetípico da água é a espiral. [...] Considere-se o estatuto especial de singularidade que define o vórtice: ele é uma forma que se separou do fluxo de água de que fazia e, de algum modo, ainda faz parte, uma região autônoma e fechada sobre si mesma que obedece a leis que lhe são próprias; porém, ela está estreitamente ligada ao todo em que está imersa, feita da mesma matéria que continuamente troca com a massa líquida que a circunda. É um ser à parte e, todavia, não há uma gota que lhe pertença propriamente [...] A *arché*, a origem voraginosa que a pesquisa arqueológica procura alcançar, é um *a priori* histórico que permanece imanente ao devir e continua a agir nele (Agamben, "Vórtices" 61-63).

Como um vórtice, isto é, como uma figura imagética, a espiral, ou como uma figura retórica, o oximoro, em que se conjugam a urgência do presente (variável) e a imensa invariável da catástrofe histórica: Jerusalém, o Alto Purus, o Transvaal, Canudos, Auschwitz. Uma *"Historia de la Eternidad"*: *"Nocturno el río de las horas fluye/ desde su manantial que es el mañana/ eterno..."* (Borges, *Obras completas* 691). Se a virtude é uma quase impiedade, a glória uma miséria e a infâmia universal: o Outro é o Mesmo, Judas é Cristo, a arena pública é o espaço impolítico do clã. O infame está no centro da *História universal*, é a sua carne. Através dessa *signatura*, a inscrição "Euclydes", uma espécie de *Ur-objeto* lançado ao redemoinho histórico, Borges está dando esse lugar absolutamente essencial ao marginal, e de vez reconhecendo a *stasis* constitutiva e preservadora de todo Estado. Não está *oikonomizando* o político, mas politizando o *oikonómico*, isto é, a carne mais barata do mercado. Está politizando essa carne, mas como carne, pois para ser somente carne disponível precisava estar absolutamente atravessada pela *polis*.

Ora, dizer isso é muitíssimo diferente de dizer que essa carne deveria ser humanizada ou civilizada, que há um homem ou um povo a

---

[34] Primeiro em *As palavras e as coisas* (1966); depois em *A arqueologia do saber* (1969). Em *Signatura rerum*, Giorgio Agamben desenvolve uma interessante reflexão sobre esse conceito em relação com a arqueologia foucaultiana.

serem *formados*, pois desse modo somente se perpetua o *bando,* isto é, a *exceção* e o *campo*: a exclusão-inclusiva em que a vida só se torna política através da sua captura como vida nua. Note-se que o nome "Euclydes", neste caso, não constitui uma totalidade simbólica que algo nos comunica. Fosse assim elaborado por Borges (ao modo de uma metáfora, por exemplo), e não através do realismo elusivo de "Tres versiones de Judas", ainda estaríamos presos ao esquema escatológico da formação, isto é, ao *ethos* liberal de *La guerra del fin del mundo* (1981). No texto borgiano, Euclydes é uma inscrição, e como tal, dá conta de um toque, de um fora, de algo que, em lugar de se representar, se apresenta, e demanda "ler o que nunca foi escrito". Não é um exclusivamente um *nómos*, portanto, mas uma *signatura;* não um signo, mas sintoma de um *pathos;* não uma síntese de opostos, mas uma *terceira margem*[35]*;* não somente uma marca *de* Borges, mas uma marca *em* Borges.

A água da selva é feliz: foge eternamente no próprio volver e dobrar-se e retornar das suas águas. A *vorágine* é, assim, a própria figura dos opostos que se indiferenciam, pois no seu centro, pela própria ação das forças contrárias que a tornam voragem, essas forças tendem à aniquilação, tendem ao ponto em que, como no Maelstrom de Edgar Poe, se dá a passagem do Tempo à Eternidade. O movimento tumultuoso pode se tornar um "açude glacial", o olímpico se torna titânico, o cronológico saturnino: "O centro em torno do qual e para o qual o vórtice não cessa de revolver é, no entanto, um sol negro, no qual age uma força de arrasto ou de sucção infinita. Segundo os cientistas, isto exprime-se dizendo que no ponto do vórtice em que o raio é igual a zero, a pressão é igual a 'menos infinito'" (Agamben, "Vórtices" 62).

O diabo na rua, o redemoinho, portanto, é a figura da exceção (cf. Antelo, *A ruinologia*), da gloriosa miséria ou da ruína, isto é, do estado-estasiológico. O vórtice também é a figura da singularidade, e por isso para Agamben "Os nomes [...] são vórtices no devir histórico das línguas, remoinhos nos quais a tensão semântica e comunicativa da linguagem se bloqueia a si mesma até se tornar igual a zero" (65). Não há maneira de salvar Euclydes, mas no seu nome, lançado por Borges

---

[35] Cf. Vélez ("Zero nada, zero"), em que se abordam e se explicitam algumas alternativas teóricas ao dispositivo da formação: o *entre-lugar*, o *aturdito,* o "devir-índio", os "regionalismos críticos", o "significante totalizador vazio", etc.

na *vorágine* dessas águas felizes[36] tanto como materialidade discursiva quanto como vazio da linguagem, isto é como inscrição marginal ou como *signatura* (como aquilo que permanece esquecido –atrás do que foi dito– naquilo que se ouve), ele é desde sempre salvo: precisamente, porque foi Judas.

REFERÊNCIAS

Agamben, Giorgio. *Homo sacer: o poder soberano e a vida nua I*. Tradução de Henrique Burigo. Belo Horizonte: Editora UFMG, 2002.

——. "¿Qué es un paradigma?". Em *Signatura rerum. Sobre el método*. Tradução de Flavia Costa e Mercedes Ruvituso. Buenos Aires: Adriana Hidalgo, 2009a. 11-42.

——. "Teoría de las *signaturas*". Em *Signatura rerum. Sobre el método*. Tradução de Flavia Costa e Mercedes Ruvituso. Buenos Aires: Adriana Hidalgo, 2009b. 45-110.

——. "Vórtices". Em *Il fuoco e il racconto*. Tradução de trabalho de André Dias [com consulta de excertos traduzidos por Davi Pessoa]. Roma: Nottetempo, 2014. 61-66.

——. "Stasis". Em *Homo sacer, II*, 2. Tradução para o castelhano do site *Artillería Inmanente*. Turín: Bollati Boringhieri, 2015. Disponível em: https://artilleriainmanente.noblogs.org/post/2017/01/14/stasis/. Acesso em: 08/12/2016.

Antelo, Raúl. "A *hybris* e o híbrido na crítica cultural brasileira". *Literatura e Sociedade* 12 (2009): 128-150.

——. "A mais-valia crioula: bioestética *in nuce*". Conferência proferida em 26 de maio de 2017 no Centro de Artes da Universidade do Estado de Santa Catarina.

——. *A ruinologia*. Desterro: Cultura & Barbárie, 2016.

——. "Borges/Brasil". Em *Borges no Brasil*. Jorge Schwartz, org. São Paulo: Editora UNESP; Imprensa Oficial do Estado, 2001. 417-432.

Balderston, Daniel. "Los manuscritos de Borges: 'Imaginar una realidad más compleja que la declarada al lector'". *Cuadernos lírico* 7 (2012): 1-9.

---

[36] "No vórtice da nomeação, o signo linguístico, girando e afundando-se em si mesmo, intensifica-se e exacerba-se ao extremo, para depois se deixar sugar no ponto de pressão infinita em que desaparece como signo, para reaparecer noutro lado como puro nome. E o poeta é aquele que mergulha neste vórtice, em que tudo volta a ser para ele nome. Ele deve retomar uma a uma as palavras significantes do fluxo do discurso e lança-las no turbilhão, para reencontra-las no vulgar ilustre do poema enquanto nomes. Estes são algo que alcançamos – se é que os alcançamos – somente no final da descida no vórtice da linguagem" (Agamben, "Vórtices" 66).

Benjamin, Walter. *Origem do drama barroco alemão*. Tradução de Sergio Paulo Roua-
net. São Paulo: Editora Brasiliense, 1984.

——. *Tesis sobre la Historia y otros fragmentos*. Tradução e introdução de Bolívar Eche-
verría. México: U.A.C.M., 2008.

Borges, Jorge Luis. *Borges profesor*. Curso de literatura inglesa en la Universidad de
Buenos Aires. Edição, investigação e notas de Martín Arias e Martín Hadis.
Buenos Aires: María Kodama, 2000.

——. "Cine. Cinco breves notícias". Em *Textos recobrados, 1931-1955*. Buenos Aires:
Emecé, 1999. 44-45.

——. "Ubicación de Almafuerte". Em *El idioma de los argentinos*. Buenos Aires: M.
Gleizer, 1928. 35-43.

——. "Kipling y su autobiografía". Em *Textos cautivos*. *Ensayos y reseñas en "El Hogar"(1936-1942)*. Barcelona: Tusquets, 1986. 108-111.

——. *Obras completas*. Tomo I. Edição crítica de Rolando Costa Picazo e Irma Zangara. Buenos Aires: Emecé, 2009.

——. "Prosa y poesía de Almafuerte". Em *Prólogos con un prólogo de prólogos*. Buenos
Aires: Torres Agüero Editor, l975. 11-16.

——. "Saludo a Buenos-Ayres". Em *Textos recobrados, 1931-1955*. Buenos Aires:
Emecé, 1999. 295-298.

——. "Teoría de Almafuerte". Em *Textos recobrados, 1931-1955*. Ed. de Sara Luisa
del Carril y Mercedes Rubio de Socchi. Buenos Aires: Emecé, 2001. 195-199.

Borges, Jorge Luis; Adolfo Bioy Casares y Silvina Ocampo. *Antología de la literatura fantástica*. Barcelona: Edhasa, 1983.

Calasans, José. "*O Jaguncinho de Euclides* da Cunha". *Gazeta do Rio Pardo*, São José
do rio Pardo, 9 agosto 1980.

——. "Os jagunços de Canudos". *Cahiers du Monde Hispanique et Luso-Brésilien*, Tou-
louse 15 (1970): 31-38.

Campos, Augusto. "Quase-Borges". Em *Borges no Brasil*. Jorge Schwartz, org. São
Paulo: Editora UNESP; Imprensa Oficial do Estado, 2001, 367-376.

Capela, Carlos Eduardo Schimdt. *Nos confins de Judas*. São Paulo: Lumme, 2011.

Castro, Edgardo. *Introdução a Giorgio Agamben*. *Uma arqueologia da potência*. Tradução de Beatriz de Almeida Magalhães. Belo Horizonte: Autêntica, 2013.

——. *Vocabulário de Foucault –um percurso pelos seus temas, conceitos e autores*. Tradução
de Ingrid Müller Xavier. Belo Horizonte: Autêntica, 2016.

Cechelero, Vicente e Laura J. Hosiasson. *Borges no Brasil*. Jorge Schwartz, org. São
Paulo: Editora UNESP; Imprensa Oficial do Estado, 2001. 265-282.

Corrêa, Pedro. "Borges, leitor de *Os sertões*". *Revista Piauí*. Publicado em:
16/09/2015. Disponível em: http://piaui.folha.uol.com.br/questoes-ma-
nuscritas/borges-leitor-de-os-sertoes/. Acesso em: 26/07/2017.

Cunninghame Graham, Robert B. *Um místico brasileiro: vida e milagres de Antônio
Conselheiro*. Tradução de Gênese Andrade e Marcela A.C. Silvestre. São Paulo:
Sá Editora/ Editora da UNESP, 2002.

Da Cunha, Euclides. "Judas-Asvero". Em *Obra completa*. Volume I. Rio de Janeiro: Nova Aguilar, 1995a. 292-297.

——. *Contrastes e confrontos*. Em *Obra completa*. Volume I. Rio de Janeiro: Nova Aguilar, 1995b. 123-246.

——. *Obra completa*. Rio de Janeiro: Nova Aguilar, 1995c.

——. *Os sertões*. Walnice Nogueira Galvao, ed. e org. São Paulo: Ubu editora/ SESC, 2016.

Didi-Huberman, Georges. *Atlas: ¿cómo llevar el mundo a cuestas?* Madrid: Museo de Arte Contemporáneo Reina Sofia, 2011.

"Entrevista com Jorge Luis Borges". [Direção general e edição: Walter Salles Jr.; Entrevistador: Roberto D'Ávila; Rede Manchete de Televisão, 1985; Transcrição do vídeo de Ronaldo Assunção]. Em *Borges no Brasil*. Jorge Schwartz, org. São Paulo: Editora UNESP; Imprensa Oficial do Estado, 2001. 523-540.

Foucault, Michel. *Nascimento da biopolítica. Curso no Collège de France (1978-1979)*. Tradução de Eduardo Brandão. São Paulo: Martins Fontes, 2008.

Franco, Maria Sylvia de Carvalho. *Homens livres na ordem escravocrata*. São Paulo: Fundação editora da UNESP, 1997.

Galvão, Walnice Nogueira. *As formas do falso: um estudo sobre a ambigüidade no Grande Sertão: Veredas*. São Paulo: Perspectiva, 1972.

——. *Euclidiana: ensaios sobre Euclides da Cunha*. São Paulo: Companhia das Letras, 2009.

——. "Prólogo". Em *Los Sertones*. Euclides da Cunha. Caracas: Ayacucho, 1980. IX-XXV.

Garate, Miriam. *Civilização e Barbárie n'Os Sertões. Entre Domingo Faustino Sarmiento e Euclides da Cunha*. Campinas: Mercado das Letras, 2001.

Ginzburg, Carlo. "Medo, reverência, terror: reler Hobbes hoje". Em *Medo, reverência, terror. Quatro ensaios de iconografia política*. Tradução de Federico Carotti, Joana Angélica d'Ávila Melo e Júlio Castañon Guimarães. São Paulo: Companhia das Letras, 2014.13-32.

Nordström, Folke. *Goya, Saturno y melancolía. Consideraciones sobre el arte de Goya*. Traducción de Carmen Santos. Madrid: Visor, 1989.

Porro, Alejandro. "O último europeu" (1980). [Entrevista com Jorge Luis Borges, por Alejandro Porro]. Em *Borges no Brasil*. Jorge Schwartz, org. São Paulo: Editora UNESP; Imprensa Oficial do Estado, 2001. 499-507.

Rabello, Sylvio. *Euclides da Cunha*. Rio de Janeiro: Civilização Brasileira, 1966.

Ribeiro, Leo Gilson. "Sou premiado, existo". [Entrevista com Jorge Luis Borges, por Leo Gilson Ribeiro]. Em *Borges no Brasil*. Jorge Schwartz, org. São Paulo: Editora UNESP; Imprensa Oficial do Estado, 2001. 489-498.

Sarlo, Beatriz. *Borges, un escritor en las orillas* [1995]. Disponível em: http://www.borges.pitt.edu/bsol/bse0.php. Acesso em: 16/03/2017.

Schwarz, Roberto. *Ao vencedor as batatas: forma literária e processo social nos inícios do romance brasileiro*. São Paulo: Duas Cidades, 1981.

Tiqqun, *Introducción a la guerra civil*. Traducción de Raúl Suárez Tortosa y Santiago Rodríguez Rivarola. España: Melusina, 2008.

Vélez Escallón, Byron. "Borges 4D". *Variaciones Borges* 40 (2015): 115-132.

——. "'Zero nada, zero': uns índios Guimarães Rosa, sua fala". *Alea: estudos neolatinos* 20, 1 (2018): 53-73.

Venâncio Filho, Francisco. "Retrato humano". Em *Obra completa*. Euclides Da Cunha. Volume I. Rio de Janeiro: Nova Aguilar, 1995.

Volker, Camila Bylaardt. *Uma superfície líquida, barrenta e lisa: A paisagem amazônica em Euclides da Cunha e Constant Tastevin*. Tese (Doutorado). Florianópolis, 2017. Universidade Federal de Santa Catarina, Centro de Comunicação e Expressão. Programa de Pós-Graduação em Literatura.

ESCENAS DE CREENCIAS EN EL MODERNISMO BRASILEÑO

Laura Cabezas
Universidad de Buenos Aires

Resumen

Desde comienzos del siglo XX, y en especial luego de la Primera Guerra Mundial y de la irrupción de las vanguardias, se asiste a una crisis general de la idea de creencia. ¿Qué es creer o cómo se cree en un mundo desencantado? En su inflexión religiosa, las formas del creer en tanto prácticas problematizan la sumisión a un credo fijo y normativo. El artículo explora distintas irrupciones de lo divino en el ámbito artístico y literario del modernismo brasileño tardío en conexión con el diseño de identidades, cuerpos, comunidades y pueblos resistentes al individualismo y a la avanzada capitalista en plena expansión.
Palabras clave: creencia, religión católica, modernismo brasileño.

Abstract

Since the beginning of the 20th century, and especially after the First World War and the emergence of the avant-gardes, there is a general crisis of the idea of belief. What is believing or how do you believe in a disenchanted world? In its religious inflection, the ways of believing as practices problematize the submission to a fixed and normative creed. The article explores different irruptions of the divine in the artistic and literary field of late Brazilian modernism in connection with the design of identities, bodies, communities and peoples resistant to the individualism and capitalist advanced in full expansion.
Keywords: belief, Catholic religion, Brazilian modernism.

1. Con los colores característicos de la etapa Pau Brasil en *aplats* se compone la tela *Religião Brasileira* de Tarsila do Amaral, en la que las figuras redondeadas de virgencitas, santitos y adornos florales se superponen y conforman el paisaje de una religiosidad popular, trazada con pinceladas modernas. El cuadro nació como idea, según cuenta Tarsila, al regresar de Europa en 1926 cuando, ya desembarcada en Santos, entra en un pequeño negocio en São Vicente y vislumbra en una cómoda un altar doméstico que yace sobre un mantelito blanco de croché, en el que se recortaban santos y jarrones con coloridas flores hechas en papel crepé (Amaral 260). París y Brasil se encuentran en el armado plástico de una escena que apela de modo afectivo a las prácticas y rituales de un catolicismo que se despliega en diálogo, y tensión, con los rígidos estamentos de la normativa eclesiástica.

Tarsila do Amaral, *Religião Brasileira*, 1927. Óleo sobre tela. Palácio Boa Vista

En su búsqueda por lo propio brasileño, Tarsila se detiene en los materiales que componen una creencia y al hacerlo *tropicaliza* la universalidad de una fe que no puede ser homologada a una única versión de lo religioso. En América Latina, esta "reducción occidental del cristianismo" (Fornet-Betancourt 14) no sólo borró la pluralidad cultural en la que lo divino se manifestaba en el momento previo a la expansión colonial europea, sino que también tal pluralidad fue leída como un impedimento para la propagación de la "verdadera" versión de la religión católica. La Iglesia acompañó este proceso evangelizador ordenando y sistematizando sus categorías y conceptos con el objeto de promoverse como la única intérprete y voz autorizada de un Dios al mismo tiempo universal y monocultural. No obstante, si la práctica hace a la creencia, como pensaba Pascal, los rituales actualizan y tornan impura esa monumentalidad religiosa que se fija desde el discurso eclesiástico oficial. Quedan los restos y la configuración de *formas del creer* que le imprimen vitalidad al modo de acercamiento a lo divino.

Es interesante, en este sentido, avanzar unos años y dirigirse hacia las reseñas que se hicieron sobre la primera exposición en Brasil que Tarsila do Amaral realiza, primero en Rio de Janeiro y luego en São Paulo, en julio y septiembre de 1929, respectivamente, donde se expone, junto con otras obras, *Religião Brasileira*. Dos notas se detendrán en este lienzo, de manera divergente, las firmadas por Manuel Bandeira y Flávio de Carvalho. Para el poeta pernambucano, nada hay que explicar frente al cuadro de 1926, pues su sola contemplación trae a la memoria brasileña la niñez y la devoción de las canciones y fiestas religiosas:

> Parece que quem viu igrejas, capelinhas, oratórios domésticos da nossa terra deveria sentir a primeira vista o encanto e a poesia daquela pintura. O brasileiro então traz na memória da meninice a devoção das ladainhas nos serões caseiros, das noites cheias de luzes nas naves festivas (Bandeira, "Tarsila antropófaga", en *Crónicas da Província do Brasil* 215).

Este encanto poético de las primeras producciones de Tarsila se verá interrumpido, según Bandeira, por la irrupción de la antropofagia, el movimiento de vanguardia paulista comandado por Oswald de Andrade, marido en ese momento de Tarsila, que modificaría tanto la elección de los temas, como su proceso de expresión, ahora marcado por el despojo de "todas las sensualidades de la poesía" (*ídem*):

> Não gosto de Tarsila antropófaga. Preferia a Tarsila até dois anos atrás, a Tarsila cristã pela graça de Deus, em cujos olhos morava (sosseguem, ainda mora) "a preguiça paulista", em cujos cuadros, de gosto e técnica bem ocidental, "locomotivas e bichos nacionais geometrizam as atmosferas nítidas" (cito um poema do *Pau Brasil)* e onde há "um cheiro de café no silêncio emoldurado"; a Tarsila que pintava com o azul e cor-de-rosa dos bauzinhos e das flores de papel que são as cores católicas e tão comoventes da caipirada (Bandeira 217).

El versus que Manuel Bandeira establece entre una Tarsila cristiana y una Tarsila antropófaga muestra no sólo la convivencia y el enfrentamiento entre dos formas de entender el arte moderno, sino también la centralidad que por esos años toma el cristianismo como un relato en disputa. Como se lee en el fragmento citado, el poeta apela por un modernismo que se nutra de las manifestaciones religiosas y populares de la cultura *caipira*[1], contra la propuesta antropofágica que coloca al catolicismo como uno de sus enemigos privilegiados, en tanto sometió con sus leyes y sus cruces a los pueblos que vivían en Brasil antes de la llegada de los portugueses. La lectura que realiza de *Religião Brasileira* Flávio de Carvalho, compañero de ruta de la antropofagia, sintetiza la radicalidad con la que se ataca a la creencia religiosa y sus símbolos, devenidos fetiches nocivos:

> A tela *Religião Brasileira* deveria figurar no Museu do Ipiranga, para que os brasileiros de amanhã pudessem contemplar condensados num pequeno espaço os fetiches de uma religião nociva, de uma época que mais tarde será uma época que já foi.
>
> [Tarsila] Soube demonstrar a parte imbecil da religião e gerar no espírito do observador a sensação feliz de ter descoberto a verdade, e a revolta, indispensável ao desejo de progredir. Esta tela é a história religiosa do Brasil e de quase todos os povos católicos. É uma história triste, servil, na qual assistimos aos esforços gigantescos da religião para aniquilar no homem o raciocínio e impingir no seu mecanismo o regresso (Carvalho 1).

Si en algo coincide Carvalho con Manuel Bandeira es que el cuadro configura una coordenada espaciotemporal: para el segundo, es el tiempo de la infancia y del recuerdo recobrado mediante la elección plástica por el costado religioso y popular del folclore brasileño; para el antropófago, por el contrario, es la imagen de futuro que muestra una historia emancipada del servilismo de la religión, que excede Brasil y se proyecta a todos los pueblos católicos latinoamericanos, que recibieron como herencia europea la evangelización de sus nativos. Entre la "sensación feliz" de desenmascarar esa "verdad" y la propuesta por revelarse contra los mecanismos teológico-jurídicos que aprisionan los cuerpos y las vidas en las sociedades modernas

---

[1] El término *caipira* es de origen tupí y refiere a los habitantes de la zona rural de San Pablo (blancos y mestizos de blancos e indígenas) en los tiempos de la colonización. Como explica Antonio Candido, da cuenta de la transformación del aventurero seminómade en agricultor precario, en sintonía con los movimientos bandeirantes que terminaron en el siglo XVIII. En relación con lo religioso, Luiz Carlos Jackson sostiene que la cultura caipira es producto de la hibridez que se da en el catolicismo misionario y jesuita del periodo colonial que incorporó formas indígenas en los ritos indígenas

secularizadas, Flávio de Carvalho lee en la tela de Tarsila do Amaral algo que será relevante para sus investigaciones performáticas posteriores: las sensaciones y los afectos como motores de acción que escapan a la simple transmisión lineal de un significado, en este caso, el del dogma católico en términos de captura moral. En efecto, la emoción no se puede representar o capturar, pero sí sentir y conlleva un accionar más instintivo y vital que racional.

¿Pero qué puede una creencia? ¿Por qué y cómo se cree? ¿Qué fuerzas pone en movimiento la emoción religiosa frente a los parámetros que dicta la razón y el dictado de lo consciente? ¿Cuáles son las consecuencias comunitarias de un acto signado por la salida del yo y la apertura a un Otro ausente?

2. "A poesia como a santidade precisa então de heroísmo para não ligar ao tempo, para estar acima da época, acima das modas, acima do mundo muito pequeno", proclama Jorge de Lima (222) en la conferencia que da en el Círculo de Estudios Jacques Maritain y que la revista católica *A Ordem* transcribe en septiembre de 1935. La disertación titulada "A Mystica e a poesia" podría leerse como un largo diálogo que el escritor brasileño entabla con sus "caros irmãos da poesia com função social" (216), interesados tan sólo en los problemas sociales y políticos de Brasil. En contraposición a ellos, Lima defiende una poesía austera que ni nazca ni tenga como finalidad lo material, en un sentido amplio; así afirma: "Todas as artes necessitam de manipulação: com barro, pincel, tintas, teclas, cordas, exercícios vocaes, aprendizagem seja qual fôr. A poesia de nada precisa" (Lima 220). Nada necesita la poesía, salvo esa cuota heroica que, en el plano espiritual, la dote de rebeldía y coraje para hacerle frente e irritar a los burgueses, a los *nouveau riches* y a los tiranos racionalistas. Frente a ellos, el artista posee una sensibilidad agudizada que hace que le crezcan "antenas" para comunicarse con las masas, al mismo tiempo que permite que brote de él un "sentido litúrgico" que se expanda colectivamente.

Que la escritura poética confina con la liturgia es una de las hipótesis más fuertes de la oratoria devenida artículo, y es también lo que explica la insistencia en establecer un diálogo confrontativo con aquellos que detentan una escritura *interesada*, es decir, involucrada con las soluciones prácticas y limitadas de la esfera socio-cultural.

Porque si, para Lima, el artista no debe alejarse del drama de la humanidad ni de los grandes problemas que dominan la existencia, el modo de hacerlo es socializando el sentimiento religioso; y así afirma: "A liturgia resurrecta nos días de hoje pode constituir uma das bases do poeta moderno" (Lima 218). Un nuevo matiz –la "resurrección" de la liturgia a comienzos del siglo XX[2]– adviene sobre el acercamiento entre arte, religión y modernidad: la necesidad de acercar la doctrina cristiana al pueblo. Y ese es el núcleo del disturbio, porque ¿cómo trazar una función social de la poesía que se ampare de las contingencias inmediatas del tiempo y el espacio?

En su intento por separar la piedad popular de la liturgia, Romano Guardini –uno de los exponentes más importantes de la llamada "primavera litúrgica", varias veces citado en la conferencia de Jorge de Lima, junto con Robert d'Harcourt y Gaspar Lefebvre– coloca a la razón o al pensamiento como base de la oración colectiva. Ni religiosidad devocionaria ni catolicismo individualista, la liturgia es una especie de dogma en acción que no está inspirada en el corazón, sino en el valor universal que provee la norma directiva de la razón. En *El espíritu de la Liturgia,* Guardini afirma:

> La condición radical de toda oración colectiva es que vaya imperada por la razón y no por el sentimiento. Sólo cuando esa oración tiene el soporte y la influencia de un contenido dogmático, claro y profundo, es cuando puede ser vehículo expresivo de una colectividad, compuesta de los temperamentos más variables y movida por las más diversas corrientes emocionales (Guardini 70).

Como se lee en el fragmento, frente al caos que puede disparar el ritual colectivo, el dogma viene en auxilio para ordenar, de modo objetivo, "la selva de las emociones y de las ideas" (Guardini 69), que suscita la creencia religiosa. Guardini sabía que la emoción no dice

---

[2] A través de la buena acogida que encuentra el canto gregoriano en el Papa Pío X se da una revalorización de la celebración de la liturgia a comienzos del siglo XX. En su *Trale sollicitiduni* de 1903, Pío X dicta las normas sobre el canto que debe usarse en el culto e invita a los fieles a participar de la liturgia. Por su parte, las disposiciones del papa serán bien recibidas por monjes preocupados por fomentar la vida litúrgica: en especial, Lambert Beauduin y Gaspar Lefebvre desde Bélgica, Romano Guardini y Odo Casel en Alemania, Paul Doncoeur en Francia, alientan la participación litúrgica y escriben sobre su práctica (ver Llopis).

"yo" y que se caracteriza por ser un "movimento afetivo" (Didi-Huberman, *Que emoção!* 28) que posee a los individuos sin que estos puedan poseerlo en su totalidad. Ahí radica el carácter colectivo y dramático de los gestos y ademanes del culto litúrgico, es decir, la necesidad de comunicar *performativamente* la doctrina cristiana. Y, desde esta nueva coordenada, se entiende mejor por qué Jorge de Lima entabla la discusión con los defensores de la literatura social. Esa poesía moderna, de tinte místico, que Lima defiende también posee una funcionalidad que, lejos de descansar en lo comunicativo (eso quedaría para los "escritores comprometidos"), lo hace en la eficacia. El misterio poético, leído desde la teoría de la liturgia, se vuelve acción, más allá o más acá de su mensaje: es operativivdad. La palabra se presenta como sacramento del lenguaje, es decir, como la posibilidad de que la lengua continúe esa efectualidad que define la acción litúrgica y que coincide con la performatividad que denotaba la palabra de Cristo (Agamben, *Opus Dei*). No hacen falta los significados transparentes, las palabras operan realizando su significado; esa es su verdadera función social y su efecto sobre el pueblo.

Los "poetas racionalistas", sigue Jorge de Lima, están presos del momento, son incapaces de vencer el espacio y envidian la libertad ilimitada que lo sobrenatural le confiere a los "poetas mysticos". El poeta de lo sobrenatural —que se vuelve sinónimo de poeta místico, católico o cristiano a lo largo de la exposición— es un exiliado, un rebelde, que no se adapta a los lineamientos económico-técnicos del mundo terrenal; por el contrario, su lucha se sitúa en el campo de batalla de lo accidental en el que vencer es alcanzar lo esencial. Recuperando a Guardini en traducción francesa, el texto pone en juego dos renuncias provenientes del orden litúrgico para diseñar la figura de poeta propuesta: por un lado, la importancia del juego en el arte que quiebra cualquier finalidad utilitaria y desestima la propia idea de creación. El artista no crea, sino que se posiciona él mismo como una obra (viva) de arte, sentencia Guardini en la cita que transcribe Lima, y que funciona como una "despedida" de la poesía. Y ahí adviene la segunda renuncia, la salida del narcisismo del yo, que permita proclamar en su lugar un nosotros litúrgico. La apelación a lo colectivo así adquiere otro tenor; no reenvía a la multitud, sino a la constitución de una unidad orgánica: ser parte de la misma vida como miembros del mismo cuerpo, el *Corpus Christi Mysticum*. Pero esta vida, que se hizo *"carne espectral"* (Ludueña Romandini 131) en la figura humana y divina de Cristo, inaugura la pregunta sobre la posibilidad de representar el poder vivo de lo espiritual. En la querella iconoclasta, que se expande en el imperio bizantino entre los siglos VIII y XIX d. C., resuena una interrogante: si Dios se había hecho visible como hombre, ¿su representación en imagen también era posible? Es necesario tener presente que no se trata de una batalla entre partidarios y detractores de la imagen, sino de los alcances de la visibilidad de lo sagrado: ¿cómo lograron materialidad esos santitos depositados en el altar pictórico de Tarsila? La disputa se da entre quienes defienden la imagen consustancial –invisible– contra quienes promueven el ícono mimético –visible en los modos de acceso a la manifestación de lo divino–. Como expone Fabián Ludueña, siguiendo a André Grabar, León XIII rechazaba la imagen de Cristo no porque estuviera contra la imagen en sí, sino porque el ícono artificial estaba desprovisto de respiración y voz; en otras palabras, porque no se trataba de una imagen "viva", poseída por el espectro crístico. Sin embargo, los defensores del ícono asumían *la figuración de la propia vida* (Mondzain) de Cristo a través de su cuerpo glorioso que no contradecía el desprecio por la carne, sino que, por el contrario, exponía espiritualmente la victoria por sobre el pecado, el sufrimiento y la muerte. Es que si la imagen es siempre independiente de la visibilidad, el ícono propone mirar lo invisible; en palabras de Marie-José Mondzain:

> El ícono no está en el misterio teológico, sino en el enigma económico. En él, el Verbo desposa la carne, la voz fecunda el cuerpo. Quien comprende esto asume la fuerza de la mirada y renuncia a decir con ingenuidad que sólo cree en lo que ve, o que sólo ve lo que es visible. Así se instaura la primera idea del mirar el icono como primera idea del mirar invisible que proviene de la propia imagen y es *concedido* por ella. Los componentes del icono convocan la mirada y rechazan la visión sin querer engañarla (Mondzain 117, traducción mía).

"Restauremos la poesía en Cristo" es el epígrafe que Murilo Mendes y Jorge de Lima eligen para un libro de poemas publicado en conjunto en 1935, *Tempo e eternidade,* dedicado a Ismael Nery[3]. En dúo

---

[3] Cosmopolita y católico, Ismael Nery funciona como una suerte de aglutinador del modernismo carioca en los años 20. Para Murilo Mendes es amigo, maestro y guía espiritual (Cabezas). Mário Pedrosa lo caracteriza de la siguiente

construyen un objeto literario en colaboración que da cuenta de su experiencia religiosa, una suerte de testimonio litúrgico que se lanza al mercado editorial para sentenciar su pasaje al catolicismo. Dos secciones organizan el material poético, primero se presentan los poemas de Jorge de Lima, el gran poeta modernista del Nordeste, que dan cuenta del regreso a una cierta religiosidad popular asomada en la infancia que se combina con sucesivas alusiones al Evangelio; luego se suceden los poemas de Murilo Mendes ligados a la violencia esencial de una espiritualidad religiosa de tinte apocalíptico[4]. Esta estructura bipartita que les valió a los autores en ese momento los motes burlones de "Tiempo" –para Lima– y "Eternidad" –para Mendes–, también condujo a la crítica a leer por separado un libro que se concibió en conjunto[5]. Como explica Fábio Andrade, estos sobrenombres se hacían eco de una delimitación sugerida por la crítica contemporánea (en particular, la de Lúcia Miguel Pereira e Tristão de Atayde), que oponían, de un lado, una poesía terrena, de lamento y súplica aspirando a la eternidad y liberación; y, del otro, la celebración de lo eterno desde un punto de vista que despreciaba el tiempo,

---

manera: "Nos idos anos vinte, sua casa vila, em São Clemente, era um lugar de reunião para um pequeno grupo de moços entusiastas em torno dele. [...] Creio poder afirmar que, entre todas as suas atividades a que mais prendia Ismael era falar à rédea solta, quando sustentado por uma audiência em que confiava. Dizia então as coisas mais inverossímeis e as mais profundas. [...] A natureza, ou a rigorosa preparação religiosa que tinha (era católico praticante), coisa raríssima naquela época, o levava o discorrer apoiado em conceitos tirados em geral da filosofia tomista. As profundas preocupações religiosas de um ser absolutamente pagão como ele o faziam viver num permanente debate entre Deus e a criatura, entre o pecado e o viver. De um paganismo caloroso, feito de enraizado amor ao corpo, ao corpo humano, como vivência e como forma absoluta, decorria esse sensualismo profundo, essencialista, uma dialética em que tinha de terçar armas com as noções mais idealistas e abstratas do ideário católico. Em tudo procurava ele a forma ou a definição, e, necessariamente, a antiforma e a antidefinição, que ia discernir na matéria ainda não chegada à forma, ou na forma em marcha para o dilaceramento ou a dissolução" (Pedrosa 197-198).

[4] El libro se divide en cuarenta y cinco poemas de Jorge de Lima y treinta y seis de Murilo Mendes.

[5] Una de las explicaciones de la insistencia de la crítica en analizar las secciones por separado privilegiando las autorías individuales puede ser que el libro no tuvo reediciones y que los poemas de cada autor se incluyeron en sus respectivas obras reunidas y/o completas.

alcanzando una perspectiva casi divina. Para el crítico brasileño, se trataba de un abordaje contrastivo que se enfocaba en las trayectorias anteriores de los poetas y enfatizaba más las diferencias que el hecho de que las "efigies impresas" eran dos lados de una misma moneda:

> Como consequência, arriscava-se a perder de vista a nova configuração temática e estilística que "Tempo e Eternidade", ainda que timidamente, sugeria: um catolicismo milenarista e escatológico, voltado para a gênese e o apocalipse, conferindo ao poeta o papel de um pequeno demiurgo, criador de realidades autônomas (Andrade 98).

La configuración del poeta como demiurgo involucra la composición de obras efigies, es decir icónicas, que poseen ese espíritu litúrgico, o colectivo, que alentaba Jorge de Lima y que acá se torna patente en la evasión de la autoría única. Si "el genio sólo se declina en singular", como se lamentan Michel Lafon y Benoît Peeters (7), en este caso la salida del yo singular se produce a partir de la creencia religiosa que conlleva la disolución de los sujetos en un Otro, una entidad absoluta y superadora de las dicotomías. Así, pese a esa estructura contrastiva que Tristão de Athayde traza al inicio de su texto crítico, respetando la individualidad de los nombres propios, puede detectarse cierto intento por aunarlos bajo la opción por una poesía moderna y católica que se escribe sin ornamentos, siguiendo las líneas rígidas y arquitectónicas de una iglesia:

> Ela aparece [la poesía de ambos], nessas páginas, curtas mas impressionantes, despida de todo pieguismo, vazia de qualquer artificio visível ou de ornato supérfluo, numa revelação puríssima da beleza do mundo tal como a exprime o dogma católico. Porque êsses poemas refletem diretamente a beleza dogmática da Verdade. Suas linhas são lisas, altas, diretas, rudes, como as da própria figura da Igreja tão desfigurada pelo Romantismo devoto ou pela paixão sectária. [...] Poesia objetiva, mas sem sombra de preocupação, de preocupação descritiva ou panteísta. Poesía hierática, mas sem frieza. Poesia católica, essencialmente católica, poesia episcopal, desassombradamente eclesiástica e pontifícia, na mais bela acepção dêsses têrmos –sem qualquer vislumbre de sentimentalismo devoto ou de falso classicismo. Moderna, extremadamente moderna, mas sem qualquer Modernismo artificial (Athayde s. p.).

Según el crítico brasileño, entonces, una intersección geométrica atraviesa los poemas de *Tempo e eternidade* que, entre lo extremadamente moderno y el dogma católico, diseña una poesía objetiva, hierática y esencial, que se hace cargo formalmente de la dimensión de lo sobrenatural. Como clamaba Guardini, no hay lugar para los artificios o los sentimentalismos. Tristão percibe que el catolicismo, y una modernidad "bien entendida", reniegan de la categoría de representación y se aproximan a los lenguajes arquitectónicos o escultóricos. Es que, frente a la idolatría que pretende evocar en su figuración inanimada una fuerza oculta, los textos poéticos de Murilo Mendes y Jorge de Lima se entregan a la potencia vital del trazado icónico. Los *poemas-íconos* de los escritores brasileños instauran, en el umbral entre lo animado y lo animado, una mirada y no un objeto: la posibilidad ver y ser visto. El despertar del poeta a otra realidad y su transformación en profeta es una imagen que aúna el poemario en su intento por expresar la configuración de una "nueva mirada" que le otorga a la modernidad la perspectiva de lo eterno. "Meu novo olhar" de Murilo Mendes, en este sentido, funciona como una suerte de poema manifiesto que no sólo da cuenta de su propia conversión al catolicismo, sino que también sostiene la necesaria relación entre lo visible y lo invisible, rehuyendo del realismo, pero sin despreciar la materia. Esta lógica, que también es una de las definiciones posible del ícono, atraviesa el poemario en su dupla totalidad.

A través del sintagma "Meu novo olhar é o de quem...", que se repite anafóricamente a lo largo del poema, el yo poético se revela profético –"Meu novo olhar é o de quem desvendou os tempos futuros" (Lima y Mendes 77)– y crítico de las masas, que luego de conseguir el pan y el cine volverían a pelear en las guerras por tedio. La eficacia que se pone en juego es la posibilidad del poeta de salir del yo y traspasar las multitudes, viendo lo que es inaccesible a los ojos humanos: "Meu novo olhar é o de quem vê com tristesa a bailarina/ Que, para conseguir um movimento gracioso da perna,/ Durante anos sacrificou o resto do seu sêr./ Meu novo olhar é o de quem vê na criança andando/ A futuro doente, a orfã, a louca, a prostituta" (*idem*). El poema como ícono reclama que lo visible no es tan sólo lo sensible, y por esto se construye liminalmente siguiendo los contornos de las cosas perceptibles que acogen un contenido invisible. Y esta liminalidad señala lo infinito que convive y excede el horizonte de la modernidad. En este sentido, los poemas de Jorge de Lima obsesivamente se empeñan en revelar que hay algo inmutable frente a los días que se suceden, como aparece en "Aceito as grandes palabras", donde el yo poético acepta los elementos modernos, como los cines, los tranvías, las playas, los *flirts* y la actualidad, pero le pide a Dios que: "Mas deixai-me ver no meio dessa conturbaçao/ o que está acima do tempo, o que é inmutavel" (27). Lo que está por encima del tiempo, pero también lo que lo antecede:

Parai tudo que me impede de dormir:
esses guindastes dentro da noite,
esse vento violento,
o último pensamento desses suicidas.
Parai tudo o que impede de dormir:
esses fantasmas interiores que me abrem as pálpebras,
esse bate-bate de meu coração,
esse ressonar das coisas desertas e mudas.
Parai tudo que me impede de voltar ao sono iluminado
que Deus me deu
antes de me criar (Lima y Mendes 31).

De resonancia surrealista, perceptible en su clima onírico (Cavalcanti), el poema clama por la fijeza y la inmovilidad que permita el encuentro con el "sueño iluminado" previo a la creación humana, que se pierde con el transcurrir de la vida. El despertar del poeta es también un descanso epifánico en lo eterno. Así, este sueño que antecede al sueño, más que inconsciente surreal, remite a un estadio preconsciente, lugar de tránsito, que alberga una suerte de memoria divina que late en la vigilia y necesita ser recordada. En su iconocidad, el poema de Jorge de Lima no le otorga al lector un lugar cómodo donde depositar la mirada, sino que por el contario provoca una visión vacía que se satura de lo invisible. Es por este motivo que la función del poeta es, como sugiere Murilo en "Vocação do poeta", mostrar de a poco la presencia de Dios en el mundo capitalista:

Vim para garantir que a voz dos homens
Abafará a vos das sirenas das maquinas.
E que as palavras substanciais de Jesus Cristo
Dominarão as palavras do capitalista e do operario.
Vim para conhecer Deus meu Creador, pouco a pouco,
Pois si O viesse de repente, sem preparo, ficaria cégo! (Lima y Mendes 81).

La fuerza anárquica del cristianismo, que desbarata los ideales del capitalismo y del comunismo, termina de fundar al poema como ícono, es decir, como emblema del poder de lo *imago* invisible que debe administrarse con cautela y rigor. Por eso, es la túnica divina, sin costuras, la figura que Jorge de Lima elige para acercar la doctrina cristiana a una comunidad atravesada por la falta: "Do Oriente ao Ocidente, perto do sol,/ estendamos uma túnica branca de braços abertos/ para significar: vinde a mim os que não conhecem patria,/ os que não sabem geografia nem contas de somar/ [....] Não veremos ídolos/porque os ídolos se afogaram nos rios rasos da planície" (Lima y Mendes 37). La túnica inconsútil, nombre del próximo libro de poemas de Lima, dibuja un ángulo recto que conecta el cielo y la tierra, y desbarata todo tipo de clasificación: caen los líderes políticos, los límites geográficos, la idolatría de la razón y la ciencia, en pos de la utopía por un pueblo sin fracturas. Como aclaman los últimos versos del "Poema essencialista" de Murilo Mendes: "O fim da ideia de propriedade, carne e tempo./ E a permanencia no absoluto e no inmutavel" (Lima y Mendes 117).

3. En su "segunda dentição", la *Revista de Antropofagia*[6] eleva un grito de guerra contra el catolicismo y sus manifestaciones de fe. Los modos de ataque varían en su radicalidad, pero el recurso de la *piada* modernista es uno de ellos:

SUBORNO

Se vós permanecerdes em mim e as minhas palavras permanecerem em vós, pediréis tudo o que quizerdes e ser-vos à feito.

Cristo (João, V, 7) (*Revista de Antropofagia,* 14-04-1929).

Dentro de este universo de humor corrosivo, también Tristão de Athayde es blanco de ataque: se lo llama, por ejemplo, "Tristinho de Ataude", o "Conselheiro Acacio do Modernismo", y la Primacía de lo Espiritual deviene "Prima do Espiritual" en las páginas del periódico. Junto con el líder católico, otros "espiritualistas" son burlados, Schmidt o Tasso da Silveira, y la revista *Festa*. Como los tupís que reaccionaron contra la catequización europea, en esta "nueva conquista espiritual" (11-7-1929), que se vislumbra en el ocaso de los

---

[6] La *Revista de Antropofagia* tiene dos etapas. En la primera sacan 10 números, editados mensualmente, de mayo de 1928 a febrero como de 1929, bajo la dirección de Antonio de Alcântara Machado y la gerencia de Raul Bopp. Después, en la segunda etapa, se limita a una página del *Diario de São Paulo*. En total, salieron 16 páginas, semanalmente, pero con algunas irregularidades, del 17 de marzo al 1 de agosto de 1929. Los directores son Raúl Bopp y Jaime Adour da Câmara. El secretario de redacción es Geraldo Ferraz. Y Oswald de Andrade y Oswaldo Costa participan activamente.

años 20, los antropófagos hacen de la religión católica el manjar por excelencia a deglutir.

En el primer número de esta nueva etapa, Oswald de Andrade, bajo uno de sus seudónimos, Freuderico, escribe "De antropofagia", donde condensa los "contra" antropofágicos por excelencia: la ley, la propiedad y la catequesis. Sobre la religión, el líder paulista sostiene que esta actúa históricamente a través de la violencia y, por esto, no hay cristianismo que no se refiera a la fuerza o a la espada: "Descido das catedraes tomistas ou agustianianas, todo missionario agiu sempre como qualquer *cunhambebe*"[7] (17-3-1929). Y así, frente al catolicismo dirigido por Tristão de Athayde y el Centro Dom Vital, se afirman "todas as religiões. Mas nenhuma egreja. E, sobretudo, muita feitiçaria" (24-03-1929). En la revista el ataque al cristianismo, como la religión institucional por excelencia, se contrapone a otra definición de lo religioso, que escapa a la normativa eclesiástica y se sostiene en el "instinto religioso" afirmado contra "el conceito abstrato da religião" (12-6-1929). No hay ícono, sino carne expuesta. Una animalización de la religión que rechaza el alma como producto civilizatorio y recupera el sustrato mítico de las leyendas amerindias: "Deus é uma expressão tribal" (12-6-1929) y, así entendido, se rebela ante los intentos de universalización y abstracción.

No obstante, al igual que en el rito, la deglución del ideario católico no lleva ni al duelo ni a la pérdida. Pero, ante ello, una pregunta se impone: ¿cuál es el nutriente de la ingestión? Vale la pena, en este sentido, detenernos en la carta de Raul Bopp que se cita en el artículo titulado "Algumas notas sobre o que já se tem escrito em torno da nova descida antropofagica na nossa literatura":

> Mas, con quatro seculos de sol dessas latitudes, o nosso povo foi fazendo uma reacomodação aos catecismos e sumas teológicas. **Criou uma religião à sua semelhança.** Catolicismo gostoso, com largas concessões profanas. Com foguetes e festas do divino. Com procissões e novenas de São Benedicto, onde o negro brica de rei nas tamboreadas da festa do congo. O que é, é. Não vamos bulir com isso. Nada de discordâncias nesse ponto. Já temos uma veterinária religiosa: rezas de curar bicheiras, etc. Tudo serve. Cabem na

---

[7] Cunhambebe fue un jefe de tribu tupinambá que gobernaba a todos los caciques Tamoios y fue aliado de los franceses que habitaban la Bahia de Guanabara en 1555 (Francia Antártica). Se lo cita en las obras de André Thévet y Hans Staden.

mesma fé os rituais da macumba e da missa do galo. Os santinhos do es-
capulário e a muiraquitan. Pode-se até, si vocês quizerem, aumentar o
santoral brasileiro: Nossa Senhora das Cobras, Santo Antonio das Moças
Tristes, Virgem Maria das Malcitas. O caboclo não gasta muita fé em prome-
ssas de recompensas para depois da morte. Ele prefére aqui mesmo, a formula do "quero gosá" de Oswaldo de Costa. Respeita o padre e a policia,
quando é preciso. No final de contas **o que nos separa do catolicismo
catequista é a batina, o latim, o sermão, o Santo Oficio e o sinal da
cruz**. A própria comunhão, em última analise, não é mais do que um acto de
antropofagia acovardada num simbolo (Bopp, "Algumas notas sobre o que
já se tem escrito em torno da nova descida antropofagica na nossa literatura"
7-04-1929, los destacados me pertenecen).

Raúl Bopp, que ya había realizado su experiencia amazónica y se
había sumergido en el imaginario mítico del hombre-cobra[8], llama la
atención sobre la "reacomodación" que la fuerza popular habría
hecho sobre el dispositivo catequístico (llevado a cabo, especialmente, por los jesuitas) para apropiarse de la religión católica. A
través de ciertas concesiones profanas, o del uso negligente (Agamben, *Profanaciones*) de las normas religiosas, se modula un catolicismo
otro, *gostoso*, festivo, antropófago, y claramente anti-litúrgico, que de-
gluta a la oficialidad religiosa y socialice el sentimiento religioso desde
las expresiones divinas del "nosso povo" –contracara del nosotros
místico de Jorge de Lima–, el único sujeto político capaz de hacerle
frente al discurso eclesial.

Lo que está en cuestión no es la religión en tanto creencia, sino
las múltiples, diferentes y divergentes imágenes de pueblo que se
construyen a partir del relato religioso. De un lado, un pueblo de
fieles, sometido y coaptado por el discurso del clero y la intelectualidad católica que vendría a actualizar o "modernizar" la violencia de
la conquista mediante su empresa espiritual, la "Cruzada de Cristo
Rey" (8-5-1929) en las letras, el arte y la cultura brasileños. A Tristão
de Athayde, por ejemplo, se lo incluye en una genealogía compuesta
por los momentos más oscuros de la historia del catolicismo, como
la Inquisición o los documentos oficiales contra la cultura moderna:

---

[8] En 1931, Raúl Bopp publicará su primer libro de poemas titulado *Cobra
Norato*. Se trata de un poema épico y mitológico, de verso libre con estilo telegráfico, situado en la Amazonía. Se trabaja literariamente con el mito de la Cobra
Grande e incorpora elementos de la fauna y la flora del Brasil amazónico junto
con el habla regional.

Os rapazes que aqui estejam por ventura se deixando envenenar por eles [Tristão de Athayde y Jacques Maritain], através do pensamento de importação de alguns escritores maçudos e maldosos, não sabem que mal se estão fazendo. O Primado do Tristinho de Ataude é a Inquisição. É Pio VII. É a encíclica Quanta cura de Pio IX. É o Syllabus. O seu fim é o temporal. Nele o espiritual é puramente acessório. Ornamental. O meio, não o fim. ("o sr. Tristão de Athayde e a Prima do Espiritual" 12-6-1929).

A través de uno de sus seudónimos, Oswald de Andrade sostiene el carácter interesado y utilitario de la religión católica que se nutre de una tradición que tiene como finalidad no la trascendencia, sino la obtención de fines terrenales. Lo que años más tarde, Georges Allport (1937), el psicólogo de la personalidad formado en la Gestalt (escuela mencionada en la revista), llamaría "religiosidad extrínseca", es decir, el uso de la religión como medio para conseguir resultados que exceden lo espiritual, asociada al dogmatismo y la estigmatización contra los que pertenecen a la misma religión; al contrario de la "religiosidad intrínseca" que asume la religión como un fin en sí mismo, como un rasgo cardinal que se traduce en experiencia pasional sin el edificio retórico y ornamental de lo catequístico.

Una de las fantasías antropófagas con las que juega la revista se alimenta de la posibilidad de transformar el tabú en tótem. En relación con lo religioso, se apropia de la idea de la *conversión* como operación de pasaje de una lógica trascendente de exportación a un plano ritualístico en el que se valoriza el carácter corporal y, por ende, popular, de la religiosidad. En una serie de notas tituladas "A pedidos" aparecen en los tres primeros números firmadas por: "um pae cristão, porem moderno" (17-3-1929), "um pae de família, moderno, porem cristão" (24-3-1929), "um pae cristão e quasi antropófago" (31-3-1929) se deja ver la defensa por el sustrato emocional y colectivo que poseen las manifestaciones religiosas cuando salen de las paredes sofocantes de las iglesias. Así, sin prescindir de la sátira, en estos pedidos se denuncia acciones conservadoras de la Iglesia, en términos de una moral que afecta a los niños, a las mujeres y a los actos religiosos. Por ejemplo, en la última de la serie se acusa al arzobispo de San Pablo de prohibir los disfraces de ángeles y santos, y de desconocer la índole del pueblo que de tal modo concretiza la presencia divina. Se le amenaza, a su vez, con la aparición de un padre Cícero paulista en la procesión. En el siguiente número (7-04-1929) se declara que el "pae de família cristão" desaparecerá porque ya se pasó a las filas antropófagas, su "conversión" se celebra y se alienta a que otros sigan su ejemplo. El ímpetu de un catolicismo popular devora las reglas de la doctrina clerical.

Más de una vez se menciona y reivindica la figura del Padre Cícero en la revista: "nosso padrino", como lo llaman, haciendo referencia al momento en que el párroco fue suspendido por el obispado y, al verse privado de dar el sacramento del bautismo, comenzó a apadrinar niños en el Nordeste. Lo que trae la presencia de Cícero entre los antropófagos es la memoria de la religiosidad del sertón, rico en misticismos y poco dócil al control de la Iglesia. Como explica Lira Neto, frente a la inmensidad del territorio, la distancia entre las sedes episcopales ubicadas en el litoral y los millones de cristianos desparramados por el sertón, provocó un vacío en las relaciones entre los fieles y el clero, ya que era raro que los sacerdotes abandonaran los centros urbanos y se enfrentaran a los peligros de las extensiones sertaneras. Esta separación, y conflicto, entre la religión oficial y la espontaneidad de la creencia popular se encarna a la perfección en la trayectoria del sacerdote de Ceará: orador de habla simple y moralista, consejero y curandero, bendecidor de cangançeiros arrepentidos y hasta líder político.

En pocas líneas, el núcleo del disturbio con el clero y el padre Cícero se desata en la pequeña localidad de Juazeiro a fines del siglo XIX cuando el párroco se torna defensor de una joven beata, negra y analfabeta, que formaba parte de su hermandad, y que experimenta un milagro: la hostia en su boca se tiñe de sangre. Este suceso presuntamente sobrenatural que se acompaña de trances místicos y de comunicación con Cristo –le habría revelado que el poblado funcionaba como un portal a través del que los puros y los justos iban a entrar en el Reino de los Cielos– se esparce por la prensa y por los alrededores desde donde comienzan a llegar romerías de gente de otros poblados. Contra la hipótesis de la presencia de Jesús en el cuerpo de Maria Preta se levanta el obispo, Joaquim José Vieira, quien impulsa una causa dentro de la Iglesia, llega a suspender a Cícero de sus funciones y prohíbe, entre otras cosas, mantener el culto a los paños ensangretados. Historia fascinante, en la que intervienen desde médicos hasta la Inquisición romana y el Papa León XIII, la disputa entre el obispo y el padre Cicero configura dos modos de entender la religión:

si el discurso eclesiástico se apoya en la lectura de Santo Tomás que sostiene que Jesucristo está en la eucaristía de modo incruento, a la vez que la sangre divina no puede sufrir el paso del tiempo y la descomposición, Cicero sentencia: yo creo porque vi.

La creencia del padrino se inscribe dentro de un régimen de visibilidad sensible, funcional a una religiosidad de *pura gestualidad* sin trascendencia, que reclaman los antropófagos desde ese espacio *heterotópico* en el que se encuentran la cosmología amerindia y el pueblo brasileño actual. En este sentido, si Bopp anunciaba que el pueblo creó una religión "a su semejanza", invirtiendo el discurso bíblico de la creación que, tan inspirado en el platonismo (Deleuze, *Lógica del sentido*), sentenciaba que Dios hizo al hombre a su imagen y semejanza, perdiendo sin embargo esa semejanza por el pecado y conservando en su lugar la imagen, la antropofagia propone una teología del cuerpo desde la inmanencia de lo popular.

La teogonía amerindia trae la experiencia festiva y su costado mitológico como elemento fundante y originante de una comunidad que, lejos del Dios monoteísta y ordenador, se sostiene en el lazo de "una conciencia participante, una rítmica religiosa", como alienta el Manifiesto Antropófago. Pero lo "vivo", y por lo tanto, lo actual, que se descubre en el relato mítico es la necesidad de una vivencia desde la carne. Crear una religión a la "semejanza" del pueblo, como planteaba Bopp, implica la inversión de una tradición cristiana que, como se sabe, subordina lo carnal a lo incorpóreo.

No hay debate en la historia del cristianismo sobre el hecho de que el cuerpo se presenta como la parte degradada e inferior, el fantasma del que hay que huir, aunque no cese de retornar, si no se quiere caer en la debilidad de la carne. San Agustín es quien más se ocupó del tema con el delineado de una historia en la que traban batalla dos elementos, "el humano y el divino, el corpóreo y el espiritual, que constituyen, en su discrepancia, la ambigua unidad de la persona" (Esposito 40). Los antropófagos entendieron tempranamente que la salida de esta dicotomía fundante de Occidente debía realizarse a través del cuerpo. Pero no es un cuerpo articulado u orgánico en su completitud, es, más bien, la fuga de las formas reconocibles: es el cuerpo devenido carne.

Como correlatividad del cuerpo y del mundo, la elección por lo carnal, textura común de todo lo que habita en el universo, rompe con las divisiones objeto / sujeto, animado / inanimado e interioridad / exterioridad al inaugurar una zona intersensorial (Merleau-Ponty), en el que la comunicación se da por medio de una indistinción confusa entre el cuerpo y el mundo. Desde el cuadro emblemático *O Abaporu* de Tarsila donde el cuerpo se confunde con el paisaje en sus contornos, hasta el ombligo como medio de inseparabilidad entre lo humano, la tierra y la religión. Oswald escribe: "O dogma se refugia na vida interior. Não deixa de ser cômica essa contemplação do próprio umbigo para salvar a alma, observa Politzer" (12-6-1929). El dogma como verdad revelada separa la interioridad sagrada del territorio exterior donde reside el pecado, pero el ombligo, figura de lo humano por excelencia (ni Dios, ni Adán, ni Eva tenían ombligo) y, por lo tanto, imagen carnal de la impureza de la caída, permite conectar el cuerpo con el mundo, como se lee en el relato de origen boppiano: "O homem umbigado à terra. Movimentando a ideia religiosa dentro da sua geografía". ¿Dentro de la geografía del cuerpo o del territorio? La carne tapiza y envuelve los cuerpos y las cosas, tornando irrecortables las figuras, borrando los comienzos y finales, saliendo de los ordenamientos cronológicos y abriéndose a la experiencia de lo religioso que se moldea en el mismo movimiento de prolongación del ombligo a la tierra, y viceversa (este viceversa es la condición originaria, la reciprocidad de sentido entre el yo y el mundo).

El ombligo es tanto esa parte del cuerpo que conecta el interior y el exterior de nuestro propio cuerpo como carne, como también es la cicatriz de separación con lo maternal. En este sentido, la fertilidad y el erotismo fueron figuras transitadas por la cultura afrobrasileña. El hombre ombligado a la tierra remite a ciertas danzas africanas que juegan con el contacto pélvico. Como una suerte de performance ritual, las "sambas de umbigada" son, como explica Renata de Lima Silva, manifestaciones de encrucijada y de intersecciones, "um entrelugar, por onde passam as noções de passado e futuro, sagrado e cotidiano – que o corpo limiar habita" (5). En este sentido, más "frenesí saltatorio" que "coreografía sexual" (117), como las describía Mário de Andrade, estas danzas apelan al ombligo como la puerta de acceso a la *roda,* del mismo modo que el vientre nos introduce en el mundo.

Si el sacrificio, es decir, la antropofagia en todas sus implicancias, ha sido el dispositivo que los mismos antropófagos paulistas eligieron

y reconstruyeron para leer el legado de Occidente, también podría
rastrearse otro tipo de rito que no se guíe ya por la violencia, sino que
suspenda el pasaje efectivo del homicidio fundacional. Quedarse, así,
en el margen o limen (umbral) del que habla Victor Turner para los
ritos de transición, en el que existe lugar para la ambigüedad y no hay
atributos fijos ni del pasado ni del futuro. En este umbral, si los ritos
son reglas de conducta (Durkheim) en relación con el comportamiento hacia lo sagrado, el rito carnal que propone la religiosidad de
y en la antropofagia permite pensar dos líneas de investigación que se
inauguran y que harán de la creencia religiosa, no una "adhesion involuntaria" (Certeau), sino, más bien, una experiencia corporal y per-
formática, donde imágenes de pueblos sean expuestas e interrogadas
en su emocionalidad: por un lado, los estudios de Gilberto Freyre
sobre la religiosidad del nordeste a través de ciertas escenas de contacto carnales (asociadas a la infancia) entre niños blancos y amas ne-
gras, en las que detecta el costado vital y afectivo de un cristianismo
brasileño de trazos relampagueantes. Por el otro, las experimentacio-
nes de Flávio de Carvalho que, con su teatro bailado, recrea de modo
dionisiaco la muerte de Dios como disparador de fuerzas religiosas
emancipatorias.

4. Que no hay un único *pueblo*, sino que "siempre hay *pueblos* co-
existentes" (Didi-Huberman, *Pueblos expuestos, pueblos figurantes* 70) se
torna evidente en las diversas formas que la literatura y el arte brasileños, en las décadas del 20 y del 30, toman contacto con lo religioso:
de la religiosidad de la infancia a la liturgia, de la socialización del
dogma a la comunión antropófaga, del santoral popular al ícono de
culto, del cuerpo glorificado a la carne de los rituales, en todos los
casos lo divino se proyecta bajo un amplio espectro. De este modo,
propicios o contestatarios frente al *revival* católico de posguerra que
resuena desde Europa, estas escenas de creencias en territorio americano también participan del clima de revitalización religioso-espiritual
que se vive en el período, y que imaginan nuevos modos de relación
con aquello que está más allá de lo humano.

En este sentido, el creer se reviste de una potencia eficaz en la
lucha contra el individualismo burgués, la propiedad privada y la ins-
titucionalización de la religión, ya que delinea una experiencia *otra* que
se construye agujereando la modernidad cartesiana. Es que lo

sagrado, y su emoción –en su versión controlada o en su fuerza des-
aforada–, contiene también un poder emancipador frente a la racionalidad instrumental que permite moldear formas de vida, memorias
y vínculos comunitarios alternativos a las normas vigentes. Si los estudios historiográficos se han detenido con rigor en la relación entre
el poder estatal y la autoridad eclesial, se hace ahora necesario (y urgente) volver la mirada sobre las supervivencias religiosas que pululan
en el entramado cultural del Cono Sur, para así entender y planear
estrategias que permitan la separación entre Iglesia y Estado, o, como
dicta la consigna, que se vuelvan finalmente asuntos separados.

Bibliografía citada

Agamben, Giorgio. *Profanaciones*. Buenos Aires: Adriana Hidalgo, 2005.

—. *Opus Dei. Arqueología del oficio*. Buenos Aires: Adriana Hidalgo, 2012.

Allport, Gordon. *Personality: A psycologhical interpretation*. New York: Henri Holt, 1937.

Amaral, Aracy. *Tarsila. Sua obra e seu tempo*. São Paulo: Editora Perspectiva, 1975.

Andrade, Fábio de Souza. "Murilo Mendes e Jorge de Lima: Orfeu entre o tempo e a eternidade". *Ipotesi – Revista de Estudos Literários* 1 (enero-junio 2002): 97-103.

Andrade, Mário. *Aspectos da música brasileira*. Belo Horizonte: Villa Rica, 1991.

Athayde, Tristão de. "A Desforra do Espírito". En *O Diário*, 23 de junho 1935. s.p.

Bandeira, Manuel. "Tarsila antropófaga". En *Crônicas da Província do Brasil*. Rio de Janeiro: Civilização Brasileira, 1929/1937. 215-217.

Cabezas, Laura. "Cristianismo herético. Murilo Mendes y el legado de Ismael Nery". En Cámara, Mario, Giorgi, Gabriel y Patiño, Roxana, orgs. *¿Por qué Brasil, qué Brasil? Recorridos críticos*. Villa María: EDUVIM, 2017.

Candido, Antonio. *Os parceiros do Rio Bonito*. São Paulo: Duas Cidades, 1971.

Carvalho, Flávio de. "Uma analise da exposição de Tarsila". En *Diário da Noite*, São Paulo, 20/09/1929, 1il.

Cavalcanti, Luis Marcos Dias. "O surrealismo no Brasil: A poesia e a pintura em pánico em Jorge de Lima". *Revista dEsEnrdoS* IV, 13 (abril-maio-junho 2012): 1-22.

Certeau, Michel de. *La debilidad de creer*. Buenos Aires: Katz, 2006.

Deleuze, Gilles. *Lógica del sentido*. Buenos Aires: Paidós, 1994.

—. *Pintura: el concepto de diagrama*. Buenos Aires: Cactus, 2007.

Didi-Huberman, Georges. "Volver sensible / hacer sensible". En Badiou, Alain, Pierre Bourdieu Pierre *et al*. *¿Qué es un pueblo?* Buenos Aires: Eterna Cadencia, 2010. 69-100.

—. *Pueblos expuestos, pueblos figurantes*. Buenos Aires: Manantial, 2014.

——. *Que emoção! Que emoção?* São Paulo: Editora 34, 2016.

Durkheim, Émile. *Las formas elementales de la vida religiosa.* México, DF: FCE, 2012.

Esposito, Roberto. *Las personas y las cosas.* Buenos Aires: Katz, 2016.

Fornet-Betancourt, Raúl. *Interculturalidad y religión. Para una lectura intercultural de la crisis actual del cristianismo.* Quito: Ediciones Abya-Yala, 2007.

Guardini, Romano. *El espíritu de la Liturgia.* Madrid: Centro de Pastoral Litúrgica, 1999.

Jackson, Luiz Carlos. *A tradição esquecida. Os parceiros do rio Bonito e a sociologia de Antonio Candido.* Minas Gerais/ São Paulo: Editora UFMG/FAPESP, 2002.

Lafon, Michel y Peeters, Benoît. *Escribir en colaboración. Historias de dúos de escritores.* Rosario: Beatriz Viterbo, 2008.

Lima, Jorge de. "A Mystica e a Poesia. (Conferencia no Circulo de Estudos Jacques Maraitain, na Escola de Bellas Artes)". *A Ordem* 62 (setembro 1935): 216-236.

Lima, Jorge de, y Murilo Mendes. *Tempo e eternidade.* Porto Alegre: Livraria do Globo, 1935.

Lima Silva, Renata de. "O Corpo Limiar e as Encruzilhadas: a CapoeiraAngola e os Sambas de Umbigada no proceso de criaçao em Dança Brasileira Contemporânea", Tese de Doutorado, Campinas, UNICAMP, 2010.

Llopis, Joan. *La liturgia a través de los siglos.* Barcelona: Joan Centre De Pastoral Litúrgica, 1993.

Ludueña Romandini, Fabián. *A comunidade dos espectros. I. Antropotecnia.* Desterro: Cultura e Barbarie, 2012.

Merleau-Ponty, Maurice. *Lo visible y lo invisible.* Buenos Aires: Nueva Visión, 2010.

Mondzain, Marie-José. *Imagem, ícone, economia. As fontes bizantinas do imáginario contemporâneo.* Rio de Janeiro: Contraponto, 2013.

Neto, Lira. *Padre Cícero: Poder, Fé e Guerra no Sertão.* São Paulo: Companhia das Letras, 2009.

Pedrosa, Mário. *Textos escolhidos. Acadêmicos e modernos.* São Paulo: Edusp, 2018.

"Revista de Antropofagia". En *Revistas do Modernismo 1922-1929.* Edição fac-similar. São Paulo: Imprensa oficial do Estado de São Paulo, 2014.

Turner, Victor. *O Processo Ritual.* Petrópolis: Ed. Vozes, 1974.

REVISTA DE CRÍTICA LITERARIA LATINOAMERICANA
Año XLV, N° 90. Lima-Boston, 2do semestre de 2019, pp. 103-120

A "TENDÊNCIA À SINCERIDADE" DE PRUDENTE DE MORAES, NETO: UM VAZIO NA ENSAÍSTICA DE NACIONALIDADE BRASILEIRA[1]

Leonardo D'Avila
Universidad de Buenos Aires

Resumo
Este artigo investiga o impacto da concepção de "sinceridade" de Prudente de Moraes, neto[2], em três momentos-chave da ensaística de nacionalidade brasileira: primeiramente na "valorização do preto", de Gilberto Freyre; em seguida na idealização do homem cordial, de Sergio Buarque de Holanda; e, por fim, nos debates promovidos pela revista *Cultura Política*, durante o Estado Novo (1937-1945). Essa "sinceridade" não consiste em qualquer forma de intimismo ou mesmo em algum moralismo promovido pelo autor. Muito pelo contrário, trata-se de um dos primeiros desdobramentos da poética surrealista de André Breton e de conceitos de Freud em solo brasileiro.
Palavras-chave: Prudente de Moraes, neto, ensaio, nacionalismo, surrealismo, sinceridade.

---

[1] Este artigo expõe algumas conclusões parciais que decorrem diretamente da pesquisa "Nem penso em máquinas: poética e polêmica em Prudente de Moraes, neto", desenvolvida por nós entre 2016 e 2017 com financiamento do CNPq conjuntamente com Raul Antelo. A pesquisa também envolveu a Fundação Casa de Rui Barbosa, Biblioteca Nacional e o arquivo do Centro Alceu Amoroso Lima pela Liberdade, arquivos sem os quais a investigação não teria sido possível.
[2] A grafia incomum para o nome, ou seja, com uma vírgula antes de neto era a assinatura mais recorrente do autor. Prudente nasceu no Rio de Janeiro em 23 de maio de 1904 e faleceu em 21 de dezembro de 1977, na mesma cidade. Era filho do advogado e político Prudente de Moraes Filho e de Blandina Mendes de Moraes. Seu antepassado mais célebre foi seu avô paterno Prudente de Moraes, primeiro Presidente civil da República.

Abstract

This article investigates the impacts of Prudente de Moraes, neto's conception of "sincerity" in three different occasions of Brazilian nationalist essayism: firstly on the "valorização do preto", of Gilberto Freyre; secondly on the idealization of the "cordial man", by Sergio Buarque de Holanda; and, finally, on the debates realized by the review *Cultura Política* under the years of the *Estado Novo* (1937-1945). This "sincerity" does not consist in any kind of intimacy or even in some moralism promoted by the author. On the contrary, it is one of the main outspreads of the surrealist André Breton's poetics and of the conceps of Freud in the Brazilian context.

Keywords: Prudente de Moraes, neto, essay, nationalism, surrealism, sincerity.

I. Introdução

A obra de Prudente de Moraes, neto, embora pouco conhecida, foi de importância singular para diversos momentos da cultura brasileira, legando um espaço de não-saber à ensaística de nacionalidade, especialmente por sua concepção de "sinceridade". Ainda assim, a investigação de toda a potencialidade da obra de Prudente permanece obstaculizada pelo aspecto lacunar de seus textos, muitos deles escritos por pseudônimos, e, sobretudo, pelo fato destes serem multifacetados, circulando entre diversos gêneros, abarcando a poesia, o ensaio, a crítica literária e até as colunas de turfe.

Prudente, mesmo que à maneira tímida de um autor bissexto, manteve-se, pois, atuante no debate intelectual brasileiro ao longo de sua vida, tendo sido o editor da revista *Estética*, entre 1924 e 1925, ao lado de Sergio Buarque de Holanda, na qual escreveu ensaios e contos, antes de se tornar um crítico literário relevante junto à revista católica *A Ordem*, a partir de 1930, por convite de Tristão de Ataíde. Também publicou a coluna "Literatura de Ideias" na revista *Cultura Política*, que foi o maior veículo oficial de discussão e difusão de pensamento promovido pelo Departamento de Imprensa e Propaganda da ditadura Vargas, no qual também contribuíram autores diversos, como Graciliano Ramos, Gilberto Freyre e Rosário Fusco, que a dirigia. Após o fim do Estado Novo em 1945, Prudente se fez jornalista, tendo, nas últimas décadas de sua vida, participado como cronista político, como comentador de turfe e até como diretor de redações de jornais como o *Diário Carioca* e *O Estado de São Paulo*. Tornou-se presidente da Associação Brasileira de Imprensa (ABI) entre 1975 e 1977, militando em favor da liberdade de expressão e contra a perseguição de jornalistas pelos órgãos de política, mesmo após haver cumprido um papel inicialmente ambíguo em relação ao regime.

Entretanto, o reconhecimento da grande polivalência da escrita de Prudente ora proposto não busca estabelecer uma leitura biográfica ou mesmo sociológica sobre o autor. Sendo neto do primeiro presidente civil do Brasil, de quem herda o pesado nome, "Prudentinho" certamente poderia ser considerado um exemplo típico de jovem decadente da "República Velha" que imediatamente se viu impossibilitado de concorrer aos cargos que lhe foram reservados pelas gerações anteriores em virtude da Revolução de 1930. A esse respeito, embora Sergio Miceli identifique *en passant* a obra e a pessoa de Prudente em seu já clássico *Intelectuais e classe dirigente no Brasil* como um caso de intelectual cuja trajetória foi determinada pelas estruturas sociais, o percurso dessa pesquisa é o de demonstrar, por uma via não biográfica e não exatamente pela via sociológica, algumas importantes divergências entre a pessoa pública do autor, assim como as disseminações e polissemias de sua obra.

Em outras palavras, o espaço de não-saber introduzido pela obra de Prudente frente aos discursos de nação de cunho essencialista que se formavam propunha a "sinceridade" enquanto abordagem não-metafísica sobre as características sociais e políticas do país, bem como almejava reconhecer uma vacuidade (um nada) em detrimento de uma essência nacional unificada, noção esta que viria a ser, por sua vez, fundamental para as próprias obras de Gilberto Freyre e Sergio Buarque de Holanda. O olhar sincero consistiria, portanto, em valorizar os aspectos distintivos do povo sem recair em valorações eurocêntricas (como era no pensamento social dominante à época, a exemplo de Silvio Romero ou de Oliveira Vianna) e, simultaneamente, em afirmar a heterogeneidade das ficções sobre o povo ou sobre a nação.

2. A sinceridade e a "valorização do preto"

O jovem Prudente de Moraes, neto, organizou uma festança em 1926 que colocou cara a cara a Casa Grande à Senzala. Para o historiador Hermano Viana, essa festa teria sido um marco metafórico do encontro entre o erudito e o popular no Brasil, visto que nela se encontraram alguns dos membros do conjunto "Os oito Batutas", como Donga, Pixinguinha e Patrício juntamente com representantes de arte letrada, como Sergio Buarque de Holanda, Gilberto Freyre, Heitor Villa-Lobos e o próprio Prudente. Entretanto, essa aproximação entre o morro e a zona sul ultrapassa a curiosidade biográfica, coexistindo com uma complexa intertextualidade envolvendo a obra de Prudente, a de Freyre e a de Sergio em torno da cultura popular e da heterogeneidade da população brasileira. Essas trocas suscitaram poéticas e polêmicas dentro dos próprios círculos modernistas e impactariam nos respectivos ensaios de nacionalidade que surgiriam posteriomente.

A esse respeito, já em 1925, o artigo de Prudente em *Estética* intitulado "Sobre a sinceridade" foi muito importante para conferir um rumo mais especulativo às vanguardas brasileiras, em parte pela sua remissão à psicanálise. O texto consistia em uma resposta ao artigo "Sincérité et immagination" do crítico francês Benjamin Crémieux, publicado semanas antes na *Nouvelle Révue Française*, cujo diretor, André Gide, havia lançado um debate sobre a sinceridade nas letras[3]. O principal argumento da contribuição de Crémieux era o de que a busca por sinceridade nos escritores, como uma fusão entre o homem público e o artista individual, nunca poderia ser exatamente sincera. Retomando as ideias de Freud, o autor entendeu a sinceridade enquanto uma aproximação ao inconsciente, rompendo, pois, com a ideia de que ela fosse coerência entre as palavras e a vida pública do autor. Ao equiparar sinceridade e inconsciente, Crémieux exemplifica sua leitura nos escritos de Marcel Proust, os quais não

---

[3] A defesa da sinceridade nas letras, embora não explicite, estava certamente inserida nas discussões que vinham acontecendo nos meios intelectuais europeus na mesma época, notadamente na *Nouvelle Revue Fançaise*, dirigida por André Gide. Em seu romance *Isabelle*, de 1911, Gide já imiscuíra sua própria biografia como personagens e narrações fictícias, ainda assim, salientando para a veracidade de seu relato. Esse nó se tornaria ainda mais tenso quando passa a publicar sua própria autobiografia, intitulada, *Si le grain ne meurt...* que havia sido publicada de maneira seriada na *Nouvelle Révue Française*, na qual o autor novamente reivindica a veridicidade de seu texto a ser tornado público, ainda que afirmasse que "nós devemos representar tudo". Essa posição gerou um amplo debate, no qual Gide, ao tratar publicamente da homossexualidade, entre outros assuntos, foi atacado por autores como Jacques Maritain, Paul Claudel ou Henri Massis.

abriam mão de serem sinceros e verdadeiros, embora não coincidissem diretamente com a vida do autor[4]. A sinceridade, nesse sentido, residia no fato das construções da imaginação estarem inevitavelmente ancoradas no inconsciente.

Prudente de Moraes, neto, em gesto contrário ao de Crémieux, respondeu que, embora as elaborações da imaginação pudessem conter algo de inconsciente, muito pouco do inconsciente se manifestaria na imaginação. Ou seja: Prudente não acreditava tanto na sinceridade da ficção de Proust, apostando suas fichas nas técnicas surrealistas. Dessa maneira, seria necessário lançar mão de algum dispositivo, ou de uma "corda", para que a sinceridade subisse à superfície:

se não há nada na imaginação que não tenha estado no inconsciente, há muita coisa no inconsciente que, por si só, nunca chegará à imaginação. É preciso atirar-lhe uma corda por onde possam subir. Considerar forçosa a sinceridade é apenas um meio de não se preocupar com ela, coisa que sempre se fez (Moraes, neto, "Sobre a sinceridade" 161).

Nessas palavras, a crítica de Prudente em *Estética*, em 1925, rejeitou a noção de que a imaginação bastaria para trazer o inconsciente à arte. O texto traz à tona nessa investida as principais bandeiras do dadaísmo e do surrealismo, que até aquele momento não eram movimentos artísticos tão nítidos. Para o autor, escrita automática seria uma possível "corda" capaz de elaborar uma arte sincera. Nessas colocações, retomava um tom conciliatório em relação à proposta modernista e às vanguardas europeias, muito à maneira de seu grande companheiro Mário de Andrade[5], com quem, aliás, trocou muitas cartas. Telê Ancona Lopez, pormenorizando a disseminação do surrealismo no Brasil, afirmou a importância da leitura e da posterior publicação de poemas de Charles-Baudoin nos anos vinte, "que trata especificamente da aplicação da teoria psicanalítica à obra de arte, amplia seu campo de informação sobre o primitivo, pois o autor trata do inconsciente coletivo" (Lopez 107). Em outras palavras, a

---

[4] "Le plus grand artiste ne serait-il pas le plus grand imposteur, le plus capable de donner forme à n'importe quelle réalité imaginaire, de lui conférer en l'exprimant une âme et une apparence de vérité, capables d'être admises par d'autres que lui" (Crémieux 547).

[5] Sobre a proximidade entre os autores, consultar a obra de Koiffman (1985), que trata das cartas de Mário a Prudente.

inserção de Freud nos ensaios de Prudente se disseminou para muito para além da *Estética*.

Essas ideias da busca pelo não evidente por parte da crítica literária de *Estética* e, mais exatamente, a tendência à sinceridade de Prudente, iriam impactar diretamente na ensaística de Gilberto Freyre. No artigo "Acerca da valorização do preto", de 1926, escrito justamente na escala que fizera no Rio em sua volta dos Estados Unidos para Recife, Freyre descreve suas impressões sobre a "noitada" organizada por Prudente, que teria levado os "bacanas" para conhecer os sambistas do morro. No texto, Freyre claramente passou a se interessar pelo que chamou de "tendência à sinceridade". Desse contato com os jovens pensadores do Rio de Janeiro, o antropólogo pernambucano (1926) conclamou em seu texto no *Diário de Pernambuco* a importância da aproximação da cultura popular com a cultura erudita. "Sinceramente, nós temos de reconhecer em nós o africano. E é tempo de corajosamente o fazermos. De o fazermos na vida, no amor, na arte" (Freyre 3). Logo no início de "Acerca da valorização do preto", porém, reconhece a contribuição decisiva de seus novos correspondentes, iniciando-o da seguinte maneira:

> Há no Rio um movimento de valorização do negro. E este movimento, um tanto pela influência de Blaise Cendrars, que vem agora passar no Rio todos os carnavais; e um tanto pelo acentuar-se entre nós daquela tendência para a sinceridade tão brilhantemente estudada pelo sr. Prudente de Moraes, neto, num artigo em 'Estética' [...] uma revista agora morta, mas em cujos três números publicados (em 1925) acabo de ler algumas das melhores críticas de livros que tenho lido em português (Freyre 3).

Para Maria Lúcia Pallares-Burke, esse encontro entre a cultura letrada e popular na década de XX foi, para Freyre, um "ataque a si mesmo e a outros preconceituosos como ele; ao mesmo tempo, como a explosão de alívio de alguém que vislumbrava uma saída para o complexo de inferioridade brasileiro" (319).

Sinteticamente, a "tendência" que Gilberto Freyre observou no artigo "Sobre a sinceridade" de Prudente consistia na criação artística mediante a tensão entre inconsciente e autocensura. Sendo assim, poucos anos mais tarde, o ensaísta pernambucano conferiu relevância coletiva à sinceridade de Prudente, o que não era nenhum absurdo conceitual, tendo em vista que Freud também seguira em sentido semelhante, quando, durante a década de vinte, passou a enfatizar uma psicologia das massas ou ainda a dar maior destaque à pertinência da psicanálise para as ciências humanas[6]. Inclusive, Freyre passou a lê-la enquanto uma busca para um redescobrimento "sincero" do Brasil, mais especificamente o Brasil afrodescendente, para além daquele da cultural letrada dominante[7]. Muito embora a obra de Freyre até hoje suscite polêmicas acerca de seu tratamento justamente sobre questões étnicas, é interessante observar como a discussão sobre sinceridade em *Estética* envereda por um caminho antropológico que difere muito daquele das discussões francesas sobre a sinceridade de Gide, a partir das quais o tema era manifestado conforme um teor eminentemente estético. Também vale recordar como, em seguida, Gilberto Freyre redireciona essa mesma concepção para a "descoberta" da cultura popular e para uma leitura do social que rompia com o cientificismo causalista para dar lugar a elementos mais sutis. Logo, a noitada de 1926 não foi apenas uma festa na qual se encontraram personalidades, mas um encontro de corpos e de ideias a partir do qual Gilberto Freyre, Sergio Buarque de Holanda e Prudente de Moraes, neto passaram a pensar a cultura brasileira fora de causalismos históricos, biologicistas ou geográficos. Justamente acontece uma mudança conceitual na qual a sinceridade repercute em pensar o Brasil, sua cultura, sua história e sua modernidade a partir de dados novos, como costumes e afetos, cujos maiores legados foram a cordialidade para Sergio Buarque e a sexualidade para Gilberto Freyre.

---

[6] Em "A psicanálise e a teoria da libido", Freud afirma: "Quando a análise dos sonhos levou a uma percepção dos processos psíquicos inconscientes e mostrou que os mecanismos que geram os sintomas patológicos também agem na vida psíquica normal, a psicanálise se tornou psicologia da profundeza e, como tal, capaz de ser aplicada às ciências humanas" (300).

[7] Outra das derivas que estes encontros de *Estética* promoveram foi a participação de Prudente no jornal *A Província*, de Recife, o qual passou a partir de 19 de agosto de 1928 por uma renovação dirigida por Gilberto Freyre. Além de Prudente, havia contribuições de Ribeiro Couto, Rodrigo de Mello Franco Andrade, Jorge de Lima, entre outros intelectuais de renome na Capital da República. As ilustrações eram realizadas por Manuel Bandeira, Luís Jardim e Joaquim Cardozo.

3. A sinceridade e o homem cordial

A "tendência à sinceridade" repercutiu diretamente no conceito de "homem cordial", geralmente publicizado por Sergio Buarque de Holanda em *Raízes do Brasil*. Contudo, a partir de uma investigação intertextual e interdisciplinar, é possível notar que tanto o termo quanto seu conteúdo remontam a um debate entre Prudente, Rui Ribeiro Couto e o próprio poeta e diplomata Alfonso Reyes em torno de seu "Discurso por Virgílio", publicado no correio literário *Monterrey* no Rio de Janeiro em 1931. Esse texto tratou da cultura latino-americana enquanto um fluxo vital de uma cultura europeia que deveria se adaptar a uma terra diferente. Tal vida foi imortalizada na metáfora de uma árvore, que, futuramente, se tornaria muito presente nas pesquisas sobre a formação cultural do Brasil, cujo cume foi a obra mais conhecida de Antonio Candido, de 1959. Contudo, ainda em 1931, quando Prudente comenta o "Discurso por Virgílio", queixa-se da ausência de intercâmbio entre intelectuais e artistas brasileiros com o restante da América Hispânica e vice-versa. Afirmava que os esparsos contatos normalmente se davam por intermédio da cultura advinda da Europa e nunca por relações bilaterais. Em seguida, responde ao "Discurso por Virgílio" criticando como os americanos (e, em especial, brasileiros) mantêm um imaginário herdado de seus ancestrais no sentido de se reconhecerem como exploradores ou viajantes da própria terra. Assim, a dimensão temporal estaria povoada de uma fantasia europeia, que culminaria em moldar a maneira pela qual lidam com o próprio meio natural. Para o americano, a Europa tinha "de pertencer ao domínio da fantasia. E ainda hoje é talvez esse o problema que decide no fundo todos nós" (Moraues, neto, "Espacio y tiempo en la alma americana" 169). Essa posição, inclusive, era fomentada pela ânsia por parte de europeus em ver exotismo nos escritores americanos, sendo muitas vezes correspondidos nesse sentido. Daí Prudente concluir que:

> O que desejamos é a coexistência, num só indivíduo, de um espírito crítico à altura dos melhores da Europa —o que constituiria uma reminiscência da cultura clássica acentuando-a ao lado latino da nossa civilização— e de uma extrema sensibilidade poética, em cuja origem se visse um reflexo do espanto que ainda nos causa a nossa própria terra, o nosso modo natural de agir diante do meio físico. ("Espacio y tiempo en la alma americana" 169).

O argumento de Prudente que precedera em dez anos seu futuro conceito de "cartas na mesa" em *Cultura Política*, que não opta por um viés essencialista, pois afirma que a posição de exotismo era obra de uma fantasia arcaica e de uma imaginação carente. A solução estaria em um gesto duplo de não rejeitar a latinidade –pois tratava-se justamente de reivindicá-la– e, ao mesmo tempo, almejava ampliar a capacidade de sensibilidade poética em prol de uma nova relação dos homens com a própria terra. Prudente, portanto, repercutiu no correio literário de Reyes, o qual continha leitores de todo o mundo, para definitivamente transpor a concepção de sinceridade não mais enquanto discussão sobre criação literária, mas para o estabelecimento de uma nova posição intelectual, que seria importante para seus próprios ensaios de nacionalidade em *Cultura Política* dez anos mais tarde.

No entanto, pode-se afirmar que a publicação da carta de Prudente teve efeitos muito mais imediatos. Isso porque o escritor e diplomata brasileiro Ruy Ribeiro Couto, mais conhecido como o autor de *Cabocla*, também teve sua resposta ao *Discurso por Virgílio* publicada no mesmo número de *Monterrey*, mais exatamente abaixo daquela de Prudente: e de maneira quase imperceptível. O texto se chamava "El Hombre Cordial, produto americano". Consistia quase exclusivamente em um elogio alongado à posição intelectual de Reyes, no qual fornecia exemplos dos comportamentos que diferenciavam os americanos dos europeus, como a acolhida aos estrangeiros, a tranquilidade, a aptidão para a música. Rui afirmou categoricamente que seria "da fusão do homem ibérico com a terra nova e as raças primitivas, [*sic*] que deve sair o 'sentido americano' (latino), a raça nova produto de uma cultura e de uma intuição virgem: o Homem Cordial" (*idem*).

Apesar dos propósitos modestos de Rui Ribeiro Couto, essa seria a primeira menção do termo "homem cordial" a ser publicada no Brasil, portanto, em um momento importante para um dos principais conceitos do principal livro de Sergio Buarque de Holanda, que sairia alguns anos mais tarde. Cecília Laura Alonso demonstrou, sobre essa temática, como o texto de Ribeiro Couto foi modificado pelo próprio Reyes. Esse gesto não foi de menor importância. Muito pelo contrário, trouxe consequências drásticas. Para a autora, o poeta mexicano, por modéstia, trocou o termo "seu americanismo..." na frase que inicia o texto para "o verdadeiro americanismo...". Ou seja, assim o fazendo, modificou completamente o sentido do texto, pois toda a caracterização do homem cordial feita por Ribeiro Couto não seria uma conceituação poética dos americanos, senão sucessivas adjetivações do "Discurso por Virgílio" de Reyes. Para Cecilia Alonso, o "homem cordial" muda de sentido nesse contexto. "O termo, que para Couto remetia à especificidade latino-americana, representada pela figura do mexicano Alfonso Reyes, passa a significar a lhaneza no trato, a generosidade e a hospitalidade inerente ao povo brasileiro" (66). A mudança de sentido, porém, já começa desde sua publicação, na medida em que segue o texto de Prudente, que era muito mais rigoroso e especulativo. Em compensação, o texto quase laudatório de Ribeiro Couto aparece disposto praticamente como uma ilustração da longa especulação de Prudente sobre a psicologia do homem americano. Isso quer dizer que a primeira menção de Homem Cordial surge literalmente de uma confusão. Uma aproximação tipográfica que justapôs a especulação psicanalítica de Prudente aos elogios diplomáticos de Rui à pessoa de Reyes, quem, por sua vez, acrescentou algumas adjetivações aos elogios recebidos, os quais, por fim, foram todos lidos como um elogio aos povos das Américas.

Ainda assim, vale salientar um significante "nada" na conclusão de Ribeiro Couto (1932) que merece ser destacado em razão do impacto que suscitaria nos próprios textos futuros de Prudente, como será visto no próximo item. Nas palavras de Couto,

> Somos povos que gostam de conversar, de fumar parados, de ouvir viola, de cantar modinhas, de amar com pudor, de convidar o estrangeiro a entrar para tomar café, de exclamar para o luar em noites claras, à janela: —Mas que luar magnífico! Essa atitude de disponibilidade sentimental é toda nossa, é ibero-americana... Observável nos nadas, nas pequeninas insignificâncias da vida de todos os dias, ela toma vulto aos olhos do crítico, pois são índices dessa Civilização Cordial que eu considero a contribuição da América Latina ao mundo (Ribeiro Couto 169).

Ribeiro Couto tratava em *Monterrey* das modinhas e da lhaneza como índices, isto é, como termos com sentido evidente e não construído. Mas quando afirmou algumas "insignificâncias" e, sobretudo alguns "nadas" que caracterizariam os latino-americanos, utilizou termos que salientaram objetos de difícil ou até de improvável definição. O significante "nada" seria posteriormente reaproveitado por Prudente para demonstrar as descontinuidades da cultura e a vacuidade que comporta qualquer projeto essencialista de nação.

4. O "nada" perante os discursos de nação em *Cultura Política*

Uma compreensão de "nada" permeia a ensaística de Prudente em seu momento de adesão à revista *Cultura Política*, que era o principal órgão cultural vinculado ao Departamento de Imprensa e Propaganda (DIP), cuja periodicidade principiou em 1941 e se estendeu até 1945. Ainda assim, é possível elaborar uma leitura que tome esse recurso à vacuidade como o surgimento de um posicionamento problematizador das concepções oficiais de nacionalidade, questionamento que não se confunde com uma polarização simplista entre uma crítica feita por um liberal contra o corporativismo que marcou no Estado Novo. A esse respeito, Mônica Pimenta Velloso relembra a grande junção de artistas e intelectuais de partidos e ideais distintos em torno de um projeto nacional: para a autora, a "vinculação entre modernismo e Estado Novo é extremamente importante, uma vez que demonstra o esforço do regime para ser identificado como defensor de ideias arrojadas no campo da cultura" (45). Acerca da "cultura política" que se cria entre as décadas de 1930-1960, o pesquisador Daniel Pécaut afirma que, "fazendo de si os portadores da verdadeira consciência crítica, os intelectuais tomam o lugar que cabe a um líder populista: o de permitir à massa alcançar uma identidade, descobrindo sua imagem no espelho que lhe mostra aquele que encarna a nação" (187).

Ora, se, por um lado, *Cultura Política* é o principal veículo de cooptação do Estado Novo, por outro lado, também não está imune a desvios de sentido e desterritorializações de discursos oficiais, como se pode observar na coluna "Literatura de Ideias", que era firmada por Pedro Dantas, o pseudônimo de Prudente de Moraes, neto. Nela, o termo "nada" passa a ser o maior exemplo de como a própria modernidade nacionalista não deixa de suscitar fragmentações e diversidades, nas quais a identidade nacional passa a ser uma tentativa de conceituar um vazio de essência nas sucessivas tentativas de construção de um povo no Brasil.

Um importante passo de Prudente no sentido de pensar uma espontaneidade da formação nacional foi dado pelo seu ensaio sobre o

Romance Brasileiro, publicado em forma de apostila pelo Ministério das Relações Exteriores em 1939. Nesse texto, Prudente relativiza a capacidade propositiva dos intelectuais e artistas, privilegiando, por outro lado, suas capacidades especulativas. Nesse trabalho de crítica, caberia à inteligência nacional reconhecer os movimentos espontâneos de criação simultaneamente erudita e popular.

Nessa pesquisa inútil, mas inevitável, inevitável porque está na natureza humana, inútil porque a ordem natural não se apressa e a solução virá por si mesma, e a seu tempo, os romancistas vão colaborando precisamente. Nenhum testemunho mais expressivo que o deles sobre esta época de incerteza e de confusão. Eles têm gravado os nossos aspectos mais fugidios (citado em *Militante bissexto* 438).

Prudente, tanto quanto seu "irmão" Sergio, prestou seu tributo ao idealismo de Hegel quando afirmou que as contradições da literatura brasileira seriam resolvidas no próprio desenvolvimento das ideias. A inevitabilidade dispensaria a vontade, tornada inútil em seu panorama. Trocando em miúdos, não bastaria a *criação* vanguardista de uma estética brasileira, mas um olhar especulativo sobre a sua *formação*. Formação esta que foi inspiração para a *Formação da Literatura Brasileira* de Antonio Candido, na qual o crítico faz um tributo às ideias de Prudente em uma obscura nota de rodapé[8].

Durante o Estado Novo, Prudente reelabora seu apelo em direção ao popular mediante a denominação da sinceridade enquanto "cartas na mesa". Isso porque Prudente, ou melhor, Pedro Dantas, acreditava que o Brasil passara a tomar consciência de si mesmo após a sucessão de embates políticos e intelectuais que acontecerem desde o início do século XX, algo que não destoa do hegelianismo do primeiro Sergio Buarque de Holanda. Consequentemente, a Proclamação da República, a Revolução de 1930 e, paradoxalmente a

---

[8] O impacto de Prudente em Candido não é tangente, mas frontal e declarado. Em uma esquecida nota de rodapé de *A Formação da Literatura Brasileira*, aliás, Antonio Candido remete ao ensaio de Prudente sobre o romance brasileiro como o único a ter inspirado sua obra. O autor afirma que o ensaio *O Romance Brasileiro*, de Prudente, (MRE, mimeografado, 1939) é " o que melhor apresenta as condições do seu aparecimento, em pouco mais de três páginas admiravelmente densas e ricas de sugestão, nas quais me *inspirei* para algumas linhas da interpretação proposta. Fica entendido que daqui por diante está implícita a referência a este ensaio, para todos os romancistas estudados" (Candido 402).

proclamação do Estado Novo coincidiriam com uma maturidade nas ideias endógenas e na rejeição de ideais políticos abstratos. Enfim, Dantas pensava ter chegado a hora dos brasileiros serem sinceros sobre o próprio Brasil, o que vem descrito na alegoria das "cartas na mesa":

> Se é verdade que, como dizia, já há cerca de dez anos, um dos mais altos espíritos do continente –o Sr. Alfonso Reyes– 'é chegada a hora da América', parece que, por nossa vez, podemos nos sentir autorizados a proclamar no mesmo sentido e sem trocadilho, que chegou também a hora do Brasil. [...] Simplesmente as cartas na mesa, pois a nossa experiência recente aí está, a indicar que, no jogo dos valores de cultura, ninguém pode saber de antemão a que perde e a que ganha. As cartas na mesa, com o que tivermos: não nos suceda, por pretensa sabedoria, ocultar a que nos pareça desvaliosa ou comprometedora, para descobrir mais tarde que estávamos malbaratando um dos melhores trunfos (Dantas 258).

Dantas ensaiou um nacionalismo espontâneo em pleno Estado Novo. Trata-se de um posicionamento também muito próximo à leitura que Gilberto Freyre havia realizado sobre os textos de Prudente em *Estética*, mais exatamente sobre uma leitura da "tendência à sinceridade" como descoberta da cultura popular. Os pequenos ensaios de *Literatura de Ideias* dão uma nova configuração à sinceridade ao defenderem um abandono dos dispositivos de depuração e de refinamento à cultura brasileira. A proposta era apostar justamente nas características nacionais, valorizando aquilo que lhes era peculiar sem apelar ao exotismo ou a preconceitos. Em última instância, a sinceridade passa a ser metaforizada como um gesto de posicionamento das "cartas na mesa", entendidas mais enquanto veículo para a espontaneidade vital do que como condicionamento de ideias.

Essas "cartas na mesa", ou seja, essa sinceridade, chega até mesmo a ser associada a um "nada" que perpassaria grande parte das investigações sobre cultura. Em um ensaio de Dantas sobre a Semana de 1922, também em sua coluna "Literatura de Ideias", Prudente trata das obras de Oswald de Andrade, de Manuel Bandeira e, principalmente, das pesquisas de Mário de Andrade sobre a ideia de Brasil, de cujas análises culmina a importância do "nada" e da relação paradoxal que tais autores teriam com as ideias de Gilberto Freyre. Para Dantas, o autor pernambucano, que aparentemente não teria nada em comum com Oswald, mediante observação mais auspiciosa, poderia demonstrar-se profundamente aparentado com seu confrade paulista. Isso porque, para Prudente, ambos teriam estudado o Brasil a partir de seus detalhes, sem disfarces, enfim com sinceridade. E a questão central para ambos seria um certo "nada" que os uniria, o qual não necessita ser colocado como uma nova essência, mas principalmente enquanto uma exacerbação da diferença ao invés de um fundamento universal. As cartas na mesa dependeriam de uma espécie de vazio de sentido, isto é, de certos "nadas" que consistiriam em pré-condição para quaisquer significações sobre a cultura nacional. Assim, sobre Oswald e Freyre,

se um *nada* os une, quase tudo os separa. Mas esse *'nada'* é, para um e para outro, de tal modo importante e significativo que não deveremos admirarnos sobremaneira de encontrar, por vezes, na poesia e no romance de João Miramar, alguma coisa que aparece sob a forma de ideia no sociólogo de 'Casa Grande', enquanto, por seu turno, a Gilberto Freyre já tem sucedido revelar-se um poeta de Antropofagia ou do Pau-Brasil (Dantas 275).

É possível relacionar o "nada" dessa argumentação de Dantas com aquele outro "nada" que havia sido dito por Ribeiro Couto em 1932 acerca do "Homem Cordial" no correio literário *Monterrey*. Isso implica reconhecer, a partir de diversas intertextualidades, que a ensaística de nacionalidade de Dantas condicionava uma consciência de nacionalidade ao entrelaçamento de diversos nadas. Apoiava-se, portanto, no que não era evidente, como no inconsciente e, até mesmo, na possibilidade de estabelecer uma história das ideias que reconhecesse no povo uma sucessão de discursos, no limite, vazios de fundamento.

Com isso, não se deve concluir no sentido de ter havido uma vacuidade ou alguma idealidade discursiva, mas muito pelo contrário, que a formação de um povo dependia de instituições estatais e paraestatais com discursos que iam do ufanismo à concessão de direitos e da promoção de cidadania até a mera opressão. Sendo assim, o projeto autoritário de modernização de *Cultura Política* não deixava de estar em certa dinâmica com demandas sociais concretas. Isso porque, concomitantemente ao oferecimento de algumas ideias ou mesmo significantes vazios de fundamento –a exemplo das adjetivações paradoxalmente ufanistas e cosmopolitas de Ribeiro Couto– muito da proposta de nacionalidade espontânea ensaiada por Prudente conseguiu intermediar demandas de setores da cultura letrada e mesmo da cultura popular à ânsia dos dispositivos estatais para promover uma nacionalização e para construir um povo, havendo certa consonância com o que Ernesto Laclau[9] conceitua sobre o populismo a partir de uma releitura principalmente da obra de Gramsci e Freud.

Investigação sobre a sinceridade demonstra uma grande complexidade nas concepções de nacional, inclusive naquelas de cunho estatal havidas no Brasil da primeira metade do século XX. Portanto, embora seja possível concordar com Pécaut sobre o fato de muitos intelectuais — entre eles o próprio liberal Prudente de Moraes, neto — exercerem o papel de líderes "populistas", não se pode concordar o aspecto pejorativo dessa afirmação, isto é, com que todas articulações culturais da nova "cultura política" que se impunha no Estado Novo consistissem em identidades de nação viabilizadas pelo compadrio que seriam *outorgadas* ao corpo populacional. Se havia da parte do projeto da revista *Cultura Política* um esforço de nacionalização que, quando não era mera adulação ao governo, apoiava-se muitas vezes em concepções essencialistas de nação, como era a proposta de intelectuais como Paulo Augusto Figueiredo, não é possível afirmar que a totalidade dos ensaios de nacionalidade da época tenham procurado estabelecer identidades por tal viés, especialmente pela concepção arrojada de cultura proposta pelas publicações de Pedro Dantas, que compreendia as diferenças entre diversas conceituações do nacional, muito freudianamente tal como um conjunto de diferenças, isto é, de pequenos nadas, que seriam a base para um pensamento marcado por heterogeneidade.

---

[9] Laclau reelabora o conceito de populismo, retirando sua carga pejorativa para estudá-lo como uma forma do político. Assim, as demandas mais simples e diversas ao se unirem, justamente pela impossibilidade de sintetização, podem fazer uso dispositivos institucionais ou significantes vazios e, no extremo, de um líder. De qualquer forma, o populismo não seria mera manipulação sobre o povo ou mera retórica, mas um jogo político complexo: "sin términos vagos como "justicia", "libertad", etcétera, investidos dentro de las tres demandas, éstas hubieran permanecido cerradas dentro de su particularismo; pero a causa del carácter radical de esta investidura, algo de la vacuidad de la "justicia" y la "libertad" fue transmitida a las demandas" (Laclau 127).

5. Nacionalismos disjuntos

Elementos biográficos de Prudente como sua militância jornalística em favor do liberalismo ou mesmo sua permanente recusa em acatar o ofício de escritor, nunca tendo publicado nenhum livro, não impedem o reconhecimento de seus conceitos para momentos-chave na vida intelectual brasileira. Especialmente em relação aos ensaios de nacionalidade, Prudente foi responsável não exatamente por chamar a atenção à cultura popular, mas por sofisticar discursos de nação vigentes a partir de concepções e termos aparentemente antitéticos, como consciência nacional e "nada" ou ainda modernização e espontaneidade, ambiguidades que eram a principal marca do termo sinceridade.

Se é possível perceber a novidade dos conceitos de Prudente e Pedro Dantas para Gilberto Freyre, para Sergio Buarque de Holanda e para toda a geração de *Cultura Política*, isso também implica reconhecer que, mesmo sendo um autor pouco lembrado, foi preponderante nacionalismo em voga nos Estado Novo assim como para projetos posteriores de modernização. Sua obra fragmentária também dialoga com o nacionalismo do Instituto Superior de Estudos Brasileiros (do qual participaram antigos participantes de *Cultura Política*, como Nelson Werneck Sodré e Álvaro Vieira Pinto) na década de cinquenta ou mesmo com a concepção de nacional-popular, de base gramsciana, que iria se difundir nas artes brasileiras a partir da década de sessenta.

A vacuidade da obra de Prudente, portanto, não está na quantidade escassa de escritos, conforme sugere a alcunha de bissexto que lhe foi conferida. Muito pelo contrário, a investigação da ensaística de nacionalidade de Prudente demonstra como o vazio foi uma condição importante para seus escritos em prosa. As lacunas que difundiu perante a intelectualidade brasileira dinamizaram diversos termos modernistas da ensaística de nacionalidade, como "espírito nacional", "brasilidade" e até "Formação da Literatura Brasileira", os quais manifestaram algumas conceitualizações realmente arrojadas para as ciências humanas, tais como imaginação, inconsciente e até mesmo "nada". A centralidade de seu pensamento na "valorização do preto" ou no "homem cordial" comprovam a grande heterogeneidade de sua obra. E, se, para Deleuze, a filosofia está em formar, inventar e

fabricar conceitos, possivelmente, além de poeta, Prudente possa ser
também considerado um filósofo bissexto.

Em última instância, os ensaios de Prudente evidenciam como o
erudito e popular não se encontram apenas em uma noitada em que
"bacanas" descobrem o morro, mas, sobretudo, em novas derivas da
imaginação expressas à margem de sua ensaística ao longo de algumas
décadas, muitas vezes de modo paradoxal em relação à sua militância
política liberal ou então em relação à sua posição social no topo da
elite brasileira. Sua obra discreta demonstra como o nacionalismo da
política cultural estatal nos anos 40 não pode ser completamente separado do surrealismo; e, mais do que isso, manifesta como a nova
linha de partilha do sensível que se estabelece entre popular e erudito
a partir dos anos 20 não dispensa uma discussão estética sobre arte e
inconsciente. Enfim, a obra de Prudente com certeza se dissemina
principalmente através de vácuos que insistem em ressignificar, os
quais serviram de substrato fundamental aos principais ensaios de
nacionalidade ou às próprias políticas culturais brasileiras.

BIBLIOGRAFIA CITADA

Alonso, Cecilia Laura. *O reflexo Brasileiro em olhos mexicanos*: o Brasil em *Monterrey, correo literario de Alfonso Reyes*. Universidade Federal Fluminense, dissertação, 2006.

Candido, Antonio. *Formação da Literatura Brasileira: momentos decisivos*. Vol. 2. São Paulo: Martins, 1959. Crémieux, Benjamin. "Sincérité et immagination". *Nouvelle Révue Française* 134 (1924): 24-34.

Dantas, Pedro. "Literatura de ideias V". *Cultura Política* 5 (1941): 275.

Freud, Sigmund. "'Psicanálise' e 'teoria da libido'". Em *Obras completas*: psicologia das massas e análise do eu e outros textos (1920-1923). Tradução de Paulo César de Souza. São Paulo: Companhia das Letras, 2011.

Freyre, Gilberto. "Acerca da valorização do preto". *Diário de Pernambuco* 19 (nov. 1926): 3.

Koifman, Georgina. *Cartas de Mario de Andrade a Prudente de Moraes, neto: 1924-1936*. São Paulo: Nova Fronteira, 1985.

Laclau, Ernesto. *La Razón populista*. Tradução de Soledad Laclau, Buenos Aires: Fondo de Cultura Económica, 2005.

Lopez, Telê Porto Ancona. *Mario de Andrade: ramais e caminhos*. São Paulo: Duas Cidades, 1972.

Massi, Augusto. *Militante bissexto: O crítico Prudente de Moraes Neto*. Faculdade de Filosofia, Letras e Ciências Humanas, tese, 2004

Miceli, Sergio. *Intelectuais e classe dirigente no Brasil (1920-1945)*. São Paulo: Difel, 1979.

Moraes, neto, Prudente de. "Espacio y tiempo en la alma americana". *Monterrey: correo literário de Alfonso Reyes* 8 (mar. 1932): 169.

——. "Sobre a sinceridade". *Estética* 2 (1925): 161.

Pallares-Burke, Maria Lúcia. *Gilberto Freyre: um vitoriano nos trópicos*. São Paulo: Editora da UNESP, 2005.

Pécaut, Daniel. *Os intelectuais e a política no Brasil*. Rio de Janeiro: Ática, 1990.

Ribero Couto, Ruy. "El Hombre Cordial, produto americano". *Monterrey: correo literário de Alfonso Reyes* 8 (mar. 1932): 169.

Velloso, Mônica Pimenta. *Os intelectuais e a política cultural do Estado Novo*. Rio de Janeiro: Centro de Pesquisa e Documentação de História Contemporânea do Brasil, 1987.

Vianna, Hermano. *O mistério do samba*. Rio de Janeiro: Zahar, 1995.

REVISTA DE CRÍTICA LITERARIA LATINOAMERICANA
Año XLV, N° 90. Lima-Boston, 2do semestre de 2019, pp. 121-139

A RESISTÊNCIA PLURAL DOS POVOS
E O DEVIR-ÍNDIO DA ARTE BRASILEIRA[1]

Ana Carolina Cernicchiaro
Universidade do Sul de Santa Catarina

Resumo
Apesar das investidas governamentais, mercadológicas e midiáticas que visam o desaparecimento da cultura ameríndia (seja pela sub ou pela sobre-exposição), as narrativas indígenas estão absolutamente ativas na contemporaneidade. Vivenciamos, hoje, no Brasil, um devir (ou *redevir*) índio que funciona como uma rasgadura na história da cultura brasileira, uma cesura capaz de perturbar a própria ideia de literatura ou de arte nacional. A fixidez identitária do adjetivo pátrio é colocada em cheque diante da língua-mátria e da pluralidade resistente dos povos.
Palavras-chave: artes ameríndias, língua-mátria, resistência, devir-índio.

Abstract
Despite governmental, marketing, and mediatic attempt to make Amerindian culture disappear (by sub or over-exposition), native narratives are absolutely actives in contemporaneity. There is, in Brazil, a becoming (or *re-becoming*) native that works as a rip in the history of culture, a caesura capable of disturb the idea of national literature or art. The identity fixity of the country (*pater*) adjective is called into question in face of *mater*'s language and people resistant plurality.
Keywords: Amerindian arts, mater's language, resistance, becoming-native

Antes do contato, a terra era tão aberta...
Wisio Kawaiwete (Kaiabi)

As [palavras] dos brancos são bem diferentes.
Eles são engenhosos, é verdade, mas carecem muito de sabedoria
Davi Kopenawa (Yanomami)

[1] Uma versão prévia deste texto foi publicada na *Canguru - revista de literatura e arte* 5 (abril/maio/junho 2018): 38-49, Editora Medusa, Curitiba (PR), Brasil (https://issuu.com/revista_canguru/docs/canguru_05/50).

Quando as Américas foram invadidas, os povos que aqui viviam experienciaram seu primeiro apocalipse. Estima-se que 95% da população ameríndia, o que significava 1/5 da população do planeta, foi dizimada em um século e meio (Danowski e Viveiros De Castro 138). O mundo ameríndio foi invadido, saqueado, devastado, atingido por um outro, o Velho Mundo e sua lógica da mercadoria. Do planeta Mercadoria[3], para usar a expressão de Déborah Danowski e Eduardo Viveiros de Castro, continua chegando um número cada vez maior de invasores: o "povo da mercadoria", conforme Kopenawa intitula estes seres que foram tomados de um desejo desmedido por mercadorias a ponto de não enxergarem nada além delas.

Seu pensamento se esfumaçou e foi invadido pela noite. Fechou-se para todas as outras coisas. Foi com essas palavras da mercadoria que os brancos se puseram a cortar todas as árvores, a maltratar a terra e a sujar os rios. Começaram onde moravam seus antepassados. Hoje já não resta quase nada de floresta em sua terra doente e não podem mais beber a água de seus rios. Agora querem fazer a mesma coisa na nossa terra (Kopenawa e Albert 407).

Há quinhentos anos as terras indígenas são alvo da paixão pela mercadoria do homem branco, mas ultimamente esta investida vem se acirrando com o poderio devastador que o agronegócio conquistou à bala e à prata no Congresso Nacional. Com ferocidade, a bancada ruralista vem tentando revogar demarcações de terras já consolidadas, impedir novas demarcações, relativizar áreas de preservação permanente, inviabilizar instituições de proteção, desmantelar políticas públicas, entre tantos outros pesadelos que vêm sendo denunciados pelos movimentos indígenas como a mais grave e iminente ofensiva aos direitos dos povos originários desde a Constituição Federal de 1988[4].

---

[3] Em uma analogia ao planeta Melancolia do filme de Lars von Trier (2011).

[4] Segundo a declaração do 14º Acampamento Terra Livre, que aconteceu em abril de 2017 e reuniu mais de quatro mil indígenas em Brasília, essa ofensiva foi "orquestrada pelos três Poderes da República em conluio com as oligarquias econômicas nacionais e internacionais, com o objetivo de usurpar e explorar nossos territórios tradicionais e destruir os bens naturais, essenciais para a preservação da vida e o bem estar da humanidade, bem como devastar o patrimônio sociocultural que milenarmente preservamos". A declaração denuncia "as propostas de emenda constitucional, projetos de lei e demais proposições legislativas violadoras dos nossos direitos originários e dos direitos das demais populações tradicionais e do campo, que tramitam sem qualquer consulta ou debate

Em um livro de 2012, Georges Didi-Huberman afirma que "los pueblos están *expuestos* por el hecho de estar amenazados, justamente, en su representación –política, estética– e incluso, como sucede con demasiada frecuencia, en su existencia misma. Los pueblos están siempre *expuestos a desaparecer*" (Didi-Huberman, *Pueblos expuestos, pueblos figurantes* 11). A palavra exposto, explica o autor, quer dizer tanto estar em perigo de desaparição, quanto estar submetido a uma representação. Trata-se de um movimento duplo: por um lado, o outro é subexposto, negado, inexistente, por outro, é sobre-exposto até o esvaziamento.

Comecemos pelo primeiro caso. Em *Tristes Trópicos*, Lévi-Strauss conta que, um pouco antes de vir ao Brasil como professor de sociologia na USP, no início dos anos 1930, ouviu do embaixador brasileiro na França:

> Índios? Ai! meu caro senhor, já desapareceram há muitos lustros! Oh! é uma página bem triste, bem vergonhosa, da história do meu país. Mas os colonos portugueses do século XVI eram homens ávidos e brutais, [...] os destruíram, até ao último. O senhor, como sociólogo, vai descobrir coisas apaixonantes no Brasil, mas deixe de pensar em índios, pois não mais encontrará nenhum... (Lévi-Strauss 44).

É claro que o embaixador estava enganado. Apesar de toda investida genocida, segundo o censo demográfico do IBGE de 2010, no Brasil vivem cerca de 900 mil pessoas pertencentes a 305 povos indígenas[5]. Mas sua mentira não era deliberada. Ao analisar a anedota levi-straussiana, Viveiros de Castro conclui que o embaixador realmente não sabia que havia índios no Brasil, "o Brasil que ele representava diplomaticamente não continha índios. O Brasil era um país

junto às nossas instâncias representativas", as decisões adotadas pelo Poder Judiciário "para anular terras indígenas já consolidadas e demarcadas definitivamente, privilegiando interesses ilegítimos de invasores e promovendo violentas reintegrações de posse, tudo sem qualquer respeito aos mais básicos direitos do acesso à justiça", entre outras ações do governo ilegítimo de Michel Temer (*Mobilizacaonacionalindigena.wordpress.com*, "Povos indígenas unificam suas lutas em defesa de seus direitos").

[5] Os dados do ISA informam um total de 252 etnias. "A diferença nos totais se deve ao critério de autodeclaração [do IBGE], que muitas vezes não coincide com as classificações acadêmicas; é o caso de alguns povos declarados que podem ser subgrupos de um mesmo povo" (ISA, *Povos Indígenas no Brasil: 2011-2016* 58).

desesperado para ser moderno, então não havia, porque não podia haver, mais selvagens aqui" (Viveiros de Castro, "Antropologia renovada" s. p.).

Na apresentação da coleção Tembetá, da Azougue Editorial, que reúne artigos, discursos e entrevistas de proeminentes lideranças indígenas, Kaká Werá conta que, apesar de cerca de 63% da população brasileira considerada "branca" ter origem tupy, historicamente não se ouve a voz dos remanescentes destas origens:

> Constantemente exploradores de minérios, senhores dos agrotóxicos (envenenadores da terra), cultivadores de experiências transgênicas, desmatadores da vida, difundem uma ideia pejorativa, folclórica e negligente de toda uma riqueza imaterial presente no modo de ser e de pensar destes inúmeros povos (Werá, *Tembetá* s. p.).

A pluralidade e diversidade dos indígenas é obliterada pelos meios de comunicação, que tratam as culturas indígenas ou como estorvo ao progresso ou como folclore exótico (Werá, *Tembetá* 10). Não esqueçamos que exótico, nos ensina Alejo Carpentier, é o que "está fora do que se tem por verdade na cultura de uma época": ex-ótico (Carpentier 6). Essa é a segunda forma de desaparição: desaparição por sobre-exposição. A exposição espetacular do outro passa pelo apagamento de sua singularidade; o que se expõe é um estereótipo, um clichê, uma "planta-exótica".

Ao apreender os povos originários em uma "representação" política e estética (como dado demográfico e como estereótipos esvaziados), o poder tenta homogeneizá-los, apagá-los, *desindianizá-los, indigentizá-los*, empobrecê-los. Conforme nos mostra Viveiros de Castro, "para transformar o índio em pobre, o primeiro passo é transformar o Munduruku em índio, depois em índio administrado, depois em índio assistido, depois em índio sem terra" (*Os involuntários da pátria* 12). Segundo o antropólogo, separar os índios de sua relação com a terra sempre foi a "*condição necessária* para transformar o índio em cidadão. Em cidadão pobre, naturalmente. Porque sem pobres não há capitalismo, o capitalismo precisa de pobres, como precisou (e ainda precisa) de escravos". Por sua vez, transformar o índio em pobre significa "separá-lo de sua terra, da terra que o *constitui* como indígena" (Viveiros de Castro, *Os involuntários da pátria* 16).

No lugar dos povos plurais[6], o povo no singular, sem rosto, com letra minúscula, conforme a classificação de Agamben, ou seja, "a classe que, de fato, se não de direito, é excluída da política" (Agamben, *Homo sacer* 183).

Já o Povo com letra maiúscula, "o sujeito político constitutivo" é o que serve de base à ficção de legitimação do Estado moderno, onde a propriedade é o direito fundamental, afinal, Povo é o conjunto dos cidadãos proprietários portadores de direitos reconhecidos pelo soberano (Negri 143).

Isso explica o mal-estar que o primeiro Encontro dos Povos Indígenas, que em 1981 reuniu lideranças indígenas de todo o país para discutir assuntos relativos à demarcação de suas terras, causou ao falar em nações indígenas. Conforme conta Álvaro Tukano, "o General Chefe da Casa Civil ficou ofendido com as palavras 'nações indígenas', porque para ele só existia a nação brasileira" (Tukano, *Tembetá* 94). Para o Estado, não existem povos indígenas –menos ainda nações indígenas– porque no Brasil só existe uma nação, um povo: o Povo Brasileiro.

Mas os indígenas tampouco fazem parte disso que se chama Povo Brasileiro (com iniciais maiúsculas), porque não são proprietários de nada. E nem querem ser. A relação do indígena com a terra não é de propriedade, mas de pertencimento, não se possui a terra, pertence-se a ela[7]. Segundo Viveiros de Castro, é justamente isso o que define o indígena: enquanto a palavra índio se refere aos "membros de povos e de comunidades que têm consciência –seja porque nunca a perderam, seja porque a recobraram– de sua relação histórica com os indígenas que viviam nesta terra antes da chegada dos europeus"; a palavra indígena significa "natural do lugar em que vive, gerado dentro da terra que lhe é própria". De forma que nem todos os indígenas

---

[6] "'Povo' só *(r)existe* no plural - povoS. Um povo é uma multiplicidade singular, que supõe outros povos, que habita uma terra pluralmente povoada de povos" (Viveiros de Castro, *Os involuntários da pátria* 11).

[7] O que não invalida em nada a luta dos povos indígenas pela demarcação de território, pois, conforme nos lembra Viveiros de Castro no prefácio do livro de Davi Kopenawa e Bruce Albert, Kopenawa sabe que a única linguagem que os homens brancos entendem "não é a da terra, mas a do território, do espaço estriado, do limite, da divisa, da fronteira, do marco e do registro. Sabe que é preciso garantir o território para poder cultivar a terra" (Viveiros de Castro apud Kopenawa e Albert 36).

no Brasil são índios (há indígenas que integram outros povos com relação semelhante de pertencimento à terra, como os quilombolas, por exemplo), mas todos os índios são indígenas, pois "a terra é o corpo dos índios, os índios são parte do corpo da Terra" (Viveiros de Castro, *Os involuntários da pátria* 17).

Isso significa que a disputa pela terra é uma disputa pelo próprio corpo, pela própria vida. O que se perde quando se perde o direito de habitar um lugar é a própria existência, já que existir é sempre co-existir com este lugar e com os outros seres que o habitam, pessoas[8] de diferentes espécies, materialidades e naturezas (animais, vegetais, minerais, espíritos, acidentes geográficos), uma multiplicidade de seres com os quais os indígenas coabitam, se relacionam socialmente e dos quais a existência depende. Por isso que, de acordo com Didi-Huberman, não existe nem *o Povo* nem *um povo*; *o Povo* com "P" maiúsculo é uma redução à unidade de algo que é extremamente múltiplo, pois, mesmo uma sociedade sem contato com outros povos, não é *um Povo*, é já *povos*, homens e deuses, homens e animais (Didi-Huberman, "Povos expostos, povos figurantes").

É por isso que é tão incompreensível para os povos originários e sua "economia do cuidado"[9] entender a transformação da terra e da natureza em mercadoria. Conforme nos explica Ailton Krenak, em uma conferência em Lisboa intitulada "Do sonho e da terra", "a montanha que é extraída de algum lugar da África ou da América do Sul e transformada em mercadoria em um outro lugar é também a avó, o avô, a mãe, o irmão de alguma constelação de seres que querem continuar compartilhando a vida aqui nessa casa comum que nós chamamos de terra"[10]. Segundo o líder indígena, a terra é um organismo vivo, uma mãe "provedora, em amplos sentidos, na dimensão da subsistência, mas também na dimensão transcendente que dá sentido à nossa vida". Por isso é necessário assumirmos uma co-

---

[8] Lembremos que, no perspectivismo multinaturalista ameríndio, os espíritos, as diferentes espécies de animais e até os acidentes geográficos são capazes de um ponto de vista, de subjetividade, intencionalidade e consciência, enfim, são pessoas (Viveiros de Castro, *A inconstância da alma selvagem*).

[9] A expressão é de Kaká Werá (*Tembetá* 87).

[10] Conferência de Ailton Krenak intitulada "Do sonho e da terra", apresentada no ciclo *Questões indígenas: Ecologia, terra e saberes ameríndios* em maio de 2017 em Lisboa.

responsabilidade com os lugares e os seres com os quais vivemos, reconhecendo "que aquele rio que está em coma é também o nosso avô", afirma Krenak em relação ao rio Watu. Conhecido como Rio Doce, o rio avô dos Krenak está há quase três anos com 600 km de sua extensão cobertos de material tóxico por conta do rompimento da barragem de rejeitos de mineração da Samarco, colocando os Krenak, cito o líder indígena, "em uma condição real de um mundo que acabou".

Neste apocalipse do contato, transformar os povos originários em povo brasileiro (com p minúsculo, claro) significa retirar suas terras pela usurpação ou pela destruição –normalmente pelo primeiro seguido do segundo. Pois, para que o Povo Brasileiro (em maiúsculas) continue sendo um só, conforme prega a cartilha dos estados-nação modernos, é preciso que o outro seja incluído em sua exclusão, eliminado em sua diferença. Para Agamben (*Homo Sacer*), o poder do Estado se funda na vida nua, no fato de definir quem tem o direito de vida e quem pode ser deixado para morrer. O racismo, já avisava Foucault (*Em defesa da sociedade*), é condição *sine qua non* do Estado-Nação biopolítico[11], pois o Estado precisa retirar a cidadania, e, portanto, a humanidade –Agamben (*Meios sem fim*) nos lembra que a Declaração dos Direitos do Homem e do Cidadão vincula uma categoria a outra– dos que deixa morrer. É preciso separar a vida nua da forma de vida, transformar o povo dos excluídos em qualquer coisa menor do que gente, de pouco valor diante da máquina desenvolvimentista, um corpo biológico que pode ser purificado da sociedade, eliminado em nome das grandes obras, das barragens, do "a-gropop"[12].

---

[11] "O racismo está ligado ao funcionamento de um Estado que é obrigado a utilizar a raça, a eliminação das raças e a purificação da raça para exercer seu poder soberano. A justaposição, ou melhor, o funcionamento, através do bio-poder, do velho poder soberano do direito de morte implica o funcionamento, a introdução e a ativação do racismo. E é aí, creio eu, que efetivamente ele se enraíza" (Foucault 309).

[12] Desde 2016, a Rede Globo de Televisão vem exibindo no horário nobre de sua programação a campanha "Agro é Pop, Agro é Tech, Agro é tudo". Concebida pela gerência de Marketing e Comunicação da própria emissora, a propaganda oblitera que, em 2017, 57 ativistas que lutavam por terra ou em defesa do meio ambiente foram assassinados no Brasil, segundo dados da organização internacional Global Witness. Sem contar o número de indígenas que foram

Tal limpeza étnico-espetacular nega ao outro o direito à terra, à floresta, aos rios, mas também à palavra, à imagem, à visibilidade e quer transformar os povos originários em povos sem rostos, reduzidos a estereótipos, a clichês. Uma "iconografia tenazmente codificada", segundo a qual, analisa César Guimarães, "os índios são classificados nos arquivos –máquinas institucionais de identificar e aprisionar– sem falar das inúmeras representações estereotipadas (quando não francamente racistas) que povoam o universo midiático" (Guimarães 43). Um processo de invisibilidade social que desvia a palavra imagem de sua potência de alteridade:

Al no mostrar más que *people* [no sentido de celebridade], nuestros medios censuran pues con la mayor de las eficacias toda representación legítima y toda visibilidad del pueblo. Y al utilizar la palabra imagen para "imagen de marca" y "imagen de sí", nuestros contemporáneos consiguen con la mayor de las eficacias despojar a esa palabra de sus significaciones fundamentales. ¿Una imagen no comienza a ser interesante –y no comienza, sin más– solo al darse como una imagen del otro? (Didi-Huberman, *Pueblos expuestos, pueblos figurantes* 11).

Davi Kopenawa fala desse narcisismo do homem ocidental ao dizer que os sonhos do homem branco não vão tão longe como os dos Yanomami, pois, segundo ele, os brancos "dormem muito, mas só sonham com eles mesmos" (Kopenawa e Albert 390). É por isso que o "povo da mercadoria" precisa apagar, esvaziar, a imagem do outro, porque não consegue ver nada além de si. Na lógica do colonizador, o outro não tem história, sua história é a história da ciência que o classifica. Conforme analisa Eduardo Galeano, a cultura dominante admite os índios como objetos de estudo, mas não os reconhece como sujeitos de história: "los índios tienen folklore, no cultura, practican supersticiones, no religiones; hablan dialectos, no lenguas; hacen artesanías, no arte" (Galeano 382). O outro é apenas um tema, um conteúdo de conhecimento do europeu, este sim sujeito teórico de todas as histórias. Segundo a avaliação de Dipesh

---

exterminados em nome do tal "agropop", sendo o caso mais alarmante o dos Guarani-Kaiowá (sobre isso, ver *Martírio* [2016], de Vincent Carelli). Cabe lembrar ainda que a tal tecnologia do agronegócio brasileiro envolve agrotóxicos banidos em outros países do mundo, enquanto no Brasil circulam com isenção de impostos. De forma que, atualmente, o Brasil é o maior consumidor de agrotóxicos do mundo.

Chakrabarty, existe uma maneira peculiar pela qual todas as outras histórias tendem a se voltar para uma variação de uma narração mestra que poderia se chamar "a história de Europa". O mesmo acontece em relação à história da arte. Desde sua fundação, a disciplina carrega um tom de certeza, como se falasse de um passado sem resto, funcionando como um modelo implícito de verdade, que sabe nomear tudo o que vê, e que vê tudo o que existe, como se não fizesse *escolhas* de conhecimento, como se não envolvesse *perdas* (Didi-Huberman, *Diante da imagem* 43). Didi-Huberman conta que o historiador da arte renascentista se apresentava como um humanista, que reencontrava nos grandes pensamentos antigos a justa medida da humanidade do homem em oposição a seu além –a divindade– e a seu aquém –a barbárie. Menos que humanos, os bárbaros eram considerados incapazes de produzir arte –eles produziam, no máximo, artesanato. Essa diferença (entre arte e artesanato) surge quando o primeiro historiador da arte, Giorgio Vasari, inaugura a Accademia del Disegno, em 1563. A noção de *disegno* era fundamental, ela permitia fundar a atividade artística como arte intelectual, e não mais artesanal, porque a palavra se referia tanto ao espírito (desenho no sentido de projeto ou de ideia) quanto à mão. "Portanto, *disegno* servia para *constituir a arte como um campo de conhecimento intelectual*" (Didi-Huberman, *Diante da imagem* 103), e, ao mesmo tempo, para estabelecer a diferença entre arte e artesanato, artes maiores e artes menores.

Tal projeto humanista da história da arte do século XVI coincidia com o projeto colonizador de desumanizar o outro de forma a justificar o extermínio. Sem arte, sem fé, sem alma, selvagens, bárbaros, canibais, os índios eram menos do que gente. Segundo uma anedota contada por Lévi-Strauss, enquanto os índios das Antilhas desconfiavam que os brancos fossem divindades, portanto, de essência humana; os espanhóis pressupunham a animalidade dos indígenas: "Os europeus não duvidavam que os índios tivessem corpos –animais também os têm; os índios que os europeus tivessem almas –animais também as têm" (apud Viveiros De Castro, *A inconstância da alma selvagem* 381). A anedota aponta para o paradoxo de nosso humanismo. O mesmo processo de coisificação dos animais é estendido aos homens através da homogeneização, da exclusão do diferente, da retirada do inumano (não-humano ou mesmo humano) do espaço ético e político. Nas palavras de Lévi-Strauss:

ao se arrogar o direito de separar radicalmente a humanidade da animalidade, concedendo à primeira tudo aquilo que negava à segunda, ele [o homem ocidental] abria um ciclo maldito, e que a mesma fronteira, constantemente recuada, servia-lhe para afastar homens de outros homens e para reivindicar, em benefício de minorias cada vez mais restritas, o privilégio de um humanismo que já nasceu corrompido, por ter ido buscar no amor-próprio seu princípio e seu conceito (Lévi-Strauss apud Viveiros De Castro, *A inconstância da alma selvagem* 370).

Trata-se, nos mostra Agamben, de uma máquina antropológica que, ao mesmo tempo que produz o reconhecimento do humano, separa inumanidades, ou seja, humanos não-sujeitos que se encontram excluídos das bases legais de proteção e recebem a mesma violência tipicamente dirigida ao animal. De acordo com o diagnóstico de Agamben, essa máquina busca excluir e ilhar todo não-humano do homem, animalizando o humano, produzindo no homem um não-homem, ou seja, uma vida nua, a vida biológica como tarefa (im)política suprema (Agamben, *Lo abierto* 140).

Interessante perceber, como fizeram Rancière (*Partilha do sensível*) e o próprio Agamben (*Homo Sacer*), que, em Aristóteles, a diferença entre o humano e o não-humano se fundamenta sobre o *logos*. Segundo Aristóteles, o humano é um animal político porque, através da linguagem, pertence a uma comunidade, porque tem voz legítima na *pólis*, porque é capaz de definir o justo e o injusto, de dizer o que é certo e o que é errado na sociedade (*Política*). A questão é que, já na democracia grega, estrangeiros, escravos e mulheres não poderiam falar na e da *pólis*, pois, ainda que compreendessem a linguagem, não a possuíam, ou seja, sua linguagem não tinha legitimidade, não se tornava discurso; de forma que a democracia estabeleceu suas bases sobre essa separação que inumaniza seres vivos, seus corpos e suas habilidades, anulando sua intencionalidade, seus desejos, seus pensamentos, sua voz. Nesta lógica, apenas aquele "nós" que circunscreve e fala na comunidade possui subjetividade, é verdadeiramente humano.

Obviamente que este *logos* respeitava um idioma, uma língua oficial, falada por um Povo com p maiúsculo, uma língua maior, a língua do "homem-branco-masculino-adulto-habitante das cidades-falante de uma língua padrão-europeu-heterossexual" –tudo com hífen, conforme escrevem Deleuze e Guattari (55). A essa língua proponho chamarmos de "língua paterna" (não materna), considerando que o pai (*pater*) é a célula originária do poder soberano, afinal, conforme vemos em Aristóteles (2001), a naturalização do poder do soberano se baseia justamente na naturalidade do comando do patriarca. Dessa forma, transforma-se o conceito de língua e de povo em organismos naturais, quando, na verdade, são entidades culturais contingentes, de contornos indefinidos (Agamben, *Meios sem fim*). Povo e língua se tornam sinônimos em nome da identidade estatal, do poder do *pater*, da pátria. É por isso que é tão necessário apagar qualquer bilinguismo: uma só língua, um só povo, um só soberano, um só poder.

Na segunda metade do século XVIII, Portugal percebeu que, para consolidar suas fronteiras na América, era necessário portugalizar o Brasil, garantindo o fundamento jurídico de sua conquista territorial através da língua. Foi assim que o Marquês de Pombal decidiu pela extinção da Língua Geral. Conforme explica José Bessa Freire, "a política de línguas sofreu, então, uma reviravolta marcada por interesses geopolíticos, com um discurso oficial de hegemonia que demonstrava a percepção das relações entre língua, nação e estado, semelhante ao discurso formulado pelos estados nacionais" (Freire 372). Dali em diante, as línguas ameríndias foram cada vez mais perseguidas, numa perda vertiginosa da diversidade linguística que, analisa a linguista Bruna Franchetto, "continua sendo silenciada, com estratégias variadas, pelo Estado, por missões, meios de comunicação, escolas, em todos os níveis do chamado 'sistema educacional'. A soberania de uma única língua, a dos conquistadores que conformaram a 'nação', é mantida de todas as maneiras" (Franchetto 58).

Segundo o último Censo do IBGE, de 2010, apenas 37,4% das 896.917 pessoas que se declararam indígenas falavam sua língua nativa. Isso porque, e aqui fica evidente a relação entre terra e língua, 42,3% dos indígenas já não vivem em áreas indígenas e apenas 12,7% dos que não estão em terras indígenas falam a língua de seus pais e avós. O cenário é bastante desolador, principalmente se considerarmos que a média é de 250 falantes por língua (os critérios linguísticos internacionais consideram "línguas em perigo" as que possuem menos de mil falantes), e que algumas contam com menos de 10 falantes –o último falante de Apiaká, por exemplo, morreu no começo de 2012 (Franchetto). Por outro lado, o último Censo do IBGE apresentou um "equívoco" interessante. Enquanto o número de línguas indígenas catalogadas pelo Instituto Sócio Ambiental é de 160, o IBGE constatou 274. Isso porque, o próprio ISA explica, o IBGE trabalha com o critério da autodeclaração [enquanto o ISA se baseia em dados acadêmicos]. No Censo aparecem indígenas que se declararam falantes de uma língua já considerada "extinta", mas que conseguiram ressurgir da invisibilidade e do silêncio. Segundo a análise de Franchetto, "em sua luta para o reconhecimento de sua existência e resistência, bem como de seus direitos territoriais, se declarar falantes de uma 'língua' é um corolário lógico e uma urgência política" (59).

É isso que vemos no documentário *Patxohã, língua dos guerreiros* (2016), dirigido por Claudiney Ferreira. Ele mostra o processo de resgate e reconstrução coletiva da língua Pataxó, que pertence ao tronco Macro-Jê e que havia sido considerada extinta depois de uma série de massacres na região. Pataxó significa "o que restou", "a sobra"; foi um apelido dado aos indígenas que insistiram em permanecer no litoral mesmo após o primeiro dos (muitos) massacres que sofreram, quando (em 1555) grande parte da população de índios da Bahia foi dizimada (Werá, *Tembetá* 75). Na década de 50 do século XX, este povo foi vítima de uma nova chacina que durou três dias e espalhou os sobreviventes pelo sul da Bahia e Norte de Minas Gerais como cablocos, deixando a língua adormecida. Foi com o objetivo de fortalecer esse povo que resta, hoje formado por cerca de 12 mil pessoas, e essa língua que sobra, mas que os brancos diziam ter sido extinta, que alguns jovens Pataxó resolveram estudar linguística nas universidades federais da Bahia e de Minas Gerais. Uma dessas jovens, Anari Braz Bonfim, conta que o projeto foi feito porque, ao contrário do que os brancos diziam, eles sabiam que existia uma língua pataxó, eles a ouviam de seus pais e nas rodas com os mais velhos. Os pesquisadores Pataxó conseguiram resgatar mais de 3 mil palavras com os antigos, além das 300 que já eram faladas no dia-a-dia. Atualmente existem 46 escolas no Norte de Minas Gerais e Sul da Bahia que ensinam o Patxohã. Para a líder Nitxinauã Pataxó, a língua é fundamental para mostrar que os Pataxó não deixaram de existir.

Assim como a língua pataxó, uma série de outras línguas maternas vêm resistindo ao monolinguismo da língua paterna do Povo Brasileiro[13]. Ao contrário da língua do pai (*pater*) pátria, a língua materna é sempre plural, como os povos que a falam; língua-mátria, línguaterra, língua com a qual se tem uma relação de afeto (e não de comando), de cuidado (e não de mercadoria), de pertencimento (e não de propriedade).

Na cosmogonia Guarani, por exemplo, ser e linguagem, espírito e palavra, são uma mesma coisa, *nhẽe* significa ao mesmo tempo "falar", "vozes", "alma". Como analisa Bartolomeu Melià: "Nós somos a história de nossas palavras. Tu és tuas palavras, eu sou nossas palavras" (*apud* Popyguá 62). De forma que, para o Guarani, a perfeição do ser está na perfeição do seu dizer. Conforme explica Kaká Werá, "o Ser é um som. Esse som vestiu-se das forças naturais (terra, água, fogo e ar) e corporificou-se". Segundo ele, são essas forças que estruturam o corpo material do homem; quando o som-essência ressoa notas e timbres harmônicos, há saúde física, emocional, psíquica, espiritual (Werá, *O trovão e o vento* 55). Vejamos o que diz o canto *Yvyrupa* traduzido por Timóteo da Silva Verá Tupã Popygua para a Coleção Mundo Indígena, da editora Hedra:

> Da sabedoria de *Nhamandu*, da sua chama e da sua neblina divina, nascem as belas palavras, *ayu rapyta*. Ele é o dono da palavra. [...] Nhamandu, depois de ter criado as três origens divinas –*ayu porã rapyta*, a origem das belas palavras, *mborai*, o canto divino, *mborayu miri*, o amor infinito, gerou aqueles com quem iria dividir estas três fontes divinas de sabedoria (Popyguá 18).

É para dividir a palavra com o homem que Nhamandu o cria. É disso que trata outro canto Mbya Guarani, o *Ayvu rapyta* ("A fonte da fala"), que rememora e celebra o momento em que o Pai Ñamandu divinizou a linguagem, transformando-a numa manifestação do amor divino. Cito a tradução de Josely Vianna Baptista publicada em *Roça Barroca*:

---

[13] "O que aconteceria se as línguas indígenas invadissem as escolas não indígenas, as cidades, as universidades, a mídia, os congressos, os seminários, a literatura, o cinema, com boas traduções (nas duas direções)? Cantos são poemas, narrativas contam outras histórias, as oitivas de Belo Monte não teriam sido pantomimas de fachada para 'escutar os índios' sem entender o que dizem" (Franchetto 61).

A fonte da fala
Ñamandu, nosso Pai Verdadeiro, o primeiro,
de uma pequena parte de seu ser-de-céu,
do saber contido em seu ser-de-céu,
e sob o sol de seu lume criador,
alastrou o fulgor do fogo e a neblina que dá vida.

Incorporando-se,
com o saber contido em seu ser-de-céu,
e sob o sol de seu lume criador,
iluminou-se a fonte da fala
Com o saber contido em seu ser-de-céu,
e sob o sol de seu lume criador,
nosso Pai iluminou-se a fonte da fala
e fez com que fluísse por seu ser, divinizando-a.
Antes de a Terra existir,
no caos obscuro do começo,
tudo oculto em sombras,
Ñamandu, Pai verdadeiro, o primeiro,
aflorou-se a fonte da fala e fez que fluísse por seu ser, divinizando-a.

A fonte da futura palavra tendo aflorado,
com o saber contido em seu ser-de-céu,
e sob o sol de seu lume criador,
de si foi aflorando a fonte do amor.

Tendo aflorado a fonte da fala,
tendo aflorado um pouco de amor,
com o saber contido em seu ser-de-céu,
e sob o sol de seu lume criador,
o princípio de um som sagrado ele, a sós, criou.
Antes de a Terra existir,
no caos obscuro do começo,
tudo oculto em sombras,
o princípio de um som sagrado ele, a sós, criou.

Tendo aflorado, a sós, a fonte da futura fala,
e desdobrado, a sós, um pouco de amor;
tendo criado, a sós, um breve som sagrado,
ele refletiu longamente
sobre com quem compartilhar a fonte da fala;
sobre com quem compartilhar o amor,
com quem compartilhar as fieiras de palavras do som sagrado.

Depois de muito meditar,
com o saber contido em seu ser-de-céu,
e sob o sol de seu lume criador,

desdobrou-se em quem refletiria
seu ser-de-céu.
[...]
(Mbyá-Guarani dos Guairá apud Baptista, *Roça Barroca* 31).

De acordo com a cosmogonia Guarani, a linguagem teria aflorado de Ñamandu, seria parte dele, e a palavra seria "o vínculo fundamental entre o homem e o universo" (Roa Bastos *apud* Baptista 17). Talvez esteja nesta gênese mitológica a explicação para a alta potencialidade poética e a bela "arquitetura imagética e rítmico-sonora" da língua Guarani. Estes cantos, avalia Baptista, estão "repletos de 'palavras-montagem', assonâncias, paranomásias, ritmos icônicos, metáforas e onomatopeias -mimetizando o mito mbyá de que houve, no início dos tempos, um *ruído* portador da sabedoria da natureza, um *som* do cosmos se engendrando por meio da 'linguagem fundadora'" (Baptista 10). Tal potencialidade poética foi o que levou Pierre Clastres a concluir, após sua experiência entre os índios Guarani, que "não há, para o homem primitivo, linguagem poética, pois sua linguagem já é, em si mesma, um poema natural em que repousa o valor das palavras" (Clastres 143).

Kaká Werá concorda com Clastres. Segundo ele, a tradição indígena é uma tradição poética, literária, artística, pois a coesão da comunidade se dá pela narrativa. É essa narratividade que encontramos na literatura indígena que começou a ser publicada a partir da década de 80, quando escritores como Daniel Munduruku, Eliane Potiguara e o próprio Werá decidiram escrever eles mesmos as cosmovisões que sustentam seu pensamento, seus medos, anseios, lutas, impressões sobre o mundo. Até aquele momento, tudo o que existia sobre os povos e as culturas indígenas no Brasil tinha sido escrito por um branco:

> Nós queríamos divulgar nossos valores, o princípio do pertencimento, de interdependência, mostrar que não é só o ente humano que é uma entidade viva, mas os animais, vegetais, minerais, o sistema de vida chamado mãe terra. [...] E é claro nós também queríamos de alguma maneira romper um preconceito de mais de 500 anos com relação às culturas ancestrais, essa ideia

horrorosa de que nossas culturas não desenvolveram um saber, uma tecnologia social, não se desenvolveram enquanto pessoas, enquanto civilizações[14].

Conforme analisa Ailton Krenak, ao interagir com os diferentes suportes da arte –cinema, fotografia, literatura, desenhos–, uma diversidade de povos vem produzindo faísca, não apenas por suas referências nas matrizes ancestrais da arte indígena, mas também por falar da presença indígena no meio de uma sociedade que "ainda nos cospe e que a gente tem que ficar em pé e gritar todo dia que estamos vivos se não a gente vai ser engolido sem ninguém perceber"[15]. A arte como um gesto de coragem, de combate, como "uma potente arma para denunciar as injustiças que estão se abatendo sobre nosso povo", afirma Krenak. Também a cineasta guarani Patrícia Ferreira defende que, mesmo que muitas pessoas ainda achem que os filmes indígenas não são cinema, eles têm funcionado como uma arma, um instrumento de resistência: "desde que chegaram os primeiros europeus, os homens pálidos destruíram nossa existência. A gente precisa resistir. Essa é a ideia, resistir sempre, através da literatura, do cinema..."[16].

Trata-se, analisam Danowski e Viveiros de Castro, de "um dos acontecimentos políticos mais importantes que testemunhamos no Brasil de hoje", um "devir-índio", ou mais ainda, um "redevir-índio", que "vai tomando de assalto setores importantes da 'população' brasileira de um modo completamente inesperado" e "contaminando aos poucos muitos outros povos brasileiros além dos povos indígenas" (Danowski e Viveiros de Castro 157). Pensemos na irredutível participação indígena nas artes contemporâneas, tão evidente na última Bienal de São Paulo, por exemplo; na descentralização que o livro de Davi Kopenawa tem causado no pensamento crítico e filosófico brasileiro; no ritmo dos cantos ameríndios que tem frequentemente dado o tom da poesia mais recente feita no Brasil; na

---

[14] Mesa "Escolhas e Fazer Artístico: Subjetividades", no evento *Mekukradjá – Círculo de Saberes de Escritores e Realizadores Indígenas*. O ciclo de conversas reuniu artistas de onze etnias em cinco sessões de conversa, em setembro de 2016, na sede do Itaú Cultural, em São Paulo/SP, com a curadoria de Daniel Munduruku, Cristino Wapichana, Cristina Flória, Junia Torres e Andrea Tonacci.

[15] Mesa "Faces da Oralidade: Escrita e Imagem", *Mekukradjá – Círculo de Saberes de Escritores e Realizadores Indígenas*, setembro de 2016.

[16] Mesa "Faces da Oralidade: Escrita e Imagem", *Mekukradjá – Círculo de Saberes de Escritores e Realizadores Indígenas*, setembro de 2016.

presença da oralidade, da estética e da ontologia ameríndia na literatura de escritores contemporâneos indígenas, como Daniel Munduruku, Eliane Potiguara, Kaka Werá, Olivio Jekupé, Roni Waisiry, ou
não indígenas, como Sérgio Medeiros, Douglas Diegues, Josely Vianna Baptista, entre outros; na surpreendente estética de cineastas
indígenas como Divino Tserewahú Xavante, Alberto Álvares Guarani, Isael Maxacali, Takumã Kuikuro, Ariel Ortega, Patrícia Ferreira,
Naine Terena, para citar apenas alguns dos inúmeros cineastas formados pelo projeto Vídeo nas Aldeias que, desde 1986, quando foi
criado por Vincent Carelli, já ministrou 127 oficinas com 37 povos
indígenas e realizou 87 filmes, a grande maioria dirigida pelos próprios índios. Nestes filmes, os indígenas registram e editam suas
imagens, como sujeitos de sua própria história, e não mais como objetos de conhecimento.

    Mais do que influência, essa resistência indígena funciona como
uma rasgadura na história da cultura brasileira, perturbando a própria
ideia de um cinema, de uma arte ou de uma literatura brasileira contemporânea. Afinal, como sustentar os três termos da expressão "arte
brasileira contemporânea" quando cantos, objetos e filmes ameríndios colocam em questão a dicotomia entre literatura oral e escrita,
entre arte e artefato, cinema e magia? O que fazer com a fixidez identitária que o adjetivo pátrio dá à expressão diante de uma língua
mátria? Quem são os brasileiros habilitados a assinar e fundar uma
literatura, um cinema, uma arte nacional? Como definir um povo no
singular diante da pluralidade de povos que esses trabalhos expõem?
E, por fim, como definir a temporalidade dessas narrativas? Afinal,
apesar da ferocidade etnocida do "povo da mercadoria", apesar das
tentativas governamentais, mercadológicas e midiáticas de desaparecimento da cultura indígena (seja pelo apagamento ou pela redução ao
estereótipo, ao clichê), seus mitos e cantos, que há séculos estão
sendo passados de geração em geração, ainda que sejam nossas narrativas mais arcaicas, estão absolutamente ativos na contemporaneidade, sem deixarem de ser afetados pelas mudanças históricas que
esses povos sofreram e de incorporar as marcas das diferentes ex-
periências de contato que vivenciaram.

    Se o fim do mundo indígena é um fim contínuo, se seu mundo é
aquele que não cessa de desaparecer, de acabar, é porque também não
cessa de persistir, de resistir, de insistir em existir. Nesta existência-

resistência, a arte se torna um agenciamento, uma subjetivação política por onde um povo se inventa, por onde uma língua se reconstrói. Uma arte que, diante de nossa mesmidade moderna, apresenta novas possibilidades de vida, abertura de um mundo (deste nosso mundo cada vez mais claustrofóbico) a outros mundos.

REFERÊNCIAS

Agamben, Giorgio. *Homo sacer: o poder soberano e a vida nua.* Trad. Henrique Burigo. Belo Horizonte: Editora UFMG, 2002.

——. *Lo abierto.* Trad. Flavia Costa e Edgardo Castro. Buenos Aires: Adriana Hidalgo, 2006.

——. *Meios sem fim. Notas sobre a política.* Trad. Davi Pessoa. Belo Horizonte: Autêntica, 2015.

Aristóteles. *Política.* Trad. Pedro Constantin Tolens. São Paulo: Martin Claret, 2001.

Baptista, Josely Vianna. *Roça Barroca.* São Paulo: Cosac Naify, 2011.

Barthes, Roland. *O rumor da língua.* Prefácio Leyla Perrone-Moisés. Trad. Mario Laranjeira. 2ª ed. São Paulo: Martins Fontes, 2004.

Carpentier, Alejo. "O fim do exotismo americano". *Caderno Mais. Folha de São Paulo* (28 de Maio de 2006): 6.

Chakrabarty, Dipesh. "Postcoloniality and the Artifice of History: Who Speaks for 'Indian' Pasts?". *Representations* 37, Special Issue: Imperial Fantasies and Postcolonial Histories (U of California P, Winter, 1992): 1-26.

Clastres, Pierre. *A sociedade contra o estado.* Trad. Theo Santiago. São Paulo: Cosac Naify, 2003.

Danowski, Déborah e Eduardo Viveiros de Castro. *Há mundo por vir? Ensaio sobre os medos e os fins.* Desterro: Cultura e Barbárie, 2014.

Deleuze, Gilles. "Controle e devir – entrevista a Toni Negri". Trad. Peter Pál Pelbart. Em *Conversações.* São Paulo: Ed. 34, 1992.

——. *Crítica e clínica.* Trad. Peter Pál Pelbart. São Paulo: Editora 34, 1997.

Deleuze, Gilles e Félix Guattari. *Mil Platôs: Capitalismo e Esquizofrenia. Vol. 2.* Trad. Ana Lúcia de Oliveira e Lúcia Cláudia Leão. 2 ª ed. Rio de Janeiro: Editora 34, 2011.

Didi-Huberman, Georges. *Diante da imagem.* Trad. Paulo Neves. São Paulo: Editora 34, 2013.

——. "Povos expostos, povos figurantes: entrevista com Georges Didi-Huberman". Transliteração e tradução: Vinícius Nicastro Honesko. *Flanagens,* 2013. Disponível em http://flanagens.blogspot.com.br/2013/01/povos-expostos-povos-figurantes.html

——. *Pueblos expuestos, pueblos figurantes.* Trad. Horacio Pons. Buenos Aires: Manantial 2014.

Foucault, Michel. *Em defesa da sociedade: Curso no Collège de France*. Trad. Maria Ermantina Galvão. São Paulo: Martins Fontes, 1999.

Franchetto, Bruna. "Línguas silenciadas, novas línguas". EM ISA. *Povos indígenas no Brasil: 2011-2016*. Beto Ricardo e Fany Ricardo, eds. São Paulo: Instituto Socioambiental, 2017.

Freire, José R. Bessa. "A demarcação das línguas indígenas no Brasil". Em *Políticas culturais e povos indígenas*. Manuela Carneiro da Cunha e Pedro de Niemeyer Cesarino, eds. São Paulo: Editoria Unesp, 2016.

Galeano, Eduardo. *Nosotros decimos no*. Cronicas 1966/1988. 7ª ed. México, DF: Siglo Veintiuno Editores, 2001.

Guimarães, César. "As imagens dos Guarani e Kaiowá Resistem". Em Brandão, Alessandra e Ramayana Lira. *A Sobrevivência Das Imagens*. Campinas: Papirus, 2015. 35-38.

Kopenawa, Davi, e Bruce Albert. *A queda do céu*. São Paulo: Companhia das Letras, 2015.

Lévi-Strauss, Claude. *Tristes trópicos*. Tradução de Wilson Martins. São Paulo: Anhembi, 1957.

Negri, Antonio. *Cinco lições sobre império*. Trad. Alba Olmi. Rio de Janeiro: DP&A, 2003.

ISA. *Povos indígenas no Brasil: 2011-2016*. Editores Gerais: Beto Ricardo e Fany Ricardo. São Paulo: Instituto Socioambiental, 2017.

Popyguá, Timóteo da Silva Verá Tupã. *Yvyrupa, a terra uma só*. São Paulo: Hedra, 2017.

Rancière, Jacques. *A partilha do sensível*. Trad. Monica Costa Neto. São Paulo: Editora 34, 2009.

Tukano, Álvaro. *Tembetá*. Rio de Janeiro: Azougue editorial, 2017

Viveiros de Castro, Eduardo. "Antropologia renovada" – entrevista a Juvenal Savian Filho e Wilker Sousa. *Revista Cult* 153 (2010). Online: https://revistacult.uol.com.br/home/antropologia-renovada/ Última vista: 03/11/2019.

——. *A inconstância da alma selvagem e outros ensaios de antropologia*. São Paulo: Cosac & Naify, 2002

——. *Os involuntários da pátria*. Série Pandemia. São Paulo: N-1 Edições, 2016.

——. "'Transformação' na antropologia, transformação da 'antropologia'". *Sopro* 58 (setembro 2011).

Werá, Kaká. *Tembetá*. Rio de Janeiro: Azougue Editorial, 2017.

——. *O trovão e o vento*: um caminho de evolução pelo xamanismo tupi-guarani. São Paulo: Polar Editorial, Instituto Arapoty, 2016.

REVISTA DE CRÍTICA LITERARIA LATINOAMERICANA
Año XLV, N° 90. Lima-Boston, 2do semestre de 2019, pp. 141-156

ENTRE EL PORNÔ-CHIC Y EL PORNÔ-TRASH: CARTAS DE UN SEDUCTOR DE HILDA HILST

Gonzalo Aguilar
Universidad de Buenos Aires

Resumen

Cartas de un seductor (1991) de la escritora brasileña Hilda Hilst se inscribe dentro de la tradición de la literatura pornográfica que se remonta al Marqués de Sade y a toda una serie de textos malditos creados por grandes escritores. No obstante, también el libro se enfrenta a esta tradición que, en su presente, parece agotarse por la llegada de Internet y su archivo de acceso masivo. El presente artículo, de esta manera, propone leer el libro de Hilst en un doble movimiento, hacia atrás, hacia esa tradición a la que supuestamente pertenece y hacia su futuro, en una situación nueva que sus textos ayudan a construir o a enfrentar; bajo la hipótesis de que en ninguno de los dos casos el texto se entrega dócilmente a ambos paradigmas sino que, leído en una u otra dirección, produce quiebres, discrepancias y trastornos.

Palabras clave: pornografía, transgresión, literatura erótica transgresora de élite, Hilda Hilst.

Abstract

Cartas de un seductor (1991) by Brazilian writer Hilda Hilst is part of the tradition of pornographic literature that goes back to the Marquis de Sade and a whole series of cursed texts created by great writers. However, the book also faces this tradition that, in its present, seems to be exhausted by the arrival of the Internet and its massive access files. The present article, in this way, proposes to read Hilst's book in a double movement, backwards, towards that tradition to which it supposedly belongs and towards its future, in a new situation that its texts help to build or face; under the hypothesis that in either case the text is docilely delivered to both paradigms but, read in one or the other direction, produces breaks, discrepancies and disorders.

Keywords: pornography, transgression, elite transgressive erotic literature, Hilda Hilst.

A principios de los años 90, Hilda Hilst publicó su trilogía *pornô*. La serie estaba compuesta por *El cuaderno rosa de Lori Lamby* (1990), *Cartas de un seductor* (1991) y *Cuentos de escarnio*. *Textos grotescos* (1990). La trilogía se sumaba a una vieja tradición escrituraria que se remonta al Marqués de Sade y a toda una serie de textos malditos y pornográficos, creados por grandes escritores. Las referencias que se diseminan a lo largo del texto ubican al libro en esa línea: "a lista de escritores tarados –se lee en *Cartas*– é enorme"[1]. Con un epígrafe de Georges Bataille, sin duda uno de los escritores más prestigiosos de la "lista", la trilogía parece encontrar un cómodo lugar en esta tradición maldita de la *literatura erótica transgresora de élite*.

El recorrido que hará la trilogía de Hilda Hilst desde entonces enfrentará, sin embargo, un panorama en el que la fuerza de la literatura erótica transgresora de élite comienza a agotarse[2]. La literatura pornográfica que durante mucho tiempo tuvo una circulación, o bien clandestina, o bien vergonzosa, que parecía estar destinada principalmente a un público masculino, y que tuvo su auge entre las décadas del 60 y 90, entraba en una nueva fase. Sólo pocos años después de la publicación de la trilogía de Hilda Hilst, un nuevo paradigma de la pornografía iría imponiéndose hasta llegar al día de hoy. A falta de una fecha precisa, podría datarse el cambio en 1997, cuando la Corte Suprema de los Estados Unidos anuló la ley de decencia de las comunicaciones, promulgada en 1996, durante la administración de Bill Clinton (Matsakis). A partir de entonces, Internet se convirtió en un campo inagotable en la proliferación de material pornográfico y un archivo de acceso masivo (que unos programas de restricción ya olvidados intentaron detener) transformando totalmente su naturaleza temática y su estilo narrativo, así como su producción y circulación. El cambio de paradigma también implicó un pasaje del predominio de la escritura sicalíptica al imperio del audiovisual. La literatura erótica, basada en contar lo que estaba prohibido narrar, debía

---

[1] Cito de Hilda Hilst: *Pornô chic*, São Paulo: Globo, 2014, p. 167. Hay una versión en castellano de *Cartas de un seductor*: traducción de Teresa Arijón y Bárbara Belloc, Buenos Aires: El cuenco de plata, 2014.

[2] Un buen ejemplo de esto es la colección *La sonrisa vertical* de Tusquets editores que surgió en 1977 en el contexto del destape español y que tuvo su auge en los años 90, con una declinación en el presente siglo que culmina con su cierre en 2008.

circular en un mundo en que todo podía verse y nada parecía vedado.
Casi podría hablarse del surgimiento a escala global de una nueva cultura popular y masiva (la del consumo del porno) que todavía no es considerada por la crítica y la academia porque carece de prestigio y porque sigue siendo, aunque masiva, clandestina.

Su carácter popular, sin embargo, no puede desdeñarse desde que los sitios abundan en videos profesionales (dominados por la industria del espectáculo norteamericana) y también en registros caseros realizados por los mismos usuarios (y, en este caso, los latinoamericanos no van a la zaga)[3]. Es decir, que el momento en que la trilogía de Hilda Hilst comienza a circular, el contexto es totalmente diverso al que existía con la literatura erótica transgresora de élite.

Mi propuesta es leer *Cartas de un seductor* en un doble movimiento, hacia atrás, hacia esa tradición a la que pertenece y hacia su futuro, en una nueva situación que sus textos ayudan a construir o a enfrentar. En ninguno de los dos casos el texto se entrega dócilmente a ambos paradigmas, sino que, leído en una u otra dirección, produce quiebres, discrepancias y trastornos.

La transgresión de la transgresión

Para diferenciar la literatura pornográfica culta de la vulgar, Susan Sontag estableció un criterio de calidad artística. En su conocido ensayo "La imaginación pornográfica" escribió que "la avalancha de pornografía comercial que se ha distribuido durante dos siglos en forma clandestina y ahora, cada vez más, en forma pública, no basta para impugnar la jerarquía literaria del primer grupo de libros" (Sontag 45). Sontag se refiere, entre otros, a Pierre Louÿs, a George Bataille y a la novela *Histoire d'O*, publicada en forma anónima en 1954 (cuarenta años después se supo que fue escrito –contra todas las especulaciones– por una mujer: Dominique Aury). No cabe duda de que los textos de Hilst dialogan con la tradición literaria de la que habla Sontag, algo que reafirman los críticos y

---

[3] Una búsqueda rápida en el sitio *xvideos* de "amateur peruano" produce más de dos mil resultados con algunos videos con más de 100,000 vistas. Se trata obviamente de un ejemplo aproximativo ya que en la búsqueda se mezclan videos profesionales y caseros.

también el título que los editores le pusieron a la publicación en un solo volumen de la trilogía: *Pornô chic*. Las prevenciones clasificatorias y defensivas de Sontag reaparecen en un atributo ("chic") que pretende separar la pornografía culta de la vulgar, en un momento en que tal diferencia ya había colapsado totalmente. De hecho, en 1972, con la explosión del cine pornográfico a nivel masivo por el estreno de *Deep Throat*, se hablaba del consumo *chic* del género. En palabras de Linda Williams, una de las máximas estudiosas académicas de la pornografía:

> Con la llegada a Norteamérica de la pornografía *hard-core* a comienzos y mediados de los setenta, la representación explícita del acto sexual –en oposición a su simulación– en las pantallas de cine oficiales, disfrutó de un extraño prestigio. Durante este breve momento de "porno chic", un reducido grupo de periodistas liberales, directores de cine porno y estrellas empezaron a hablar con entusiasmo sobre un futuro utópico donde los filmes porno se volverían películas "de verdad" y las películas "de verdad" tendrían pornografía (sexo verdadero) (Williams s. p.).

En los años 70 todavía podía decirse que había dos estilos diferenciados: no era lo mismo el movimiento de poesía *pornô* que la "pornochanchada" (la declinación cinematográfica brasileña de un fenómeno de características mundiales), pero llevar el argumento a última instancia desembocaba en un criterio de calidad artística o literaria –como hace Sontag– que justamente los diversos usos del porno venían a cuestionar. O para decirlo con el "Manifesto (feito nas coxas)" de la poesía pornô escrito en 1980: "A rapaziada tá cagando para Literatura Oficial" (Kac y Trindade 7). En la misma línea, y pese a su sofisticada escritura, Hilst ataca el buen gusto y el impera-tivo de tener que escribir sobre Brasil tan propio de la formación de la literatura nacional: "Gozo grosso pensando: sou um escritor brasileiro, coisa de macho, negona" (*Pornô chic* 141). Ya la misma práctica de la escritura pornográfica –un género bajo o bajísimo– impugna las clasificaciones que pretende sostener Sontag (Pierre Louys, de hecho, supo circular en ediciones baratas).

La pornografía era una estrategia que permitía exhibir zonas oscuras y despreciadas, los restos que una cultura no podía procesar y que expulsaba en lugares inconfesables: no es casual que la palabra "lixo" aparezca en los textos que se acercaban a esta problemática, tanto en Clarice Lispector que acuñó el término en "la hora de lixo" para su libro de cuentos eróticos de 1974, como en *Cartas de un seductor* que, muchos años después, comienza con un personaje que recoge libros de un tacho de basura como si el basural fuera el archivo del que debiera alimentarse la literatura del futuro (paradójicamente, entre los restos, encuentra libros de autores prestigiosos como Tolstoi o Kierkegaard). Con la metáfora de la basura no sólo querían impugnar la institución literaria, sino la necesidad de ampliar la dimensión afectiva, simbólica y referencial de la escritura: ampliar el mundo de los objetos y de los cuerpos, sobre todo los femeninos. Por eso la importancia de intervenir en un género que estaba hecho para los hombres y que debía dejar de ser escritura (*grafía*) sobre la prostituta (*porneia*: la mujer como objeto de deseo) para ser escritura prostituta o, mejor, escritura de la prostituta, donde se mezclan cuerpo femenino, deseo y dinero. Al revisitar el género pornográfico, lo que hacen tanto Hilst como Lispector es cuestionar las clasificaciones convencionales entre *chic* y vulgar, buen gusto y mal gusto y, también, masculino y femenino. Aquello que es resto (las palabras que no deben decirse, el cuerpo de la mujer en la escritura, el sexo o los afectos sexuales) se transforma en sujeto, en protagonista, en narración.

Ahora bien, ¿qué diferencias hay entre una escritura sobre la prostituta y una escritura de la prostituta? Una de las mayores autoridades de la pornografía de *qualité*, Georges Bataille, le dedica un capítulo al tema ("El objeto del deseo: la prostitución") en su libro *El erotismo* en el que señala que el inicio de la vida sexual es "la búsqueda de una mujer por un hombre" y que las mujeres tienen una "actitud pasiva" y "se proponen al deseo [de los hombres]... La cuestión –agrega– es saber en principio a qué precio, en qué [la mujer] condiciones cederá" (Bataille 183)[4]. Como se lee irónicamente: "E uma mulher na cama tem que ser um pouco prostituta" (Hilst, *Pornô chic* 160).

Bataille, de un modo muy masculino, le quitará importancia a la cuestión del dinero para poner el acento en el momento de la

---

[4] Y agrega Bataille: "No hay en cada mujer una prostituta en potencia, pero la prostitución es consecuencia de la actitud femenina" (183). Eliane Robert Moraes señala que Bataille funciona como un "anjo inspirador de a entrada de Hilst no continente da escrita licenciosa" (20). De todos modos, considero que hay –como trataré de demostrarlo– una separación tajante entre la sensual transgresión batailliana y la transgresión hilstiana.

rendición. La transgresión adquiere en este pasaje de *El erotismo* un carácter masculino naturalizado, casi animal, y ese tipo de transgresión regula un género que ha estado destinado tradicionalmente al consumo de los hombres, como si ese refinamiento (muy *chic* por otro lado) fuera un efecto de una naturaleza en la que la mujer es pasiva y el hombre, un cazador. En la *literatura erótica transgresora de élite* el sujeto de la transgresión siempre es un hombre y el cuerpo de la mujer el lugar en el que esa transgresión tiene lugar[5]. Hay excepciones, obviamente, como Anaïs Nin, a quien Hilst elogia en uno de sus textos. Tanto Clarice Lispector (de un modo más suave) como Hilda Hilst (con un humor extremo e intransigente) responden a esta naturalización modernista con una estrategia que me gustaría denominar *la transgresión de la transgresión*. No denuncian la transgresión, no se escandalizan, sino que la llevan más allá: muestran la basura que ésta esconde bajo la alfombra, escriben pornografía y directamente la vinculan con el dinero, la pornografía no sólo está en la narración, sino en las condiciones de su producción. La transgresión en el arte estuvo vinculada históricamente con el desinterés por el dinero: al rechazar el dinero, el escritor ponía en cuestión la demanda burguesa, el esquema de producción, la tiranía del capitalismo que aparecía suspendida y contestada en la bohemia, en un estilo de vida, en una soberanía o supremacía de la vida por sobre el salario (en no ceder, para usar uno de los términos de Bataille). El deseo erótico y el goce, en el *hombre*, eran movidos por un ansia de conocimiento y experimentación. En oposición, la transgresión de la transgresión significa —en el caso de Clarice— decir que escribió los cuentos a pedido del editor y en el de Hilda que quiere vender más y hacer dinero con la escritura (Hilst no deja de referirse a su situación de escritora, una y otra vez, como si se tratara de una variante de la prostitución)[6]. No significa que ellas se sometan al capitalismo sino en decir lo que está silenciado desocultando el engranaje que une escritura y dinero (y no lo hacen, para hablar de una teoría en boga en esa época, al estilo de

---

[5] Sintomática en este sentido fue la presunción que duró hasta los años 90 (la novela fue publicada en 1954) de que la *Histoire d'O* había sido escrita por un hombre. También Bataille firmaba sus narraciones con seudónimo.

[6] "E aquí, no meu país, eu sou tratada, depois de quarenta anos de trabalho, exatamente como era tratada aos olhos dos 'hipócritas' quando eu tinha vinte anos: uma puta", citado en Araujo (32).

Tel Quel que consideraba la escritura como trabajo porque en ambas lo que está, en ellas, más que el trabajo, es la ambición de poner sobre el tapete el tema del dinero, para hacer explotar una literatura de hombres marcada por otros intereses: tener buen gusto, hacer literatura elevada, escribir sobre Brasil). Transgreden esa transgresión y la colocan en otro nivel: no usan el cuerpo de la mujer como medio, sino que –desde una subjetivación estratégica– ponen de relieve su lazo con el dinero y las vivencias que eso provoca. En la "Explicación" que escribe Clarice Lispector a su libro de cuentos *O via crucis do corpo* el gesto se muestra impúdicamente y con una paradoja: la demanda de dinero se transforma en deseo.

EXPLICAÇÃO

O poeta Álvaro Pacheco, meu editor na Artenova, me encomendou três histórias que, disse ele, realmente aconteceram. Os fatos eu tinha, faltava a imaginação. E era assunto perigoso. Respondi-lhe que não sabia fazer *história de encomenda*. Mas –enquanto ele me falava ao telefone– eu já sentia nascer em mim a inspiração. A conversa telefônica foi na sexta-feira. Comecei no sábado. No domingo de manhã as três histórias estavam prontas: "Miss Algrave", "O Corpo" e "Via Crucis". Eu mesma espantada. Todas as histórias deste livro são contundentes. E quem mais sofreu fui eu mesma. Fiquei chocada com a realidade. Se há indecências nas histórias a culpa não é minha. Inútil dizer que não aconteceram comigo, com minha família e com meus amigos. Como é que sei? Sabendo. Artistas sabem de coisas. *Quero apenas avisar que não escrevo por dinheiro e sim por impulso*. Vão me jogar pedras. Pouco importa. Não sou de brincadeiras, sou mulher séria. Além do mais tratava-se de um desafio.

Hoje é dia 12 de maio, Dia das Mães. Não fazia sentido escrever nesse dia histórias que eu não queria que meus filhos lessem porque eu teria vergonha. Então disse ao editor: só publico sob pseudônimo. Até já tinha escolhido um nome bastante simpático: Cláudio Lemos. Mas ele não aceitou. Disse que eu devia ter liberdade de escrever o que quisesse. Sucumbi. Que podia fazer? senão ser a vítima de mim mesma. Só peço a Deus que ninguém me encomende mais nada. Porque, ao que parece, sou capaz de revoltadamente obedecer, eu a *inliberta*.

Uma pessoa leu meus contos e disse que aquilo não era literatura, era lixo. Concordo. Mas há hora para tudo. Há também a *hora do lixo*. Este livro é um pouco triste porque eu descobri, como criança boba, que este é um *mundo cão* (Lispector 19-20, subrayados míos).

Clarice Lispector crea, para referirse a su propia posición, un neologismo: la "inliberta", palabra vinculada a la esclavitud, a la posibilidad de acabar con ella y a la ficción de haberlo hecho[7]. Atrapada en las redes del mercado y de la institución literaria, Lispector se rebela. Y no entrega arte o literatura sino *lixo*. No sabe hacer "literatura por demanda", pero encuentra una figura tradicional de la creación literaria (la "inspiración") para finalmente decir que sí: la *mistificación* es tan evidente que no puede menos que pensarse que a Lispector le interesa poner en escena todo el proceso.

No fue muy diferente lo que le sucedió a Hilda Hilst cuando le dio a leer el texto a Wesley Duke Lee: "É horrível Hilda, que coisa horrorosa, é um lixo o que você escreveu" (Hilst, *Pornô chic* 262). Hilst habló por supuesto del dinero y del giro comercial que daba con este libro, pero también de hacer explotar por los aires una institución machista (la literatura) que le había negado el reconocimiento. A los sesenta años, Hilst asume un papel por lo común reservado a los hombres (el de viejo verde) y dispara en todas direcciones: contra la pureza de los escritores, la explicitación de la ambición monetaria; contra el protagonismo autoral masculino en la literatura de temática sexual, la ruptura femenina de la transgresión de la transgresión; contra una literatura comportada y de buen gusto, el escándalo de una literatura hecha de malas palabras y escenas soeces. A partir de allí, la literatura de tema erótico puede ser leída a contrapelo como lo hace Hilst con *Diario de un seductor* de Søren Kierkegaard, relato en el que se lleva al paroxismo el sujeto hombre (el narrador y protagonista Johannes) que experimenta con la mujer (Cordelia) y la somete a un escrutinio intelectual, afectivo y espiritual. ¿Pero qué sucedería si fuera Cordelia la que usa a Johannes, sin que él lo advierta, para realizar una transgresión?

Pero la *transgresión de la transgresión* va más lejos: no sólo revela su lado oculto (su *lixo*) sino que cuestiona su misma naturaleza, su carácter de ley masculina o de masculinización del deseo. Si la transgresión donjuanesca de Kierkegaard y Bataille se expresaba en frases como "las prohibiciones existen para ser violadas" (que Bataille toma de *Ensayo sobre el don* de Marcel Mauss), Hilst parece agregar: "violadas

---

[7] Libertos eran los esclavos que eran liberados. Al crear ese neologismo, Lispector se refiere a su condición de esclava y a su rebelión contra esta condición.

por los hombres"[8]. En su entrevista con Caio Fernando Abreu, la escritora dice: "não foi a pornografia que me atraiu: foi a leveza" (*Pornô chic* 258). Basta considerar el toque rabelaisiano de su proyecto, la gaya ciencia de Lori o la astucia de Eulalia, para percibir que la trilogía no deja jamás de hacer escuchar su risa, su espíritu juguetón y su gesto de no subordinar todos sus esfuerzos a la lógica de la transgresión.

Risas ante el patriarcado: de Edipo a Mirra

La estructura narrativa de *Pornô chic* o *Cartas de un seductor* consta de tres partes: en la primera, el narrador Stamatius o Tiu, un ciruja que vive de la basura, le narra una historia a Eulalia[9]. La historia que Tiu le cuenta a Eulalia son las cartas que Karl le envía a su hermana, Cordelia. Este relato enmarcado es la segunda parte. En la primera parte hay interrupciones de la mujer, pero ya la segunda se presenta con el género unilateral de la epístola (las respuestas de Cordelia no aparecen). La última y tercer parte del libro son las cuatro narraciones anunciadas de Stamatius (con comentarios de Eulalia al final de tres de ellos) y otros dos textos independientes de la narración principal, también de Stamatius. O sea que en un juego de dobles y repeticiones, *los hombres les cuentan el cuento a las mujeres*. El pasaje de la primera parte a la segunda (cuando comienza la numeración de los capítulos) es la de lo bajo (Stamatius es un linyera o vagabundo) a lo alto (Karl es un "dândi pervertido", Hilst, *Pornô chic* 195) en un pasaje que funciona como un continuo para mostrar las dos caras de un mismo gesto (sobre todo en el lenguaje) que podría sintetizarse con un pasaje del epígrafe de Bataille (el "esplendor de los harapos") o en la frase que inicia el libro: "Como pensar o gozo envolto nestas tralhas?" (*Pornô chic* 139). No hay elevación sin descenso, ni espiritualidad sin carnalidad: este principio regula la teología del texto.

Tanto por el título del libro como por el nombre de la protagonista, se ha señalado la relación con Kierkegaard y su *Diario de un seductor*. Sin embargo, no se ha subrayado lo suficiente cómo Hilst

---

[8] Para este pasaje me he inspirado en el excelente libro de Dobry, *Historia universal de Don Juan*, particularmente las pp.165-173.

[9] Etimología de los nombres: Stamatius significa inmóvil y Eulalia elocuente.

invierte la lógica que regula el libro de Kierkegaard, un texto que consiste en los escritos de un hombre que muestra cómo conquistar a las mujeres para después dejarlas (se ha señalado que, para el filósofo danés, "la mujer debe pertenecer a otro para encarnar el ideal, para ser amada con amor verdadero") (George Lukács citado en Dobry 167). Tanto el *Diario* del filósofo danés como las *Cartas de un seductor* de la pornógrafa brasileña son escritos de un hombre *sin* la voz de la mujer (a no ser como interrupción). Pese a eso, en el juego de dobles y duplicaciones del relato, la astucia femenina de la Cordelia de Hilst (ya que no la de Kierkegaard) logra imponerse a la enunciación masculina. Ella, y no el hermano-narrador, es quien logra el cometido de acostarse con el padre (o sea que las cartas de un seductor son, en realidad, sobre una *seductora*). Cordelia es superior a su hermano, controla el relato y detenta su secreto. Se cita a menudo, en el ámbito de la literatura erótica de élite, que –como decía el Marqués de Sade– para escribir hay que acostarse con la madre. Esa es la lógica sexista que regula una literatura en la que el objeto femenino más prohibido se transforma en el máximo trofeo de la audacia y el goce masculinos. Pues bien, lo que hace Cordelia es no sólo destruir el mito occidental modelo que articula ese deseo (el de Edipo), sino que lo sustituye por otro: el mito de Mirra. Acá el objeto de deseo no es una mujer sino un hombre, no es la madre sino el padre. Cordelia invierte la herencia genealógica: mientras la madre vivía un estado de completa castidad (siempre con el arpa entre las piernas), el padre es potencia sexual pura: no sólo es el objeto de deseo de los hermanos, sino que comparte su cama con un negro que tiene el nombre de João Pater, por el Padrenuestro o Pater Noster. Pero con la hija, el macho (Karl) es descabezado.

Las crónicas que Hilda Hilst escribió para el "Caderno C" del periódico *Correio Popular* y otros medios durante los años 90, sirvieron como plataforma para difundir su propia obra (sobre todo los poemas) y vincular su escritura con la actualidad política y social. Las crónicas son un laboratorio sobre el fracaso de la política, el maltrato a los animales, las fallas de lo humano, la crueldad de Dios, la explotación de la naturaleza entre otros tópicos. No es casual que la primera crónica en orden cronológico (al menos en la antología de Duncan y Chiara) transcurra en un club de *strippers* y que Hilst proponga descabezar (pero no castrar) al hombre: "os acéfalos são ate mais estimulantes" (*132 crónicas* 19). No hay envidia del falo, sino que convierte a ese falo en un dildo, como lo hace Hilst en el bello poema que publica en las crónicas y que firma con un heterónimo: Johan Kurko, "poeta kapadócio do século XVI":

> ò majestoso! Deixa-me sugar-te
> Ambarino, sob o palato trevoso.
> Ereto, netarino
> Repousa entre minhas mãos
> Para que eu possa adorar-te (Hilst, *132 crónicas* 329).

El padre adorado no es una cabeza (de familia), sino un *caralho* (del cuerpo). La crítica de *Cartas de un seductor* al Mito de Edipo como explicación del deseo humano está enmarcada en una serie de ataques a la explicación freudiana, algunos de los cuales Hilst no desconocía. En 1972, Gilles Deleuze y Félix Guattari –quien viajaría a Brasil en 1982– publican *El antiEdipo. Capitalismo y esquizofrenia*[10]. La crítica que hacen los teóricos franceses es demoledora y muy compleja: critican la familiarización del deseo, su triangulación y vínculo con el capitalismo. Michel Foucault, en unas conferencias que dicta justamente en Brasil (Foucault es citado en *Cartas de un seductor* como "o brilhante tarado", Hilst, *Pornô chic* 145), también apunta contra la lectura freudiana y coloca al mito en perspectiva histórica (la Grecia del siglo V antes de Cristo) señalando el desmantelamiento que se produce en ese periodo en la relación saber y poder, de la cual Edipo sería un emergente. Al responder a una de las preguntas del público, Foucault responde: "Mi tema, y en eso sigo a Deleuze, es que Edipo no existe" (146). La "edipización del Universo", como la denomina Casarino (Lauretis 27), a propósito del filme *Edipo Rey* de Pier Paolo Pasolini, fue criticada en los años 70 tanto por ser una ampliación colonial del mito como por proyectar un pequeño drama burgués familiar como clave del deseo. Pero tal vez la crítica más poderosa es la que se hizo desde una perspectiva de género. *Alicia ya no* (publicado originalmente en 1984), de Teresa de Lauretis, corona una serie de críticas feministas al Mito de Edipo y lleva las impugnaciones a la teoría misma de la narración:

---

[10] Una cita del libro de Deleuze y Guattari, sin mencionar el título, en la crónica "Por quê, hein?": "Experimente. Dê uma de Deleuze, Guattari e Michaux. Mande a fazer a tal mesa esquizofrênica" (Hilst, *132 crónicas* 25).

En la historia de Edipo, que surgió durante el *sistema patriarcal*, el papel de la princesa tenía que ser atenuado, rebajado; sin embargo, no desaparece del todo. De ahí la figura de la Esfinge, condensación de la princesa y de la serpiente, que más tarde será una figura del estadio previo de la trama –la iniciación del héroe en el bosque, en donde recibe fuerza, sabiduría y la señal de liderazgo (en los cuentos populares esta es la función del Donante)–. Pero, señala Propp, la Esfinge "contiene aquí claramente la imagen de la mujer, y en algunas versiones Edipo la priva de su fuerza de la misma forma en que se suele privar a la princesa-hechicera de su poder, es decir, con la unión sexual" (Lauretis 183).

Lauretis vincula la lectura freudiana de Edipo al patriarcalismo y al modo de narrar mismo. La mujer es el objeto y como tal está disminuida en su capacidad de desear. El hombre, complementariamente, es el sujeto protagonista (el héroe que hace mover la historia) y porta consigo el enigma del deseo.

La crítica que Hilst le hace al mito de Edipo se enmarca en esta serie, pero a la vez la renueva. Por un lado, porque está hecha con humor, con una risa que descoloca al patriarcado. Ya desde el comienzo Karl escribe: "suspeito / Que fisgaste o paterno caralho // No teus buracos fundos. Traidora" (*Pornô chic* 141). Efectivamente, Cordelia no sólo se acostó con su padre, sino que tuvo un hijo (Iohanis, el nombre del narrador de la ficción de Kierkegaard), por lo que el narrador tiene inesperadamente un hermano que es también su sobrino. Con astucia, Cordelia interviene en la relación naturalizada entre masculinidad y narración. Pero Hilst va más lejos: Karl llama a su hermana "Cordelia-Mirra" y el mito de Mirra es el que propone Hilst para desplazar a Edipo. "Mirra, sim, é que ilustra com perfeição o chamado complexo de Édipo. Pobre Édipo! Pois *nem sabia* que a outra era a mãe. Nem Freud nem Jung leram a Ovídio (*Metamorfoses*)" (*Pornô chic* 160, subrayado mío).

Mirra es un personaje de la mitología griega cuya vida es relatada por Ovidio. Mirra, quien se llama así porque fue condenada a convertirse en una planta de mirra, era la madre de Adonis, a quien tuvo con su propio padre: Ciniras. La unión entre Mirra y su padre Ciniras es similar a la de Cordelia con su padre. "tu e o pai dormiam juntos e fornicavam –escribe Karl– e me fizeram de *claune*" (*Pornô chic* 159). ¿Pero en qué se basa la innovación de Mirra en relación con Edipo, además de definir el deseo no en relación con el Padre, sino con otra lógica, en la que la mujer es la protagonista? Como dice Karl, Mirra

–a diferencia de Edipo– sí sabía que se trataba de su padre y hace un ardid para engañarlo. La mujer es sujeto del deseo en un doble sentido, como heroína y protagonista consciente, y el hombre queda reducido a la figura cómica y padeciente del *clown*, un autómata "dândi pervertido" que sólo hace reír. La trilogía porno de Hilda Hilst intervino en una tradición de prestigio ambivalente y mostró sus falencias y el alcance exiguo de sus transgresiones. Leída desde la actualidad, desde una sociedad en la que la pornografía tiene otro estatuto, puede revelarnos nuevas estrategias y modos de pensarla y vivirla.

Chic / vulgar / trash: destrucción de la obscenidad

La transformación de la relación entre sexualidad y archivo alcanza tanto a la difusión de la pornografía como a la vida misma en su conjunto. A los archivos de la era moderna, de esa sociedad que Gilles Deleuze caracterizó como "disciplinaria", los sustituyó el archivo de la actual "sociedad de control" (277). En aquella predominaban los lugares cerrados y aislados como focos de disciplinamiento (escuela, fábrica, hospital, cárcel) y así se distribuía también el archivo que se depositaba en lugares cerrados como las bibliotecas, los museos, los ministerios. El poder estaba vinculado a la administración del *acceso* a esos lugares cerrados. En la sociedad de control en la que vivimos, en cambio, el archivo ya no se agrupa en lugares cerrados, sino que nos acompaña a todos lados: en nuestro celular, en internet, en las redes de comunicación que se extienden por todo el espacio habitable. Antes para ver porno había que ir a un lugar cerrado (a las cabinas de un sex-shop o al cine), hoy en cambio está potencialmente en nuestros celulares o computadoras. El sexo en la época de la reproductibilidad técnica.

El conflicto sigue estando en el acceso, aunque es mucho más crucial el *exceso*, esto es, el modo en que nuestra propia vida es registrada en un archivo y puesta al alcance de todos (o de casi todos). El problema de la censura de la sociedad disciplinaria es sustituido por el de la proliferación de lo decible y lo visible, de las huellas que dejamos en esa inteligencia artificial que son las redes y las plataformas. Ya no qué se puede ver, sino cómo hacerlo circular. La pornografía pasa del terreno de la obscenidad –aquello que se ponía fuera de

escena, que se llevaba a los recovecos del archivo– al de la *on-scenity*
según el término creado por Linda Williams: una exhibición permanente, siempre accesible, a un solo clic. Lo vedado a la visión, es
traído a la escena, en un obsceno perpetuo y latente: un "punto de
fuga donde colisionan las convenciones en torno a lo público y lo
privado, lo lascivo y lo ordinario; donde se produce el debate público
y la antigua obscenidad -del tipo que realmente se mantenía escon-
dida y bajo llave en los museos secretos- deja de ser posible" (citado
en Barba y Montes 81-83). Los cambios son muy profundos: en los
70 la pornografía era denunciada por las mujeres debido a su ma-
chismo: Andrea Dworkin o Catherine MacKinnon, abogaban por la
prohibición de la pornografía ya que perpetuaba "el derecho sexual
de los hombres sobre las mujeres" y Robin Morgan decía que "la
pornografía es la teoría y la violación es la práctica". Con la transformación del archivo, la circulación y el acceso ya no se restringen a un
género y cómo la prohibición en la sociedad de control ya no es posible (ni deseable), la política pasa por pensar sus usos y cómo podría
ser una pornografía femenina o feminista. Aunque no creo que Hilda
Hilst haga pornografía feminista o posporno, la trilogía sí plantea la
escritura del porno desde una perspectiva de género.

Me interesa particularmente el cambio de estatuto de la transgresión en el pasaje del porno vulgar y chic al porno trash en el que
vivimos actualmente. En la sociedad disciplinaria, la transgresión era
el modo de revelar los mecanismos de poder. ¿Cómo seguir sosteniendo la transgresión cuando, en los años 90, se convirtió en sentido
común y en atributo de los políticos conservadores? ¿Cómo soste-
nerla cuando existe el consenso de aplicar la ley (judicializar) o la condena social para las conductas impropias que alguna vez fueron el
aura transgresora de artistas y vanguardistas? ¿Cómo articular la conducta alrededor de la transgresión cuando la norma fue sustituida por
las anomalías múltiples y permanentes sin normalidad que les haga de
referencia? ¿Cómo dejarla intocada en el centro del sistema cuando
–como vimos– está basada en una lógica masculina o sexista? En ese
contexto, en el que el porno es el pan nuestro virtual de cada día,
¿cómo leer la novela de una niña de nueve años que comienza diciendo:

> Agora eu quero falar do moço que veio aqui e que mami me disse que não é
> tão moço, e então eu me deitei na minha caminha que é muito bonita, é toda

cor de rosa [...] E o homem que não é tão moço pediu pra eu tirar a calcinha. Eu tirei. Aí ele pediu para eu abrir bem as perninhas e ficar deitada e eu fiquei. Então ele começou a passar a mão na minha coxa que é muito fofinha e gorda e pediu para que eu abrisse bem as minhas perninhas. Eu gosto muito quando passam a mão na minha coxinha. Daí o homem disse para eu ficar bem quietinha que ele ia dar um beijo na minha coisinha. Ele começou a me lamber como o meu gato se lambe, bem devagarinho, e apertava gostoso o meu bumbum (*Pornô chic* 11),

cuando en el diario más importante de España objetan la reedición de *Lolita* de Vladimir Nabokov? Sin duda la transgresión dejó de ser la categoría moderna clave para entender las conductas de resistencia al poder. Y Hilda Hilst –como Mirra– lo sabía. Es este saber el que constituye la diferencia, porque el acto incestuoso no se basa en la transgresión sino en lo que Georges Bataille llamó "el desmorona-miento" (189), esto es, la prostitución que pierde toda sensualidad y se vuelve animal.

La trilogía de Hilst gira alrededor de la *transgresión de la transgresión* y la *destrucción de lo obsceno*. Esto es: exhibir la masculinidad de la trans-gresión y la inutilidad de la obscenidad. De ahí la levedad (hipostasia-da en la voz de una nena) que desconoce las diferencias entre lo per-mitido y lo prohibido y la frontera entre lo visto y lo no visto, lo decible y lo no decible que supone el fuera de escena (ob-sceno). Las palabras prohibidas, groseras o 'malas' no son dichas como quien busca el escándalo sino porque forman parte del tesoro harapiento de la lengua. En *El erotismo*, Bataille condena la "baja prostitución" (a la que compara con el *lumpen-proletariat*, es decir, que sería una prosti-tución de los trapos) como aquella que desciende al nivel de los puer-cos: pierde la vergüenza humana, se regodea cínicamente en la in-diferencia a las prohibiciones y pone en el mismo plano lo sagrado y lo profano. "Se rebaja al rango de los animales: suscita generalmente un asco parecido al que la mayor parte de las civilizaciones experi-menta ante la presencia de las cerdas" (nótese el uso del femenino, Bataille 188). Es aún peor que los animales por el resto humano que le queda a la prostituta moderna o de las calles. Ahora bien, si se compara la escritura de Hilst con otras contemporáneas de la *literatura erótica transgresora de élite* (por ejemplo, *Elogio de la madrastra* de Mario Vargas Llosa publicado en 1988), se hace evidente que la trilogía de *Pornô chic* elude el sensualismo y la atmósfera de misterio e interdic-ciones que es propio del género. No hay juego previo ni suspenso ni

cierres que se entreabren. Hay más Rabelais que Bataille y el goce
—propio de personajes trash o lumpen— no depende ya del pavor de
las prohibiciones sino del conocimiento carnal y espiritual del cuerpo
y del lenguaje.

En un mundo en el que se transforman los modos de circulación
de lo obsceno, en el que cambian las formas de cortejo y ya no puede
hablarse —sin avergonzarse— de la mujer objeto que se propone al
deseo, lo que hace en definitiva *Cartas de un seductor* es preguntarse —a
través de la escritura— sobre las relaciones entre goce sexual y narración, deseo y saber narrativo, disfrute de los géneros sexuales y
literarios… en definitiva, sobre qué sabemos del deseo.

BIBLIOGRAFÍA CITADA

Araujo, Leusa. "Hilda Hilst, umasómúltiplamatéria". *Cult* 21, 233 (2018): 30-32.

Barba, Andrés, y Javier Montes. *La ceremonia del porno*. Barcelona: Anagrama, 2007.

Bataille, Georges. *El erotismo*. Barcelona: Tusquets, 1983.

Deleuze, Gilles. *Conversaciones*. Valencia: Pretextos, 1995.

Dobry, Edgardo. *Historia universal de Don Juan (creación y vigencia de un mito moderno)*. Barcelona: Arpa, 2017.

Foucault, Michel. *La verdad y las formas jurídicas*. Barcelona: Gedisa, 1991.

Hilst, Hilda. *132 crónicas: cascos & carícias e outros escritos*. Prefácio Zélia Duncan, introdução Ana Chiara. Rio de Janeiro: Nova Fronteira, 2018.

——. *Pornô chic*. São Paulo: Globo, 2014.

——. *Cartas de un seductor*. Traducción de Teresa Arijón y Bárbara Belloc. Buenos Aires: El cuenco de plata, 2014.

Kac, Eduardo, y Cairo Assis Trindade. *Antolorgia (Arte Pornô)*. Rio de Janeiro: Codecri, 1984.

Lauretis, Teresa de. *Alicia ya no*. Madrid: Cátedra, 1992.

Lispector, Clarice. *A via crucis do corpo*. Rio de Janeiro: Francisco Alves Editora (1ª. ed. 1974). Traducción: *El via crucis del cuerpo* Bs. Aires: Corregidor, 2015.

Matsakis, Louise. "Today's debate over online porn started decades ago" [2018]. En *Wired*, 14 de marzo. [Fecha de consulta: 2019-02-06] Disponible en: https://www.wired.com/story/online-porn-laws-debate-started-dec-ades-ago/.

Moraes, Eliane R. "As faces espelhadas de Eros". *Cult* 21, 233 (2018): 20-23.

Sontag, Susan. "La imaginación pornográfica". En *Estilos radicales*. Madrid: Debolsillo, 2011. 44-83.

Williams, Linda. "El acto sexual en el cine" [2009]. En sitio *laFuga*, 9 (fecha de consulta: 2019-02-06). Disponible en: http://2016.lafuga.cl/el-acto-sexual-en-el-cine/266.

SECCIÓN MISCELÁNICA

REVISTA DE CRÍTICA LITERARIA LATINOAMERICANA
Año XLV, N° 90. Lima-Boston, 2⁰ semestre de 2019, pp. 159-173

LA VOZ DE LA PLEBE. EMERGENCIAS EN EL RÍO DE LA PLATA COLONIAL (SIGLO XVI)

Loreley El Jaber
Universidad de Buenos Aires / CONICET

Resumen
A partir de los pleitos judiciales que se llevaron a cabo durante el siglo XVI en relación con la conquista del Río de la Plata, el presente artículo busca reparar en la presencia de las voces de la plebe, sujetos individuales a quienes se convoca como portadores de una verdad que en líneas generales viene a cuestionar el accionar de la figura de máximo poder en esa porción de América: el Adelantado. En este caso, se trabajará con el juicio entablado por el Consejo de Indias contra Jaime Rasquin y su fracasada expedición. La propuesta es interrogar esas voces, sus discursos, sus condiciones de posibilidad y emergencia, así como sus respectivas restricciones.
Palabras clave: plebe, voces, pleitos judiciales, Jaime Rasquin.

Abstract
Departing from the judicial lawsuits that took place during the sixteenth century in relation to the conquest of the Río de la Plata, this article focuses on the presence of the voices of the plebs, individual subjects who are summoned as bearers of a truth that in general lines comes to question the actions of the figure of maximum power in that portion of America, the Adelantado. In this case, I will work with the trial brought by the Council of the Indies against Jaime Rasquin and his unsuccessful expedition. The proposal is to question those voices, their speeches, their conditions of possibility and emergency, as well as their respective restrictions.
Keywords: plebs, voices, lawsuits, Jaime Rasquin.

Mucho se ha escrito sobre el rol del lenguaje como instrumento para la construcción y consolidación del imperio español; sabemos en esta línea que la escritura adquirió un valor político-ideológico nuevo al verse consustancialmente vinculada al poder y a los objetivos y alcances del imperio que la propagaba y propiciaba. La

escritura reglada, burocrática, no sólo produjo una gran cantidad de
textualidad, sino, a su vez, un importante número de leyes tendientes
a poner en acción las instituciones del imperio, sus conceptos, su ideología. Ejercida por letrados que narran los alcances mercantiles, ju-
rídicos y territoriales de la conquista, que abonan a la producción de
un conocimiento eurocéntrico y colonial, ¿qué lugar cabe para la
plebe? Si nos atenemos a las relaciones y crónicas sobre la conquista
del Río de la Plata, zona de la que me ocupo, en líneas generales no
hay representaciones de la plebe o de la soldadesca más que como esa
masa compacta que acompaña, pelea y sostiene con su brazo militar
el poder del rey o del capitán al mando. La pregunta, entonces, surge
necesaria y espontánea: ¿hay, acaso, algún resquicio dentro de la compacta maquinaria estatal y burocrática para que un sujeto como este
emerja? ¿Es posible pensar esto antes del siglo XVIII, cuando comienza a conformarse una voz con rasgos culturales-discursivos
identificables, preludio necesario de la voz del pueblo revolucionario?
¿Es posible pensar en la emergencia de la voz de los sujetos de la
plebe antes del "siglo de la elocuencia de los cuerpos, del bullir de las
emociones" (Farge 19)?

Jaime Rasquin y el Río de la Plata. Viaje, obstáculos y juicios

El trabajo de análisis y exhumación de documentos de archivos
judiciales ligados al Río de la Plata durante el siglo XVI revela que, en
el marco de juicios que tienen a Adelantados como principales impu-
tados –Pedro de Mendoza (ca. 1499-1537), Álvar Núñez Cabeza de
Vaca (ca. 1489- 1559) y Jaime Rasquin (¿-1571)[1]– se dan extensos

---

[1] Poco se sabe de Jaime Rasquin. La primera noticia de su persona fue hallada
entre los documentos de la expedición de Álvar Núñez Cabeza de Vaca rumbo
al Río de la Plata en 1540; allí figura como "mercader valenciano" parte de la
armada, en viaje en la nao capitana Santa Lucía. Se estima que acompañó a Álvar
Núñez a través de Brasil, desde la costa de Santa Catalina hasta Asunción. Prácticamente no tenemos noticias de su vida en esta última ciudad. Su nombre
vuelve a aparecer en los *Comentarios* de Pero Hernández (1555), como parte de
quienes apresan a Cabeza de Vaca. Rasquin regresa a España y llega a Sevilla en
la segunda mitad del mes de enero de 1557. Al poco tiempo inicia los trámites
para conseguir la gobernación del Río de la Plata. Su conocimiento del territorio
rioplatense le vale dicho cargo. Así firma la capitulación con el rey el 30 de diciembre de 1557. Los preparativos del viaje se extenderán durante todo el año

procesos que incluyen informaciones levantadas por la fiscalía, probanzas realizadas por el Adelantado inculpado, junto con una larga serie de juicios concomitantes vinculados a cuestiones económicas que afectan directamente al sujeto sobre el que recae la ley: en este caso el Adelantado de turno. Esta serie de juicios aledaños de índole económica se repite en forma constante en el Río de la Plata. Frente a una conquista de valor frustrado, sin los alcances de riqueza esperados o soñados en las capitulaciones firmadas; frente a Gobernadores enfermos (Pedro de Mendoza muere de sífilis en altamar), o depuestos enfrentando juicios en el tiempo (Cabeza de Vaca, acusado de traidor al rey, debe afrontar ocho largos años de pleitos judiciales una vez de vuelta en la metrópoli), las demandas de este tipo se suceden sin cesar, incluso más allá de la muerte de los sujetos cuestionados, como ocurre con el propio Rasquin.

Tomaré aquí algunos aspectos del juicio entablado por los oficiales de Su Majestad contra el Gobernador del Río de la Plata, el valenciano Jaime Rasquin, figura olvidada en la historia de la conquista de este territorio. A él se le encomienda –según consta en la capitulación del 30 de diciembre de 1557– la gobernación más extensa que hubo en América, la cual se extendía desde la mitad de Brasil, en la costa de la Cananea, hasta el Estrecho de Magallanes, todo el Paraguay y el Chaco y en la costa del Océano Pacífico doscientas leguas. Cabe aclarar que semejante extensión se termina de decidir cuando a principios de diciembre de 1558 llega a España la noticia de la muerte de Domingo de Irala (1509-1556), quien estaba al mando de la soldadesca desde el envío de Cabeza de Vaca engrillado a España en 1545. Ante el deceso de Irala, ocurrido en Asunción el 3 de

---

1558, partiendo finalmente del puerto de Sanlúcar de Barrameda el 14 de marzo de 1559. Las vicisitudes del viaje hacen de su expedición un fracaso. Rasquin llega a Santo Domingo el 17 de julio de 1559, donde deberá afrontar una larga serie de pleitos judiciales tanto económicos como ligados a sus acciones de mando. A principios de 1560 Rasquin regresa a España, donde lo esperan nuevos pleitos. Su último memorial está fechado en Valencia el 14 de marzo de 1566. Para entonces, debido a todos los juicios económicos que lo acosan, Rasquin ya se encuentra en la ruina, pidiendo en julio de 1569 al Consejo de Indias ayuda para vivir. Pero nuevos pleitos y acusaciones lo esperarían. Finalmente, en 1571 es encarcelado por deudas y muere en prisión los primeros meses de ese año. Los pleitos ligados a su persona durarían aún varios después de su muerte, hasta 1574 (De Gandía 11-89).

octubre de 1556, resulta necesario proveer de gobernador a Paraguay, es entonces cuando los reyes nombran a Rasquin, que ya estaba prácticamente a punto de emprender el viaje.

Las sucesivas capitulaciones concertadas con el rey –desde la de Cabeza de Vaca (1540), pasando por las de Juan de Sanabria (1547) y su hijo y sucesor Diego (1549) hasta la de Jaime Rasquin (1557)– evidencian que el Río de la Plata era una constante preocupación oficial. Estas empresas son "representativas de la política colonial consciente y deliberada que adopta la Corona a los fines de fomentar sus intereses políticos y económicos" (Assadourian 25).

El objetivo concreto de la expedición de Rasquin, que se sucede a la fracasada de Sanabria[2], según consta en cédulas reales y en la capitulación ya mencionada, era crear una nueva gobernación en las provincias de San Francisco y de Sancti Spiritus a fin de expulsar a los franceses que se habían establecido en la costa de Brasil e impedir que siguiesen ocupando aquellas regiones y se adueñasen de la entrada del Río de la Plata.

Pero la expedición de Rasquin fue un completo fracaso: no llega a cumplir con lo pautado en la capitulación porque ni siquiera llega a destino; parte rumbo al Río de la Plata el 14 de marzo de 1559 y, de las tres naves que zarparon de Sanlúcar de Barrameda, regresan unos meses después, en julio de ese año, sólo dos a Santo Domingo. El fracaso de Rasquin tuvo una gran repercusión en el ámbito judicial y esto tendrá que ver con diversas cuestiones, ante todo económicas, que hicieron particular su expedición; entre ellas cabe destacar el importante aporte financiero por parte de la Corona para la realización de su empresa[3]. El desastrado final de la expedición de Rasquin

---

[2] En 1547, Juan de Sanabria es nombrado Adelantado del Río de la Plata pero, en el transcurso de la preparación del viaje, muere. Por lo tanto su hijo Diego es nombrado en su lugar, firmando su capitulación en 1549. En 1552 consigue salir de España. De los tres navíos con los que parte, uno se estrella contra las rocas al llegar a Cartagena de Indias y el otro se pierde frente a las costas de Brasil, antes de llegar a destino rioplatense. Frente a la falta de noticias y ante la dilación en la asunción del cargo de Gobernador del Río de la Plata, el rey nombra a Domingo Martínez de Irala en su cargo. Al enterarse de esto, Diego de Sanabria, que había logrado llegar a destino, regresa a España para reclamar sus derechos pero la Corte no hace lugar a su pedido (Guérin 40-42).

[3] Como lo explica Zorraquín Becú, la capitulación firmada con Rasquin "era muy distinta de las anteriores y del modelo que se utilizaba corrientemente. En

supone, a la luz de la inversión de la Corona y de sus intereses imperiales en juego, tanto un perjuicio económico como político. En la
Audiencia de Santo Domingo tienen sede la mayoría de los pleitos
que se entablan contra él, pleitos económicos, como se ha dicho, pero
no solamente: el maltrato, los padecimientos, el hambre y la sed a
bordo son algunas de las denuncias que pueblan los escritos judiciales
y que incriminan al Adelantado. Los Oficiales Reales y todos los que
se consideran agraviados se presentan ante la Audiencia pidiendo justicia en contra de Jaime Rasquin; tal es así que, según cuenta Alonso
Gómez de Santoya en su *Verdadera relación* de 1559: "se halló algún
día que la Audiencia no tenía más pleitos que los del gobernador" (en
Ardit 112)[4].

Los juicios

En la Probanza de 1559 de los Oficiales Reales contra Jaime
Rasquin[5], en medio del repertorio esperable de testigos ligados al
poder y a la letra, aparecen pequeñas voces de la tripulación o de la
soldadesca. Pilotos, cirujanos, pasajeros, sargentos, soldados, a todos
se les pregunta lo que saben de lo sucedido a bordo de las naos, del
trato ejercido por Rasquin hacia los tripulantes, de los bastimentos y
el agua escasa, del sufrimiento y del viaje abortado. En el marco legal,

---

general las expediciones se hacían a costa del promotor y jefe de la empresa.
Rasquin, que seguramente no estaba en condiciones de afrontar tan ingentes gastos, consiguió que el rey le diera 12,000 ducados y más tarde, como esta suma no
alcanzara, obtuvo 2000 más. Fuera de ello el monarca lo autorizó a traer cien
esclavas y otros tantos esclavos negros libres de derechos, y le otorgó como
merced perpetua para él y sus herederos los aprovechamientos de oro y plata que
hubiera en la comarca. Todo esto demuestra el interés de la corona por
asegurarse el dominio de las regiones meridionales y la importancia que se le
adjudicaba a esta expedición" (97).
   [4] Todos los pleitos, y los documentos ligados a ellos (pleitos, cédulas reales,
memoriales, probanzas), se encuentran en García Viñas (ver Bibliografía).
   [5] "Documento 2259. 1559, agosto 22. Santo Domingo. Probanza de los oficiales reales en su pleito con Jaime Rasquin. Testigos: Vicente Esteban, Rodrigo
Gómez, Diego Solete, Arias Núñez, Benito Díaz, Alonso Ortíz de los Ríos,
Alonso Cobos, Francisco de Moya, Alonso Gómez de Santoya, Antón Higuera,
francisco Calderón". En Gaspar García Viñas, vol. 127. Los documentos citados
han sido actualizados en su grafía.

el testigo adquiere valor por lo que ha visto y presenciado, por lo que puede testimoniar, por eso es convocado; es decir que su validez la da el aporte que ofrezca su discurso al pleito llevado a cabo y a la parte para la cual testifica, con lo que se produce aquí, en este marco y en este contexto solamente, una instancia de paridad que no vuelve a repetirse. El cirujano, el piloto iletrado y el marinero son testigos a la par; más allá de la inferencia respecto de la legitimidad que pudiera ofrecer la posesión de un cargo jerárquico o un oficio estimado en el espacio de recepción institucional, lo cierto es que a los efectos del juicio entablado contra Rasquin, la diferencia la ofrece el contenido del discurso, no precisamente el cargo o la posición de su portavoz. Aunados frente a una causa, luchar contra el llamado "tirano", los tripulantes-testigos, tal como sucede a bordo del barco, hacen causa común y desde allí hablan. Desde allí, precisamente, hay que leer el interesante hecho por el cual la mayoría de los testigos habla por los ausentes: quienes no son llamados a declarar hacen su aparición por boca de otro, que es un par, y que testifica e inscribe así la existencia de aquel que no está presente en el escrito legal que lo refiere. Las voces de los sujetos de la plebe encuentran, así, un importante lugar en el ámbito judicial y en este juicio en particular, ya sea a través de la escritura del escribano, ya sea de manera doblemente referida. Así, cuando no se es testigo presencial, quien enuncia, por ejemplo el piloto Vicente Esteban, remite a los dichos que recorren las naves: "todo lo contenido en la pregunta este testigo *lo oyó decir a los soldados* de la dicha nao capitana y se quejaban de lo susodicho pero que este testigo no lo vio porque no venía en la dicha nao" (García Viñas, vol. 127, 50; el subrayado es mío). El "*lo oyó decir a los marineros y soldados*" es frase repetida en el pleito que nos ocupa, sea quien fuere el que testimonia. No es un rumor lo que es aquí reiteradamente mencionado, sino, más bien, una "voz pública" ("se sabía públicamente") y popular que adquiere existencia y legitimidad en tanto corrobora la pregunta −sea esta cual fuere− de los oficiales de Su Majestad.

　　　Arendt Brendecke sostiene que la organización de las instancias administrativas españolas en Hispanoamérica obedece a un cálculo político, ya que debían "contribuir a debilitar las uniones basadas en lealtades locales de la sociedad de los conquistadores y mantener presente a la Corona como poder de punición, regulación y recompensa" (254). Claramente la herramienta más importante de ese contrapoder administrativo era el Derecho y, en este sentido, el rol de las Audiencias –en este caso la de Santo Domingo (al respecto ver Aranda Mendías; Moreta Castillo)– lo pone en evidencia:

> Los españoles que estaban en América tenían que saber que la lealtad a la Corona valía la pena y que la deslealtad se tomaba su revancha a largo plazo, porque la una podía llevar a obtener privilegios y la otra a perderlos. Como la corte estaba lejos, se necesitaban presupuestos estructurales para mantener esa conciencia: en primer lugar, la conciencia de una observación potencialmente incesante de la lealtad y la deslealtad política; y en segundo lugar, de su comunicación a la Corona. Sólo con ese *setting* era posible estabilizar el dominio en la distancia a medio y largo plazo (Brendecke 254-255).

La cantidad de juicios, en consonancia con la cantidad y la variedad de testigos debe leerse en esa línea, es decir la adquisición de un lugar y una voz por parte de los sujetos de la plebe es posible porque esos enunciados se dan en el marco de una cadena informativa que es necesaria para el ejercicio del dominio colonial.

En el marco del juicio que nos ocupa, aun cuando pueda argumentarse el uso de la voz de los sujetos de la plebe por parte de los representantes del imperio para sus propios efectos e intereses, dicha voz entra en escena no sólo como informante que corrobora lo preguntado por la figura legal en función, sino también en otro sentido. Hay ocasiones en que estas voces pequeñas, habitualmente ausentes de relaciones y crónicas, se materializan y su discurso excede en cierta medida el marco pautado por la pregunta del fiscal. Este "suplemento" puede verse ligado a tres aspectos: las mujeres del Gobernador, el sufrimiento de los tripulantes y la personalidad de Jaime Rasquin. No alcanza en estos casos la información que corrobora la palabra legal, los tres aspectos referidos –claves para entender el fracaso de la empresa del valenciano– exigen el relato de la experiencia directa de los testigos: la denuncia testimonial.

En cuanto al primero, en el interrogatorio se apunta a saber si

> el dicho gobernador llevaba en la dicha nao tres mujeres por sus mancebas a las cuales se les daba tanta cantidad de agua que se pudieran sustentar conforme a la ración que se daba bien treinta soldados lo cual era causa de mucha murmuración y alteración en el navío digan los testigos lo que acerca de esto saben (García Viñas, vol. 127, 69).

Hay quienes apelan al saber público al respecto, quienes dicen que sólo una era manceba y las otras criadas, quienes las vieron, quienes no; la información es disímil sobre este asunto. Alonso Ortiz de los Ríos declara que en la nave se llevaban tres mujeres por mancebas y que las tres

> estando preñadas reñían entre ellas diciendo que si la una estaba preñada del gobernador que la otra también entre ellas y que vio que tenía una mujer y un hombre de su tierra que le tenían cuenta con ellas y se las llevaba a la cámara cuando él quería y que en lo de la ración que les daba que los soldados estaban pereciendo de sed y las dichas mujeres se lavaban la cara y las manos con el agua dulce y que le parece que les daba ración a cinco mujeres lo que se podía dar a veinte soldados (García Viñas, vol. 127, 66).

Al parecer, tal como dice la pregunta y según se deduce de las declaraciones, no es tanto la existencia de estas mujeres (preñadas o no) lo que produce alteración entre la tripulación, sino el agua en demasía que les es suministrada. Finalmente, todo ronda el tema del hambre y la sed extremas padecidas por los hombres a bordo de las naves. A la existencia de pocas pipas de agua y vino, junto con el mal acondicionamiento de las mismas (lo que produjo gran pérdida de la escasa agua almacenada), se suma el despotismo de Rasquin que no les daba a los pasajeros los bastimentos y las cantidades que Su Majestad mandaba y que, frente a la mucha necesidad sufrida por la tripulación, "decía que vendiesen las camisas para comer y bebiesen agua de la mar y que se muriesen que no se le daba nada" (García Viñas, vol. 127, 64). Todos los testigos ahondan en esta cuestión, cada uno agrega un dato o un detalle que los hace protagonistas del padecimiento: la primera instancia igualadora que comienza y se sostiene arriba del barco.

Respecto del último aspecto, este se circunscribe a la pregunta XV, la cual genera una interesante disquisición:

> si saben que el dicho Jaime Rasquin es hombre apasionado y muy acelerado y enemigo de consejo y de no querer oír ni dar audiencia a cosa alguna, a tanto que tienen entendido los testigos, por lo que de él han visto y conocido, y que tienen entendido que si llegara con el armada hubiera gran alboroto y escándalo y le mataran por no tener sufrimiento ninguno y a todos amancebaban. Digan lo que saben (García Viñas, vol. 127, 46).

Presidente y oidores piden que se borre esta pregunta del interrogatorio, pero los oficiales de Su Majestad contra-argumentan a favor de su inclusión. Finalmente se mantiene la pregunta, pero se deja constancia que, si bien es lícito informar al rey de todo lo acaecido, tal como sostienen sus oficiales, esto debe hacerse "sin injuriar al dicho gobernador". Lo cierto es que, tendenciosa o no, la respuesta a esta pregunta da pie a una opinión generalizada tanto sobre el cargo otorgado y asumido por Rasquin, como sobre su legitimad en base al tipo de personalidad del incriminado. Opinión que ejercitan, de hecho, *todos* los testigos. Vale como ejemplo el caso de Antón Higuera, de 43 o 44 años "poco más o menos", que vino con la armada y declara no saber escribir:

> XV. a las quince pregunta dijo este testigo que él sabe que es hombre muy recio [...] y que tiene por muy cierto este testigo que si llegaran a el viaje que hubiera grande alboroto por ir tan mal quisto el dicho gobernador con la gente por los malos tratamientos que les hacía y que le parece a este testigo que el dicho gobernador no es hombre para el dicho cargo ni le conviene a su majestad que se lo de por ser hombre terrible como dicho tiene (García Viñas, vol. 127, 80).

La opinión es generalmente contraria al Gobernador depuesto, lo que es de esperar dado que los testigos responden a la fiscalía. Lo que no es de esperar es que todos los testigos opinen sobre su accionar y que algunos de ellos, como el propio Antón, realicen sugerencias al rey: "*le parece a este testigo que el dicho gobernador no es hombre para el dicho cargo ni le conviene a su majestad*". El discurso del soldado, del marinero, del pasajero, es posible porque surge en un marco legal que es nada menos que un proceso levantado por los oficiales del rey contra un Gobernador nombrado por Su Majestad. En este contexto, Antón adquiere identidad: el iletrado inscribe su decir de mano del escribano y denuncia al tirano que actúa contra los intereses del imperio. Es decir, sólo así, y en esta coyuntura, el sujeto de la plebe, ahora declaradamente politizado, se "gana" la posibilidad de enunciar y sugerir.

Si se toma el pleito en todas sus formas y se analiza la defensa, en ella también se convoca a una gran cantidad de testigos (alféreces, maestros de campo, pasajeros, contadores, escribanos), quienes dicen y repiten el contenido de las preguntas elaboradas por el escribano del Gobernador[6]. Estas preguntas ante todo se atienen a trabajar

---

[6] Ver "1559, agosto. Probanza de Jaime Rasquín, en su pleito con los oficiales reales. Testigos: Juan de Valderas, Juan de Villalpando, Martín Preciano, Alonso Agudo, Miguel Garzarán" y "1559, agosto 17-19. Oposiciones de los oficiales

sobre cuatro campos: en primer lugar, la legitimidad del cargo de
Rasquin y la legalidad de su viaje; en segundo, los dineros por él in-
vertidos en la expedición y aceptados como fianzas suficientes por
parte de la autoridad real; y en tercer lugar, el tema de los bastimentos.
Si bien hay disidencia respecto de la cantidad poseída de estos últimos, la defensa alegará exceso y explicará su posterior falta a un mal
aprovisionamiento en los barcos; de lo que se deduce que serían los
factores reales y, por ende, Su Majestad –al obligar y apresurar al Gobernador a emprender el viaje– los responsables de lo sucedido.
Aunque Rasquin extiende el tiempo de los preparativos más de la
cuenta (los aprestos de la expedición se demoran por todo el año de
1558, a pesar de las cédulas reales demandando celeridad y, finalmente, la armada estará lista para zarpar durante los primeros meses
de 1559), la culpabilidad que le atribuye a las figuras ligadas al rey hace
de su interrogatorio, si se quiere, más contestatario que el de sus ad-
versarios.

Circunscritos a lo señalado en las preguntas elaboradas por su
escribano, los testigos dicen y repiten, pero no agregan información.
Esa tarea de constatación se sostiene principalmente en la lectura o
en la vista de escrituras, cédulas reales y cartas enviadas por el rey o
por sus oficiales. En ese mero corroborar, la defensa convoca (construye) sujetos lectores (y por ende letrados) enunciadores de una
verdad previamente escrita y estipulada, sin agregado alguno. Así,
Martín Preciano, escribano de la nao capitana, dice haber visto y leído
la carta del Oidor del Consejo de Indias, cuya firma vio y reconoció,
en la que se decía que las fianzas dadas por Rasquin eran buenas;
Miguel Garzarán, testigo, integrante de la armada, declara haber visto
la misma carta con idéntico contenido; Andrés de Montalvo, factor y
veedor del rey, sostiene que se despachó la armada con cédula real y
Diego Rodríguez, contador, corrobora la licencia para salir, según lo
mandado por el Consejo de Indias a través de la mencionada cédula
real. De este modo, más allá del nombre y el oficio, rol o profesión,
la singularización de las voces transcritas se pierde, lo que hay es un
colectivo de voces corroborando un único relato, el que establecieron
en primera instancia las escrituras que legitimaron y validaron a

---

reales Andrés de Montalvo, Diego Rodríguez y Diego Velázquez de Villalpando"
(En Gaspar García Viñas, vol. 127, documentos 2260 y 2261).

Rasquin en su función y cargo: el relato de la letra. En la defensa individual del cuestionado Adelantado, las voces que testifican devienen una suerte de "eco coral" letrado, manejada por la mano del imputado. Otra es la versión de la fiscalía. Cuentan los testigos de Su Majestad que, una vez hechos a la mar, Jaime Rasquin trataba a los tripulantes de "villanos y bellacos", que mal provistas las naves sufrieron hambre y sed extrema, que había colocado un cartel en el mástil en el que declaraba que "ninguno fuese osado de pedir más de lo que le daban so pena que les cortaría la cabeza" (71). Arias Núñez, pasajero de la armada, declara:

> que sabe que visto los pasajeros, no se les daba su ración como era obligado, y era público entre los soldados que decía el gobernador que vendiesen sus ropas para comer y el que tuviese dos camisas que vendiese una para comer, y así lo hacían y vendían sus ropas y compraban bastimentos y padecían gran necesidad de hambre; y que veía este testigo que se desmayaban mucha gente de sed y hambre de la nao donde este testigo venía, que era la vizcaína, y algunos de ellos fallecieron (García Viñas, vol. 127, 55).

La declaración de Alonso Ortiz de los Ríos, alférez de la armada, como la del resto de los testigos, parece calcada de la de Arias Núñez, sólo que aquí se agrega un detalle nada menor: *"la gente que no tenía qué vender [...] moría"* (64). Ante la restricción de las raciones de comida y bebida obligatorias y ante el padecimiento de los tripulantes, el gobernador habilita un mercado interno de sustentabilidad de sus hombres. Los vestidos, las camisas, son la moneda de cambio, el resguardo de la supervivencia. Similares acciones llevan a cabo los oficiales de Su Majestad a la hora de cobrar el quinto real en la empobrecida tierra rioplatense durante el gobierno de Irala, pero en ese caso los cuerpos hacinados y pobres de los soldados españoles superpueblan las prisiones (El Jaber "Marcas en el cuerpo, en el discurso" 174). Aquí, los cuerpos desnudos están a bordo del barco. El navío ya no es ese lugar de contención, ni la España en altamar, no es hogar (Benites 158; Rodríguez 139), sino la cárcel itineraria donde todo el oprobio es posible; el barco se ha vuelto un no-lugar donde la desnudez no es marca racial o cultural, sino la explícita visión de un conjunto de hombres y mujeres padeciendo un mal gobierno. Cuerpos sufrientes, moribundos, impotentes frente a la violencia de la restricción y el desparpajo de ofrecer agua en demasía a los animales y a sus mujeres, antes que a la tripulación.

La voz de la plebe, de cada uno de sus integrantes, adquiere espesor y contundencia en el marco legal no sólo si se enmarca en la deslealtad a los preceptos de la Corona, sino, ante todo, si hubo sufrimiento directo. En este contexto, el *pathos* es condición para la existencia de un discurso plebeyo. Y para que esto suceda es preciso un tirano; la violencia es parte sustancial de la aparición de esta voz. La colisión con el poder es, entonces, lo que da pie a un episodio de padecimiento que oficia de apertura a la denuncia, a la declaración, es decir que posibilita la apertura al discurso, su inserción en él. Pero esa puesta en narración es posible porque media un fracaso; es en la variable económica donde puede leerse el origen del episodio de violencia y su posibilidad discursiva. Vale tener en cuenta al respecto que el dinero invertido por el rey en la empresa de Rasquin es destacable si se lo compara con otros emprendimientos. En este caso, como ya se comentó, la Corona paga 12,000 ducados (cifra que durante el tiempo de aprestamiento de las naves se va ampliando) para costear la empresa, lo que generalmente estaba a cargo del promotor o jefe de la misma (Assadourian 30); a esto debe sumársele el costo de 15 ducados que deben pagar los soldados que quieren unirse a la armada, lo que, frente al fracaso de la empresa, propiciará una extensa cantidad de juicios en demanda de lo adeudado; aún más, también hay otro costo, el pago individual de la supervivencia de cada integrante de la tripulación, aspecto clave de lo acontecido.

El "riesgo" de la revuelta o "alboroto", del que se habla en el interrogatorio, es resultado directo de una acción de empobrecimiento económico y físico extremo y de un abuso de poder insoslayable. La plebe es narrada y se narra a sí misma, a través de la pluma del escribano, como plebe *potencialmente amotinada*. La legitimidad dada al alzamiento de los "pobres soldados" implica, en esta coyuntura, un apoyo incondicional al rey que también se ve afectado (aunque en otro orden). De este modo, la resistencia está inscrita en la propia legalidad. En este proceso, la exposición de los cuerpos sufrientes es argumento y justificación sostenida por los oficiales del rey, así como estandarte de la "resistencia" de la plebe.

En procesos judiciales como el trabajado, lo que se produce es un quiebre de la concepción soberana del Gobernador, así el sujeto se libera de toda sujeción a este "impostor" (no casualmente se lo tilda de "diablo", "Lucifer", "traidor" y "tirano") y redobla la pertenencia a la figura poderosa por excelencia, el rey. Los sujetos de la plebe hablan, su oralidad no es impedimento ni signo de su condición de súbditos frente al letrado, es sólo condición corporal (como el dato etario que no deja de referirse) que enfatiza el rol empírico del sujeto-testigo y la "veracidad" o "pureza" de lo "visto" por él. Sin aparente viciamiento alguno, el testigo que se abre paso en este tipo de procesos dice lo que lo atraviesa corporalmente: lo que ve, lo que oye, lo que sufre.

En la colonia del barco rumbo al Río de la Plata, los declarantes denuncian un desvío que es *vox populi*, hay un "saber local" que se desconoce fuera y para el que se necesita y se apela al relato de todos y cada uno: europeos hacinados, pobres, desnudos, trabajados, europeos violentados en su civilidad. En este sentido, si hay una primera historia popular ligada al Río de la Plata que empieza a esbozarse hacia mediados del siglo XVI es una historia en la que los sujetos dicen y muestran cuerpos *políticamente marcados*. Y esa voz, el discurso que esa lengua olvidada articula, tiene su posibilidad de existencia escrita en el marco del aparato administrativo colonial; se denuncia en el Estado las violaciones al mismo, de la mano y con el lenguaje del Estado (Riekenberg 15).

Presencia de voces en el archivo judicial

En procesos como estos –signados por la tiranía, el fracaso personal y económico y la necesidad de una férrea defensa por parte del Adelantado acusado– surgen escenas de violencia que sólo adquieren una dimensión episódica, narrativa (es decir, adquieren existencia discursivamente hablando), a través de las convenciones lingüísticas de la justicia colonial. Quienes testifican no son ni grandes memorialistas ni grandes descriptores, los que dicen son actores, presencias concretas en el barco, cuerpos directos en choque con el gobernador de turno, por eso son convocados cada uno de ellos, por eso la instancia judicial le abre paso a su voz y le da espacio para un relato –que si bien está preestablecido en la pregunta– resulta ampliado, es re-dicho por la voz de todos y cada uno de ellos (*también* del iletrado).

El archivo judicial es el espacio en donde se advierte la presencia de una serie de voces, las voces de los sujetos de la plebe, que, en el marco de un pautado interrogatorio, desnudan las fisuras de la empresa imperial: la plebe dice el horror de la gran distancia entre ley y acto, un horror que no afecta al indio o al esclavo, sino esta vez al olvidado connacional. La denuncia y su inmediata traslación al papel en el marco legal es signo de confianza y apuesta al restablecimiento de ese poder imperial violentado, pero también es el artilugio, el modo, que encuentra la plebe de pelear por lo propio perdido y arrebatado: sea el alimento, el dinero, el vestido, sea la dignidad. Las voces, estas voces, encuentran cauce porque responden a un sentido mayor, el de cimentar una legitimidad imperial y soberana violentada por el propio representante de la Corona allende el océano. En un doble movimiento de re-establecimiento del lazo del sujeto de poder con los sujetos de la plebe, se produce otro reconocimiento: el de la existencia de una voz, que es *voz-cuerpo-doliente*, habitualmente colectivizada, desdibujada, que empieza a hacerse oír singularmente en relieve y espesor. Esa voz que denuncia, que es individual y es plural, que es mucha, se descubre poderosa y es, también, descubierta como tal. La escritura legal intenta regular una potencia discursiva que es ante todo oral; es mediante el escribano que escribe/media/traduce el relato del testigo, mediante su "rol tutelar" (Burns 29), que se busca contener una potencia que más adelante será inevitable, independiente desborde.

BIBLIOGRAFÍA CITADA

AAVV. *¿Qué es un pueblo?* Buenos Aires: Eterna Cadencia Editora, 2014.

Aranda Mendías, M. *Visiones sobre el primer tribunal de justicia de la América Hispana: la Real Audiencia de Santo Domingo*. Las Palmas de Gran Canaria: M. Aranda, 2007.

Ardit, Manuel, ed. *El valenciá Jaume Rasquí, gobernador del Plata (1557-1559)*. Valencia: Generalitat Valenciana, 1987.

Assadourian, Carlos. "La Conquista". En *Historia Argentina. De la conquista a la independencia*. Assadourian, C., Beato, Guillermo y Chiaramonte, José Carlos, edits. Buenos Aires: Paidós, 1992. Vol. II, 11-114.

Bauer, Ralph. *The Cultural Geography of Colonial American Literatures. Empire, Travel, Modernity*. Cambridge: Cambridge UP, 2003.

Benites, María Jesús. *Con la lanza y con la pluma. La escritura de Pedro Sarmiento de Gamboa*. San Miguel de Tucumán: Universidad Nacional de Tucumán, 2004.

Brendecke, Arndt. *Imperio e información. Funciones del saber en el dominio colonial español.* Madrid/Frankfurt: Iberoamericana/Vervuert, 2016.

Burns, Kathryn. *Into the Archive. Writing and Power in Colonial Peru.* Duke: Duke UP, 2010

Colección de documentos inéditos relativos al descubrimiento, conquista y organización de las antiguas posesiones españolas de América y Oceanía. Madrid: Imprenta de J.M. Pérez, 1868. Vols. X y XXIII.

De Gandía, Enrique. *Aventuras de Jaime Rasquin.* Buenos Aires: Emecé Editores, 1942.

Documentos históricos y geográficos relativos a la conquista y colonización rioplatense. Comisión oficial del IV centenario de la primera fundación de Buenos Aires 1536-1936 (1941). Vol. I. Buenos Aires: Talleres S.A. Casa Jacobo Peuser.

El Jaber, Loreley. *Un país malsano. La conquista del espacio en las crónicas del Río de la Plata (Siglos XVI y XVII).* Rosario: Beatriz Viterbo, 2011.

—. "Marcas en el cuerpo, en el discurso. Violencia y relato en el Río de la Plata colonial". *Telar* 11-12, IX (2013): 162-180.

Farge, Arlette. *Efusión y tormento. El relato de los cuerpos. Historia del pueblo en el siglo XVIII.* Buenos Aires: Katz Editores, 2008.

García Viñas, Gaspar. *Colección de copias de documentos del Archivo General de Indias.* Buenos Aires: Biblioteca Nacional de la República Argentina, 1913. Tomos 126, 127 y 128.

Gomez de Santoya, Alonso. "Verdadera relación de lo que sucedió al gobernador Jaime Rasquin en el viaje que intentó para el rio de la Plata en el año de 1559 hecha por Alonso Gómez de Santoya, Alférez del maestre de campo don Juan de Villandrando". En *El valenciá Jaume Rasquí, gobernador del Plata (1557-1559).* Manuel Ardit, ed. Valencia: Generalitat Valenciana, 1987. 89-115.

Guérin, Miguel Albeto. "La organización inicial del espacio rioplatense". En *Nueva historia argentina "La Sociedad Colonial".* Tandeter Enrique, dir. Buenos Aires: Sudamericana, 2000. 13-54.

Moreta Castillo, A. *La Real Audiencia de Santo Domingo (1511-1799). La justicia en Santo Domingo en la época colonial.* Santo Domingo: Academia Dominicana de la Historia, 2010.

Riekenberg, Michael. *Violencia segmentaria. Consideraciones sobre la violencia en la historia de América Latina.* Madrid/ Berlín: Iberoamericana/ Vervuert, 2015.

Rodríguez, Jimena. "Mareantes mareados: el estrecho de Anián y las Naos a California". *Romance Notes* 55 (2015): 133-144.

Zorraquín Becú, Ricardo. "Las Capitulaciones rioplatenses". *Revista Chilena de Historia del derecho* 11 (1985): 85-105.

REVISTA DE CRÍTICA LITERARIA LATINOAMERICANA
Año XLV, N° 90. Lima-Boston, 2ᵈᵒ semestre de 2019, pp. 175-192

EL "CASTELLANO DE INDIAS" EN *KHIRKHILAS DE LA SIRENA* DE GAMALIEL CHURATA: ASPECTOS LÉXICO-SEMÁNTICOS

Paola Mancosu
Universidad de Cagliari

Resumen

Este artículo tiene el objetivo de analizar y sistematizar las reflexiones metalingüísticas que el escritor peruano Gamaliel Churata propone en su obra *Khirkhilas de la sirena*. En línea con el proyecto lingüístico ya planteado en *El pez de oro*, Churata reivindica el uso literario y poético de un castellano andino fuertemente quechuizado y aymarizado. En el texto se mostrará cómo la "poética" de la lengua churatiana se concreta en el tejido lingüístico de los poemas, analizando determinadas elecciones y aspectos léxico-semánticos que caracterizan la obra y que dan cuenta del relevante contacto entre el quechua, el aymara y el español. *Palabras clave*: *Khirkhilas de la sirena*, Gamaliel Churata, español andino, aspectos léxicos.

Abstract

This article analyzes and systematizes the reflections on language that the Peruvian writer Gamaliel Churata proposes in his work *Khirkhilas de la sirena*. According to the linguistic project already advanced in his *El Pez de Oro*, Churata claims the literary and poetic use of an Andean Spanish strongly quechuized and aymarized. This paper will show how Churata's poetics of the language is concretized in the poems, analyzing certain choices and lexical-semantic aspects that characterize the work and that account for the relevant contact between Quechua, Aymara and Spanish. *Keywords*: *Khirkhilas de la sirena*, Gamaliel Churata, Andean Spanish, lexical aspects.

Introducción

La reflexión metalingüística es central en la trayectoria literaria e intelectual del escritor peruano Gamaliel Churata (1897-1969), actualmente considerado uno de los autores más importantes de la literatura peruana e hispanoamericana en general. En línea con las

propuestas lingüísticas planteadas en los años 20 en las páginas del
Boletín Titikaka (1926-1930)[1], revista vanguardista indigenista de la
que Churata fue fundador, su proyecto literario y lingüístico encuentra su plena concreción en *El pez de oro*[2], donde elabora una escritura
literaria a partir de un castellano andino, entretejido de términos quechua y aymara[3]. Como ha señalado la crítica (Ayala; Hernando Marsal;
Usandizaga; Monasterios; Espezúa), el tema de la lengua es crucial en
El pez de oro y, sobre todo, en el capítulo que funciona como pórtico
a la obra titulado la "Homilía de Khori-Challwa", donde Churata
plantea la necesidad de despertar una conciencia idiomática capaz de
contrarrestar la afasia de las lenguas "oprimidas" por los procesos de
hegemonización de las políticas nacionales (Cerrón-Palomino 50),
con la finalidad de dar voz a una literatura americana que pueda romper con la tradición hispanizante. Churata propone un lenguaje "in-
domestizohispano" (*El pez de oro* 183) resultado del contacto entre el
español y las lenguas quechua y aymara que ve en la *Nueva crónica y
buen gobierno* del cronista indígena Guamán Poma de Ayala un modelo
y "testimonio escrito del proceso de amestizamiento del idioma de
los Conquistadores" (Churata, "El pez de oro, o dialéctica del realismo psíquico" 163), es decir, una escritura de resistencia que, con Lezama Lima, podríamos definir como un "arte de contraconquista"
(Lezama Lima).

---

[1] Como señala Meritxell Hernando Marsal "la revista es pionera en valorizar
el quechua y el aimara como vehículos culturales mediante la publicación de poemas y artículos en quechua, la puesta en escena por parte del grupo Orkopata de
la obra de teatro *Tuquypaj munaskan* de Inocencio Mamani, la constante promoción de la enseñanza de las lenguas andinas y la inclusión del artículo de Fran-
cisqo Chuqiwanka Ayulo 'Ortografía indioamericana' (n. 17, dic. 1927 y n. 25,
dic. 1928)" (Hernando Marsal 49).

[2] De entre las obras publicadas de Gamaliel Churata se hallan *El pez de oro*
(1957) y póstumas *Resurrección de los muertos* (2010) y *Khirkhilas de la sirena* (2017).

[3] De acuerdo con Hernando Marsal en referencia a *El pez de oro*, "quizá los
elementos lingüísticos más característicos que Churata integra al texto son los
que él define en su glosario final como híbridos y plebeyos: vocablos quechuas
o aimaras que han incorporado en su estructura la morfología hispana (como
enchinkhanas, chawllero, asiritu) o palabras españolas modificadas por la influencia
indígena (*elake, nadies, aquisito, allasito*). En estas expresiones el proceso de hibridación es total: no se trata ya de un simple préstamo sino de la incorporación del
mecanismo de una lengua a la base léxica de otra" (Hernando Marsal 49).

El propósito de este artículo es mostrar cómo el proyecto lingüístico churatiano propuesto y concretado en *El pez de oro*, sigue siendo planteado, argumentado y llevado a cabo en la obra poética póstuma *Khirkhilas de la sirena* (2017)[4]. Por lo que respecta al título, el término *khirkhila* es un neologismo para señalar los "rasgueos, bordones del *khirkhi*", es decir, unas composiciones poéticas acompañadas por el *khirkhi*, "charango, guitarrico, hecho con la coraza del Khirkhinchu[5] y de cordaje metálico"[6], mientras que la sirena evocada por Churata es una figura que remite al imaginario prehispánico y preincaico propio de la zona alrededor del lago Titikaka (Mancosu, "Introducción"). El poemario se compone de dos partes. La primera incluye 15 poemas ("Puma Bellica", "Urpilila", "Charankuni", "Tiempo de wayñu", "Acaba de parirle", "Asina", "Harawi", "¡Inká!", "Tonito", "Amaya Thokhaña", "Mnemónica trascendental del latido", "Wayñusiña", "Khollallali", "Laja de Ayes", "Me he perdido en tu carne"), mientras que la segunda coincide con un largo poema titulado "Wayñusiñas de la Sirena". Una introducción en prosa acompaña cada poema con el objetivo de ofrecer al lector una aclaración de su significado. Es, en estas breves introducciones, que Churata elabora una verdadera "poética" de la lengua, es decir, una serie de reflexiones metalingüísticas que pueden ser sistematizadas y que encuentran su concreción en los poemas. Su análisis relativo a la cuestión lingüística y a la urgencia de emplear un "castellano de Indias" no puede disociarse de un aspecto principal, que, además, constituye el entramado a partir del cual se estructura el poemario. En particular, me refiero a la cuestión de la identidad social y al tema de la lengua como herramienta de

---

[4] Aunque en la obra no aparece ninguna referencia que permita establecer con exactitud su datación, es posible fijar una fecha aproximativa gracias a la intertextualidad que conecta *Khirkhilas de la sirena* con *El pez de oro*, publicada en 1957, y *Resurrección de los muertos*, obra escrita presumiblemente alrededor de la primera parte de los 60, ya que el mismo autor afirma haberla compuesto seis años después de *El pez de oro* (1957), es decir, en 1963 (Churata, "Resurrección" 102). Por tanto, se puede suponer que Churata compuso *Khirkhilas* en la década de los 60 (Mancosu, "Introducción" 24).

[5] "Khirkhi. Kh.-Ay. Charango, cuya caja se obtiene de la caparazón del armadillo, o Khirkhinchu. Su cordaje es predominantemente metálico" (Churata, *El pez de oro* 989).

[6] Esta definición se encuentra en un glosario hallado entre los inéditos del autor, sin datación ni referencias directas a una obra específica.

resistencia. De este modo, puede establecerse una continuidad entre
el debate lingüístico planteado en *El pez de oro* y el llevado a cabo en
Khirkhilas de la sirena. El problema relativo a la lengua a emplearse en
las letras americanas discutido en la "Homilía del Khori-Challawa"
sigue siendo afinado, bajo las mismas coordenadas, en las secciones
en prosa que anticipan los poemas de *Khirkhilas de la sirena.* El autor
propone el uso de un "castellano de Indias" fuertemente quechuizado
y aymarizado, reivindicando su valor literario y poético. En línea con
autores citados por el mismo Churata, como José María Arguedas, el
autor intenta romper con una historia literaria en la que el castellano
andino ha sido estigmatizado como supuesta desviación de la norma.
Como han mostrado Cerrón-Palomino o Rivarola ("Parodias"), el
castellano andino es, en la historia literaria peruana a partir del siglo
XVII, objeto de parodia o de discrimen sociolingüístico[7]. Este estudio se propone sistematizar las reflexiones del autor sobre la lengua,
en particular, en referencia a las connotaciones sociopolíticas del empleo, en un registro literario poético, de un castellano andino, así
como analizar ciertos aspectos léxico-semánticos rastreables en los
poemas que muestran una relevante convergencia entre el español, el
aymara y el quechua.

La poética de la lengua

En *Khirkhilas de la sirena,* la discusión sobre la lengua tiene un papel
fundamental en sus dimensiones sociohistóricas y políticas. A este
propósito es importante señalar un acontecimiento –recordado por
Churata en la introducción en prosa que antecede el poema "Khollallali" (Churata, *Khirkhilas* 152)– que determinó un giro de tuerca en la
historia de las políticas lingüísticas en el entonces Virreinato del Perú,
a saber, la clausura de la primera cátedra de lengua quechua instituida
en 1579 en la Universidad de San Marcos, en cuanto parte del proyecto de evangelización colonial (Torero). La cátedra fue suprimida
por el virrey Agustín de Jáuregui el 29 de marzo de 1784 como respuesta a las insurrecciones indígenas de 1780-1782 lideradas por Tú-
pac Amaru II (Porras Barrenechea). Este suceso, según Churata,

---

[7] Cerrón-Palomino destaca importantes excepciones como la de José María
Arguedas (93).

representó una exacerbación en contra del bilingüismo y una radicalización del proceso de homogeneización lingüística en favor del castellano como lengua nacional. En palabras del autor: "Y así como la Cátedra del *Kheswa* fue suprimida de la Universidad de San Marcos, se inició ofensiva contra el bilingüismo, imponiéndose el empleo radical a título de lengua nacional, del Hispano con que hoy medramos en este *Castellano de Indias*, de nuestra exclusiva industria..." (Churata, *Khirkhilas* 152, énfasis del autor)[8]. Churata reconoce que durante la época colonial, a pesar de las políticas lingüísticas empleadas como medio de evangelización, hubo cierto grado de tolerancia hacia las lenguas quechua y aymara, reconocidas por su relevancia como "lenguas generales" (Torero 25). En la conferencia de 1965, afirma lo siguiente:

> El trabajo de conservación de los léxicos indios en la Colonia parece que constituye monumento nunca superado después. Es en la República que se dan leyes como las que consagra el gobierno de Chuquisaca, capital de la hoy Bolivia, o Alto-Verú, sancionando inclusive con cárcel a quienes se empeñasen en hablar el idioma de los inkas (Churata, "El pez de oro, o dialéctica del realismo psíquico" 20).

No obstante "las llamadas" independencias de América (Churata, *Khirkhilas* 152), continúa Churata, el proceso de castellanización consignó las lenguas quechua y aymara, así como los brotes de un posible bilingüismo institucionalizado, a una "mudez" descrita como "ya histórica y hasta fisiológica" (Churata, *Khirkhilas* 152): "es a las repúblicas a quienes interesa mantener lo español y cancelar lo indígena" (Churata, "El pez de oro, o dialéctica del realismo psíquico" 20). De acuerdo con Cerrón-Palomino, "en los nuevos estados, como se sabe, jamás surgió el problema de la *lengua nacional*, pues se asumió que ésta era indiscutiblemente la castellana" (Cerrón-Palomino 87).

En otro poema, "Laja de ayes", Churata retoma la metáfora de la afasia para denunciar la subalternización de las lenguas indígenas relegadas a una condición de escaso prestigio lingüístico y literario, al afirmar que "solemos disponer de palabras de silencio sólo para expresarnos" (Churata, *Khirkhilas* 155). Además, el proceso de unifor-

---

[8] Este episodio lo recuerda también en la "Homilía del Khori-Challwa" cuando afirma que "a poco de fundada la Universidad de San Marcos de la ciudad de los Virreyes, se hubiese creado cátedra para el estudio del kheswa" (Churata, *El pez de oro* 161).

mación lingüística no sólo deslegitimó las lenguas indígenas, sino que determinó una situación diglósica entre variedades del castellano, es decir, entre "la variedad académico-literaria tenida por norma y las distintas formas mesolectales ubicables a lo largo del *continuum* cuyos polos los forman la lengua andina, por un lado, y la oficial, por el otro" (Cerrón-Palomino 87). En este sentido, Churata argumenta que escribir en un español depurado del contacto con las lenguas aymara y quechua equivale a expresar una literatura americana sin identidad lingüística y cultural (Churata, *El pez de oro* 183). De este modo, su propuesta se dirige a superar esa situación diglósica y a despertar "una conciencia idiomática, ya no solamente *en sí*, sino *para sí*" (Cerrón-Palomino 87). Superación que tiene el objetivo de cuestionar, a nivel sociolingüístico, la subvaloración y el estigma social que pesan sobre el español andino, o en palabras del autor, sobre el "*Castellano de Indias*, de nuestra exclusiva industria..." (Churata, *Khirkhilas* 152).

El Castellano de Indias

En *Khirkhilas de la sirena*, Churata se propone escribir en una lengua "indomestizohispana" (*El pez de oro* 183), elección que representa una herramienta eficaz para superar esos "focos afásicos" (Churata, *Khirkhilas* 152) que enmudecen la posibilidad de expresarse en una lengua americana[9]. En el poema "Harawi", el autor retoma la idea ya planteada en el capítulo inicial de *El pez de oro*, de tres "posibilidades" lingüísticas[10] a la hora de escribir una literatura americana con

---

[9] En *El pez de oro*, Churata, con respecto al "proceso de hibridación idiomática" afirma "que sería lo más vivaz de la resistencia india frente al dominio hispano" (Churata, *El pez de oro* 164).

[10] A este propósito Churata plantea, en la "Homilía", tres "posibilidades" lingüísticas que pueden considerarse americanas, a saber, el modelo representado por el *Ollantay*, el de Inca Garcilaso y el de Guaman Poma de Ayala. El primero, el de *Ollantay*, consiste en producir una literatura escrita totalmente en lengua indígena que se delinea como posibilidad auspiciable, aunque todavía no realizable, debido a la todavía insuficiente alfabetización en lenguas nativas. El segundo modelo, el del Inca Garcilaso, es rechazado por Churata, ya que –según su opinión– el cronista eligió el español en detrimento del quechua (ver Mancosu, "El Inca Garcilaso"). Finalmente, el paradigma representado por la tercera opción, es decir, el de Guaman Poma, es el elegido por Churata en cuanto consigue traducir la compleja heterogeneidad lingüística americana (*El pez de oro* 185).

identidad, sosteniendo la necesidad de que el español sea declinado a lo americano, es decir, un español que tenga "vibración aborigen", operación que "un día lograrán los buenos poetas, si hasta entonces no se ha tornado al uso oficial de la *Runa-Simi*", es decir, del quechua (Churata, *Khirkhilas* 132). De este modo, como ya afirmado en *El pez de oro*, subyace la esperanza de que se logre en futuro escribir una literatura en lenguas indígenas. El español andino representaría, entretanto, la solución más adecuada ya que, para Churata, esta variedad consigue romper la estructura del español oficial, hibridándolo con formas más expresivas, propias del contexto andino.

Como en *El pez de oro*, también en *Khirkhilas de la sirena*, Churata escribe sus poemas en un español andino cuyos orígenes remontan a la época colonial[11]. Un español en contacto – dependiendo de la zona – con la lengua quechua y/o la aymara que no registró sólo préstamos léxicos, sino también otros fenómenos lingüísticos como la "interferencia estructural, que consiste en el desarrollo de características propias del contacto lingüístico en los otros niveles del sistema de la lengua, como son el fonológico, el morfológico, el sintáctico" (Escobar 119). En palabras de Churata, los rastros del español andino, entendido como especificidad americana, "incuban en los primeros años de la Conquista. Y uno de ellos es la tendencia a la mestización del hispano, ya en manos del indio alfabeto o del mismo fraile conversor" (Churata, *El pez de oro* 158-159)[12]. La reflexión lingüística apunta hacia una conceptualización del poder entendida no como una representación dicotómica entre colonizador y colonizado, en que hay una opresión y sumisión total, sino hacia la evidencia de que tanto la lengua hegemónica, el español, como los idiomas subalternizados, el quechua o el aymara, se entremezclan cotidianamente, fragmentando la pretendida idea de unidad idiomática, con la finalidad de legitimar el valor literario no sólo de las lenguas quechua y aymara, sino también de un español híbrido[13]. Según Churata, la *Nueva crónica* de Guaman

---

[11] Ver a este propósito Rivarola ("La formación lingüística") y Cerrón-Palomino.

[12] De acuerdo con Monasterios, Churata da testimonio de "una transculturación desde abajo, porque el sujeto que absorbía la "nueva cultura" no era el indio, sino el hispano" (Monasterios 241)

[13] Escribe Churata: "No pueden infamar al español las voces americanas, no solamente porque España no es ya sino una parte de América, cuanto porque un

Poma de Ayala ofrece "testimonio escrito del proceso de amestizamiento del idioma de los Conquistadores" (Churata, *El pez de oro* 162).
La elección de este modelo como paradigma ilustre del español híbrido es evidente ya en 1949, cuando afirma que "Huamán Poma
[fue] el indio que obligó al idioma de Castilla a traducir el kheswa!"
(Churata, "Garcilaso de la Vega Inca" 140). Asimismo, en 1950, retoma la idea al decir que "Yo, con pleno derecho terrígena aunque
sin medios capaces, pretendí cierta vez aymarizar al español, como
Huamán Poma de Ayala lo había keshwisado en su «Coronica» [*sic*]"
(Churata, "Periodismo y barbarie" 182). En contra de la tendencia
hispanizante en lo lingüístico y en lo literario, Churata plantea la urgencia de emplear una lengua y escribir una literatura que sean expresión de América y de su heterogeneidad sociolingüística, sobre todo,
debido a su carácter polifónico (y no dual). De acuerdo con Monasterios, "desautorizando la opinión generalizada de que la *Nueva Corónica* estaba escrita en un español incorrecto (Pietschmann) y bárbaro
(Porras Barrenechea), Churata invita a pensar sus 'imperfecciones'
como síntomas o posibilidad de una literatura americana" (Monasterios 242).

Frente al purismo lingüístico, conforme a parámetros estándar,
Churata opta por un castellano infinitamente más expresivo para narrar América. Como afirma el autor: "los idiomas indígenas carecen
de artículos y preposiciones, y el indio al hablar el español de ellos le
priva. A la larga le impondría, como en el uso diario hace, literariamente, sus desinencias y declinaciones, hibridando las voces: asinita,
elake, aquisito, maratito, aurita. Y allí sedimentara la posibilidad de un
nuevo idioma, consecuentemente, de una Literatura Americana"
(Churata, *El pez de oro* 165-166).

Hay una estrecha relación entre *El pez de oro* y *Khirkhilas de la sirena*
ya que estas transferencias morfosintácticas de Churata en su obra de
1957 se reencuentran también en el poemario *Khirkhilas de la sirena*,
como es, por ejemplo, el caso de los diminutivos[14]. Se trata de un

---

idioma colonizador no sólo impondrá sus raíces y sus modos, sino, al mismo
tiempo, asimilará parte del legado que le brindan sus colonias, y aquí resulta,
como ya se ha dicho, que el conquistador acaba conquistado" (Churata, "Periodismo y barbarie" 182).

[14] A nivel morfológico, en los poemas de *Khirkhilas de la sirena*, se registra un
amplio uso de diminutivos que se emplean tanto con sustantivos (burbujita,

proceso de quechuización y aymarización que apunta a "barbarizar" la lengua[15], confiriendo a la noción de "barbarie" una acepción positiva y reivindicativa (Mancosu, "Civilización y barbarie"). De acuerdo con Monasterios, los "barbarismos" del castellano de Guaman Poma constituyen un "rechazo a mecanismos de poder que legitimaban la primacía de culturas 'civilizadas' sobre culturas 'bárbaras'. Bárbara en estilo y sintaxis, mugrienta y plebeya como el español de Guamán" (Monasterios 300). Hay, por tanto, dice Churata, que seguir "el buen camino de Huaman", así como lo han hecho escritores como José María Arguedas, Jorge Icaza o Cardoza Aragón en el Perú, Ecuador y Guatemala (Churata, *El pez de oro* 167). Sin embargo, el camino opuesto sería el de escritores como Rubén Darío, José Santos Chocano o Carlos Medinaceli. En el poema "Me he perdido en tu carne", retoma la crítica hacia las tendencias lingüísticas hispanizantes afirmando que autores supuestamente "indios", como Rubén Darío o Tamayo Solares, se han vuelto representantes de una literatura de clara ascendencia hispánica, olvidando por tanto su legado indígena (Churata, *Khirkhilas* 157).

Algunos aspectos léxico-semánticos

La *Nueva crónica* de Guamán Poma representa un paradigma lingüístico y literario no sólo para *El pez de oro*, sino también para *Khirkhilas de la sirena*. En la *Nueva crónica*, Churata encuentra un modelo de un español "bastante indio por sus modos" (Churata, *El pez de oro* 154) que consigue amalgamar todas las influencias americanas que lo

---

angelitos, monito, huevitos, polleritas, manita, gallito, sapito, antojitos, tardecita, montoncito), adjetivos (mismita, chiquito, toditos) y adverbios (ratito, aquisito [*sic*], lueguito). Se hallan, también, lexemas quechua y aymara con diminutivos del español como, por ejemplo, guagua (del quechua y del aymara *wawa*, 'bebé') > guagü-*ita*, pankhara (del aymara *panqara*, 'flor') > panqar-*ita*, hupa (del aymara *jupa*, 'grano de la quinua') > hup-*ita*.

[15] Según Churata "Huaman encasqueta al español la fonética de su lengua, cárgale su acento grave y emplea el kheswa a guisa de excrilogía latina. Que decidan los expertos en patrística si quien hace lo que Huamán con el kheswa no implica, casi, un problema cismático. No perseguía rivalizar con el teólogo, ciertamente; buscaba hablarse a sí mismo; hablar a su pueblo en ego. Amestiza el idioma del amo porque tiene mucha casta para entenderlo castizo" (Churata, "El pez de oro" 164).

componen y enriquecen. La finalidad es, entonces, crear una escritura que pueda representar la mutua interacción lingüística, según una lógica coherente y antipurista, dirigida a cuestionar una serie de prejuicios sociales. En este sentido, la reproducción de rasgos propios del español andino se concreta en los poemas sobre todo mediante algunas transferencias léxicas[16].

Como hace notar el mismo autor, refiriéndose a la heterogeneidad de su escritura, no pretende crear un "nuevo idioma" (Churata, "El pez de oro, o dialéctica del realismo psíquico" 24)[17], sino restituir la complejidad lingüística y cultural, resultado del contacto y conflicto que remonta a la época colonial. Para "infundir en el hispano una emotividad idiomática" (Churata, "El pez de oro, o dialéctica del realismo psíquico" 24), Churata recompone una trama en la que se entrelazan términos que consiguen transmitir una visión quechua y aymara del mundo. En palabras de Churata, las voces indígenas vehiculan "su sentimiento del cosmos" (Churata, *El pez de oro* 164). En efecto, punto de partida de su reflexión lingüística es que las lenguas reflejan determinadas categorizaciones sociales y culturales que ordenan la realidad. Según el autor, "el engarce de voces aborígenes en el hispano" no es un invento, ni una forma de "snobismo", ni una mera "moda ficticia" (Churata, "El pez de oro, o dialéctica del realismo psíquico" 15). Se trata, en cambio, de un "fenómeno filológico que tiene iniciación en los primeros impactos de la conquista, si, como todos sabemos, al arribar Pizarro a tierras del Tawantisuyu, su velero echó anclas frente a poblado que le dijeron era el Verú. Y los conquistadores truequearon la voz Verú, por la voz Perú, que estaba más de acuerdo con las fonéticas de su idioma" (Churata, "El pez de oro, o dialéctica del realismo psíquico" 15-16). Churata llama la atención sobre la necesidad de reconocer y legitimar términos vinculados a una visión del mundo indígena que han sido censurados, expurgados y erróneamente traducidos, como en el caso emblemático de la voz "Verú".

---

[16] Churata escribe los términos quechua y aymara de forma no homogénea debido a que sus obras anteceden la normalización lingüística de los dos idiomas.

[17] Como señaló Usandizaga con respecto a *El pez de oro*, "Churata construye el texto con material lingüístico que no es artificial, pues remite a su coexistencia en la zona del lago Titicaca" (Usandizaga 113).

Como ha señalado Cerrón-Palomino, la eliminación de quechuismos o aymarismos del español "oficial", ha sido un fenómeno que ha caracterizado la historia de la lexicografía peruana (Cerrón-Palomino 96). En contra de esta tendencia, Churata entreteje, sobre una trama hispana, "las voces indias" para que adquieran "carta de ciudadanía en el acervo idiomático español" (Churata, "El pez de oro, o dialéctica del realismo psíquico" 21). El autor hace hincapié en la importancia de recuperar la dimensión semántica de ciertos términos, sobre todo, los que denominan "las cosas de la naturaleza, y los entes de la conciencia americana" (Churata, "El pez de oro, o dialéctica del realismo psíquico" 21) por su capacidad de transmitir unos sentidos culturales propios del contexto andino y, en particular, la relación entre el ser humano y la naturaleza.

En este sentido, las palabras reflejan visiones del mundo y transmiten conceptos socioculturales. En *Khirkhilas de la sirena*, los versos de los poemas se construyen a través de préstamos léxicos del quechua y del aymara sobre la base del español, con el objetivo de realizar una alternancia idiomática, a menudo, en un mismo verso o en una misma estrofa. La transferencia de un léxico procedente de las lenguas indígenas determina una profunda quechuización y aymarización de la escritura literaria (Lienhard, "La traducción del mundo andino"). Mediante esta estrategia estilística las lenguas consideradas socialmente subalternas transmiten quechuismos y aymarismos a la lengua hegemónica (Godenzzi 351), reubicando las lenguas en juego en una situación de reciprocidad y simetría. Como muestra de la coyuntura lingüística, se transcribe el breve poema titulado "Tiempo de wayñu":

Són hirió
con *thika* bailarina
la herida cuerda
del *charranku*.

Herida de mi *khirkhi*,
ni en las cuerdas oída,
mamitay.
De una *pankharita*
temblor, hiriendo
herido,
thikas heridas
del *charranku*.

Por tu *pankharita*,
oye mi voz, hiriendo
heridas, *mamitay*...
Es de tu *guagua*
muerte muerta,
mi herida estrella;
tu gozo herido... (Churata, *Khirkhilas* 124-125, cursiva mía).

Como se puede ver, se registra la copresencia de términos quechua como *thika* (*t'ika*, 'flor') y aymara como *pankharita* (*panqara*,
'flor', más el diminutivo en español *–ita*) o préstamos, comunes al
quechua y al aymara, como *guagua* (*wawa*, 'bebé').

Como ha señalado
Godenzzi, "el término *wawa* (huahua, guagua) es un préstamo que-
chua-aimara, bien establecido en el español regional, transferido a
menudo con su indistinción de género" (Godenzzi 352). Sobre la necesidad de emplear ciertos términos quechua y aymara ya asentados
en el español andino, Churata, en la conferencia de 1966, apunta lo
siguiente: "A mí se me ha reprochado, con bastante hincamiento, la
propensión que tengo a hibridar los idiomas. Yo no digo, por ejemplo, niño a una criatura, le digo *guagua*, porque en esa palabra *guagua*
se está arrastrando la tradición hogareña venida de nuestro pueblo"
(Churata, "Conferencia" 61, énfasis del autor).

Otro ejemplo del hibridismo léxico, entre los innumerables que se
podrían citar, ya que todos los textos poéticos de *Khirkhilas de la sirena*
se estructuran de una forma similar al poema transcrito, es una estrofa
tomada de "Wayñusiñas de la sirena":

[...]
Salen, luego; se sacuden;
y, como vibra el *pinkhollo*,
y hay *imilla* hecha de *miskhi*
y *harawis*, bailan...
[...] (Churata, *Khirkhilas* 175, cursiva mía).

En el fragmento, pueden subrayarse los préstamos del aymara
pinkhollo (*pinqullu*) y del quechua (*pinkullu, pinkillu*) 'flauta', el término
aymara *imilla*, 'muchacha', presente también en quechua (*imilla*) y *harawis*, 'composición poética, canción' (en quechua *harawi* y en aymara
jarawi), además de *miskhi*, (en quechua y en aymara, *misk'i*), voz que
abarca un amplio halo semántico que va desde el significado de 'miel'
hasta los de 'dulce, agradable, bueno'. Si en la mayoría de los poemas
los préstamos léxicos se entrelazan con el español, cabe señalar una

excepción que se registra en el poema "Me he perdido en tu carne", donde se encuentra un dístico enteramente escrito en aymara: "*Khollkewakita, imillwawanki, Khori-turitu, llokhaywawanki* (Churata, *Khirkhilas* 160), en que se puede notar un procedimiento estilístico inverso al descrito anteriormente. El autor injerta lexemas castellanos fonéticamente aymarizados como 'turitu' (de 'toro') y 'wakita' (de 'vaca') sobre la base del aymara. En línea con la tradición poética andina oral quechua y aymara, Churata acude a lo que Philippe Husson ha definido, en su estudio sobre la poesía oral transcrita en la *Nueva crónica*, como "paralelismo semántico", es decir, unas "correspondencias, al nivel del sentido, entre palabras homólogas situadas en secuencias contiguas" (Husson 65). El efecto rítmico-poético se alcanza a través de la repetición de sintagmas que remiten al mismo halo semántico. Según Lienhard, las variantes léxico-semánticas pueden generar paralelismos creando una relación complementaria que remiten a menudo a una "cosmología poética", tales como sol/luna, oro/plata, día/noche, padre/madre (Lienhard, "La cosmología poética" 356). Como señala Mannheim, se trataría de dísticos pareados que pueden tener la función de estribillos como en los huaynos andinos. En el caso de la estrofa citada "¡*Khollkewakita, imillwawanki*! / ¡*Khori-turitu, llokhaywanki*!*" (literalmente, "¡La *vaquita* de *plata* es de la *niñita*! ¡El *torito* de *oro* es del *niñito*!", énfasis mío), se trata de la repetición de las parejas plata/oro, vaquita/torito, niñita/niñito que funcionarían como estribillo del poema (Lienhard, "La cosmología poética" 357-358).

Al realizar un análisis de las transferencias léxicas en el *corpus* constituido por todos los poemas, se puede notar que la elección léxica de los aymarismos y quechuismos pertenece a áreas de conocimiento específicas. Sobre todo, se transfieren elementos léxicos referidos a la flora y a la fauna de la región andina, ya que el poemario retrata imágenes de los alrededores del lago Titikaka, con la función de contextualizar el *locus* de enunciación del yo poético, así como de describir con más exactitud semántica el paisaje andino. Por ejemplo, en cuanto al léxico referido a la flora pueden citarse los ejemplos siguientes: pankhara ← en aymara *panqara*, 'flor'; chiri chiri ← en quechua *ch'iri ch'iri*, 'planta medicinal'; sankhayu ← en aymara *sank' ayu*, 'fruto del cacto'; khisuaria ← en aymara *kiswara* y en quechua *kiswar*, 'árbol andino'; khoa ← en aymara *q'uwa*, 'planta para el sahumario'; hupa ← en aymara *jupa*, 'grano de la quinua'; yuyu ← en aymara *yuyu*, 'planta';

kuka ← en aymara y en quechua *kuka*, 'planta de la coca'; itapallu ←
en aymara *itapallu*, 'ortiga'; chokhe-imilla ← en aymara *ch'uqi imilla*,
'papa joven'. Numerosos son, también, los términos relativos a la
fauna y al paisaje andino circunlacustre en general: suchi ← en aymara
suchi, 'pez'; urpila ← en aymara *urpila*, 'paloma'; asiru ← en aymara
asiru, 'víbora, serpiente'; khusillu ← en aymara y en quechua *k'usillu*,
'mono'; lakhato ←en aymara *laqatu*, 'gusano'; hampatu ← en aymara
jamp'atu y en quechua *hamp'atu*, 'sapo'; cherekeña ← en aymara *ch'iri-
jaña*, 'ruiseñor andino'; challwa ← en aymara y en quechua *challwa*,
'pez'; titi ← en aymara *titi*, 'puma'; umantu ← en aymara *umantu*, 'variedad de pez'; uma ←en aymara *uma* 'agua'; khenaya ← en aymara
qinaya 'nube de lluvia'; illapa ← en quechua *illapa* 'trueno, relámpo';
uta ←en aymara 'casa'; paksi ← en aymara *phaxsi* 'luna'; lupi ← en
aymara 'calor, sol).

Las elecciones léxicas de algunos términos asumen un carácter
evocativo de las presencias andinas que aluden a la esfera de la sacra-
lidad (chullpa ← en aymara y en quechua *chullpa*, 'torres funerarias';
achachila ← en aymara *achachila* 'abuelos, espíritus de las montañas';
pachamama ← en aymara y en quechua *pachamama*, 'madre tierra';
khocha-mama ← en quechua *qucha-mama*, 'madre de los océanos y de
los lagos') y que se refieren a lugares simbólicos del paisaje andino
como Sillustani, el lago Umayu, el lago Titikaka, Tiawanaku, Huaj-
sapata, la Coricancha, Laykakota, Orkopata.

Asimismo, Churata emplea términos que remiten tanto a la "fisicalidad" como a la "interioridad" de la persona (Descola 181-183)[18].

---

[18] En su *Más allá de naturaleza y cultura*, Philippe Descola discute los modos de
identificación y las cuatro ontologías principales (animismo, totemismo, analogismo
y naturalismo). Con *identificación*, entiende "la capacidad de aprehender y repartir
ciertas continuidades y discontinuidades que la observación y la práctica de nuestro entorno ofrecen a nuestro influjo" (Descola 181-183). En relación con este
proceso de identificación con el entorno, Descola postula una diferencia entre lo
que define *interioridad* y *fisicalidad*. Sin embargo, no se trata de una nueva forma
de categorizar la vieja dicotomía etnocéntrica "cuerpo-espíritu", sino que es un
rasgo compartido por todas las sociedades que la definen según su propia visión.
Ahora bien, con *interioridad* entiende "una gama de propiedades reconocidas por
todos los seres humanos y que coinciden en parte con lo que solemos llamar
'espíritu', 'alma' o 'conciencia'". En cambio, con *fisicalidad*, se refiere al "conjunto
de las expresiones visibles y tangibles que adoptan las disposiciones propias de

Esta elección no es casual ya que su propósito es el de transmitir una concepción determinada de los elementos materiales e inmateriales que constituyen la persona social desde una perspectiva quechua y aymara. Entre los términos pueden citarse: ñuñu ← en aymara *ñuñu*, 'leche, seno, pezón'; ñaira ← en aymara *nayra*, 'ojo'; ahayu ←en aymara *ajayu*, 'alma'; chuima ←en aymara *chuyma*, 'corazón'; sonkho ← en quechua *sonqo*, 'corazón'. Estrechamente conectado con este último aspecto, es el uso de términos de relaciones sociales y de parentesco propios de la región andina tales como guagua ← en aymara y en quechua *wawa*, 'bebé'; imilla ← en aymara y en quechua *imilla*, 'muchacha'; llokhallo ←en aymara *yuqallu*, 'muchacho'; tata ← en quechua *tata*, 'padre, señor'; tawaku ← en aymara *tawaku*, 'moza'; el neologismo hakhe-Runa ← en aymara *jaqi*, 'ser humano, gente, persona'; runa ← en quechua *runa*, 'ser humano, gente'.

Cabe señalar, además, términos referidos a la esfera agrícola, esfera crucial en la vida cotidiana de las personas, pero también central en la tradición poética oral quechua y aymara, estrictamente vinculada con la dimensión cosmológica y agrícola (Lienhard, "La cosmología del mundo andino"). De este modo, se encuentran palabras como lihuana ← en aymara *llijwana*, 'arado de mano'; sayaña ← en aymara *sayaña*, 'terreno de descanso'; taklla ← en quechua *taklla*, 'reja metálica de la chakitaklla, instrumento para la roturación de la tierra'; hata ← en aymara *jatha*, 'semilla, familia, comunidad'. Asimismo, se encuentran palabras de la esfera relacionada a la actividad del tejer como phuiskha ←en quechua *puska*, 'hilado, huso'; khaitu ← en quechua *q'aytu*, 'hilo de lana'; tokhoro ←en aymara *tuquru*, 'caña hueca para tejer'; chuspa ← en aymara *ch'uspa*, 'bolsita de tejido, usada también para llevar hojas de coca'.

La de Churata es una poesía que evoca dimensiones múltiples de la tradición poética quechua y aymara, es decir, la rítmica y la melódica, la gestual, la ritual, la temporal y la espacial (Lienhard, "La cosmología del mundo andino" 353-354; también Mancosu, "Introducción" 81). Por esta razón se encuentran numerosos préstamos léxicos asociados a la esfera semántica musical tales como khena ← en aymara *qina*, 'flauta'; haruña ← en aymara *aruña*, 'cantar'; phusiri ← en

---

una entidad cualquiera cuando se las considera resultantes de las características morfológicas y fisiológicas intrínsecas de esa entidad" (Descola 181-183).

aymara *phusiri*, 'zampoñero'; harawi ← en aymara *jarawi*, 'canto'; thokhaña ← en aymara *thuquña*, 'danzar'; haylli ← en aymara *jaylli* y en quechua *haylli*, 'canto triunfal'; khepa ← en quechu *qhipa*, 'trompeta'. Significativo es el uso de términos propios de la comida andina o relativos a los colores. Entre éstos, se encuentra chairo ← en quechua *chayru*, 'sopa'; charki ← en aymara *ch' arkhi* en quechua *ch'arki*, 'carne deshidratada'; chicha ← en quechua *chicha*, 'bebida de maíz'; thantha ← en aymara *t'ant'a* y en quechua *t'anta*, 'pan'; lukhis ← en aymara *luk'i*, 'papa amarga'; chokhe-imilla ← en aymara *ch'uqi-imilla*, 'papa nueva'; khaya ← en quechua *khaya*, 'variedad de papa deshidratada'); phuka ← en quechua *puka*, 'rojo'; komer ← en quechua *q'omer*, 'verde'; larama ← en aymara *larama*, 'azul'; chiara ← en aymara *ch'iyara*, 'negro'. Finalmente, cabe señalar que los lexemas quechua y aymara pueden incorporar el sufijo pluralizador –*s* español (*khena*s, *miskhi*s, *phusiri*s, *sakha*s, *ñuñu*s, *khoa*s, *khenaya*s, *thika*s, *khawa*s, *khori*s) o terminaciones verbales del futuro, del imperfecto, del gerundio españoles (*phusa / phusaña > phus*ará, *aruña > aruña*ban, *phuiska > phuisk*ará, *ñuñu > añuñ*ar, *khaswa > khasw*ar, *chairo > chair*eando).

Conclusiones

A través de la sistematización de las reflexiones metalingüísticas churatianas rastreables en *Khirkhilas de la sirena* se ha visto cómo, en continuidad con el planteamiento lingüístico propuesto ya en *El pez de oro*, Churata reafirma el valor literario y poético del "castellano de Indias", quitándolo del espacio de exclusión y menosprecio que le había reservado el canon literario por su supuesta "impureza". "Castellano de Indias" que, en el proyecto lingüístico churatiano, deviene condición identitaria americana a reivindicar. En línea con el modelo de la *Nueva crónica* de Guaman Poma de Ayala que vertía el quechua en la trama hispana, Churata quechuiza y aymariza el tejido lingüístico de sus poemas logrando representar los Andes y América, en general. Como hace notar el mismo autor, refiriéndose a la heterogeneidad de su escritura, no se pretende crear un idioma artificial, sino representar la complejidad lingüística que es consecuencia directa de los contactos y conflictos que remontan a la época colonial. De este modo, el escritor consigue ofrecer una instantánea de la heterogeneidad que caracteriza el contexto lingüístico andino, y específicamente la ciudad de Puno, donde se podían y se pueden todavía encontrar situaciones de bilingüismo (español- quechua, español-aymara) y trilingüismo (español, quechua-aymara).

En este sentido, la reproducción de rasgos propios del español andino se concreta en los poemas mediante unas transferencias léxicas capaces de transmitir una visión ontológica del mundo quechua y aymara, así como formas de pensamiento y categorizaciones socioculturales que remiten al horizonte cultural andino. A través del análisis de los aspectos léxico-semánticos presentes en los poemas, se ha mostrado cómo Churata injerta, sobre todo, términos quechua y aymara que se refieren a aspectos concretos del paisaje, al sistema de relaciones sociales, a las técnicas relativas a la esfera de la agricultura, de la música andina, de lo sagrado y del tejer. Términos que elige por su eficacia en la transmisión y expresión de determinados estados emocionales y significados simbólicos y culturales.

BIBLIOGRAFÍA CITADA

Ayala, José Luis. "Churata en la cultura literaria universal". En *Resurrección de los muertos* de Gamaliel Churata. Riccardo Badini, ed. Lima: Asamblea Nacional de Rectores, 2010. 843-862.

Cerrón-Palomino, Rodolfo. *Castellano andino. Aspectos sociolingüísticos, pedagógicos y gramaticales*. Lima: Fondo Editorial de la Pontificia Universidad Católica del Perú, 2003.

Churata, Gamaliel. "Garcilaso de la Vega Inca" [1949]. En *Textos esenciales*. Wilmer Kutipa Luque, ed. Tacna: Editorial Korekhenke, 2014a. 140-141.

—. "Periodismo y barbarie" [1950]. En *Textos esenciales*. Wilmer Kutipa Luque, ed. Tacna: Editorial Korekhenke, 2014b. 172-188.

—. "El pez de oro, o dialéctica del realismo psíquico, alfabeto del incognoscible". En *Antología y valoración*. Lima: Instituto Puneño de Cultura, 1971. 13-36.

—. "Conferencia en la Universidad Federico Villareal". En *Motivaciones del escritor: Arguedas, Alegría, Izquierdo Ríos, Churata*. Godofredo Morote Gamboa, ed. Lima: Universidad Nacional Federico Villareal, 1988. 59-67.

—. *Resurrección de los muertos*. Riccardo Badini, ed. Lima: ANR, 2010.

—. *El pez de oro* [1957]. Helena Usandizaga, ed. Madrid: Cátedra, 2012.

—. *Khirkhilas de la sirena*. Paola Mancosu, ed. La Paz: Plural, 2017.

Descola, Philippe. *Más allá de naturaleza y cultura* [2005]. Buenos Aires: Amorrortu Editores, 2012.

Escobar, Anna María. "La *Relación* de Pachakuti, ¿español andino o español bilingüe?". *Lexis* XXV, 1-2 (2001): 115-136.

Espezúa, Dorian. *Las consciencias lingüísticas en la literatura peruana*. Lima: Centro de Estudios Literarios Antonio Cornejo Polar, 2017.

Godenzzi, Juan Carlos. "Elección léxica y significación social en una situación de contacto de lenguas: el español de Puno (Perú)". *Lexis* XXXIII, 2 (2009): 341-356.

Hernando Marsal, Meritxell. "Una propuesta lingüística vanguardista para América Latina". *Estudios* 18, 35 (2010): 49-75.

Husson, Philippe. "La poesía quechua prehispánica: sus reglas, sus categorías, sus temas, a través de los poemas transcritos por Waman Puma de Ayala". *Revista de Crítica Literaria Latinoamerica* XIX, 37 (1993): 63-85.

Lezama Lima, José. *La expresión americana*. Madrid: Alianza, 1969.

Lienhard, Martin. "La cosmología poética en los *waynos* quechuas tradicionales". En *Cosmología y música en los Andes*. Max Peter Baumann, ed. Frankfurt am Main/Madrid: Vervuert/Iberoamericana. 353-367.

—. "La traducción del mundo andino. El español y el quechua en las literaturas del Perú andino". Consultado: 19 de agosto de 2018. http://congresosdelalengua.es/rosario/ponencias/identidad/lienhard_m.ht m, 2019.

Mancosu, Paola. "Introducción". En *Khirkhilas de la sirena* de Gamaliel Churata. Paola Mancosu, ed. La Paz: Plural, 2017a. 15-112.

—. "El Inca Garcilaso: una lectura de Gamaliel Churata". *Revista de Crítica Literaria Latinoamericana* XLIII, 85 (2017b): 445-468.

—. "Civilización y barbarie en el pensamiento de Gamaliel Churata". *Centroamericana* 28, 1 (2018): 107-131.

Mannheim, Bruce. "Couplets and Oblique Contexts: The Social Organization of a Folksong". *Text* VII, 3 (1987): 265-288.

Monasterios, Elizabeth. *La vanguardia plebeya del Titikaka. Gamaliel Churata y otras beligerancias estéticas en los Andes*. Lima/La Paz: Instituto Francés de Estudios Andinos/Plural, 2015.

Porras Barrenechea, Raúl. *Indagaciones peruanas. El legado quechua*. Lima: Universidad Mayor de San Marcos, 1999.

Rivarola, José Luis. "Parodias de la 'lengua de indio' en el Perú (ss. XVII-XIX)". *Lexis* XI, 2 (1987): 113-164.

—. *La formación lingüística en Hispanoamérica*. Lima: Fondo Editorial de la Pontificia Universidad Católica del Perú, 1990.

Torero, Alfredo. *Idiomas de los Andes. Lingüística e historia*. Lima: Instituto Francés de Estudios Andinos/Editorial Horizonte, 2002.

Usandizaga, Helena. "Introducción". En *El pez de oro* de Gamaliel Churata. Helena Usandizaga, ed. Madrid: Cátedra, 2012. 11-117.

REVISTA DE CRÍTICA LITERARIA LATINOAMERICANA
Año XLV, N° 90. Lima-Boston, 2do semestre de 2019, pp. 193-218

FORASTEROS, INDIOS URBANOS Y MIGRANTES DIGITALES. FIGURAS Y NOCIONES DE LA MIGRACIÓN EN EL SISTEMA TESTIMONIAL ANDINO

Betina Campuzano
Universidad Nacional de Salta, Argentina

Resumen
Frente a paisajes urbanos recientes atravesados por migraciones y violencias, se requieren nuevas nociones que aborden los complejos procesos de identificación en el área andina. Por ello, y a partir del análisis del discurso, me interesa construir una serie literaria que se desplaza entre el neoindigenismo y el género testimonial marcando así sus modulaciones en torno a las figuras y las metáforas de las migraciones: el *forastero* de José María Arguedas, los *migrantes digitales* del poeta boliviano Rubén Hilari, el *cargador cusqueño* en el testimonio de Gregorio Condori Mamani, el *k'piri* del paceño Víctor Hugo Viscarra, el *sujeto de guerra* en la autobiografía de Lurgio Gavilán y los *migrantes trasandinos* en la crónica de Cristián Alarcón, permiten trazar una constelación de figuras y nociones que ponen en jaque a las identidades compactas y homogéneas.
Palabras clave: forasteros, indios urbanos, migrantes, neoindigenismo, testimonio andino, figuras y nociones

Abstract
The recent urban landscapes, crossed by migrations and violence, demand new notions capable of coping with the complex identification processes in the Andean area. Therefore, and from the analysis of discourse, I am interested in building a literary serial which moves between the neo-indigenism and the testimonial genre, marking its modulations around the figures and metaphors of migrations: *the foreigner* of José María Arguedas, *the digital migrants* of the Bolivian poet Rubén Hilari, *the Cusco carrier* in the testimony of Gregorio Condori Mamani, *the k'epiri* of the paceño Víctor Hugo Viscarra, *the subject of war* in the autobiography of Lurgio Gavilán, and *the trans-Andean migrants* in the chronicle of Cristián Alarcón, allow us to trace a constellation of figures and notions that put compact and homogeneous identities in check.
Keywords: foreigners, urban Indians, migrants, neo-indigenism, Andean testimony, figures and notions.

Presentación

En "La literatura peruana e identidad nacional: tres décadas confusas" (1995), Antonio Cornejo Polar advierte acerca de la insuficien-
cia de nociones como las del mestizaje, el hispanismo e, incluso, la
del mismo indigenismo para dar cuenta de aquello que se ha dado en
llamar las "identidades nacionales" en el caso peruano. Estas categorías, que dan cuenta de imágenes compactas, son puestas en jaque por
el ingreso de los migrantes que reestructuran las urbes y que conducen a pensar en identidades más fragmentarias y dislocadas desde
mediados del siglo pasado. De allí que Cornejo Polar cartografíe estos
desplazamientos: los ciudadanos de una Lima colonial se convierten
en turistas de su ciudad; los forasteros "recién bajados", en fun-
dadores y ciudadanos. El crítico peruano instaura así una sospecha:
el problema de la identidad es, en realidad, un "falso problema" que
ha sido construido por las elites intelectuales. Por ello, ante los nuevos paisajes urbanos atravesados por migraciones, yuxtaposiciones,
fragmentaciones y violencias se requieren nuevas reflexiones que permitan pensar los procesos de identificación, la cuestión de la ciudadanía y los derechos de los sujetos.

En este marco, me interesa construir una serie literaria que se
desplaza entre el neoindigenismo arguediano y el género testimonial
andino, para marcar sus modulaciones en torno a las figuras[1], las metáforas y las nociones acerca de las migraciones que de ella se
desprenden. Así, desde el "forastero" de José María Arguedas hasta
los "migrantes digitales" del poeta boliviano Rubén Hilari, desde el
"cargador" cusqueño en el testimonio de Gregorio Condori Mamani
hasta el *k'epiri* del paceño Víctor Hugo Viscarra o el *aparapita* de Jaime
Saez, desde el "sujeto de guerra" en la autobiografía de Lurgio Gavilán Sánchez hasta los "migrantes trasandinos" en la crónica de Cristián Alarcón, podemos trazar una constelación de figuras, nociones y

---

[1] Pienso en el recorrido que realiza Hanna Arendt cuando observa cómo los
escritores, poetas y artistas crean la figura del paria como una nueva idea del ser
humano que resulta importante para la modernidad. Será el historiador el que, si
mira retrospectivamente, podrá observar cómo se ha construido allí una tradición
que, aunque oculta, se crea y se renueva en cada generación (50-51). Por ello,
Arendt traza un recorrido desde Kafka hasta Chaplin aproximándose al modo en
que el paria se construye como una figura popular judía.

metáforas que cuestionan a las identidades compactas y homogéneas de las que habló Cornejo Polar. En cambio, estas figuras son los emergentes de un arco testimonial que da cuenta de las tensiones en una vida urbana nacional y transnacional, de los desplazamientos que se suceden en la ciudad, de las horadaciones de la memoria reciente en contextos de violencia social y política, y de las luchas por los derechos y la ciudadanía.

Además, estas figuras nos conducen a caminar, como lo hicieran en otros tiempos el autor en las crónicas coloniales de Guaman Poma de Ayala o el danzante sin memoria en "El ángel de Ocongate" de Edgardo Rivera Martínez, por nuevos trayectos y cruzar de este modo ciertos puentes para repensar las abigarradas ciudades andinas, nuestras identificaciones migrantes y un complejo sistema testimonial que no se ha anquilosado, sino que se renueva constantemente.

Forasteros y serpientes amarus

Las narrativas fundacionales del discurso migrante nos aproximan a dos figuras centrales que se vinculan dentro de este sistema literario y cultural andino: el "forastero" y el "indio urbano". En el caso de la novela indigenista arguediana, la crítica literaria (Altuna; Bueno Chávez; Noriega Bernuy) ha señalado como ineludibles tanto el capítulo II, "Los viajes", de *Los ríos profundos* (1958), en el que el niño-narrador Ernesto deambula junto con su padre, un abogado itinerante, por diferentes pueblos de la sierra y la costa para poder ejercer su trabajo, como la novela póstuma *El zorro de arriba y el zorro de abajo* (1971), donde el diálogo entre los zorros alterna con el diario del propio Arguedas y el relato de las migraciones serranas que arriban a Chimbote en pleno proceso de industrialización nacional.

Peter Elmore bien ha advertido que, en esta última producción arguediana, se superponen la ficción y la *no ficción*, el relato mítico y el documental, la novela y el registro etnográfico constituyéndose así en una de las experiencias extremas de la literatura latinoamericana (ver Elmore en la Bibliog.). En este sentido, sin duda, podemos considerar la escritura de José María Arguedas como un caso evidente de escritura diaspórica, pues su narrativa resulta tan fragmentaria e inconclusa como la sociedad misma que está retratando. Además, esta narrativa se desplaza entre el registro etnográfico y la mirada poética, hecho que emparienta el neoindigenismo sin duda con el testimonio andino. Quizás sea la escritura de Arguedas justamente aquella en la que puede vislumbrarse el "falso problema" de las identidades compactas, advertido por Cornejo Polar. Mientras en *Los ríos profundos* vemos cómo se construye la figura del "forastero" –cuya genealogía hallamos en los textos de la colonia (Altuna; Noriega Bernuy)–, en *El zorro de arriba*..., el forasterismo se entiende como "uno de los mayores hervideros políticos, sociales, económicos, y culturales de la época" (Lienhard, *Cultura andina* 19), a partir del avance de los migrantes serranos hacia la costa en el marco de los profundos procesos de modernización y violencia que se suceden en la nación peruana de los años 60. Veamos, a continuación, dos citas que corresponden a tales novelas y que resultan paradigmáticas de la poética migrante:

> Mi padre no pudo encontrar nunca dónde fijar su residencia; fue un abogado de provincias, inestable y errante. Con él conocí más de doscientos pueblos. Temía a los valles cálidos y sólo pasaba por ellos como viajero [...]. Pero mi padre decidía irse de un pueblo a otro cuando las montañas, los caminos, los campos de juego, el lugar donde duermen los pájaros, cuando los detalles del pueblo comenzaban a formar parte de la memoria. [...] Cierta vez llegamos a un pueblo cuyos vecinos principales odian a los forasteros. El pueblo es grande y con pocos indios. [...] Yo abandoné ese pueblo cuando los indios velaban su cruz en medio de la plaza. Se habían reunido con sus mujeres, alumbrándose con lámparas y pequeñas fogatas. Era pasada la medianoche. Clavé en las esquinas unos carteles que me despedía de los vecinos del pueblo, los maldecía. Salí a pie, hacia Huancayo (Arguedas, *Los ríos profundos* 19-21).

> El zorro de arriba: La Fidela preñada: sangre; se fue. El muchacho estaba confundido. También era forastero. Bajó a tu terreno.
> El zorro de abajo: Un sexo desconocido confunde a ésos. Las prostitutas carajean, putean, con derecho. Lo distanciaron más al susodicho. A nadie pertenece la 'zorra' de la prostituta; es el mundo de aquí, de mi terreno. Flor de fango, les dicen. En su 'zorra' aparece el miedo y la confianza también.
> El zorro de arriba: La confianza, también el miedo, el forasterismo nacen de la Virgen y del *ima sapra*; y del barro torcido, retorcido, parado o en movimiento, porque quiere mandar la salida y entrada de todo.
> El zorro de abajo: ¡Ji, ji, ji...! Aquí la flor de la caña son penachos que danzan cosquilleando la tela que envuelve el corazón de los que pueden hablar; el algodón es *ima supra* blanco. Pero la serpiente *amaru* no se va a acabar. El hierro bota humo, sangrecita, hace arder el seso, también el testículo.

El zorro de arriba: Así es. Seguimos viendo y conociendo... (Arguedas, *El zorro de arriba y el zorro de abajo* 29).

Sin ánimos de adentrarnos en una lectura exhaustiva de estas novelas, quiero centrarme especialmente en el carácter descentrado y dislocado que emergen de las figuras del "forastero" y del migrante, como también en las variaciones de los rasgos que podemos observar entre ambas novelas. Bien sabemos que estas escrituras pertenecen a momentos diferentes dentro de los universos narrativos de la obra arguediana; momentos que han expandido de modo paulatino el conflicto entre indígenas y *mistis*, que aparece en cuentos iniciales como "Agua" (1935), a espacios de mayor envergadura: en *Los ríos profundos* la tensión se escenifica entre el mundo andino y el mundo costeño, y en *El zorro de arriba*... el conflicto se establece en un acercamiento entre la sierra y la costa como una unidad nacional que, si bien mantiene su tensión interna, se opondrá en este caso a una oposición extranjera, esto es, el imperialismo como una fuerza extranacional (Cornejo Polar, *Los universos narrativos de José María Arguedas* 18).

Vemos entonces, en las citas arriba seleccionadas, cómo el *forastero* en *Los ríos profundos* –entre todos los rostros que adopta, pues puede ser el profesional que se desplaza por los pueblos, como sucede con el padre del narrador-protagonista, el forastero de segunda generación como es el mismo Ernesto o el trotamundos que puede ser *misti* o indígena– da cuenta de la apertura a la negociación entre el mundo de la sierra y el de la costa. Bien sabemos también que los *forasteros* son errantes, conocen y aprenden en sus viajes, no se establecen en ningún lugar por mucho tiempo, reinician los caminos cuando la memoria empieza a anclarse en los detalles de un espacio y suelen ser repudiados por los vecinos que miran de soslayo al foráneo (Noriega, "El forastero andino..." 152-153). El forastero que es visto con recelo por los vecinos, como sucede con Ernesto, sale a pie hacia nuevos rumbos, no sin antes despedirse maldiciendo a quien lo excluye.

En cambio, en *El zorro de arriba*..., según el diálogo entre los zorros que significa justamente la negociación entre la sierra y la costa, el "forastero" es aquel que está "confundido"; nace del barro que está estancado y en movimiento simultáneamente, como sucede con el miedo y la confianza; y entra y sale de los lugares. Aquí Arguedas recupera una imagen muy potente, a la que también alude en otros momentos de su trabajo etnográfico, para figurar las migraciones y las transformaciones urbanas que estas incorporan: la serpiente *amaru* que no se va a acabar. Las barriadas, Pueblos Jóvenes o cinturones de miseria son *amarus*, aquellas serpientes que, lanzadas por la voracidad del hambre y la desesperación, van apretando el cerco hasta engullirlo. Aplastan y devoran el casco urbano, las zonas residenciales limeñas, donde habitan los hombres que han propiciado esas situaciones de miseria y hambre (Bueno Chávez, *Antonio Cornejo Polar y los avatares...* 71). Hay aquí una nueva figura –más bien, una metáfora en este caso– que echa mano a la visión de mundo andina y que permite retratar las olas de migrantes en la ciudad: la serpiente *amaru* que engulle a la Lima ordenada, opresora y letrada.

Indios urbanos: cargadores, *k'epiris* y *aparapitas*

Cornejo Polar en la evolución de su pensamiento llevó las nociones de "heterogeneidad" y "literaturas heterogéneas", resultados de sus lecturas del indigenismo, a un siguiente estadio al advertir que cada elemento de la situación comunicativa podía ser heterogéneo en sí mismo. Será entonces cuando sostenga que considera al "sujeto migrante" como el heterogéneo por excelencia, pues "maneja una pluralidad de códigos que pese a ingresar en un solo rumbo discursivo no sólo no se confunden sino que preservan en buena parte su propia autonomía" (Cornejo Polar, "Una heterogeneidad no dialéctica..." 842). Sabemos también, a través de sus discípulos, que el crítico peruano traza este recorrido crítico-teórico atendiendo al desarrollo de la narrativa de José María Arguedas, pero que considera a *La nueva corónica y buen gobierno* (1615) de Guaman Poma de Ayala como "el texto fundador del discurso y el sujetos migrantes: de manera especial el intenso acápite 'Camina el autor'" (Bueno Chávez, *Antonio Cornejo Polar y los avatares...* 43). Cornejo Polar de este modo traza la genealogía de la poética migrante contemporánea a los tiempos de larga duración: la conquista y la colonia.

En la misma línea, Elena Altuna recupera la figura del "forastero" en los relatos de viaje durante la colonia: se preocupa por el modo en que el mundo de significaciones de los viajeros entra en crisis cuando pretenden interpretar el nuevo ambiente social en los términos de su "pensar habitual". El forastero se siente "fuera" de su territorio: no puede establecer una transformación entre los dos esquemas culturales en los que se halla, como tampoco adquiere un *status* dentro de este nuevo grupo. Todos estos rasgos que caracterizan la situación de forasterismo, según Altuna, resultan semejantes a los considerados por Cornejo Polar en la categoría de "sujeto migrante" (Altuna 128). Por su parte, Noriega Bernuy también se remite a los tiempos de la larga duración para explicar el fenómeno del forasterismo como el sentimiento de "ser foráneo" o "extraño", que se configura en el sujeto cuando este se aleja tan sólo un poco de aquella tradición a-rraigada en la comunidad a la que pertenece. El término designa, desde la conquista misma, a los diversos sectores andinos desarraigados, móviles y elusivos a cualquier tipo de control: se desplazaban entre Lima, Cusco y Potosí evadiendo el control de caciques, encomenderos, corregidores y sacerdotes. Agrega Noriega que "estos indígenas cumplieron un papel decisivo en la modernización de la sociedad" ("El forastero andino…" 103). En este sentido, resultan evidentes las equivalencias entre las figuras del "forastero" y el migrante, pues ambas ponen el acento en el carácter descentrado, foráneo, dislocado y errante de un sujeto que necesita traducir visiones de mundo.

La modernidad entonces, como un tiempo de larga duración que se inicia en la conquista misma, pero que hace su ingreso a este continente por la puerta trasera a fines del siglo XIX (Bueno Chávez, *Promesa y descontento de la modernidad* 44), adquiere nuevas aristas con el avance de los migrantes o las serpientes *amarus* a los centros urbanos. Este fenómeno confunde a los intelectuales de su tiempo, a la vez que cuestiona las categorías identitarias monolíticas y los proyectos mestizos y criollos: así, Augusto Salazar Bondi renegará de la transformación de la "Arcadia Colonial" en una "Lima, la horrible" (1964) o José Matos Mar hablará del "desborde popular" que lleva a la capital peruana a su "rostro más andino" (1984).

El indigenismo que se inicia con Mariátegui, López Albújar y Valcárcel, entonces, resultará insuficiente en cuanto categoría para abordar la complejidad de los fenómenos migratorios y las transformaciones urbanas que ellos incorporan. Transformaciones que podemos pensar tanto en términos de las "formaciones o sociedades abigarradas" (1986) que serán sugeridos tiempo después, desde Bolivia y desde la sociología, por René Zavaleta Mercado cuando designa la yuxtaposición de temporalidades, concepciones de mundo, economías y formas de gobierno en la región andina; como también en términos de *lo ch'ixi* (2010), desde la propuesta que realiza Silvia Rivera Cusicanqui para designar "lo jaspeado", el exceso de imágenes, el desborde de prácticas y discursos en las ciudades contemporáneas que se suceden desde La Paz hasta Buenos Aires. Por su parte, Cornejo Polar propondrá hablar de un "indigenismo urbano" (1995) para referirse así a la mezcla intensa y caótica, producto de las migraciones:

> hoy no habría mayores problemas para hablar de un indigenismo urbano –lo que hubiera sido antes una aberración porque el indigenismo estaba esencialmente ligado a un territorio, a un paisaje, a ciertas formas de organización social estrictamente campesinas. Supongo –pero este es otro tema– que esa mezcla, eso que nos permite hablar de indigenismo urbano, por ejemplo, es el resultado más directo de la migración, pero abrir el tema del migrante (¿habrá una posibilidad de pensar la identidad nacional desde la migración?) nos llevaría muy lejos (Cornejo Polar, "La literatura peruana e identidad nacional" 297).

Un ejemplo claro de lo que luego se conocerá como "indigenismo urbano" podría esbozarse, a partir de los años 70, en los testimonios andinos de migrantes indígenas que se desplazan hacia los centros urbanos: en particular, nos interesa el consabido relato *Gregorio Condori Mamani. Autobiografía* (1977), de Ricardo Valderrama Fernández y Carmen Escalante Gutiérrez, que posee numerosas reediciones bilingües e, incluso, es objeto de un cortometraje documental previo titulado *El cargador* (1974), de Luis Figueroa. Desde el inicio de esta narración íntima y quebrada, el lector se conmueve por el abandono, la soledad y el sufrimiento que estos migrantes, Gregorio y su esposa Asunta[2], atraviesan en su drama por la supervivencia en la ciudad. El informante, que ha debido desplazarse al centro urbano en busca de un trabajo y un mejor bienestar, se define a sí mismo como "huérfano" y "migrante". Sin embargo, ese propósito no se cumple porque

---

[2] Si bien en esta ocasión no nos detendremos en el testimonio de Asunta, que resulta sumamente interesante, conviene advertir que, en las primeras ediciones del texto, el relato de la mujer no figuraba en el elemento paratextual "título" y sólo conformaba un capítulo más dentro del relato extenso de Gregorio. En ediciones posteriores, a partir de 1996, eso cambió: hoy hallamos versiones que incluyen ambos nombres en su título *Gregorio Condori Mamani y Asunta Quispe Huamán. Autobiografía.*

en la urbe debe vivir en los basurales y solo halla trabajos muy duros como el oficio de cargador: lleva así, junto con los bultos, el peso del sufrimiento en su espalda. Este lugar marginal que ocupa en la ciudad refuerza su condición de orfandad: el migrante no logra situarse en un nuevo espacio, sino que, al contrario, inicia una vida de desplazamientos continuos. El deseo de regresar al lugar de origen, de ser reconocido por los familiares maternos y pertenecer de esta manera a un *ayllu* se vuelve una constante. Todas estas emociones surgen de su condición deambulante y errante, la que le es atribuida, incluso, por los mismos miembros de su colectividad cuando regresa en una oportunidad a Acopía:

> Aquí en esta casa, no estuve los dos años completos, como me había dicho mi patrón. Faltando dos o tres meses para completar el pago de los asnos, me desaparecí. Siempre quería volver a Acopía. Es cierto que no tenía papá y mamá, pero tenía a unos tíos a quienes quería saludar. Con este pensamiento que maduró durante años en mi corazón me fui a Acopía. Como ya era jovencito cuando llegué, ninguno de mis tíos me reconoció. Claro, yo tampoco podía reconocerlos, ni sabía cuántos eran, pero quería que siempre me reconocieran. Y para eso, desde la madrugada, me senté al pie de la cruz en la plaza durante el día, con la esperanza de ser reconocido. La gente pasaba y pasaba; algunos comentaban:
>
> Hay un forastero sentado al lado de la cruz.
>
> Yo estaba sin moverme, sentado, ese día. Era ya tarde, los ganados ya no regresaban de lo que fueron a pacer y yo seguía sentado allí. En eso pasó un paisano arreando una tropa de ovejas y me preguntó:
>
> Joven, ¿aún sigues sentado?
>
> Sí, tayta, estoy esperando que algún tío venga a reconocerme. Soy Gregorio Condori Mamani, hijo del alma Doroteo Condori Mamani. (Valderrama y Escalante, *Gregorio Condori Mamani. Autobiografía* 15).

Gregorio se debate entre un destino que lo conduce a trasladarse continuamente y el anhelo constante de volver a su comunidad de origen y ser reconocido por ella. De esta manera, el establecerse en otro lugar y la búsqueda de una descendencia podría significar para el sujeto huérfano la posibilidad de arraigo, de conformar su *ayllu* en otro sitio. Recordemos que, para la visión de mundo andino, la colectividad y la noción de *yanantin* —esto es, la relación, la complementariedad y la cooperación— rigen la vida en los Andes y la individualidad, *chulla* o *wakcha* está asociada, en cambio, a la desventura, la carencia y la esterilidad; de ahí que esté mal visto andar *chulla*, solo o sin *ayllu* (Mamani Macedo, "Yanantin…" 201). En el caso de Gregorio, aquella probabilidad de arraigarse en otro lugar también se ve frustrada a causa de la muerte prematura de su único hijo, Tomasito. Su deceso no solo significa la frustración de la descendencia, sino también la condena al desamparo y la soledad durante la vejez. Quizás, por ello, Cornejo Polar advierte que la experiencia de la muerte de los hijos acentúa la marginalidad presente en la orfandad de Gregorio; condición que ya ha sido reforzada, incluso, en su condición de "cargador" en la ciudad (*Escribir en el aire* 225). En este sentido, podemos arriesgar que el forasterismo y la migración en Gregorio, bajo la crística figura del "cargador", lo convierten en un "indio urbano" que se debate entre sus orfandades y sus exclusiones, su pertenencia al mundo andino y su búsqueda de inserción en una modernidad citadina, su nostalgia por el *ayllu* y la condena a la soledad. La modernidad desigual, que lo relega al oficio del cargador, lo expulsa también a los márgenes –aun– después de su muerte: "lo botan como a perro callejero. En la fosa común están, ya niños, ya mujeres, ya viejos, amontonados como leña, unos encima de otros. Aquí es donde lo botan al cargador y a otros que no tienen familiares" (Valderrama y Escalante, *Gregorio Condori Mamani. Autobiografía* 92).

La figura del "cargador", como una de las imágenes aciagas del "indio urbano", puede resultar un tropo recurrente en las literaturas andinas y migrantes contemporáneas: pienso en el caso de los *k'epiris* que, en la híbrida escritura del boliviano Víctor Hugo Viscarra, nombra al migrante que deambula por los márgenes paceños (López); como también en la peculiaridad del *aparapita* que, en la producción de Jaime Saez, refiere a aquella figura aymara que se distingue del simple cargador, pues presenta ciertas características como una vestimenta particular, su vínculo con el alcoholismo, su desplazamiento y su modo de sobrevivir a la violencia urbana, y la permanencia de ciertos códigos éticos en un espacio hostil y monstruoso como lo es la ciudad. En las siguientes citas, podemos observar cómo las figuras del "cargador" y el "indio urbano" se reescriben en la urbe paceña adquiriendo ciertos rasgos que las singularizan:

> Y es que el K'epiri es el mismo hombre que hace más de tres décadas ha llegado del campo a la ciudad (de dónde más iba a llegar), y ante el rechazo que recibió tanto de los pobladores como de la misma ciudad, decidió quedarse a vivir en ella, aunque tenga que ser tratado peor que una visita indeseable. Sí, se quedó, con la férrea decisión de que, si la urbe no quería

encargarse de él, él se encargaría de cargarla a ella, aunque le digan aparapita, cargador, tata, choy, chuy, o, en el mejor de los casos, k'epiri, que, me imagino, en aymara, debe significar alguna cosa (Viscarra, *Avisos necrológicos* 56). Por lo que se sabe, es el aparapita un indio originario del Antiplano y su raza es la aymara. La fecha de su aparición en la ciudad es algo que nadie ha precisado. Tal vez podría situarse en los albores de la República. (Aquí convendría notar esto: no me refiero para nada al cargador común y corriente, que también lo hay en La Paz y dondequiera que uno fuese. El genio del aparapita corresponde a una individualidad altamente diferenciada). Su número es reducido, relativamente, éste se renueva por aquellos individuos que se han desplazado procedentes del Altiplano, así como también los nacidos en la ciudad. Todos ellos, fatalmente, están destinados a perecer en garras del alcohol. Es inconcebible la ancianidad en una aparapita... (Saenz 17).

Si bien en la escritura también migrante de Víctor Hugo Viscarra el *k'epiri* es aquel forastero proveniente del campo que es rechazado por la ciudad, será también el que, al asumir el penoso destino del cargador, decida "cargarla a ella [a la urbe]", es decir, se convertirá en este indio urbano que transforma la ciudad. De esta manera, la figura del *k'epiri* da cuenta del modo en que el sujeto migrante no es solo un "sujeto heterogéneo", sino también "performativo" y "heterogeneizante", esto es, aquel que introduce heterogeneidades en el lugar de arribo: "...impulsa las distintas heterogeneidades periféricas hacia los centros de América Latina, donde, adensadas, es encargan ellas de destacar la heterogeneidad de más bulto: la que impone las culturas aborígenes e indomestizas a las culturas occidental y occidentalizadas" (Bueno Chávez, *Antonio Cornejo Polar y los avatares...* 63). Otro tanto sucede con el *aparapita* retratado en la escritura de Saenz: se trata del indio "originario" y "aymara" que probablemente llegó a la ciudad con la República. Este dato no es menor, pues de él se desprende el clima que corresponde a la configuración de las llamadas identidades nacionales que, desde su génesis, se hallan tensionadas por la presencia de los indios que irrumpen en los espacios citadinos. El *aparapita* es el migrante que llegó a La Paz, pero también es la segunda generación de migrantes que nace en la ciudad: su destino de cierto modo es el del *chulla* o sin *ayllu*, el que queda relegado a los márgenes y halla en su vinculación con el alcohol el único camino posible en un escenario de una modernidad periférica. No hay progreso ni equidades para el *aparapita*, solo fatalidad y una muerte prematura.

El cargador resulta también una figura recurrente en la narrativa andina de corte ficcional que retrata, en el caso del Perú, la violencia política reciente. Así sucede en algunos momentos de la conocida novela *Rosa Cuchillo* (1997), de Oscar Colchado Lucio, donde se vinculan para construir el escenario andino el oficio del cargador, y su destino fatal asociado con la embriaguez y las riñas urbanas, con los desplazamientos forzados, productos de la violencia en Ayacucho[3].

Asimismo, pienso en los bagayeros argentinos y bolivianos, quienes transportan en sus espaldas el contrabando hormiga cruzando así la frontera por la provincia de Salta, en el Norte argentino, y cuya figura es recuperada por numerosas crónicas periodísticas de los medios locales. Hay en ella, quizás, una evocación o una actualización de la figura del indio urbano, ahora, en el espacio liminar y trasnacional. Se configura así, a partir del indio urbano, toda una constelación de imágenes –el cargador, el *k´epiri*, el *aparapita*, el bagayero– que da cuenta del modo en que los indígenas cargan sobre sus espaldas la crudeza y el desencanto de una modernidad desigual.

El sujeto de guerra, un forastero

Si bien el indigenismo clásico –como luego también el indigenismo urbano y la narrativa andina– ha llamado la atención sobre la heterogeneidad que se desprende de un referente que pertenece a un universo sociodiscursivo diferente, bien podemos observar, siguiendo la evolución del pensamiento cornejo-polariano, cómo se suceden otros estados de heterogeneidad también en el ámbito del productor. Pero, en esta ocasión, tal heterogeneidad sucede no porque exista una

---

[3] "- ¿Quién eres alma buena? -me atreví a preguntarle./ En vida mi nombre fue Téodulo Huarca, mamita. Fui cargador en los mercados y en la estación del Cuzco. Mucho me gustaba tomar mis traguitos. Morí alcoholizado. / ¿Y ya purgaste tus penas? –intervino Wayra./ Ya casi. Sólo me falta encontrar dos dientes que perdí peleando borracho durante la celebración del Inti Raymi./ ¿Vuelves a tu pueblo entonces? /Sí, justamente para allá me estoy yendo./ Dio unos pasos para alejarse, pero una inquietud lo detuvo./ ¿Y ustedes, mamita, de dónde son?/ Del Sur de Ayacucho –le respondí–, de un pueblo llamado Illaurocancha./ Por ahí y por mi pueblo dizque hay guerras pues no?/ Así es don Téodulo –le dije–, en estos tiempos nuestros pueblos son campos de batalla donde a diario muere gente" (Colchado Lucio 15).

co-autoría o una vinculación colaborativa entre informante y amanuense –esto es, el "letrado solidario" que plantea Hugo Achugar– como sucede con los testimonios etnográficos de Gregorio y Asunta, sino porque el sujeto que escribe –seguramente ya alfabetizado y con formación académica, en registro no ficcional y sin mediación alguna– se debate entre las diversas y dolorosas situaciones de guerra que ha experimentado y aún experimenta, productos sin duda de una modernidad desigual en América Latina.

A este tipo de heterogeneidad, que se halla entretejida en los testimonios letrados de corte autobiográfico, propongo entenderlo en términos de "sujeto de guerra". Con esta noción, me refiero a las diversas posiciones (víctima, victimario, testigo silencioso, cómplice, luchador, soldado, militante) que los actores han desarrollado durante los hechos de violencia, que responden a temporalidades múltiples y complejas que se ponen en juego durante los trabajos de la memoria, y que batallan entre sí por la apropiación del sentido de un pasado reciente. Estos posicionamientos que se debaten dentro de un mismo sujeto resultan evidentes en narrativas testimoniales como *Memorias de un soldado desconocido* (2012), de Lurgio Gavilán Sánchez o *Los rendidos. Sobre el don de perdonar* (2015), de José Carlos Agüero. Mientras la primera corresponde a un sobreviviente quechuahablante que ha pasado por las distintas instituciones involucradas en los hechos de violencia (Sendero Luminoso, el Ejército, la Iglesia y la Universidad), la segunda pertenece al hijo de dos senderistas fusilados extrajudicialmente, que habita en el escenario limeño periférico y se debate entre el desagravio a su linaje y su rol de intelectual, antropólogo y militante de los Derechos Humanos.

Basta una cita en la que José Carlos Agüero lee la autobiografía de Lurgio Gavilán para dar cuenta de cómo una noción como la de "sujeto de guerra" –en cuanto da cuenta de una multiplicidad de posiciones y la experiencia de la guerra en el sujeto– puede inscribirse dentro de la propuesta de la heterogeneidad de mundo y discursiva:

Lurgio Gavilán tiene una estrategia para contarse que le permite sacar adelante su historia, que es una historia terrible, de guerra finalmente. Por eso necesita un narrador que también es él, que sea niño. Por ello las cosas más terribles son elementos del paisaje. Por eso no es ni culpable ni cómplice de crímenes. Es testigo.

Los académicos se pasman frente a él y pasman sus críticas por muchos motivos pero, en parte, porque siempre los fascinará un subalterno, un indio manejando el lenguaje, escribiendo, exótico. Esos son algunos de los límites de la obra y de sus lectores (Agüero, *Los rendidos* 79-80).

La historia de Lurgio –advierte Agüero– es una "terrible historia de guerra" que, para poder contarse, requiere de un desdoblamiento del sujeto que enuncia: recurre entonces a un narrador-niño que se construye como testigo de los horrores del enfrentamiento. De esta manera, se deslinda una memoria y una temporalidad infantiles, indígenas y analfabetas de otras adultas, urbanas y alfabetizadas. En la configuración de este sujeto cohabitan diversos posicionamientos (el "culpable", el "cómplice", el "subalterno" letrado, el "exótico" admirado por los académicos) que, si bien son resultado de esa terrible experiencia de guerra, se "resuelven" en el rol del "testigo" o, mejor dicho, en el acto de escribir el testimonio. Esta resolución la enuncia el propio Agüero quien, a su vez, se debate entre su posicionamiento de intelectual y militante de los Derechos Humanos y su memoria de hijo de senderistas. Por supuesto, cabe preguntarnos si efectivamente el conflicto de posiciones se resuelve en la figura del testigo y en la escritura testimonial o si, por el contrario, estas actúan como el síntoma inequívoco de una heterogeneidad conflictiva y quebrada.

De otra parte, cuando Ponciano del Pino, uno de los mentores intelectuales de Agüero, sostiene que la única forma de narrar la complejidad de la guerra sería alejándose de los relatos ingenuos y estereotipados, es decir, atendiendo a las "impurezas de la guerra" o a la "zona gris" de la que habla Primo Levi[4], el narrador de *Los rendidos* sale a su cruce rebatiéndole: "No hay purezas ni impurezas en una guerra, el horror es eso, horror" (101). En la escritura de *Los rendidos*, se plantea una experiencia familiar y cotidiana del conflicto que genera, incluso, una forma de concebir la "guerra": frente a los estereotipos, la guerra entre Sendero Luminoso y las Fuerzas Armadas, cuya fase citadina acontece en una urbanidad migrante y

---

[4] Resulta sumamente interesante cómo Agüero incorpora en notas al pie extensas referencias a las polémicas que va desarrollando en el cuerpo del texto, como sucede con este concepto propuesto por Primo Levi. Esas incorporaciones permiten ver el modo en que la autobiografía se desplaza hacia la forma ensayística o el *paper* académico en los testimonios letrados.

periférica[5], forma parte de la "normalidad" cotidiana, está protagonizada por sujetos anónimos empobrecidos y es simplemente "horrorosa":

> La guerra era el marco de fondo de nuestra vida familiar, nuestra normalidad, como ir al colegio, acarrear agua, salir a jugar. Por eso no era extraño que nuestra choza se llenara de visitantes, jóvenes casi todos, cansados, con bultos que sabíamos que eran armas de diferentes modelos y tamaños (85).

El "sujeto de guerra" es aquel que ha enmudecido ante el horror de la experiencia de una guerra cotidiana, que precisa desdoblarse para narrarla y así tramitar su dolor. El relato de esa experiencia resulta similar a la de un viaje que permite al sujeto salir del silencio y de las posiciones binarias: no hay en ese relato lugar para desmentir las experiencias ni para la victimización. En cambio, sí hay desarticulaciones del discurso heroico y predominio de aquellas zonas intersticiales que oscilan entre las traiciones, las derrotas y los olvidos. El "sujeto de guerra" puede recurrir a la infancia y puede también ser un "forastero" que se halla dislocado; que habita en múltiples espacialidades y temporalidades, las que no pueden homologarse con espacios sacros ni cronologías lineales; que se desplaza entre las memorias públicas y las privadas; que transita por paisajes que resultan heroicos y traumáticos, a la vez; que oscila entre diversas posiciones –como las del victimario, el cómplice, el testigo o el luchador– en las batallas por los sentidos de la memoria.

El "sujeto de guerra" puede resultar un "forastero" en varios sentidos, pues la migración es un proceso intrínseco al conflicto armado: hay soldados que se trasladan a zonas de guerra que les son completamente ajenas, hay desplazamientos forzados de comunidades enteras que migran a otros centros para salvarse del hambre y la violencia, hay huérfanos que quedan sin padres ni *ayllu* y que deben trasladarse para buscar nuevas oportunidades. El retorno del guerrillero, el soldado o el campesino que –como un nuevo cargador o como el Ernesto de *Los ríos profundos*– se convierte en un "forastero" en su propia tierra es quizás la figura más fuerte que nos entrega la escritura de Lurgio Gavilán Sánchez.

---

[5] Recordemos que las primeras etapas del enfrentamiento se produjeron en la sierra y luego en la Amazonía, donde entraron en contacto con el narcotráfico (Ezcárzaga).

Se trata de un errante que es desconocido por su comunidad, que no posee *ayllu* y que vagabundea por lugares por los que antes transitó encontrándose ahora con el paisaje devastado por la guerra y las memorias de sus seres queridos asesinados en el conflicto. Así, Lurgio Gavilán manifiesta su orfandad y su errancia cuando vuelve a su lugar de origen convertido en antropólogo: "Allí un campesino me interroga, quiere saber quién soy y por qué ando así" (Gavilán Sánchez 168). En este sentido, la figura del "forastero" –tan recurrente en el neoindigenismo arguediano como en el testimonio andino– complementa la noción del "sujeto de guerra", pues hay en él una heterogeneidad propia de los migrantes, sus memorias y sus retornos. Al mismo tiempo, esta figura nos permite inscribir a las narrativas testimoniales de la guerra como una variable del sistema testimonial andino que hunde sus raíces en el mismo indigenismo.

En el caso de Lurgio Gavilán Sánchez, el soldado desconocido, su historia es la de la errancia: ha migrado de la condición de un niño guerrillero quechuahablante a la de un soldado alfabetizado en el ejército peruano, primero, y a la de un aspirante al sacerdocio luego, para arribar finalmente a la carrera de antropología en la universidad. Todos estos traslados han significado también un cambio y una multiplicación de posicionamientos y saberes. Así, Gavilán realiza un último viaje cuando, una vez convertido en antropólogo, retorna a la comunidad de origen, que lo desconoce como parte de su *ayllu*. Allí, transita por paisajes, temporalidades y memorias que le recuerdan su historia y las secuelas de la violencia. Pero, también estas memorias se yuxtaponen con los prejuicios que el protagonista ha ido absorbiendo durante sus otras posiciones y la negación, incluso, de su propia pertenencia al mundo quechua. Así lo vemos en aquel episodio donde, efectivamente, reconoce estos prejuicios y busca entre sus ropajes el documento que, como una máscara, acredita su posición como académico:

> Allí un campesino me interroga, quiere saber quién soy y por qué estoy andando así. Me pide la identificación y mi documento de identidad no estaba en mi bolsillo, entonces de inmediato se me vienen a la mente los prejuicios que ocasionaron la masacre de Uchuraccay, la justicia consuetudinaria de los comuneros y su incontrolable violencia que pintó Mario Vargas Llosa. Por un instante no dije nada. Más allá aparecieron dos campesinos más. Rebusqué en la mochila apresurado y encontré un documento que me acreditaba como académico, y eso me salvó (Gavilán Sánchez 168).

Lo que "salva" a Gavilán, en realidad, es su pasaje por las otras instituciones: sus cambios de ropajes, la alfabetización y el haber aprendido el español y el latín lo posicionan como un "ciudadano" que acredita mediante la documentación su pertenencia a otro espacio. Sí, efectivamente, en él funcionó la civilidad que Vargas Llosa denunció como ausente en Uchuraccay. No resulta casual entonces que este episodio paradigmático de la violencia peruana abra y cierre el recorrido del protagonista que ha sido "víctima", "victimario", "terruco", "sinchi", "santo" y "académico", simultáneamente. Sin embargo, como todo errante sin memoria, como todo forastero, Gavilán también se hallará en esta nueva posición, la de la civilización letrada, con toda la memoria de su comunidad de origen que también persiste en él, con la mitología andina que reconocerá cuando ve a los zorros y a los cóndores en el paisaje, con las referencias a Arguedas y a los huaynos, con el anciano memorioso al que desde lejos confunde con su amado hermano:

> Pero cuanto más me acercaba a esa silueta, la imagen de mi hermano iba borrándose y en su lugar vi a un viejo canoso, con sus ojos de vidrio. Seguro ese hombre fue el que nos alimentó y entonces pertenecería a la bases de apoyo, a las masas de Sendero Luminoso. Lo saludé y me miró de pies a cabeza. Le pregunté: "¿Usted habrá visto toda la barbarie cometida por Sendero Luminoso y el Ejército?". El anciano hizo un silencio y solo me dijo: "*Rikuranim* (He visto)" (169).

Al igual que el anciano, Gavilán es sobre todo un "testigo" de los horrores de la modernidad en el espantoso rostro de la guerra que, luego de guardar silencio, empieza a hablar en estas memorias. Así, a la metáfora de la serpiente *amaru* y a las figuras del cargador y el forastero, en este apartado podemos añadir a tal constelación la propuesta del "sujeto de guerra" como una noción que, al igual que la del "indio urbano", permite pensar a los sujetos dislocados. Para formularla, me adscribo claramente a la tradición cornejo-polariana, esto es, a la idea de un "sujeto" descentrado, heterogéneo y quebrado que se debate entre diversos posicionamientos y memorias. En cuanto al determinante "de guerra", recupero este término de, al menos, dos lecturas: por un lado, a partir de la propuesta autobiográfica de José Carlos Agüero en *Los rendidos. Sobre el don de perdonar* y en *Persona*; por otro, de los estudios sobre el testimonio de guerra que realiza Rossana Nofal en el sistema literario argentino. Así, Agüero no esquiva ni tiene miedo a emplear el término "guerra" para referirse a su cotidianeidad: "Hay que aceptar que por más que el sistema genere injusticias y conflictos sociales, la guerra no es igual a la paz. La guerra fue atroz y brutal" (*Los rendidos* 25); "Ayudé a esconder armas. Quemé y transporté documentos. Preparé una tarde de verano cartuchos que luego no sé cómo fueron usados" (*Los rendidos* 87); "Ella me decía que estaba metida en esta maldita guerra para que nosotros ya no tuviéramos que hacerla" (*Los rendidos* 91); "Esa guerra santa, la de ellos y su generación, mató a decenas de miles de personas, hirió tantas otras vidas que son incontables y de tan incontables, ya no le importan a nadie" (*Persona* 92).

Por su parte, Nofal propone leer los testimonios en términos de "guerra": se trata de volver sobre los primeros relatos de los testigos y de los viejos militantes que hablaron de "guerra" para contar las historias heroicas. La crítica argentina, además, señala la incomodidad que genera el empleo del término, pues este indica un enfrentamiento entre ejércitos y, por ende, este uso ha sido objeto de numerosos debates entre los militantes de diversas organizaciones y de los Derechos Humanos en la Argentina. Sin embargo, frente a estas fórmulas breves que se acercan más bien a la propaganda política o al eslogan (recordemos, por ejemplo, las ideas de la "guerra sucia" o la de "los dos demonios" en el caso argentino), Nofal propone volver sobre el género discursivo "parte de guerra" como aquel que es, en efecto, una escritura urgente, que se adscribe a la tradición de la literatura de bandidos de la que habla Eric *Hobsbawm*. La palabra "guerra" genera incomodidad y permite alejarse de identidades unitarias y compactas como sucede con los héroes y las víctimas, para abrir camino a los soldados, a los traidores, a los bandidos, a los militantes y a los desaparecidos, con todo el arco de complejidades que supone cada uno de estos actores. Hablar en términos de "guerra" no significaría, entonces, "descifrar las razones de la represión", sino "identificar una matriz presente en los relatos en donde cada elemento resuena, diseminado, en registros múltiples y sus opuestos" (Nofal 156). Esto significa entonces que el "sujeto de guerra" nos permite leer en los relatos los múltiples registros, las diferencias y los silencios en el testimonio.

Los migrantes trasandinos

En relación con los relatos testimoniales abordados a lo largo de este trabajo, la crónica urbana de Cristián Alarcón, *Si me querés, queréme transa* (2010), presenta una variante que enlaza el sistema literario del Cono Sur con el andino y que permite calificarlo como una crónica migrante, antes que como una crónica narco o urbana a secas. *Si me querés...* recupera el "cuento" de cómo los senderistas, que fracasaron en la guerra popular prolongada, se reciclan en el negocio del narcotráfico en la Amazonía peruana, migran hacia Argentina por Bolivia llevando consigo el culto al Cristo de Pachacamilla, e inician una nueva –y diferente– guerra, ahora, por el dominio del territorio en las villas miserias bonaerenses. De esta forma, hallamos la matriz de un "cuento", un fragmento o un rumor, que nunca sabremos si es verosímil o no, que enlaza la historia reciente argentina con la peruana y la continental. He aquí una curiosa variable que hace a la rareza de este testimonio de corte periodístico y que esboza una nueva noción a la constelación que transitamos: la del "migrante trasandino".

En este caso, estamos frente a un tipo de migración que excede el movimiento campo/ciudad o sierra/costa retratado en la literatura peruana y que alude, más bien, a un desplazamiento que traspasa las fronteras de países limítrofes. Al abordar el caso del artista Fredy Roncalla radicado en Nueva Jersey, Julio Noriega Bernuy propone hablar de un "sujeto migrante trasandino" para referirse a "los miles de indígenas quechuas y mestizos que, en diferentes países del mundo, viven formando el 'archipiélago andino' de comunidades transplantadas geográficamente fuera de los Andes" (*Caminan los apus* 28). El crítico peruano sugiere que las comunidades andinas se desplazan hacia los nuevos lugares con sus hogares, sus *ayllus*, sus religiosidades y sus formas de vincularse, configurando así tal archipiélago. Así, en *Si me querés...* la comunidad andina se ha trasladado también con el fracaso de sus revoluciones devenidas en un "cuento" de pasados terrucos y un presente asociado al narcotráfico, a una villa del conurbano bonaerense, a la que ha modificado arquitectónicamente. Es decir, el archipiélago andino repite con esta traslación el gesto de la serpiente *amaru* que aprieta y engulle, en esta ocasión, ya no a la Lima criolla, sino más bien a la urbe argentina, rioplatense y blanca.

La narración comienza con un singular epígrafe perteneciente a un escritor paradigmático del sistema literario peruano del siglo XX. Se trata de un fragmento de *En octubre no hay milagros* (1965), de Oswaldo Reynoso: "La procesión del Señor de Pachacamilla adquirió idéntico sentido a aquellos ríos que van a dar a la mar que es el morir" (Alarcón, *Si me querés...* 11). Sin duda, esta selección no resulta casual ni debe pasar desapercibida por varios motivos: la novela de Reynoso no fue legible entre sus contemporáneos por el lenguaje soez que empleaba, la sexualidad desbordante y la violencia que retrataba durante una jornada, la de la procesión del Cristo negro en Lima. Mientras el sistema literario peruano se debatía entre el neoindigenismo arguediano o en el boom vargallosiano, Reynoso junto con el Grupo Narración proponían un realismo urbano que permitiera ver las transformaciones en la ciudad como resultado de los procesos migratorios y la modernización, el modo de hablar de la calle, la violencia que se desataba a causa de las brechas económicas, los ecos de una incipiente violencia senderista en la zona serrana, todo ello durante un acto religioso que concluye con la muerte de uno de los protagonistas. Religiosidad popular, violencia y muerte son las vertientes que confluyen en la narración de Reynoso. Y es Alarcón quien, audaz y pertinente, evoca al "rabioso marxista", como llamaban al escritor peruano por su militancia política. Esta referencia marca entonces un posicionamiento político e ideológico, una clara adscripción al realismo urbano y, por ende, a un propósito de denuncia testimonial.

Pero también esta evocación refiere a la presencia transculturadora de la religiosidad popular peruana en el espacio de una villa bonaerense: el Cristo de Pachacamilla, aquel muro pintado en Lima y venerado por la plebe afro, que sobrevivió a los terremotos durante la época colonial. Y es también una reactualización de la espiral de violencia que azotara en el Perú y fuera retratada en la procesión morada que termina ensangrentándose con la muerte de uno de los protagonistas de la novela de Reynoso. En este sentido, el epígrafe de la novela peruana anticipa la escena final de la crónica urbana argentina: la emboscada y la masacre por el territorio narco, durante la procesión del mismo Cristo moreno peruano, junto a la música andina y al rezo del cura villero que no se detienen durante la batalla: "aquella tarde en la que Germán cayó con esos tres disparos en el pecho, como otros, en medio de la procesión, cuando nadie esperaba más que al santo de los peruanos en sus andas, al son de un himno de notas ululantes, de clarinetes y trompetas" (285).

Si recordamos la noción de "diglosia cultural" (Lienhard) que remite a la superposición de prácticas que corresponden a normas de distinto prestigio y que son empleadas por el sujeto, según la situación en la que se encuentre, preferiremos pensar el mundo retratado por Alarcón en términos de yuxtaposiciones religiosas antes que en procesos de asimilación o de sincretismo. Así, en *Si me querés*... se yuxtaponen diversas devociones y cultos oficiales y populares: el Cristo moreno limeño, la ancestral y andina Pachamama, los orishás, las imagen de la Virgen de la Concepción superpuesta con Oxún, la figura popular paraguaya y tumbera de San La Muerte e, incluso, la imagen popular y mítica de Edith Lagos, la joven senderista que fuera desaparecida por las Fuerzas Armadas peruanas y que suele ser recurrente en todas las narrativas sobre Sendero Luminoso. Estas devociones se superponen y son los sujetos quienes eligen a quién venerar, según la situación que atraviesan: por ejemplo, Alcira recurre a San La Muerte ante la sospecha de una violación o al cristianismo evangélico para su matrimonio con Jerry. Las religiosidades son también migrantes.

Si en otras literaturas la "ciudad letrada" (Rama) ordena el caos urbano, en esta crónica será la presencia del Cristo de Pachacamilla quien ordene la "ciudad sumergida" (Flores Galindo) e indique quiénes poseen la hegemonía, del mismo modo que sucedía en el orden colonial. Territorio narco y religiosidad popular se entrecruzan en el pasillo de la villa, en la misa, en la cancha de fútbol, en las procesiones y en las fiestas de cumpleaños. La presencia del Cristo moreno peruaniza el territorio narco conquistado y consagra santos y bandidos: "Apenas se deshicieron de la banda de Chaparro y de los paraguayos, los narcos peruanos necesitaron su propio altar en Villa del Señor. Semidesnudo y moreno, el Señor de los Milagros llegó de las manos de Marlon Aranda, un domingo de sol" (274).

En *Si me querés*... se esboza la atmósfera de una "ciudad sumergida", es decir, aquella que se erige en el acantilado, que corresponde al mundo de lo oral, lo ilícito y lo popular, al tiempo que se yuxtapone junto a la "ciudad andina": el avance de los migrantes bolivianos y peruanos, los "indios urbanos" de los que Cornejo Polar, no invaden solamente las megalópolis como Lima, el Alto o La Paz convirtiéndolas al nuevo rostro andino, sino que se han desplazado también a Buenos Aires, instalándose en las zonas periféricas y llevando consigo su visión de mundo y sus prácticas religiosas. De hecho, si bien el territorio que se disputan las bandas narcos es la villa bonaerense, los argentinos solo forman parte anecdótica del paisaje y son en realidad los bolivianos, los peruanos y sus descendientes −la generación de hijos de migrantes− los actores que llevan a cabo la acción.

La crítica ha restringido los estudios de las migraciones andinas al ámbito de lo regional o, en el mejor de los casos, de la nación peruana, pero lo cierto es que la andinidad ha sido migrante desde los tiempos de la conquista y la colonia, siempre ha caminado el autor. Por eso, el abordaje a las crónicas de las migraciones andinas producidas en Argentina puede resultar un campo novedoso e interesante para los estudios migratorios. Junto con la narrativa periodística de Cristián Alarcón, también hallamos escrituras como la de Sebastián Hacher sobre la feria de los migrantes en La Salada, *Sangre salada. Una feria de los márgenes* (2011), o como la de Gabriela Cabezón Cámara sobre los artistas bolivianos y su integración en Buenos Aires que han sido publicadas en diversos medios digitales. Resta relevar qué están escribiendo los mismos migrantes andinos en esta parte del Cono Sur, lo que puede ser objeto de otra investigación.

Los migrantes digitales

Por último, debemos abrir aquí un interrogante que interpela al testimonio de nuestros tiempos y que da cuenta de otras formas de heterogeneidad que se suceden ahora en el canal y el código comunicativos: ¿qué pasa con el ingreso de los medios audiovisuales y las redes sociales, tecnologías que permitirían prescindir del rol letrado y que podrían circular dentro de las comunidades modificando/ampliando el perfil del destinatario?

Pienso en el caso del poeta, lingüista y ciberactivista aymara Rubén Hilari, quien ha ganado el Premio Guaman Poma de Ayala en lengua originaria por su poemario *Aruskip'asipxañanakasakipunirakis-pawa* (*Todos debemos estar en constante comunicación*), donde se entreteje precisamente la cultura aymara con la tecnología. Del mismo modo, este poeta está trabajando, desde el colectivo *Jaqi Aru*, en la traducción de una aplicación en aymara sobre seguridad digital y en un glosario en esta lengua indígena sobre Facebook. Así lo comenta el activista a Liliana Carrillo durante una entrevista para *Página 7*:

> Facebook es una transnacional típica de los capitalistas, poco o nada les va a importar el aymara. Pero nosotros estamos aprovechando los términos actuales que usan en su plataforma para realizar otras traducciones en aymara, tal es el caso de la aplicación sobre seguridad digital ORBOT (Hilari, entrevista para Página 7, 20/01/2019).

De hecho, el mismo Hilari, que es un migrante aymara hablante que proviene de la comunidad de Walata Chico, cercana a Achacachi, y que pasó su infancia cosechando papas y pastoreando ovejas, propone hablar de los jóvenes aymaras como "migrantes digitales del siglo XXI". Sin duda, este puede ser el objeto de otro capítulo sobre el testimonio que sin duda está por escribirse: el de los migrantes digitales.

A modo de conclusión

Hasta aquí hemos trazado una serie de figuras, metáforas y nociones que emergen de las recurrencias, las continuidades y las rupturas en los sistemas literarios y culturales andinos. Esta constelación nos permite poner en jaque a las identidades compactas cuestionadas, hoy, por los procesos migratorios, las experiencias de guerra y el ingreso de los medios digitales. Quisiera cerrar este escrito entonces con una referencia al relato "El ángel de Ocongate", de Edgardo Rivera Martínez. En él, de un modo magistralmente poético, se narra cómo un ángel caído (quizás, sea un arcabucero por su vestimenta) deambula sin memoria y sin *ayllu* por los poblados, convirtiéndose en un danzante que, errante, busca su identidad:

> Errante ya, ignorando juventud, amor, infancia. Encerrado en mí mismo y sin acordarme de un comienzo ni avizorar un fin. Iba, pues, por los caminos y los páramos, sin dormir nunca ni hacer alto por más de un día. Absorto en mi monólogo, aunque ayudase a un viajero bajo la lluvia, a una mujer con sus hijos, a un pongo moribundo [...]. Transcurrieron así los meses y los años, y todo habría continuado de esa manera, si el azar —¿el azar realmente? – no me hubiera conducido al tambo de Raurac. No había nadie sino un hombre viejo, que me observó atentamente. Me habló de pronto, y dijo, en un quechua desusado. "Eres el danzante sin memoria. Eres él, y hace tanto tiempo que caminas" (Rivera Martínez en Cornejo Polar y Vidal, *Nuevo cuento peruano* 24).

Considero que, de algún modo, el ejercicio de la crítica literaria latinoamericana cuando revisita los textos fundacionales, como la escritura arguediana o el testimonio de Gregorio y Asunta, cuando reconoce figuras como la del "forastero" o la del "cargador", cuando rastrea metáforas como la serpiente *amaru*, o construye nociones como el "indio urbano" o el "sujeto migrante" para entender las consecuencias de una modernidad desigual en América Latina, cuando se preocupa por las series literarias y los cambios sistémicos, cuando enmudece ante una violencia política inusitada es también un errante que, en el camino de sus lecturas y en la organización de un corpus, en su mirada frente al devenir histórico, se convierte en un danzante sin memoria, que hace tanto tiempo que camina. De alguna manera, los lectores y los escribientes también somos este errante que se encuentra con el hombre viejo, somos el autor que camina documentando injusticias, somos el cargador sin *ayllu* o el danzante sin memoria. Como Guaman Poma, Ernesto, Gregorio Condori o el Ángel de Ocongate, hace tanto tiempo que caminamos.

BIBLIOGRAFÍA CITADA

Achugar, Hugo, comp. *En otras palabras, otras historias.* Montevideo: FHCE, Universidad de la República, 1994.

Agüero, José Carlos. *Los rendidos. Sobre el don de perdonar.* Lima: IEP, 2015.

—. *Persona.* Lima: FCE, 2017.

Alarcón, Cristian. *Si me querés, quereme transa.* Buenos Aires: Norma, 2010.

Altuna, Elena. "Historiografía literaria y estudios coloniales en el pensamiento de Antonio Cornejo Polar". En *RCLL* XXV, 50 (Lima-Hanover, 2do. semestre de 1999): 121-129.

Arent, Hanna. *La tradición oculta.* Buenos Aires: Paidós, 2005.

Arguedas, José María. *El zorro de arriba y el zorro de abajo.* Buenos Aires: Losada, 1971.

—. *Los ríos profundos* [1958]. Caracas: Ayacucho, 1986.

Bueno Chávez, Raúl. *Antonio Cornejo Polar y los avatares de la cultura latinoamericana.* Lima: Universidad Mayor de San Marcos, 2004.

—. *Promesa y descontento de la modernidad. Estudios literarios y culturales en América Latina.* Lima: Universidad Ricardo Palma, 2010.

Campuzano, Betina. "Indios urbanos y tempestades *andinas*: del testimonio epigonal al relato de guerra en la narrativa peruana (2003-2015)". En *Cuadernos del Hipogrifo* 7 (1er semestre de 2017): 82-90. En línea, http://www.revistaelhipogrifo.com/?page_id=1203 (fecha de consulta: 30 de mayo de 2018)

—. "Narcotráfico, migración y religiosidad andina en *Si me querés, quereme transa* de Cristian Alarcón". *Oltreoceano* 14 (2018): 223-232. En línea: http://riviste.forumeditrice.it/oltreoceano/article/view/877 (fecha de consulta: 10 de enero de 2019).

Carrillo, Liliana. "Entrevista a Rubén Hilari. Los jóvenes aymaras son migrantes digitales del siglo XXI". *Página 7*, La Paz, Bolivia: 20 de enero de 2019. En línea, https://www.paginasiete.bo/cultura/2019/1/20/hilari-los-jovenes-aymaras-son-migrantes-digitales-del-siglo-xxi-206564.html# (fecha de consulta: 28 de enero de 2019).

Colchado Lucio, Óscar. *Rosa Cuchillo*. Lima: Horizonte, 1997.

Cornejo Polar, Antonio. *Los universos narrativos de José María Arguedas*. Losada: Buenos Aires, 1973.

—. *Escribir en el aire. Ensayo sobre la heterogeneidad socio-cultural en las literaturas andinas*. Lima: Horizonte, 1994.

—. "Una heterogeneidad no dialéctica: sujeto y discurso migrantes en el Perú moderno". *Revista Iberoamericana* LXII, 176-177 (julio-dic. 1996): 837-844.

—. "La literatura peruana e identidad nacional: tres décadas confusas". En Julio Cotler, ed. *Perú 1964-1994. Economía, sociedad y política*. Lima: IEP, 1995. 294-302.

Cornejo Polar, Antonio y Luis Fernando Vidal, eds. *Nuevo cuento peruano. Antología*. Lima: Mosca Azul Editores, 1984.

Elmore, Peter. "La violencia del tiempo: el mestizaje y sus descontentos. Discusión crítica de la importante novela de Miguel Gutiérrez". *Revista Márgenes* 16 (1999). En línea, http://www.andes.missouri.edu/andes/Especiales/PE_Mestizaje.html (fecha de consulta: 10 de diciembre de 2016)

Ezcárzaga, Fabiola. "Auge y caída de Sendero Luminoso". *Bajo el volcán. Revista de posgrado de sociología* 3 (2001): 75- 97.

Figueroa, Luis, dir.. *El cargador*. Perú: Pukara Productora, 1974. En línea, https://www.youtube.com/watch?v=DLFMsna9Lgs (fecha de consulta; 5 de enero de 2019).

Flores Galindo, Alberto. *La ciudad sumergida. Aristocracia y plebe en Lima. 1760-1830*. Lima: Horizonte, 1991.

Gavilán Sánchez, Lurgio. *Memorias de un soldado desconocido. Autobiografía y antropología de la violencia* [2012]. Lima: IEP, 2013.

Lienhard, Martín. *Cultura andina y forma novelesca. Zorros y danzantes en la última novela de Arguedas* [1981]. Lima: Horizonte, 1990.

—. "La matriz colonial y los procesos culturales en América Latina". *Revista Universidad de la Habana* 247 (La Habana: Dirección de Extensión Unversitaria, enero-febrero de 1997): 62-74.

López, Alejandra. "Realismo sucio y urbanidad en la autobiografía de Víctor Hugo Viscarra". Informe de Beca de Investigación de la Facultad de Humanidades, Universidad Nacional de Salta, Salta, 2017. Inédito.

Mamani Macedo, Mauro. "*Yanantin*: relación, complementariedad y cooperación en mundo andino". *Estudios de Teoría Literaria* 8, 16 (2019): 191-203. En línea:

https://fh.mdp.edu.ar/revistas/index.php/etl/article/view/3392 (fecha de consulta: 15 de setiembre de 2019).

Matos Mar, José. *Desborde popular y crisis del Estado. Veinte años después* [1984]. Lima: Fondo Editorial del Congreso, 2010.

Nofal, Rossana. "Escritura testimonial: cuentos de guerra y metáforas de la nueva narrativa argentina". En *Vertientes de la contemporaneidad. Géneros híbridos y nuevas subjetividades en la literatura latinoamericana*. Elena Altuna y Betina Campuzano, comps. Salta: EUNSa, 2016. 151-164.

Noriega Bernuy, Julio. "El forastero andino en *Los ríos profundos*". *Quehacer. Cultura. Desco. Centro de estudios y Promoción de Desarrollo* (jun-set. de 2011): 102-11. En línea: http://www.desco.org.pe/recursos/sites/indice/817/2399.pdf (fecha de consulta: 18 de marzo de 2018).

—. *Caminan los apus. Escritura andina en migración*. Lima: Pakarina, 2012.

Rama, Ángel. *La ciudad letrada*. Montevideo: Arca, 1984.

Rivera Cusicanqui, Silvia. *Ch'ixinakax Utxiwa. Una reflexión sobre prácticas y discursos descolonizadores*. Buenos Aires: Tinta Limón, 2010.

Saenz, Jaime. *Prosa breve*. La Paz: Plural Editores, 2014.

Salazar Bondi, Sebastián. *Lima, la horrible*. México, DF: Ediciones Era, 1964.

Valderrama Fernández, Ricardo y Carmen Escalante Gutiérrez. *Gregorio Condori Mamani. Autobiografía*. Cuzco: Centro de Estudios Rurales Andinos "Bartolomé de las Casas", 1977.

Viscarra, Víctor Hugo. *Avisos necrológicos*. La Paz: Correveidile, 2005.

Zaveleta Mercado, René, *Lo nacional-popular en Bolivia* [1986]. La Paz: Plural, 2008.

REVISTA DE CRÍTICA LITERARIA LATINOAMERICANA
Año XLV, N° 90. Lima-Boston, 2⁰ semestre de 2019, pp. 219-242

TODO LO QUE SIEMPRE QUISO SABER SOBRE LA AUTOFICCIÓN Y NUNCA SE ATREVIÓ A PREGUNTAR (CON UNA LECTURA DE MARIO LEVRERO)

Julio Prieto
Universität Potsdam

Resumen

Este artículo propone un modelo teórico para cartografiar las escrituras del yo a partir de una revisión crítica del concepto de autoficción. La propuesta parte de una lectura de la obra narrativa de Mario Levrero –y en particular de dos textos: "Diario de un canalla" (1993) y *La novela luminosa* (2005)– e incluye análisis de sendas novelas de César Aira y Antonio Orejudo –*Cómo me hice monja* (1993) y *Los cinco y yo* (2017)–, así como un examen de la discusión crítica desarrollada en las últimas décadas en torno a los conceptos de autoficción y escrituras del yo.
Palabras clave: autoficción, escrituras del yo, literatura contemporánea, teoría de los géneros literarios, Levrero, Aira, Orejudo.

Abstract

This article proposes a theoretical model to map the writings of the self from a critical review of the concept of self-fiction. The proposal is based on a reading of Mario Levrero's narrative work—and in particular two texts: "Diario de un canalla" (1993) and *La novela luminosa* (2005)—and includes the analysis of two novels by César Aira and Antonio Orejudo—*Cómo me hice monja* (1993) and *Los cinco y yo* (2017)—as well as an examination of the critical discussion developed in recent decades around the concepts of self-fiction and self-writing.
Keywords: self-fiction, self-writing, contemporary literature, theory of literary genres, Levrero, Aira, Orejudo.

Nous savons encore fort peu de choses sur ce que serait l'autofiction.
Régine Robin

A la hora de abordar el auge actual de las escrituras del yo hay que tener en cuenta que no se trata de un fenómeno exclusivamente literario, sino que afecta a un amplio espectro de disciplinas y prácticas

–lo encontramos de uno u otro modo en el arte contemporáneo, en el teatro y en las artes escénicas, en el cine, en el ciberespacio, en los videojuegos etc. Como lo han observado varios críticos (Giordano, *El giro autobiográfico de la literatura argentina actual*; Sarlo; Sibilia), el "giro subjetivo" en la cultura contemporánea supone un cambio de paradigma epocal que afecta al conjunto de las prácticas artísticas y aun a la propia crítica literaria y a las ciencias sociales y humanas en general. La práctica de la autoetnografía en el ámbito de la antropología sería en ese sentido tan sintomática como el caso del crítico argentino Alberto Giordano, uno de los más destacados estudiosos de las escrituras del yo, cuyos últimos libros publicados, *El tiempo de la convalecencia. Fragmentos de un diario en Facebook* (2017) y *El tiempo de la improvisación* (2019) son lo que podríamos llamar el "diario éxtimo del crítico", integrado por los *posts* regularmente aparecidos en Facebook durante los últimos años[1].

En cuanto a este "giro subjetivo" cabe observar una cierta brecha en el discurso crítico a uno y otro lado del Atlántico: en tanto que del lado europeo (sobre todo en Francia y España) tiende a privilegiarse el concepto de autoficción, del lado americano (y sobre todo en Argentina) se ha preferido el concepto de autobiografía, el cual sitúan en el centro de sus análisis críticos como Giordano, Arfuch, Catelli y Amícola, que avanzan en la estela del seminal trabajo de Sylvia Molloy sobre la escritura autobiográfica en Hispanoamérica, así como el más neutro y abarcador de "escrituras del yo", que tiene la ventaja de omitir la frecuentemente bizantina discusión sobre los géneros literarios. Bien es cierto que de un tiempo a esta parte se ha empezado a reducir esa brecha, y así algunos críticos como Jordana Blejmar y de manera más lateral Leonor Arfuch ("(Auto)ficciones de infancia") apelan al concepto de autoficción en sus últimos trabajos enfocados en el contexto argentino, en tanto que otros críticos latinoamericanos han aportado recientemente valiosas reflexiones sobre dicho concepto[2]. Paralelamente, en España se observa en los últimos años una

---

[1] Para la "extimidad" en cuanto tendencia a la indiferenciación de lo público y lo privado en la era de internet y las redes sociales, véase Sibilia.

[2] Véase, entre otros trabajos de interés, Amícola ("Autoficción: una polémica literaria vista desde los márgenes"), Reisz, García, Musitano y Tossi. Annick Louis observa también una divergencia entre la crítica española (y en primer lugar Alberca), que tiende a considerar la autoficción como "un fenómeno

cierta saturación en cuanto a esta categoría, hasta el punto de que uno de los principales teóricos y estudiosos de la misma declara en un reciente artículo y en su último libro, *La máscara o la vida*, estar "cansado" de la autoficción (Alberca, "De la autoficción a la antificción"; *La máscara o la vida* 36), y en consecuencia dedica dicho libro al estudio de la autobiografía en la literatura española moderna y contemporánea, en lo que se suma a los aportes a ese campo de críticos como Anna Caballé (*Narcisos de tinta*) y Ángel Loureiro[3].

En lo que sigue me distancio del diagnóstico de agotamiento de la autoficción propuesto por Manuel Alberca en este libro, que plantea varias ideas sin duda atendibles en cuanto al estado actual de la narrativa española, pero cuyas conclusiones en general no comparto. Si bien concuerdo con la crítica de Alberca al devenir "receta adocenada" de la autoficción en cuanto género literario "de moda" (*La máscara o la vida* 317, 313), crecientemente integrado en la lógica del mercado del capitalismo global, no coincido con la conclusión que deriva de ello, a saber, que la autoficción sería "una enfermedad pasajera de la autobiografía" (313) ligada a la cultura de "ludismo compulsivo" de la posmodernidad (308) o, peor aún, una especie de "rito de paso hacia la madurez" de la autobiografía (315). Al contrario de Alberca (y de otros críticos como Philippe Forest), me propongo reivindicar la productividad del concepto de autoficción tanto para la crítica como para las prácticas literarias y artísticas contemporáneas, y para ello fundamentaré mi argumento en una doble crítica de ese concepto tal como lo entienden este y otros estudiosos.

La primera crítica atañe a la reducción de la autoficción a un género literario, el cual representa tan sólo una de las posibles acepciones del término (y no una de las más interesantes, desde mi punto de vista). Toda la discusión crítica en torno a los géneros literarios tiende a desembocar en algo que ya constatara el filósofo e historiador italiano Benedetto Croce a principios del siglo XX: la imposibilidad de definir con precisión los géneros (50-55), y el hecho de que

---

esencialmente novelístico", y la crítica latinoamericana, que más bien la percibe como "un fenómeno transgenérico" (92).

[3] En cuanto al "cansancio" de la autoficción véase también Caballé ("¿Cansados del yo?") y Vilas.

éstos funcionan justamente en virtud de su *imprecisión*[4]. La imprecisión del género sería parte de la "complejidad pragmática" que determina su eficacia histórica, la cual va más allá de la mera función clasificatoria y oscila siempre entre el plano de la creación y el de la recepción –entre la *genericidad autorial* y la *genericidad lectorial* (Schaeffer, *¿Qué es un género literario?* 89; 101-106)–. En cierto modo es algo de sentido común: si fuera posible definir con absoluta precisión un género literario, ello supondría su inmediata acta de defunción, al menos desde el punto de vista de la creación literaria. Pues si un género es definido a la perfección, ¿qué interés habría en *escribirlo*? Un género perfectamente definido sería un género *ya escrito* –lo que indefectiblemente llevaría a su abandono y a la invención de otros géneros–. La lógica de la creación literaria opera a partir de una dialéctica de reproducción y transgresión de los modelos recibidos, lo que hace que los géneros sean entes dinámicos en continua transformación –y que por definición sea imposible aprehenderlos con nitidez en un determinado momento histórico[5]–. Como nos lo enseñaran Eliot y Borges, entraría aquí en juego la lógica de los "precursores" de Kafka: cada nueva variante creativa altera y reorganiza todas las piezas del sistema (y redefine radicalmente el propio sistema), de manera que en todo momento histórico en que un crítico se propone definir un género, ese

---

[4] En la lección segunda de su *Breviario de estética* (1912) Croce observa: "La ironía de la doctrina [de los géneros] estriba en la imposibilidad en que se encuentran sus teóricos de limitar lógicamente los géneros y las artes. [...] A qué absurdos conduce el esfuerzo por determinar rigurosamente lo que es indeterminable por la contradicción de su naturaleza" (52). Sin llegar como Croce al extremo de negar la existencia de los géneros más allá de su utilidad "didáctica", Derrida coincide en lo esencial con el pensador italiano cuando afirma: "Un texto no sabría *pertenecer* a ningún género. Todo texto *participa* de uno o varios géneros. No hay texto sin género, hay siempre género y géneros, pero esta participación no es nunca una pertenencia" (*Parages* 264; mi traducción).

[5] El espíritu que anima la invención literaria es lo que parafraseando a Edgar Allan Poe llamaríamos el "demonio de la perversidad" –un "espíritu travieso", como dice Levrero en *La novela luminosa* (457)–, movido por el deseo de transgresión de las normas (genéricas, artísticas, sociales, etc.). A propósito de demonios, cabe recordar una distinción sugerida por Deleuze: "La diferencia entre los demonios y los dioses estriba en que éstos tienen atributos, propiedades y funciones fijas, territorios y códigos: tienen que ver con los surcos, las lindes y los catastros. Lo propio de los demonios, por el contrario, es saltar los intervalos" (49).

género ya está siendo alterado (o lo será en breve) por las continuas transformaciones del sistema coetáneas al acto de su definición. La crítica literaria se ve confrontada con esta paradoja: en el momento en que es definido, el género por definición ha dejado de existir. Ocurre con los géneros literarios como con la luz de las estrellas: la luz que vemos, el género que imaginamos, son radicalmente asincrónicos en cuanto al texto o a la fuente original de iluminación. Siempre que hablamos de géneros hablamos en cierto modo de "estrellas muertas": en el momento en que vemos su luz, lo más probable es que la estrella haya dejado de existir hace tiempo, o en cualquier caso la fuente de luz queda tan lejos que es inaprehensible en sincronía con el acto de la visión.

Ahora bien, por suerte no es posible definir a la perfección los géneros —como no es posible, en rigor, definir perfectamente nada— y es por ello que los géneros *existen*, de la misma manera imprecisa y nebulosa en que existen el mundo y las ideas. Ya decía Karl Popper que en el mundo natural hay muchas más nubes que relojes (Holte 107) —y ello es tanto más cierto en el mundo de la cultura y las creaciones artísticas[6]—. En términos de la teoría del caos, diríamos que los géneros (como los fenómenos básicos del mundo físico y como todas las formas de vida) son "estructuras disipativas": sistemas inestables en continua transformación e interacción con el medio (Prigogine 89). Y bien podría decirse que si el género (esa extraña forma de vida textual) es tanto más longevo cuanto más nebuloso —la novela sería un buen ejemplo—, una excesiva estabilidad en su definición lo acercará, a la inversa, a un estado terminal de entropía y a la disolución del sistema.

Algo de esto ocurre con la definición del concepto de autoficción que propone Alberca. La definición de la autoficción como una suerte de síntesis dialéctica de la novela y la autobiografía, en virtud de un "pacto ambiguo" (Alberca, *El pacto ambiguo*) en el que coexistirían la lógica de la ficción de la novela y la lógica de la verdad de la autobiografía (lo que Philippe Lejeune llamara "pacto autobio-

---

[6] De hecho, como observa Popper siguiendo al filósofo norteamericano Charles S. Peirce, a quien considera uno de los primeros críticos de la visión mecanicista del mundo cuestionada por la física cuántica, "hasta cierto punto todos los relojes son nubes; o en otras palabras… *sólo hay nubes*, pero nubes con muy distinto grado de nebulosidad" (213; mi traducción).

gráfico") tiene la virtud de la precisión y de permitir deslindar un género literario que emerge entre las últimas décadas del siglo XX y las primeras del siglo presente –un género de notable predicamento en la literatura mundial, como lo evidencia la obra de autores como Philip Roth, W. G. Sebald o J. M. Coetzee, y que arraiga con particular vigor en la literatura en lengua francesa y española–. Es en la sobreexplotación de dicho género y en sus manifestaciones más obedientes a la lógica de la industria cultural, donde Alberca detecta síntomas de agotamiento y uso inflacionario del término, lo que lo lleva a la reivindicación de la autobiografía en la obra reciente de autores como Marta Sanz (*La lección de anatomía*, 2014), Andrés Trapiello (*Sólo hechos*, 2016; *Mundo es*, 2017), Rafael Argullol (*Visión desde el fondo del mar*, 2010) o Luis Landero (*El balcón en invierno*, 2014). A esa sobreexplotación obedecería también el rechazo explícito de la categoría de autoficción por parte de autores como Manuel Vilas, Marta Sanz o Rosa Montero, cuyas últimas novelas –*Ordesa* (2018), *Clavícula* (2017), *La ridícula idea de no volver a verte* (2013)– oscilan entre la autobiografía, el testimonio y la no-ficción en su abordaje de sucesos íntimos traumáticos como la enfermedad o la pérdida de seres queridos.

Sin embargo, si la definición de Alberca es relativamente útil para describir un género literario que se consolida a partir de los 2000 y llega a ser hegemónico en algunos países como Francia y España, no sirve de mucho cuando nos salimos de este marco histórico y tratamos de aplicarla a otros contextos y a otros medios y prácticas[7]. A mi juicio, la productividad de la autoficción, incluso en sus formas literarias y más genéricamente estables, radica menos en lo que Alberca llama "pacto ambiguo" –es decir, en la "vacilación" del lector entre asignarle un valor factual o ficcional a los sucesos narrados por un yo que es a la vez autor, narrador y personaje[8]– que en la propia anfibología que implica el término. La "autoficción", en cuanto "ficción del yo", encierra una productiva polisemia, en la medida en que puede

---

[7] Varios trabajos recientes examinan los límites de esta definición en el cine, el teatro y en general en las artes performativas, que demandan otras conceptualizaciones teóricas (Tossi, "Docudrama y autoficción"; Prieto, "Figuras digitales"; Casas, "De la novela al cine").

[8] Una "vacilación" equiparable, según el crítico español, a la vacilación "entre lo posible y lo imposible" propia del género fantástico tal como lo definiera Todorov (Alberca, "Finjo ergo Bremen" 37-38).

entenderse a la vez como genitivo subjetivo y objetivo –i.e., "ficción del yo" puede entenderse como la "ficción que el yo produce o enuncia" y como "la ficción que el yo *es*"–. En el primer caso, la ficción es poseída por el yo; en el segundo, el yo es lo poseído por la ficción: en un caso, la ficción es del yo; en el otro, la ficción *es* el yo (o bien el yo es de la ficción).

En la nebulosa e indefinida confluencia de estos dos sentidos radica la productividad crítica del concepto, lo que explica la escasa fortuna que han tenido términos alternativos como "autonarración", propuesto en su momento por Arnaud Schmitt (2007) y Philippe Gasparini (*Autofiction* 295-326), que no han cuajado en el discurso crítico justamente, se diría, por su excesiva precisión. Al sustituir "ficción" por "narración", el concepto pierde potencia significativa en la misma medida en que gana precisión semántica –sobre todo en el segundo sentido señalado– pues se diluye el rico espectro de connotaciones filosóficas, psicológicas y antropológicas que implica identificar el yo con la ficción, i.e. afirmar la *ilusión* que es el yo. Esta ambivalencia (cómo el yo produce la ficción, cómo la ficción produce el yo) sería entonces la mayor riqueza del concepto de autoficción, el cual –a diferencia de "autonarración"– puede entenderse en un sentido fenomenológico a la vez que en un sentido narratológico, lo que amplía considerablemente su radio de acción, permitiendo conectar los estudios literarios y las teorías de la narración con un amplio espectro de discursos y saberes filosóficos y sociológicos, así como con toda una constelación de prácticas artísticas que atraviesan la tradición moderna y que atañen crucialmente a la crítica del yo y a la reflexión sobre la subjetividad.

Bien es cierto que una excesiva latitud en la definición puede ser tan contraproducente como una excesiva precisión. La indefinición de un concepto –al igual que la precisión– se mueve entre dos polos: un polo productivo y un polo entrópico que tiende a una pérdida de eficacia crítica y a la disolución del sistema. En el polo "entrópico" del concepto de autoficción, que ha venido ganando fuerza en los últimos años, habría que destacar la tendencia a englobar en ese término dos fenómenos diametralmente opuestos: por un lado –por el lado de lo "auto"–, el auge de la cultura del yo en el capitalismo global y en las sociedades interconectadas del nuevo milenio, que ha producido una eclosión de narrativas narcisistas que tienden a la afirmación indiscriminada del yo, así como la emergencia de un nuevo naturalismo literario que oscila entre lo autobiográfico y lo testimonial; por otro lado –por el lado de la "ficción"–, la crítica del sujeto moderno que recorre el siglo XX, cuyo último avatar sería el posestructuralismo francés de los años 70 –el específico contexto en que surge el término "autoficción" acuñado por Serge Doubrovsky– que tiende a resaltar lo construido, ficcional o ilusorio del yo, y que se manifiesta en formas literarias experimentales, autorreflexivas y metaficcionales. La aglutinación en el mismo término de sentidos dispares y aun incompatibles, aun cuando tiendan a distribuirse en distintos ámbitos de influencia –el primer sentido, ligado a lo "auto", es predominante en el periodismo cultural y en el discurso publicitario de los grandes conglomerados editoriales (dos ámbitos que cada vez se hace más difícil distinguir, por lo demás), en tanto que el segundo, ligado a la "ficción", predomina en la teoría literaria y en la crítica académica–, tiende a degradar la eficacia crítica del término, lo que explica que algunos autores opten por abandonarlo o propongan categorías alternativas –"auto(r)ficción" (Schlickers), "novela del yo" (Forest), "autonovela" (Mora, *La literatura egódica*), etc. Sin entrar a valorar la pertinencia o utilidad de dichas categorías, aquí nos inclinamos por explorar el polo generativo del concepto de autoficción –es decir, por pensar la autoficción por el lado de su indefinición productiva–.

En ese sentido, y para retomar la discusión inicial, podríamos distinguir dos estrategias fundamentales en el estudio de la autoficción y las escrituras del yo: la autoficción considerada como género literario, y la autoficción como *figura de lectura*, para evocar la noción propuesta por Paul de Man en su seminal ensayo sobre la autobiografía (921). Desde la segunda perspectiva, la pertinencia de la autoficción no se limitaría al estudio de un género o modalidad narrativa contemporánea, sino que extendería su radio de acción a un amplio espectro de géneros y prácticas en distintos contextos históricos[9]. En este sentido "expandido", la autoficción no sería tanto un género más o menos definido cuanto una estrategia autofigurativa y un procedi-

---

[9] Colonna y el propio Alberca (*El pacto ambiguo*) rastrean la historia literaria y encuentran distintas formas de autoficción en la sátira menipea, en la novela picaresca, en la narrativa de la generación del 98, etc. Para un abordaje de la autoficción desde una perspectiva intermedial véase Schlickers y Casas (*El autor a escena*).

miento de irrupción textual: algo que puede *leerse* y rastrearse en todo tipo de textos literarios y en un amplio abanico de prácticas artísticas, y en general en las prácticas históricas y culturales de escritura del yo, y que se daría siempre que el relato *producto de un yo* unitario es invadido y difuminado por la conciencia de su evanescencia, ilusoriedad o artificialidad, de modo que el yo, en cuanto incierto artífice del relato de sí mismo, pasa a ser visto como *producto de la ficción* a la vez que como *productor* de ficción.

Toda escritura de sí implica una dinámica de construcción y diferimiento o disolución del yo, un juego de reflejos y disyunciones entre el yo que narra y el yo que testimonia, entre el yo que recuerda y el yo recordado —o para ponerlo en términos de Benveniste, entre el sujeto del enunciado y el sujeto de la enunciación—. Es lo que podríamos llamar, a partir del mito clásico, la dialéctica de Eco y Narciso. En el mito griego, como se sabe, Eco es una ninfa que está condenada a hablar con la voz de otro, en tanto que Narciso representa el destino no menos trágico de quien, enamorado de sí mismo, acaba ahogándose en el sueño de su propia imagen. Toda escritura autobiográfica conlleva un baile de máscaras entre la identidad y la alteridad, un continuo oscilar entre los polos de la autoafirmación y el auto-extrañamiento. En el deseo de verse a sí mismo, el yo que recuerda y escribe está abocado a ahogarse en su propia imagen: en la escritura y en el recuerdo, el yo inevitablemente deviene otro —al hundirse en la imagen de sí mismo, está condenado a hablar con la voz de otro: ese otro que es el yo recordado o escrito—. Narciso está condenado a devenir Eco, Eco a reflejarse en Narciso —la mudez de la propia imagen continuamente reverbera en el habla extrañada del otro que soy y no soy yo[10]—.

Llamaríamos autoficción, entonces, a la toma de conciencia y a la puesta en texto de esta dialéctica: al momento en que el yo toma conciencia de sí como ficción —eso que Paul de Man llamara *de-facement*: el "des-enmascaramiento" del discurso autobiográfico, o el momento en que se hace visible la disyunción entre el yo que recuerda y el yo recordado, que implica una "divergencia de identidad" y una "diver-

---

[10] Este proceso de auto-extrañamiento es designado por Derrida con un feliz calambur: "otobiografía" (2009). Toda "autobiografía", para el pensador francés, es "otobiografía", escucha del otro que soy yo.

gencia temporal" (78), tal como propone Jean Starobinsky en su seminal ensayo sobre el "estilo" de la autobiografía. La autoficción podría describirse entonces como una suerte de modo narrativo meta-
autobiográfico, o bien directamente como la *parodia* de la autobiografía, en la que se expone la tramoya de la subjetividad y se decons-
truyen las convenciones retóricas del discurso autobiográfico[11]. Pero
más allá de un planteamiento genérico o cronológico, que opondría
un "género" autobiográfico a otro autoficcional, reduciendo la autoficción a una forma narrativa derivada históricamente de la autobiografía, que aparecería necesariamente *después* de ésta, considero pre-
ferible pensar el binomio autobiografía/autoficción en términos
transhistóricos, es decir, como intensidades variables a lo largo de un
espectro, que pueden darse en distinta medida en un mismo texto y
en una amplia gama de prácticas autofigurativas. En otras palabras,
en una autobiografía clásica (digamos, en las autobiografías de Rous-
seau, Goethe o Sarmiento) puede haber irrupciones autoficcionales,
así como en las autoficciones contemporáneas (digamos, en una
novela de Philip Roth, de Fernando Vallejo o de Javier Marías) la
dimensión de la "escritura de la vida" es un ingrediente fundamental
y a menudo tan pregnante, aun cuando incorpore otros matices,
como pueda serlo en las autobiografías clásicas.

Esto nos lleva a la segunda crítica o segundo problema que desde
mi punto de vista plantea definir la autoficción en términos de un
"pacto ambiguo", es decir, en términos de una combinación de la
lógica de la verdad autobiográfica y la lógica de la ficción novelesca.
Esta definición sitúa la emergencia histórica de la autoficción en la
confluencia de dos géneros canónicos –novela y autobiografía–, lo
que en parte concuerda con lo que propone Serge Doubrovsky cuando acuña el término en la contratapa de su novela *Fils* (1977), donde
opone explícitamente la autoficción a la autobiografía como género
narrativo de las personas ilustres –como la manera clásica de escritura
del yo de los protagonistas de la Historia–:

¿Autobiografía? No. Es un privilegio reservado a los ilustres de este mundo
en el crepúsculo de sus vidas y con bello estilo. Ficción de acontecimientos
y hechos estrictamente reales; si se quiere, autoficción, haber confiado el

---

[11] José María Pozuelo Yvancos define la autoficción en este sentido como "la
deconstrucción del yo autobiográfico" (153).

lenguaje de una aventura a la aventura del lenguaje, más allá de la sabiduría y más allá de la sintaxis de la novela, tradicional o nueva. Reencuentros, *hilos/hijos* de palabras, aliteraciones, asonancias, disonancias, escritura antes o después de la literatura, *concreta*, como se dice en música (cit. en Toro 10; mi traducción).

Sin embargo, ahí terminan las semejanzas entre ambas definiciones, pues mientras que Alberca define la autoficción como una suerte de síntesis genérica simétrica, y entiende el concepto en términos estrictamente literarios en una época en que la literatura se caracteriza por un marcado conservadurismo, Doubrovsky introduce el término para nombrar una práctica narrativa agenérica y transmedial que estaría entre la literatura y la música concreta –como es esperable que conciba su propia práctica un novelista experimental, discípulo y émulo de Roland Barthes, que escribe en los años 70 en pleno auge de la *écriture* y el posestructuralismo–. No hay que olvidar que cuando describe su novela como "ficción de acontecimientos y hechos estrictamente reales", Doubrovsky está emulando en gran medida lo que dos años antes propone Roland Barthes en su heterodoxa y experimental autobiografía *Roland Barthes por Roland Barthes* (1975), al invitarnos a leer su yo autobiográfico como "un personaje de novela" (4).

Ahora bien, incluso en sus manifestaciones más "integradas", para retomar un término de Umberto Eco que no ha perdido un ápice de vigencia, desde que a partir de los 2000 la autoficción empieza a consolidarse como género novelesco, es dudoso que la ambigüedad generada por la vacilación entre lo "factual" y lo "ficticio" (Schaeffer, "Fictional vs. factual narration") sea algo particularmente distintivo de esa forma narrativa. La figura clave en la autoficción no sería a mi modo de ver la ambigüedad –que tiende a perpetuar la oposición binaria realidad/ficción en cuanto disyuntiva entre lo factual y lo ficcional–, sino la contradicción y la paradoja, o incluso el anacoluto[12]: el imposible lógico que implica la convergencia en la figura del yo narrador de la doble condición de autor empírico y personaje de ficción. Este cortocircuito lógico y textual suele conllevar una redefinición de la relación entre realidad y ficción, que más que como una oposición lineal tiende a darse como un bucle infinito o como una figura topológica compleja –un sistema de múltiples entrecruza-

---

[12] Para lo primero véase Genette (87), para lo segundo, García (143).

mientos, torsiones y contaminaciones–. Lo esencial de la autoficción no sería entonces la ambigüedad, sino una peculiar forma de "nudo cognitivo". Ilustraré este punto con dos ejemplos.

El primero es la novelita *Cómo me hice monja* (1993) de César Aira, uno de los más inventivos cultivadores de la autoficción en el ámbito hispanohablante. En esta narración delirante –como lo son todas las de Aira– no hay lugar para la ambigüedad desde el momento en que propone un dispositivo narrativo basado en una serie de violentas contradicciones e insalvables saltos lógicos. Contradicción, en primer lugar, entre lo que promete el título y lo que ofrece la narración, tan perfectamente exenta de monjas como el filme surrealista *Un perro andaluz* lo está de perros o de andaluces; contradicción, en segundo lugar, entre la identidad genérica del autor –el escritor argentino César Aira– y la del andrógino narrador –un hablante femenino al que no obstante se conoce como "el niño Aira" (60) y que en cualquier caso nunca llegará a contar "cómo se hizo monja"–; contradicción irresoluble, por último, en el hecho de que la narración concluya abruptamente con la muerte violenta del narrador, ahogado a los seis años en un tambor de helado de fresa, lo que corta de raíz todo posible relato de su "conversión en monja", toda conexión con el futuro autor del libro, cuya figura "autobiográfica" es defenestrada desde el momento en que se nos confronta con la imposible narración de un autor que, al haber sido asesinado a los seis años, escribe no ya la historia de su vida sino la de su propia muerte, dinamitando así todo posible "pacto" narrativo. Aquí el dispositivo autoficcional no propone ninguna ambigüedad –cualidad clásica del *bel-letrismo* tan desdeñado por Aira, quien de hecho reivindica programáticamente la "mala literatura" ("La innovación" 29)[13]–, antes bien promueve una deformación grotesca de la narración realista y una deconstrucción de los presupuestos del relato autobiográfico. De manera que no es que se combinen las lógicas de la novela y la autobiografía: es que ambas son negadas y excluidas de antemano. Lo decisivo aquí no es la ambi-

---

[13] Sobre el *ethos* vanguardista que moviliza la reivindicación airiana de la "mala literatura" y su desdén por el *bel-letrismo*, en cierto modo análogo a la aversión de Doubrovsky por el "bello estilo" de la autobiografía, véase Prieto ("Vanguardia y mala literatura: de Macedonio a César Aira").

güedad, sino la contradicción: no es que "podría ser una cosa u otra" sino que *no puede ser ni una ni otra.*

El segundo ejemplo lo tomo de un texto más reciente: la novela *Los cinco y yo* (2017) de Antonio Orejudo. En esta novela no sería desde luego imposible preguntarse si Enid Blyton, la autora británica de la serie de novelas juveniles *Los cinco* que marcó la adolescencia del autor (y por cierto la de quien suscribe), realmente se carteó con Magda Goebbels, la esposa del ministro de propaganda nazi, o si el autor, que al igual que el narrador de la novela es escritor y profesor universitario, realmente se hizo rico invirtiendo en bolsa durante sus estudios de filología. En ambos casos la duda es posible, pero no es menos cierto que se trata de preguntas marginales y en última instancia irrelevantes. Por lo general, estos casos de "vacilación" vienen a funcionar como el *McGuffin* en las películas de Hitchcock: algo cuya entidad factual o ficcional es enteramente irrelevante y cuya principal función es hacer que la narración avance, una especie de señuelo para captar la atención del lector a la vez que un eficaz lubricante del engranaje narrativo (Truffaut 115).

Los momentos más pregnantes de esta novela tienen poco que ver con la ambigüedad: se producen por el contrario cuando el binarismo realidad/ficción colapsa y deviene una suerte de bucle vertiginoso, es decir, se trata de momentos en los que resulta imposible seguir planteándose la disyuntiva entre lo factual y lo ficticio. Uno de los pasajes más brillantes propone una suerte de montaje paralelo en el que se entrecruzan dos relatos igualmente descabellados: por un lado, el relato de Richard, el joven recluta del ejército británico en que se convierte el personaje "Dick" de las novelas de Enid Blyton, el cual deja de ser el hermano menor de *Los cinco* al ingresar en la edad adulta. Un relato por lo demás extraído del best-seller *After five,* obra de Reig, el exitoso colega del autor-narrador de *Los cinco y yo*, en el que se cuenta cómo Richard, el "futuro Dick" de Enid Blyton, se ve envuelto en una cruenta batalla durante la guerra de las Malvinas, de manera que al librarse de las ficciones de Enid Blyton, el simpático "Dick" recae fatalmente en los mundos imaginarios y no menos inverosímiles de las novelas de Reig y de Antonio Orejudo. Este relato se trenza, por otra parte, con la narración del usuario de un videojuego de "combate en primera persona", que describe una batalla virtual ambientada en la Guerra de las Malvinas en la que el jugador se dedica a masacrar francotiradores argentinos –un relato narrado en un tú impersonal que podría ser el hijo del narrador, el propio narrador (que conoce el videojuego *UK Wars 3* a través de su hijo) o cualquier otro usuario del mismo–. Además, en otro giro de tuerca, el autor del videojuego resulta ser el futuro Richard, quien tras sobrevivir a su experiencia traumática en la Guerra de las Malvinas funda una compañía desarrolladora de juegos de combate. De modo que en este pasaje se yuxtaponen la experiencia "real" de la guerra y su transposición simbólica, en una suerte de difracción de lo que en la escritura autobiográfica suele darse como una simultaneidad transparente que tiende a borrar la diferencia entre lo vivido y lo representado.

La gracia de este pasaje es que ambos relatos se invaden mutuamente: la batalla virtual del videojuego se cuenta con el cruento hiperrealismo de una experiencia realmente vivida, en tanto que el relato "realista" del recluta Richard se contamina de virtualidad y automatismos *zombis*. En pasajes como éstos se anula toda posible ambigüedad: sería tan ocioso preguntarse por lo factual o lo ficticio de lo que les sucede a Dick, a Richard Barnard o al narrador usuario del videojuego, como lo sería preguntarse por lo vivido o lo inventado en las aventuras del Coyote y el Correcaminos. Lo crucial aquí no es la disyuntiva binaria entre lo real y lo ficticio, sino justamente el colapso de esa oposición que adviene a través de un cortocircuito lógico y textual –lo que en términos de Genette llamaríamos una metalepsis (244)–: un momento de disrupción cognitiva en el que ya no nos preguntamos por lo real o ficticio de los acontecimientos narrados sino por el estatuto ontológico, cultural y sociopolítico de las categorías de realidad y ficción *fuera del texto* que estamos leyendo. En otras palabras, la autoficción, como lo han destacado críticos como Vincent Colonna (127-32) y Philippe Gasparini (*Autofiction* 309-11)[14], es un procedimiento narrativo directamente ligado a la metaficción, a la reflexión sobre la subjetividad tanto como a la autoconciencia crítica del lenguaje y de los mecanismos retóricos del texto –conciencia, en última instancia, de la dimensión imaginaria y construida del yo y del mundo, lo cual no los hace menos "realmente vividos"–.

---

[14] Véase también Hubier (128) y Toro (57-75).

*   *   *

Paso ahora a comentar algunos aspectos autoficcionales de la obra narrativa de Mario Levrero. Para no extenderme demasiado me voy a concentrar en dos textos: "Diario de un canalla" y el "Diario de la beca" de *La novela luminosa*. "Diario de un canalla" es un texto que en cierto modo hace de parteaguas en la obra de Levrero. Originalmente publicado en la colección de relatos *El portero y el otro* (1992), este texto supone el inicio de la escritura diarística y autobiográfica que el autor uruguayo cultivó en los últimos años de su vida, en virtud de la cual suele dividirse su obra en dos etapas: la etapa de los relatos y novelas "fantásticas", y la etapa de escritura "realista" y autobiográfica. "Diario de un canalla" es además un texto crucial en la trayectoria biográfica de Levrero, cuya escritura supone una experiencia catártica que abre la perspectiva de una "nueva vida" (en un sentido literal, así como en varios sentidos simbólicos). En efecto, este "diario" fue escrito hacia el final de una estancia de dos años en Buenos Aires, en medio de una honda crisis personal que precipitará su decisión de regresar a Montevideo, y a la vez abre una suerte de heterodoxa vía mística que implica un proceso de introspección y perfeccionamiento espiritual, así como la escritura de una novela iniciada en 1984 para conjurar el temor a una operación de vesícula: una novela "imposible" y finalmente inconclusa, que retomará de diversas maneras en "Diario de un canalla", en *El discurso vacío* (1996) y en *La novela luminosa*. En rigor, de esa novela sólo se conservan los cinco capítulos reescritos en 2001 con el apoyo de la beca Guggenheim e incluidos al final del libro homónimo publicado en 2005, precedidos por el "Diario de la beca". Pero en más de un sentido estos textos diarísticos proponen distintas actualizaciones de esa elusiva "novela luminosa", de modo que es posible leerlos como una suerte de constelación narrativa: lo que podríamos llamar la trilogía de la "novela inconclusa", o bien de la "novela luminosa" (Corbellini).

A partir de aquí se abren dos vías de lectura de la obra de Levrero en términos de autoficción, entendiendo el concepto en el doble sentido narratológico y fenomenológico arriba esbozado —es decir, en el sentido de la confluencia de autor, narrador y personaje en una misma instancia textual que lleva a la ficcionalización de la función autorial, y como conciencia *disruptiva* de lo construido e imaginario de toda instancia egoica. La primera vía nos llevaría a rastrear las continuidades entre los dos modos o etapas de la narrativa de Levrero, y a leer diacrónicamente la coherencia autoficcional de esa narrativa, que se escribe casi siempre en primera persona, como relato estructurado en torno a las percepciones, experiencias e imaginaciones de un yo idiosincrásico –un yo autorial, aunque no siempre se lo identifique explícitamente con el nombre del autor que firma el texto. La obra literaria de Levrero, tanto en sus modos "fantásticos" como "autobiográficos", se construye a partir de un yo narrativo que propone una singular percepción del mundo: es lo que Rodolfo Fogwill llama el "factor Levrero" (259), que impregna todos sus textos, haciéndolos inmediatamente reconocibles. En otras palabras, hay un "factor Levrero", del mismo modo que habría un "factor Borges" o un "factor Kafka" que otorga cohesión autorial a un determinado *corpus* textual, y que justamente por ser tan reconocible no siempre precisa de la identificación explícita del narrador con el nombre del autor que firma el texto. En virtud de ese "factor Levrero" –ese "estilo obsesivo, equilibrado entre lo cotidiano y lo absurdo", como lo describe Elvio Gandolfo (20)–, podemos leer la dimensión novelesca y ficcional de sus textos autobiográficos (como "Diario de un canalla" o *La novela luminosa*) así como los aspectos realistas y autobiográficos de las narraciones fantásticas u oníricas.

Por otra parte, en una segunda vía de lectura en clave autoficcional, es posible leer los textos diarísticos de Levrero no tanto como escritura "realista" o "autobiográfica", sino más bien como exploración del diario en cuanto *forma (pseudo)novelesca*. Exploración que enlaza con la tradición moderna de la anti-novela –tradición especialmente rica en el Río de la Plata–, y en particular con el proyecto macedoniano de la "última novela mala" y la "primera novela buena" –materializado en la "doble novela" póstuma *Adriana Buenos Aires* (1974) / *Museo de la Novela de la Eterna* (1967)–, donde la reflexión metatextual y la dimensión metapoética del "escribir mal y pobre" (Fernández, "El zapallo que se hizo cosmos" 54) se combinan con la crítica de la ficción, la crítica del yo y la construcción autoparódica de la figura autorial (Premat 33-61; González Álvarez). La dicotomía que plantea "Diario de un canalla" entre "mala" escritura diarística (informe y confesional) y "buena" escritura novelesca (el relato que atrapa al lector con "una prosa límpida que teje una estructura

perfecta" [24]) está notoriamente emparentada con la dualidad mace-
doniana de la "mala" y la "buena" novela, aun cuando invierta los
términos de esa dualidad (o precisamente por ello). Asimismo, la
estructura de diferimiento de la novela o de la "buena escritura" que
encontramos tanto en *El discurso vacío* como en *La novela luminosa* es
análoga a la que propone el *Museo de la Novela* de Macedonio, donde
el advenimiento de la narración propiamente dicha se ve retardado
por innumerables prólogos. En ese sentido, el "Diario de un canalla",
como los ejercicios de escritura caligráfica de *El discurso vacío* y como
el "Diario de la beca", con su compleja imbricación de discurso metatextual, inscripción autobiográfica y reflexión autoficcional, pueden
leerse como estructuras de diferimiento de un determinado ideal de
novela que en sí mismas están efectivando una *forma pseudo-novelesca*.
Por esta vertiente, la trilogía levreriana de la "novela inconclusa" dialoga con la tradición de la novela moderna, cuyos ejemplos mayores
desde el *Quijote* hasta el *Tristram Shandy* o *El hombre sin atributos*,
pasando por el mismo *Museo de la Novela* de Macedonio o *El zorro de
arriba y el zorro de abajo* de José María Arguedas, tienen en común su
paradójica condición de "anti-novelas", o al menos el presentarse
como *algo que no es novela*.

Uno de los aspectos más notables de "Diario de un canalla" es el
hecho de que la forma de "diario" continuamente se pierde a la vez
que se recupera: cuando vuelve al texto después de doce días (en la
entrada del 19 de diciembre de 1986, que abre el segundo capítulo),
el narrador retoma la escritura de "este diario" (39) –y es importante
destacar que lo que entonces se retoma no es sólo un diario en el
sentido de un registro de acontecimientos cotidianos, sino también
un *diario de escritura* del texto que estamos leyendo–. Se diría que en la
disipación de la forma "diario" –que se caracterizaría por su condición de "antificción" según Lejeune– lo que se pierde es tan relevante como lo que se produce en esa indefinición formal: una específica "ficción de diario" que permite articular un relato, es decir,
una ficción diarística que desde el principio tiene como premisa la
indefinición genérica y la forma pseudo-novelesca. En otras palabras,
la pérdida de la forma "diario" no sería un accidente que le sobreviene
al texto, sino justamente la *falta de forma* que está buscando, la imposible forma a la vez literaria y no literaria –a la vez fantástica y

autobiográfica, artificiosa y veraz– que aproximativamente podríamos describir con el término "autoficción".

Toda la narrativa de Levrero, tanto las narraciones fantásticas como los textos autobiográficos y diarísticos, puede considerarse entonces como escritura *autoficcional* del yo. Como afirma en *La novela luminosa*, la escritura sólo tiene interés en la medida en que entreteje literatura y vida, como forma de "dar algo de uno mismo" (72). En ese sentido, las categorías de "literatura fantástica", "autobiografía" o "realismo" son insuficientes para caracterizar esta obra: por un lado, ésta se basa en una fenomenología de la subjetividad que presupone lo real de las fantasías y los procesos imaginativos, así como el carácter ficcional y construido de toda instancia subjetiva; por otro, plantea una poética de la ficción que concibe la escritura como acontecimiento que da testimonio de la "memoria del alma", lo que lo lleva a rechazar tanto el naturalismo flaubertiano (y en general la novela realista) como la noción de "invención" ligada a la literatura fantástica a la manera de Borges y el círculo de la revista *Sur* (Bioy Casares, José Bianco, Silvina Ocampo, Cortázar etc.). Es lo que expone con claridad meridiana en *El discurso vacío*:

> La gente incluso suele decirme: "Ahí tiene un argumento para una de sus novelas", como si yo anduviera a la pesca de argumentos para novelas y no a la pesca de mí mismo. Si escribo es para recordar, para despertar el alma dormida, avivar el seso y descubrir sus caminos secretos; mis narraciones son en su mayoría trozos de la memoria del alma, y no invenciones (122).

La categoría de autoficción, por su carácter híbrido y transgenérico (en el sentido arriba expuesto), concuerda en gran medida con la concepción levreriana de la escritura, y resulta especialmente productiva para leer la trilogía de la "novela luminosa". Según se afirma en el primero de los cinco capítulos incluidos en el libro homónimo, la "novela luminosa" debería tener una forma "autobiográfica", pero no ser una autobiografía "con todas las de la ley", y por otra parte, en cuanto novela "imposible", tampoco sería exactamente "literatura", desde el momento en que reconoce que las experiencias extraordinarias o "luminosas" que quiere plasmar no admiten transcripción "literaria":

> Obviamente, la forma más adecuada de resolver la novela luminosa es la autobiográfica. Y también la forma más honesta. Sin embargo, no debe tratarse de una autobiografía con todas las de la ley, puesto que sería probablemente

el libro más soso que pudiera escribirse. [...] Ahora debo escribir (la novela oscura) y deseo escribir (la novela luminosa), pero no sé cómo hacerlo. Se ha fugado de mí el espíritu travieso, alma en pena, demonio familiar o como quiera llamársele, que hacía el trabajo en mi lugar. Estoy a solas con mi deber y mi deseo. A solas, compruebo que no soy literato, ni escritor, ni escribidor ni nada. Simultáneamente, necesito dentadura postiza, dos nuevos pares de lentes (para cerca y para lejos) y operarme de la vesícula (*La novela luminosa* 456-457).

La descripción de los textos diarísticos y autobiográficos de Levrero como textos "realistas" es así pues tan problemática como la lectura de sus narraciones imaginativas en términos de "literatura fantástica". Y ello no sólo por su poética de la escritura anti-naturalista, sino porque esos textos supuestamente realistas están plagados de fenómenos paranormales, coincidencias mágicas, señales del Espíritu y visitas de fantasmas que se presentan como parte de la experiencia de la realidad cotidiana del "escritor-no escritor" Mario Levrero. Es significativo, en ese sentido, que entre los varios temas listados en el epílogo del "Diario de la beca", sobre los cuales ofrece un telegráfico "estado de la cuestión" al final del libro, junto a las categorías más o menos pedestres ("Antidepresivos", "Yogur con vitamina C", "Monitor de mala calidad") aparezcan, como si tal cosa, los temas "Fantasmas" y "Telepatía con el librero".

En cuanto a la continua inscripción diarística de hechos aparentemente imposibles, paranormales o sobrenaturales, es importante señalar que la narrativa de Levrero no plantea nunca una vacilación fantástica en el sentido de Todorov, así como tampoco propone un coqueteo autoficcional "de baja intensidad" (Mora, *La huida de la imaginación* 124), en el sentido del juego narcisista consistente en sembrar la duda sobre lo que habría de inventado o de vivido en el relato del autor-narrador (el menos interesante, a mi ver, de los sentidos de la autoficción), sino que en ella siempre se trata de transmitir una específica visión de la realidad –lo que podríamos llamar una visión de la realidad "expandida"–.

De hecho, la "novela luminosa" se presenta como la "historia de una conversión", y los textos diarísticos que integran la trilogía de la novela inconclusa pueden leerse como una suerte de "ejercicios espirituales" en el sentido ignaciano y teresiano del término: una historia de la progresión del alma del autor-narrador en su lucha por alcanzar o recuperar una autenticidad perdida. En ese sentido, hay que

entender literalmente lo que afirma el autor del "Prefacio histórico de
la novela luminosa" que precede al "Diario de la beca", cuando confiesa que su modelo de escritura son *Las moradas* de Santa Teresa (15).
En efecto, estos textos diarísticos a la par que pseudo-novelescos
proponen una reescritura en clave secular y post-freudiana de la vía
mística y el "camino de perfección" teresianos: un intento de recuperar el "recto camino" (26), según lo expresa en una de las primeras entradas del "Diario de la beca". Más allá de la apelación a *Las
moradas* como modelo de escritura, abundan en la "novela luminosa"
y a lo largo del "Diario de la beca" frases puntuales que recuerdan la
dicción llana y el registro familiar de la mística avulense, que afirmara
que "entre las ollas y los pucheros también anda Dios". Al reconocer
su fracaso en la tarea de mantener su escritura apegada a lo "luminoso", Levrero evoca el gusto teresiano por los diminutivos afectivos
cuando afirma: "soy como un pajarillo que prueba sus alas antes del
primer vuelo" (460). Y en otro momento observa escuetamente:
"Miro por la ventana hacia la gracia del cielo" (241). Asimismo, la
concepción levreriana de la literatura como "goce inefable" que
tiende a excluir el pensamiento y las ideas (lo que llama con desdén
el "panfleto" ideológico), tiene notorias afinidades con la tradición
mística en cuanto experiencia de "no entender" que quedaría más allá
de la lógica y del discurso racional. Como también es afín al discurso
de la mística su visión del amor como "soplo" trascendente ligado a
la superación del yo mundano, tal como lo expresa en el capítulo 2
de la "novela luminosa": "El amor, el espíritu, es un soplo eterno que
sopla a través de los tubos vacíos que somos nosotros. No es tu fotografía lo que llevo en el alma, muchacha sin rasgos: es tu mirada,
justamente lo que no era tuyo, lo que no era tú" (475).

En realidad, y para concluir, en ese gran proyecto de escritura de
sí que es la obra narrativa de Mario Levrero, más que una etapa "fantástica" y una etapa "realista" o "autobiográfica" –términos inade-
cuados, como digo, para describir la singularidad de esta obra–, lo
que habría son dos modos de escritura del yo que no habría que entender en el sentido de una linealidad cronológica, como "etapas" que
se sucederían, sino más bien como intensidades que se dan en diverso
grado en cada texto de Levrero, y cuya interacción genera una suerte
de *bajo continuo* autoficcional. Es lo que, a partir de los dos autores
invocados como modelos o santos patronos de su escritura –Franz

Kafka y Teresa de Ávila–, podríamos llamar el modo "kafkiano" y el modo "teresiano" de la escritura levreriana. En la narrativa del autor uruguayo hay básicamente dos modos: el modo kafkiano de escritura del yo en relación con un Otro siniestro y contingente, y el modo teresiano de introspección espiritual en relación con un Otro absoluto e intersubjetivo (lo que Levrero llama alternativamente el Espíritu o el Inconsciente, con mayúsculas). El modo kafkiano predomina en las novelas de la llamada "trilogía involuntaria" –sus tres primeras novelas: *El lugar, La ciudad* y *París*, escritas a finales de los años 60–, en tanto que el modo teresiano impregna la trilogía de la "novela luminosa"; pero ambos modos están presentes en los textos que integran las dos trilogías, y en mayor o menor grado los encontramos en todos sus textos y en todas las "épocas" de la escritura levreriana[15]. La ingeniosa confabulación de esos modos a partir de una poética autoficcional que es también un *ethos*, una forma de entender y conducir la vida, le confiere un sello único a esta escritura –ese "no sé qué" que, como lo expresara en *La novela luminosa*, continuamente nos devuelve y deja en ciernes "el viejo sabor de la aventura literaria en la garganta" (457)–.

Bibliografía citada

Aira, César. *Cómo me hice monja*. Rosario: Beatriz Viterbo, 1993.

——. "La innovación". *Boletín. Centro de estudios de teoría y crítica literaria* 4 (1995): 27-33.

Alberca, Manuel. *La máscara o la vida: de la autoficción a la antificción*. Málaga: Pálido Fuego, 2017.

——. "De la autoficción a la antificción: una reflexión sobre la autobiografía española actual". En *El yo fabulado: nuevas aproximaciones críticas a la autoficción*. Ana Casas, ed. Madrid/Frankfurt: Iberoamericana/Vervuert, 2014. 149-168.

——. "Finjo ergo Bremen: la autoficción española día a día". En *La obsesión del yo. La auto(r)ficción en la literatura española y latinoamericana*. Vera Toro, Sabine Schlickers y Ana Luengo, eds. Madrid/Frankfurt: Iberoamericana/Vervuert, 2010. 31-49.

---

[15] De ahí que, al leer *La novela luminosa* y en general la escritura diarística del último Levrero, sea en cierto modo menos relevante el "giro autobiográfico" de estos textos –en la terminología de Giordano (2008)– que lo que tienen de "nuevo avatar de la caligrafía del sueño esbozada en sus primeras ficciones, que pretendían ser una traducción de Kafka al uruguayo" (Vecchio 218).

—. *El pacto ambiguo: de la novela autobiográfica a la autoficción.* Madrid: Biblioteca Nueva, 2007.

Amícola, José. "Autoficción: una polémica literaria vista desde los márgenes". *Olivar* 9, 12 (2008): 181-199.

—. *Autobiografía como autofiguración.* Rosario: Beatriz Viterbo, 2007.

Arfuch, Leonor. *Memoria y autobiografía: exploraciones en los límites.* México, DF: FCE, 2013.

—. "(Auto)ficciones de infancia". En *Cine argentino contemporáneo: visiones y discursos.* Bernhard Chappuzeau y Christian von Tschilschke, eds. Madrid/Frankfurt: Iberoamericana/Vervuert, 2016. 143-60.

Barthes, Roland. *Roland Barthes par Roland Barthes.* Seuil, 1975.

Benveniste, Émile. "Estructura de las relaciones de persona en el verbo" [1966]. *Problemas de lingüística general,* vol. 1. México, DF: Siglo XXI, 1997. 161-171.

Blejmar, Jordana. *Playful Memories: The Autofictional Turn in Post-Dictatorship Argentina.* London: Palgrave Macmillan, 2016.

Borges, Jorge Luis. "Kafka y sus precursores" [1952]. *Otras inquisiciones. Obras completas,* vol. 2. Buenos Aires: Emecé, 1989. 88-90.

Caballé, Anna. "¿Cansados del yo?". *El País. Babelia,* 6 de enero de 2017, s. p. elpais.com/cultura/2017/01/06/babelia/1483708694_145058.html

—. *Narcisos de tinta. Ensayos sobre literatura autobiográfica en lengua castellana.* Madrid: Megazul, 1995.

Casas, Ana, ed. *El autor a escena: intermedialidad y autoficción.* Madrid/Frankfurt: Iberoamericana/Vervuert, 2017.

—. "De la novela al cine y el teatro: operatividad teórica de la autoficción". *Revista de literatura* 80, 159 (2018): 67-87.

Colonna, Vincent. *Autofiction et autres mythomanies littéraires.* Paris: Tristram, 2004.

Corbellini, Helena. "La trilogía luminosa de Mario Levrero". *Revista de la Biblioteca Nacional* 3, 4-5 (2011): 251-261.

Croce, Benedetto [1912]. *Breviario de estética.* Madrid: Espasa-Calpe, 1985.

Deleuze, Gilles. *Diálogos.* Trad. José Pérez Vázquez. Valencia: Pre-Textos, 1980.

de Man, Paul. "Autobiography as De-facement". *Modern Language Notes* 94, 5 (1979): 919-30.

Derrida, Jacques. *Parages.* Paris: Galilée, 1986.

—. *Otobiografías. La enseñanza de Nietzsche y la política del nombre propio* [1976]. Madrid: Amorrortu, 2009.

Doubrovsky, Serge. *Fils.* Paris: Galilée, 1977.

Eco, Umberto. *Apocalípticos e integrados* [1964]. Barcelona: Tusquets, 1995.

Eliot, T. S. "Tradition and the Individual Talent". *The Egoist* 6, 4 (1919): 54-55.

Fernández, Macedonio. *Museo de la Novela de la Eterna* [1967]. Buenos Aires: ALLCA XX, 1996.

—. *Adriana Buenos Aires. (Última novela mala). Obras completas,* vol. 5. Buenos Aires: Corregidor, 1974.

—. "El zapallo que se hizo cosmos". *Relato. Cuentos, poemas y misceláneas. Obras completas,* vol. 7. Buenos Aires: Corregidor, 1987. 51-54.

Fogwill, Rodolfo. "Las noches oscuras de un maestro". En *La máquina de pensar en Mario. Ensayos sobre la obra de Levrero*, ed. Ezequiel De Rosso. Buenos Aires: Eterna Cadencia, 2013. 259-60.

Forest, Philippe. "Ego-literatura, autoficción, heterografía". *La autoficción. Reflexiones teóricas*. Ana Casas, ed. Madrid: Arco Libros, 2012. 211-35.

Gandolfo, Elvio. "*Gelatina* de Mario Levrero" [1969]. *La máquina de pensar en Mario. Ensayos sobre la obra de Levrero*. Ezequiel De Rosso, ed. Buenos Aires: Eterna Cadencia, 2013. 19-20.

García, Mariano. "Las dos caras de la autoficción en *La novela luminosa* de Mario Levrero". *Pasavento* 3, 1 (2015): 137-53.

Gasparini, Philippe. *Autofiction. Une aventure du langage*. Paris: Seuil, 2008.

—. *Est-il je? Roman autobiographique et autofiction*. Paris: Seuil, 2004.

Genette, Gérard. *Figures III*. Paris: Seuil, 1972.

Giordano, Alberto. *El giro autobiográfico de la literatura argentina actual*. Buenos Aires: Mansalva, 2008.

—. *El tiempo de la convalecencia. Fragmentos de un diario en Facebook*. Rosario: Iván Rosado, 2017.

—. *El tiempo de la improvisación*. Rosario: Iván Rosado, 2019.

González Álvarez, José Manuel. "'Una autobiografía escrita por otro': desidentificación y paradojas del yo en Macedonio Fernández". En *La impronta autoficcional: (re)fracciones del yo en la narrativa argentina contemporánea*. José Manuel González Álvarez, ed. Madrid: Iberoamericana-Vervuert, 2018. 15-26.

Holte, John, ed. *Chaos: The New Science*. Lanham, MD: UP of America, 1993.

Hubier, Sebastien. *Littératures intimes: les expressions du moi, de l'autobiographie à l'autofiction*. Paris: Armand Colin, 2003.

Lejeune, Philippe. "Le journal comme antifiction". *Poétique* 149 (2007): 3-14.

Levrero, Mario. *El portero y el otro*. Montevideo: Arca, 1992.

—. *La novela luminosa* [2005]. Montevideo: Alfaguara, 2008.

—. *El discurso vacío* [1996]. Buenos Aires: Random House Mondadori, 2007.

Louis, Annick. "Sin pacto previo explícito: el caso de la autoficción". En *La obsesión del yo: la auto(r)ficción en la literatura española y latinoamericana*. Vera Toro, Sabine Schlickers y Ana Luengo, eds. Madrid-Frankfurt: Iberoamericana-Vervuert, 2010. 73-96.

Loureiro, Ángel. *The Ethics of Autobiography: Replacing the Subject in Modern Spain*. Nashville: Vanderbilt UP, 2000.

Molloy, Sylvia. *At Face Value: Autobiographical Writing in Spanish America*. Cambridge: Cambridge UP, 1991.

Mora, Vicente Luis. *La huida de la imaginación*. Valencia: Pre-Textos, 2019.

—. *La literatura egódica. El sujeto narrativo a través del espejo*. Valladolid: Universidad de Valladolid, 2013.

Musitano, Julia. "La autoficción: una aproximación teórica. Entre la retórica de la memoria y la escritura de recuerdos". *Acta literaria* 52 (2016): 103-23.

Orejudo, Antonio. *Los cinco y yo*. Barcelona: Tusquets, 2017.

Poe, Edgar Allan. "The Imp of the Perverse" [1845]. *Complete Stories and Poems.* New York: Doubleday & Co., 1995. 271-75.

Popper, Karl. *Objective Knowledge: An Evolutionary Approach.* Oxford: Clarendon, 1972.

Premat, Julio. *Héroes sin atributos: figuras de autor en la literatura argentina.* Buenos Aires: FCE, 2009.

Prieto, Julio. "Figuras digitales: autoficción y prácticas transfronterizas en la blogosfera". En *El autor a escena: intermedialidad y autoficción.* Ana Casas, ed. Madrid/Frankfurt: Iberoamericana/Vervuert, 2017, pp. 103-132.

—. "Vanguardia y mala literatura: de Macedonio a César Aira". *Tigre,* numéro hors série (2005): 181-94.

Prigogine, Ilia. *¿Tan sólo una ilusión? Una exploración del caos al orden* [1972]. Barcelona: Tusquets, 2004.

Reisz, Susana. "Formas de la autoficción y su lectura". *Lexis* XL, 1 (2016): 73-98.

Robin, Régine. *Le Golem de l'écriture. De l'autofiction au cybersoi.* Montréal: XYZ, 1997.

Sarlo, Beatriz. *Tiempo pasado. Cultura de la memoria y giro subjetivo.* Buenos Aires: Siglo XXI, 2005.

Sibilia, Paula. *La intimidad como espectáculo.* Buenos Aires: FCE, 2008.

Schaeffer, Jean-Marie. *¿Qué es un género literario?* [1989]. Madrid: Akal, 2006.

—. "Fictional vs. factual narration". En *The Living Handbook of Narratology.* Peter Hühn *et al.,* eds. Hamburg: Hamburg UP, 2013. 98-114.

Schlickers, Sabine. "El escritor ficcionalizado o la autoficción como autor-ficción". En *La obsesión del yo: la auto(r)ficción en la literatura española y latinoamericana.* Vera Toro, Sabine Schlickers y Ana Luengo, eds. Madrid/Frankfurt: Iberoamericana-Vervuert, 2010. 51-72.

Schmitt, Arnaud. "La perspective de l'autonarration". *Poétique* 149 (2007): 15-29.

Starobinski, Jean. "El estilo de la autobiografía" [1970]. *La relación crítica (Psicoanálisis y literatura).* Madrid: Taurus, 1974. 65-134.

Todorov, Tzvetan. *Introduction à la littérature fantastique.* Paris: Seuil, 1970.

Toro, Vera. *"Soy simultáneo". El concepto poetológico de la autoficción en la narrativa hispánica.* Madrid-Frankfurt: Iberoamericana-Vervuert, 2017.

Tossi, Mauricio. "Condiciones estético-políticas de la autoficción teatral". En *El autor a escena: intermedialidad y autoficción.* Ana Casas, ed. Madrid/Frankfurt: Iberoamericana/Vervuert, 2017. 59-80.

—. "Docudrama y autoficción en el teatro argentino de la postdictadura". *Pasavento* 3, 1 (2015): 91-108.

Truffaut, François. *El cine según Hitchcock* [1966]. Madrid: Alianza Editorial, 1995.

Vecchio, Diego. "Mario Levrero y la caligrafía del sueño". *Fuera del canon. Escrituras excéntricas de América Latina.* Carina González, ed. Pittsburgh: IILI, 2014. 185-221.

Vilas, Manuel. "Los años del destape literario". *El País. Babelia,* 14 de abril de 2018, s. p. elpais.com/cultura/2018/04/11/babelia/1523439622_040646.html

REVISTA DE CRÍTICA LITERARIA LATINOAMERICANA
Año XLV, N° 90. Lima-Boston, 2do semestre de 2019, pp. 243-261

¿MUERTE DE LA LITERATURA? NOTAS SOBRE UN DEBATE

Julio Premat
Université Paris 8

Resumen

El artículo comenta el anuncio de la muerte de la literatura, diagnóstico de fuerte circulación en los últimos veinte años. El punto de partida es el debate abierto por ese tema en Francia, para intentar esbozar una perspectiva que integre también a los Estados Unidos y a América Latina. En el artículo se pretende entender las diferentes concepciones de la literatura subyacentes en los discursos sobre el tema: esencia, institución, torre de marfil, discurso indiferenciado, espectro, utopía. Se intenta, en conclusión, interrogarse sobre cuáles son las encrucijadas y angustias que se expresan en la idea de la muerte de la literatura.

Palabras clave: literatura contemporánea, teoría literaria, milenarismo, instituciones literarias.

Abstract

The article comments on the announcement of the death of literature, diagnosis of strong circulation in the last twenty years. The starting point is the debate opened by this topic in France, to try to outline a perspective that also integrates the United States and Latin America. The article attempts to understand the different conceptions of literature underlying the discourses on the subject: essence, institution, ivory tower, undifferentiated discourse, spectrum, utopia. In conclusion, an attempt is made to question what are the crossroads and anguish that are expressed in the idea of the death of literature.

Keywords: contemporary literature, literary theory, millenarianism, literary institutions.

¿Muerte?

Desde hace veinte años una sombra recorre el mundo académico y es la del anuncio de la muerte de la literatura. Para los especialistas del tema no se trata de síntomas pasajeros, como una resaca después de períodos de dogmatismo teórico o una carencia de grandes

sistemas y nombres referenciales capaces de garantizar una renovación de la disciplina. No: lo que está en juego hoy es la desaparición
del objeto de estudio en sí –o al menos la de su capacidad para simbolizar lo humano–, la de su función en la polifonía de voces sociales
y por lo tanto la continuidad de su valor diferencial e incluso de su
identidad reconocible. Para evocar el futuro de los estudios literarios,
más que una pregunta sobre ciertas singularidades emergentes, nuevas orientaciones, refundaciones, la pregunta es una pregunta sobre
el porvenir en sí de aquello que se estudia.

El fenómeno se inscribe en tiempos poco propicios para las
profecías. El futuro se nos presenta como un horizonte borroso, inoperante, cuando no confusamente apocalíptico. Es difícil, entonces,
esbozar un porvenir para la literatura, ya que la idea en sí del porvenir
implica una proyección hacia tierras que antes eran imaginarias pero
imaginables y ahora resultan inconcebibles. Pero lo que sí puede
hacerse es tratar de situar el interrogante en nuestro presente, delimitando las coordenadas del pensamiento sobre la literatura, con la
debida desconfianza hacia las convenciones –o las tiranías– de lo actual. En épocas de presentismo y de posterioridad, frente a la inmediatez omnívora y a un imaginario temporal del después según el cual
somos los que llegamos tarde (como lo sintetiza el uso obsesivo del
prefijo post- en nuestros neologismos conceptuales), en estas épocas
y más que nunca, le pregunta del futuro es por lo tanto una pregunta
sobre lo contemporáneo.

¿Dónde, cómo, por qué ha muerto la literatura? De hecho, es
difícil identificar un diagnóstico explícito que postule y afirme esa
situación; se trata más bien de una impresión difusa de cambio radical
sobre su prestigio, su validez, su capacidad de renovación, su centralidad, que todos los que trabajan en instituciones académicas o culturales percibimos, una impresión paralela a otras que conllevan crisis
de distintos tipos de valores y de transmisiones. En realidad, los discursos sobre la crisis de la literatura son más reactivos que productivos: no afirman el hecho, sino que lo comentan o, siguiendo algunos
protocolos críticos, lo escenifican y lo postulan en los gestos analíticos realizados. O se la da por evidente, o se la significa implícitamente. Todos comparten la constatación de un resquebrajamiento
del zócalo de certezas en el que se basaban nuestras prácticas críticas.

A veces se expande un discurso melancólico sobre la pérdida de lo literario y la consecuente necesidad de oponerse, reclamando sorprendentemente valores del pasado como espacios de resistencia progresista. A veces se proclaman el cambio y el agotamiento del concepto discriminante de lo literario, concepto surgido a fines del siglo XVIII, es decir que se anuncia, no sin fervor iconoclasta, el fin de una literatura autocentrada. Otras, se abandona la especificidad en sí del texto para integrarlo en sistemas interpretativos heterogéneos (estudios culturales, ecología, género, memoria, violencia, encrucijadas poscoloniales) en los cuales las obras figuran como vectores para pensar otras cosas y para reivindicaciones generales, todo lo cual supone una banalización o una anulación de lo literario en sí. En un paradójico contrapunto y al mismo tiempo, la literatura está envuelta en las obsesiones de patrimonialización y museificación de nuestra época, se va transformando en un fetiche del pasado, venerado y, por eso mismo, inoperante o al menos alejado de nosotros. Con diferencias notables y hasta oposiciones tajantes, uno o varios de estos discursos circulan en espacios culturales distintos como lo son Francia, Estados Unidos, América Latina.

Si queremos interrogar las perspectivas de futuro habría entonces que detenerse y comentar estos discursos y prácticas que, desde lugares distintos, problematizan la perduración, la validez, la singularidad en sí de lo literario. Al hacerlo, sería prudente desconfiar de la naturalidad de la pregunta (¿ha muerto la literatura?) y de la facilidad conceptual que lleva a enunciar diagnósticos apocalípticos, decretar agotamientos absolutos, augurar cambios radicales, todo lo cual actualiza entonces conocidos imaginarios milenaristas o evolucionistas, adheridos históricamente a la idea del fin absoluto y de la novedad transformadora.

Aprovecho que trabajo en Francia sobre literatura latinoamericana para cruzar perspectivas y recorrer, ante todo, la muy abundante bibliografía francesa de los últimos veinte años sobre el tema, años durante los cuales el debate sobre ese supuesto fin se convirtió en una obsesión en la crítica académica hasta saturar el interés de los investigadores, pero sin llegar a conclusiones definidas. La impresión de una urgencia para los estudios literarios permitió, con todo, que emergieran polémicas y reflexiones a la hora de delimitar distintas concepciones del objeto de estudio, y al hacerlo, que se volvieran visibles las oposiciones, a menudo irreconciliables, en prácticas y principios manejados de manera más consensual hasta entonces.

Menos explícitamente, una serie de críticos han postulado, en el área latinoamericana, eras nuevas que transforman duraderamente el sentido y las fronteras de lo literario (Giordano), así como corrientes dominantes en la academia estadounidense postulan, día a día, la inoperancia o la desaparición de la literatura en sus delimitaciones más habituales (Montaldo).

Lo que sigue retoma ciertas categorías distintas usadas en ese corpus crítico francés para entender lo que es la literatura a la hora de anunciar o lamentar su fin. Es un punto de partida que llevaría a problematizar el tema en espacios culturales distintos, desde la hipótesis que un distanciamiento cultural permite, a pesar de las diferencias, poner de relieve conflictos poco perceptibles en marcos nacionales. Al hacerlo, no voy a evitar la dimensión polémica del tema propuesto, es decir voy a tomar lateralmente posición y remitir entonces a fenómenos latinoamericanos o estadounidenses que pretendo poner de relieve gracias a un contrapunto.

¿Literatura?

¿De qué se habla cuando se habla de literatura? Así como no hay un análisis detallado que demuestre la crisis de la que se trata, también varía lo que se entiende por literatura; se da por sentado la pérdida de poderío del discurso literario sin predefinirlo, utilizando delimitaciones conceptuales implícitas y por lo tanto confusas. Sin embargo, cualquier descripción de la crisis de la literatura o cualquier decreto sobre su final pasan por una identificación de aquello que se juzga hoy débil o inoperante.

Al respecto, sería tentador establecer una compilación de citas (de escritores, de críticos, actuales o pasados, de cualquier orientación estética), en las que aparece "la literatura", en singular, como sujeto verbal o complemento de objeto, y con el panorama a la vez múltiple y repetitivo del uso, ilustrar la ambigüedad o delimitar la fuerza del término ingenuamente enunciado. Porque de más está decir que ninguna de las puntualizaciones de lo que es la literatura agota o explica el fenómeno, sino que, en el gesto de circunscribir una esencia, lo compartimenta y, al mismo tiempo, deforma: literatura es lo que yo decido denominar así, y en mi decisión rigen presupuestos tan identificables como parciales.

¿Qué definición elegir? ¿Qué incluir en la literatura, horizonte evocado en nuestros discursos, sujeto de tantas acciones, punto de referencia de nuestras creencias, fervores y rechazos? Una respuesta pragmática sería afirmar que es literatura lo que se lee o fue leído como literatura, o sea un conjunto de textos y, más allá, incluir también en ella todas las operaciones de lectura, todas las interacciones entre esos textos. Por lo tanto, no habría una definición general de la literatura, salvo decir que es un uso estético del lenguaje cuyos contenidos, características y denominaciones fueron variando a lo largo de la historia.

¿Y qué corpus, qué definición se manejan en los estudios mencionados? De hecho, los diagnósticos sobre el fin de la literatura afirman evidencias que, muchas veces, se sustentan en extrapolaciones, omisiones y generalizaciones a partir de unas pocas obras. Por un lado, en algunos casos el dictamen está fundamentado en una selección de textos actuales, es decir en un recorte en el corpus al que se lo sobredetermina como significativo de una evolución totalizadora. Olvidando la heterogeneidad del panorama literario y la simultaneidad de fenómenos distintos que dialogan con períodos históricos diversos, se elige un tipo de fenómeno y se lo entroniza como emblema de lo inédito. El gesto, que se corresponde con las exigencias de innovación y de diferenciación, que son características de las instituciones culturales en las que funcionamos, busca entonces establecer cortes, definir en la materia móvil del presente una estabilidad transformadora y permite llegar a conclusiones generales sobre el cambio.

Por otro lado, cabe interrogarse también si la perduración y la vigencia de lo literario debe medirse refiriéndose a los libros escritos hoy, y al hacerlo presuponer una debilidad de la producción actual, una falta de inteligibilidad de sus proyectos, una incapacidad a prestarse a protocolos de lectura ambiciosos. O si, por el contrario, conviene pensar, borgeanamente, que el estado de una literatura está en sus modos de leer. La muerte o el fin de la literatura, de ser ciertos, implicarían en ese caso la muerte o el fin del sentido de las obras del pasado. Si, por el contrario, éstas son todavía legibles, me parece que la constatación sería un indicio de vitalidad, tanto de la literatura en general como de la producción actual. Si escribir es un modo de lectura, el modo de leer de los contemporáneos señalaría la fuerza de las escrituras contemporáneas.

En otros casos los discursos de la incredulidad, el cambio, el agotamiento, cuando no seleccionan un corpus adaptado a sus hipótesis, tienden a ignorar la multiplicidad de creaciones literarias que se publican y circulan con una inédita fuerza hoy en día. En alguna medida, el fin de la literatura se convierte así en una idea formulada detrás de una ventana cerrada, que dice más sobre el sujeto que la enuncia que sobre el objeto evaluado (Leclair 238), porque es un juicio que exige, en sí mismo, quedarse en un más acá o un más allá de la producción narrativa o poética contemporáneas. Difícil medir la muerte de la literatura y la pertinencia de las categorías anti o post-literarias que proponen ciertos críticos precisamente por la abundancia de libros editados, por su proliferación, por su heterogeneidad. Hoy resulta imposible firmar el acta de defunción porque el cadáver se multiplica y cambia de forma cuando algunos intentan, de una vez por todas, enterrarlo.

¿Esencia?

En lo que precede se esboza una primera polémica sobre la palabra en sí, la "Literatura", con mayúscula, usada en singular, pero que remite a un plural. Porque definir a la literatura supone asumir la imposibilidad de circunscribir bajo un mismo nombre tres mil años de poesía, de ficción y de teatro –por lo menos–, atribuyéndole un futuro a esa entelequia. William Marx, que constata esa imposibilidad de delimitación en sus estudios históricos sobre el odio social por la literatura y sobre los repetidos "adioses" a ella proferidos por los propios escritores, comenta: "¿Qué es la literatura? Demasiadas cosas: no hay ningún objeto idéntico a sí mismo a través de los siglos al que pueda atribuírsele ese hermoso nombre; la realidad es tan múltiple, el nombre de una chata constancia" (*La haine de la littérature* 10)[1]. Precisamente, la crisis actual desestabiliza quizás esa ilusión, la ilusión de creer, a lo largo de los siglos, que se puede hablar de "La Literatura" en singular.

---

[1] Traduzco todas las citas sacadas de la bibliografía en francés.

Desdeñando esa pluralidad, algunos consideran que se está perdiendo una constancia transhistórica, una forma de unidad. Una unidad que conlleva ciertos postulados recurrentes, como ver en el desarrollo de la palabra literaria la búsqueda de absolutos, de algo que no podemos sino, en una raigambre romántica, llamar lo inefable. O sea que, frente al debilitamiento del objeto, una de las reacciones sería la de recurrir en última instancia a lo sagrado que residiría en la palabra literaria, una palabra hecha de una especificidad indefinible y que, a veces, no es del todo ajena al sentimiento religioso, es decir al "sentimiento oceánico" según el comentario deconstruccionista de Freud (3018). La expresión "religión de la literatura", que Borges aplica a Flaubert, es operativa para resumir la idea. A la reivindicación de una esencia transhistórica la acompaña a menudo una tecnofobia, una nostalgia por la supuesta centralidad de lo literario, un balance pesimista sobre la uniformización cultural que destruiría un ente impalpable pero anhelado (Millet). La constatación es siempre melancólica en estos casos: la literatura ya no garantiza ni ennoblece, en tanto que tal, lo que se produce; ya no hay grandes nombres que puedan ocupar plenamente ese espacio universal y transtemporal; ni siguiera la suma de todos los escritores en actividad alcanzaría tal plenitud (Bessière 116).

Esta posición, explícita o implícita, ha sido ante todo discutida históricamente ya que cabe preguntarse cuándo se sitúa la plenitud añorada, la expansión hoy terminada. Porque, por ejemplo, la crisis de la literatura empezaría, según algunos estudios recientes, con el Romanticismo (Vaillant). La pregunta también es pertinente para saber qué es lo que muere, o sea para determinar la existencia o no de un cambio definitivo: ¿hubo una Edad de Oro? ¿O la historia literaria muestra inestabilidad y lucha permanente? ¿Hubo un imperio de la forma y una religión de la belleza o más bien una serie de conflictos sin fin sobre funciones, efectos, transitividad, estéticas, valores? Porque como con todo fenómeno histórico, el aforismo *post hoc, ergo propter hoc* (luego de eso, por lo tanto a causa de eso) nos tiende, tentadoramente, su lógica mecánica para inventar un pasado simétrico y opuesto al presente. Por supuesto, hay que poner en duda la fuerza lógica de la serie causa-efecto simplificadora, aunque más no sea eligiendo fenómenos y ejemplos alternativos que cuenten una historia distinta gracias a la puesta de relieve de otra serie causal, de otro pasado (Leclair 237).

Otros, en cambio, señalan que esa uniformidad sería lo perimido, que es ella la que impediría leer la literatura del presente, ya que se buscaría reencontrar una permanencia en sí quimérica. Si algo ha muerto es la posibilidad de considerar que la literatura es un singular, y que por lo tanto es una coordenada intemporal, superior, sintética. Hoy la literatura sólo debería ser pensada en plural, no a partir de una adhesión, de una fe en ella, sino como espacio de interrogación; pensada como el lugar privilegiado y hasta de avanzada para la actividad crítica (Viart, "Les menaces de Cassandre et le présent de la littérature" 29-32). En ese sentido, la crisis podría entenderse como la crisis de un objeto, ante todo imaginario, que los estudios literarios construyeron para justificar su propia existencia (Schaeffer 36); la crisis sería la de una idea que, por las cualidades que le atribuye al objeto comentado, legitima nuestras prácticas. Estaríamos confrontados, no a una decadencia del discurso literario, sino a la del concepto de "Literatura" que rige su funcionamiento colectivo.

Si rechazamos una posición paseísta o nostálgica y nos restringimos a la producción en sí misma, hablar de crisis, desvalorización o muerte de la literatura, es cometer entonces un abuso de lenguaje, en la medida en que la literatura de la que hablamos hoy no es la misma de la que existía en otros momentos del pasado: su muerte, su crisis, su desvalorización, son relativas y señalan, solamente, que lo que llamamos "La Literatura" no abarca los mismos territorios ni acepta los mismos límites que otrora. La crisis concerniría por lo tanto ciertas concepciones previas, más que prácticas de escritura (Marx, *L'adieu à la littérature* 15; Viart, "Les menaces de Cassandre" 30-35). La identidad de lo literario (la de las formas consideradas literarias) es siempre contextual y relativa; no hay por lo tanto que confundir cambios editoriales, depreciación del libro, dificultades de acceso a la lectura por parte de niños o adolescentes, o incluso pérdida de la posición legitimante que su sacralización le atribuía, no hay que confundir todo esto con una crisis o una muerte en sí: históricamente al menos, el gesto no tiene sentido.

Esa es la razón por la cual la definición de la literatura y de su historicidad es fundamental. Porque si tomamos en cuenta la evolución de la degradación o la desvalorización de la literatura a lo largo del siglo XX, nos damos cuenta de que la constatación de una muerte o el intento dinámico de un cambio son posiciones tal vez anacrónicas. Es decir que tanto los gestos de queja melancólica por la pérdida como los que atacan la norma para desplazar sus contornos, estarían enfrentándose o llorando algo que ya no existe, una idea de la literatura que es una quimera, más o menos ubicable en la historia. Al exaltar una forma eterna, estéticamente superior o al proclamar la subversión y la inversión de valores perimidos –son los discursos que acompañan los diagnósticos sobre la crisis de la literatura–, ambos están resucitando involuntariamente creencias del pasado que, ellas sí, estarían en crisis.

¿Institución?

En contrapunto a la "religión", las constantes o la esencia de la literatura, otros sólo ven en la literatura a una institución, disociándola en alguna medida de las prácticas de escritura y de lectura: edición, discursos mediáticos, educación, junto con los sistemas ideológicos de justificación y de valor que inducen. En esta perspectiva, la literatura tampoco es un corpus sino una abstracción en singular, reducida a una parte de lo que la constituye, a saber los imperativos estrictamente sociales de producción y difusión (Marx, *La haine de la littérature* 15).

A partir de esta visión, se ha afirmado a menudo que es la institución en sí la que estaría en crisis hoy y no la escritura o la lectura, entendiendo crisis como una pérdida de su poder hegemónico. Estaríamos ante el final de una larga historia que asocia y disocia la creación transgresiva o rebelde de una institución disciplinaria que, paradójicamente, termina retroalimentándose con esas rebeldías (Citton 45). La pérdida de valor y de poder de legitimación de la literatura en el ámbito universitario o en la esfera mediática, sería el síntoma innegable de un debilitamiento de esa institución y de la idea de La Literatura que la acompaña (con mayúscula y en singular entonces). Por razones muy fácilmente explicables, la puesta en duda de esa institución es frecuente en Francia, una puesta en duda simétrica a la tradición identitaria y normativa de la palabra literaria en el país de las *belles-lettres*. De cara a las funciones discriminantes y/o a las pretensiones aristocráticas de la literatura en la historia francesa, algunos críticos incluso se entusiasman ante la posibilidad de promover así una indiferenciación de valores en tanto primer paso para el comienzo de algo distinto (Citton 46).

Ahora bien, al concentrar el análisis en una norma asociada a dinámicas institucionales, es el problema de las jerarquías y sus eventuales desplazamientos el que pasa a ocupar el primer plano; al proclamar el fin de ciertas características elitistas, se busca amparar dentro de la literatura a aquello que se situaba fuera de ella, atribuyéndole así una mayor visibilidad. Esta discusión de la norma y esta propuesta de incorporación de elementos nuevos en su espacio se asemejan de hecho a los de las vanguardias históricas, que supusieron el comienzo más evidente de la crisis del arte y que desembocaron, como es sabido, en una canonización de obras y textos altamente negativos o provocadores (de Duchamp a Malévich, de Macedonio Fernández a Osvaldo Lamborghini, estrellas de museos y de historias de la literatura).

La discusión sobre lo normativo es en todo caso dominante hoy —ante todo en Estados Unidos—, aunque con características diferentes. Los estudios poscoloniales, de género, feministas, apuntan a desplazar la lógica preceptiva y limitativa de la institución literaria, poniendo el acento en otros fenómenos o en otras voces posibles (Schaeffer 36-37), y en alguna medida reemplazando una norma por una contra norma, según una voluntad, no de destruir el paradigma, sino de transformarlo y por lo tanto de prolongarlo. El fenómeno es perceptible en las reivindicaciones de instaurar una contra norma que vuelva visibles y les dé un lugar reconocido a sujetos discriminados y a voces subalternas (como las mujeres o las minorías) en premios literarios, programas de curso, ediciones, historias de la literatura. Siguiendo una tradición abierta por Bourdieu, la literatura no tendría así otro valor que el de ser un vector de distinción entre clases, grupos, sujetos sociales, permitiendo la formación de las élites, o sea que sería una herramienta de segregación (Marx, *La haine de la littérature* 174). Esto refuerza la idea de una crisis, en la medida en que, si la llevamos hasta sus últimas consecuencias, en estas concepciones la literatura refleja, expresa, transmite sólo relaciones de poder presentes en la sociedad, sin que otros valores entren en juego.

La literatura estaría devaluada porque se la confunde con una función social e históricamente específica (función, por otro lado en crisis desde comienzos del siglo XX). Ante esta situación Jean-Marie Schaeffer señala que el problema planteado por la reducción de la literatura a una institución normativa concierne también la transmisión y la promoción de valores, valores que se consideran o no dignos de ser defendidos. Dicho de otro modo: ¿la literatura se reduce a un sistema de jerarquías que refleja relaciones de poder en la sociedad o tiene otros efectos, sentidos y funciones? (36). Es decir, antes de desechar a la literatura como institución normativa, cabe interrogarse cuáles son los sentidos asociados a ella que están en discusión, y cuáles, más allá de la dimensión autoritaria, segregacionista o discriminante, merecen ser defendidos. Sea como fuere y frente a las certezas normativas pero también a las contra normativas, digamos con Helène Cixous cuando comenta posiciones de Derrida que "la literatura es una descalificación de la certeza" (Marx, *La haine de la littérature* 205).

¿Torre de marfil?

La oposición entre esencia transhistórica/institución discriminante se prolonga en otra oposición, que es tan añeja como la primera. Me refiero a tomas de posición sobre la existencia o no de una literatura intransitiva, una torre de marfil que, al ignorar los cambios tecnológicos y sociales, habría perdido pertinencia. Por lo tanto, frente a las encrucijadas actuales la literatura tendría que recuperar la capacidad de decir el mundo: ser, de nuevo, por fin, de una vez por todas, transitiva. Al evocar la aristocracia literaria en la que se cristaliza ideológicamente la institución, se pone sobre el tapete un ideal decimonónico ya comentado, el del "arte por el arte", el de elegir al "arte" como lo contrario a la "vida". Leemos una evocación de esa concepción históricamente fechada en el final de *Las palabras y las cosas*, cuando Foucault describe el encierro de la literatura en una "intranstividad radical" al volverse, en el siglo XIX, pura "manifestación de un lenguaje que no tiene otra ley que afirmar —en contra de los demás discursos—, su existencia escarpada; ahora no tiene otra cosa que hacer que recurvarse en un perpetuo regreso sobre sí misma, como si su discurso no pudiera tener otro contenido que el de afirmar su propia forma" (294). Consecuentemente, para seguir, muchos postulan que habría que alejarse de la órbita de la "obra en sí misma", de la obra autárquica basada en una palabra inefable, dejando de lado la intimidad del creador y la intransitividad de un corpus textual excepcional, para asumir el orden del discurso y haciendo entrar a lo social de la literatura en el centro de la enunciación (Maingeneau 176).

En el marco francés Jean Bessière afirma que habría por un lado una literatura que creería en la tradición de la palabra literaria, en la capacidad innovar, en la mismidad de la literatura, frente a otra literatura actual que se pensaría a sí misma sólo en términos de relación y de contexto (17). También, después de décadas de teoría textualista aguda, la crítica francesa repite una y otra vez que una de las novedades de la literatura de nuestro fin/comienzo de siglo es su potencia para transmitir voces y sufrimientos del mundo, e incluso para "repararlos" (en el sentido del *care*) según un libro reciente (Gefen). De ahí se deduce que abandonar ciertos mitos de la lengua literaria (el escribir bien, el estilo) es el motor de una fertilidad renovada; la literatura, en esta perspectiva, no está enferma, es mestiza; no fue neutralizada por sus usos comunicacionales, sino que su palabra busca alcanzar lo neutro; no está en pedazos, se afirma al avanzar. A comienzos del siglo XXI, la lengua literaria francesa no sería ya el lugar en el que se concentran rasgos literarios reconocidos, o donde se fantasma un imaginario de la lengua. La lengua literaria no cargaría más con los signos distintivos de la literaridad, forjados en una supuesta Edad de Oro por los autores del pasado. La de hoy sería una lengua en extensión, que experimenta fronteras, que se confronta con modos de creación heterogéneos (Demanze, "Les mots de la fin"; Narjoux). Por lo tanto, del documento a la investigación, la literatura incorpora hoy otros modos de hablar del mundo (Demanze, *Un nouvel âge de l'enquête*).

Dicho esto, la intransitividad evocada, ¿es una realidad factual o es una "idea" que, en algunos períodos acompañó la producción y la recepción de los textos? Al hacer la pregunta retomo una hipótesis de Laurent Jenny, fértil, cuando supone que en la historia literaria hay que distinguir la historia de las prácticas y de las formas por un lado, y las ideas o creencias que las acompañan, por el otro. Porque en la reivindicación de una literatura "sin literatura" se baraja por oposición el concepto de una supuesta autonomía absoluta. Ahora bien, esa "autonomía" no se corresponde con el uso habitual de ese término (que remite a la emergencia del campo literario en un momento dado de la historia occidental), sino que sería su versión simplificada y degradada. De hecho, en algunas hipótesis críticas se actualiza un sistema de creencias sobre la existencia de una literatura situada de espaldas a la realidad y motivada exclusivamente por su búsqueda de una belleza pura, inefable y tranquilizadora en cuanto a tensiones sociales se refiere; el diagnóstico de la crisis pasa, muchas veces, por exponer y denunciar una concepción de este tipo. De más está decir que esa segunda autonomía es un fantasma de la crítica: ninguna obra literaria obedece a esa descripción, y ni siquiera, para tomar ejemplos latinoamericanos, la torre de marfil de Darío, que eran una "idea" (un anhelo) reactiva a una coyuntura histórica, o el enciclopedismo universalista de Borges, una maquinaria productiva que le permitió convertirse en el mayor escritor argentino.

Prolongando la constatación de un encierro en prácticas autárquicas, a la decadencia actual muchos críticos le contraponen la existencia de obras que ponen en duda sus límites, su espacio literario, su marco habitual de enunciación y de recepción, apuntando siempre a un afuera. Se habla así, de los dos lados del Atlántico, de literatura que repara (Gefen), expuesta (Rosenthal), documental (Viart y Vercier 12), otra (Citton), que es un discurso social como los demás (Maingueneau; Bassière), postautónoma (Ludmer 150-151), inespecífica o fuera de sí (Garramuño), expandida (Pauls). En estos planteos se adhiere a una apertura de los códigos literarios para acercarse a experiencias de lo real, cuando no de lo político, en una perspectiva de democratización y de búsqueda de otros modos de legitimación estética. Es decir, se postula como una evolución positiva el avanzar hacia una legibilidad mayor de los textos, bajo la forma de, a veces, una banalización de lo literario, volviéndolo herramienta y pretexto para una transmisión, no de lo real, sino de lo actual. Se retoma la idea de que en la literatura encontramos la expresión de un sentido y no la producción de sentido.

No quiero decir que el fenómeno sea una regresión porque afirmarlo supone adherir a la idea de un progreso más o menos ineluctable del arte y de la crítica, lo que sería discutible, pero sí que es la prueba de una tensión permanente y un conflicto repetido entre por un lado un utilitarismo del arte que tiende a anular su especificidad y

por otro lado el imperativo de defender su dimensión subversiva, inquietante, paradójica, y por lo tanto irreductible a categorías unívocas.

Resumiendo: el hecho de que pueda verse a la literatura como un
discurso que busca afirmar su existencia en cada enunciación o en
cada lectura, pero que se problematiza a sí mismo como dinámica de
desconfianza a las certezas imperantes, esa constatación, ¿es una
prueba de aristocracia elitista, de su ubicación en la "torre de marfil",
o es la marca de un distanciamiento crítico ante las modalidades de
pensamiento y de expresión de nuestra época? La transitividad obli-
gatoria, la transparencia, la legibilidad como respuesta a la crisis de la
fortaleza literaria, ¿es una vía de salvación o es una manera de ingresar
en el mundo del *storytelling* generalizado?

Sea como fuere, los intentos de definir una literatura sin esencia,
transitiva, equivalente a otros discursos sociales, implica entonces un
rechazo de "la" literatura en tanto que mito social, o sea el rechazo
de una serie de representaciones y creencias que acompañan su práctica desde hace varios siglos y que forman parte de nuestras concepciones simbólicas más arraigadas. Esta constatación implica interrogarse, repito, sobre el valor de esos mitos culturales, en el sentido
de la operatividad y la impresión difusa de sentido trascendente que
pueden tener.

¿Espectro?

Esta última afirmación nos remite a la necesidad de mencionar
análisis sobre el tema que incluyen lo imaginario y modos de significar
que no son estrictamente racionales o medibles sociológicamente, y
que no son ajenos a la función y al valor de la literatura en sí. Se trata
de una visión paradójica perceptible en una serie de diagnósticos que,
ante lo ineluctable del final y lo irreversible de lo real, responden con
lo ideal, con el fantasma, con lo inconcebible. Porque, después de
este breve recorrido que supuso una defensa de la relativización y el
pragmatismo al respecto, ¿qué puede decirse sobre la definición de lo
que es la literatura? Quizás habría que, como Piglia en su seminario
Las tres vanguardias, renunciar a una definición de la identidad del
fenómeno, prefiriendo proferir una pregunta especulativa e incierta,
es decir reemplazar el "¿Qué es la literatura?" por un "¿Qué será la

literatura?" (Piglia 37): no se sabe lo que es, pero se postula que será o que seguirá siendo.

O bien se podría retomar la manera en que Bertrand Leclair la percibe: la definición de la literatura sólo es expresable de manera paradójica, paradójica en varios sentidos, pero ante todo en el sentido espacial: estar al lado, fuera (para-) de la norma (doxa); es estar contra la norma (que es otro sentido de para-). Esta lateralidad, este desplazamiento, esta oposición y diálogo de la literatura con respecto a algo que es central, real, racional y verificable, son inherentes a muchos discursos sobre ella y son particularmente activos en una serie de diagnósticos y evaluaciones que, ante lo ineluctable del final y lo irreversible de lo real, responden con una dimensión utópica. No lo que es la literatura, sino dónde es, cómo funciona, poniendo el acento en la pertinencia y en lo performativo de lo imaginario.

Ante todo Barthes, el último Barthes, que intenta aunar las operaciones críticas de los 70, su mirada subversiva sobre la institución y sus normas, y una defensa apasionada de lo literario. En su *Lección inaugural* en el Collège de France, él parte precisamente del fin de la institución literaria (con la desacralización de la figura del escritor, de lo inefable, del valor de la literatura), lo que implica que la literatura ya no está vigilada. No hay más centinelas ni fortalezas que la ocultan y alejan, ya no hay ángeles ni dragones que la defienden, escribe. Por eso mismo, argumenta Barthes, tenemos ahora la posibilidad de ir hacia ella, de posar la mirada en cosas antiguas y bellas, ya que estamos en un momento "a la vez decadente y profético, momento de dulce apocalipsis, momento histórico del goce mayor" (146).

En ese paisaje libre por desherencia al que Barthes nos convoca, se percibe entonces un componente utópico: la literatura, fuera de sus instituciones, su esencia transhistórica, sus creencias, es un no lugar. Su tener lugar se produce en un no lugar, para retomar la paradoja desarrollada por Oyarzún, que precisamente percibe en la literatura hoy un proceso de "utopización" (276-312). Muchas otras voces, más recientemente, identifican la posibilidad de una prolongación que se profetiza desde la imposibilidad, desde la irracionalidad, desde la utopía por lo tanto. Significativamente, estas opciones (u otras, cf. Fortin; Lantelme) proponen variaciones sobre lo muerto, el espectro, lo agotado, el final, las ruinas, para, desde allí, proponer perspectivas de continuación.

Para Lionel Ruffel se trata de asumir que la historia de la literatura está acabada y desde el desenlace, desde el lugar en que le nudo se deshace, intentar anudar de otra manera los hilos que la componen; y al hacerlo, asumir que ha habido muerte de la literatura, pero sabiendo que queda una presencia espectral, un fantasma que seguirá visitando a los herederos (101-102). Laurent Demanze propone ver a la literatura como una lengua muerta (como el latín, como el francés literario clásico), es decir como una lengua del pasado aún operativa aunque fuera de su tiempo, basada en desplazamientos e inactualidades (y muerta en este caso alude a la dimensión de museo de la lengua literaria, que se vuelve memoria de las exploraciones lingüísticas y estilísticas de otros en el imaginario de los escritores vivos; no una lengua envejecida sino una lengua que no se somete a lo actual) ("Les mots de la fin"). Philippe Forest también asocia la idea de la literatura como espectro con temáticas de inactualidad y anacronismo, viendo al autor, no como un vivo que desciende al reino de los muertos (es lo que hacían Orfeo y Dante), sino como un muerto que vuelve al reino de los vivos (101-103). La consigna es la de repetir, la de reanudar (en el sentido de Kierkeegard de recordar hacia adelante) y, desde la amenaza o la experiencia de la muerte, desde la experiencia del silencio, continuar (Premat 45-46).

Estas y otras voces identifican entonces una prolongación que se profetiza desde la imposibilidad, desde la irracionalidad, desde la utopía por lo tanto. Estas opciones proponen variaciones sobre lo muerto, el fantasma, lo agotado, el final, las ruinas, para, allí, proponer perspectivas de continuación. En estos casos la literatura estaría presente entonces, pero como espectro, como resto. Y es en tanto que espectro o resto que ella recorrería el mundo anunciando su muerte y al hacerlo mostrando su supervivencia (aunque, desde cierto punto de vista, ¿fue la literatura alguna vez otra cosa que fantasma, vale decir representación, imaginario y deseo? Quizás no, quizás siempre lo fue, pero la diferencia hoy sería que tiene una conciencia de su propia imposibilidad, está confrontada con sus restos y habla sabiendo que su voz es la de un espectro).

Diciéndolo con Beckett y haciendo un montaje de las últimas frases de *Lo innombrable*: "es menester seguir, no puedo seguir, es menester seguir, hay que decir palabras, mientras las haya [...] hay que seguir, acaso esto se haya hecho ya, quizás me dijeron ya, [...]

hay que seguir, voy a seguir" (176; Marx, *La haine de la littérature* 181).
El futuro de eso que llamamos literatura estaría cifrado en esa
paradójica permanencia o en esa extraña manera de desaparecer y seguir estando. El espectro, sean cuales hayan sido sus valores, funciones y peripecias en la historia de las ideas, hoy simboliza un vínculo
secreto y anhelado con el pasado, con los antepasados, con las tradiciones, con las vidas, los ideales y los terrores de las generaciones que
nos precedieron. La supervivencia de una adhesión a la memoria, que
se afirma a pesar de todo, que busca decirse en las imágenes más o
menos metafóricas de la reanudación, así como el discurso espectral,
el desenlace, la utopía, el paisaje sin guardias ni demonios, ese modo
de supervivencia es seguramente un síntoma de nuestra época y una
respuesta a la impresión de una amenaza recurrente, una amenaza no
a la literatura —en tanto que conjunto de textos—, sino a todos aquellos
valores que, con o sin razón, alguna vez se le atribuyeron.

¿Conclusiones?

Entonces, ¿ha muerto la literatura? ¿Se puede contestar semejante
pregunta? ¿Por qué se la plantea? ¿Cuáles son las tensiones y conflictos que al hacerlo se exponen? ¿Con qué creencias y mitos se corresponden las afirmaciones sobre la crisis o el cambio de la literatura,
sea para profetizarlos, sea para deplorarlos? Pienso que a falta de
definiciones claras o de respuestas eficaces, quizás haya que desplazar
los enunciados. No interrogarnos si la literatura está acabada, sino
qué tipo de encrucijadas y angustias contemporáneas se expresan en
ese diagnóstico apocalíptico, qué imaginarios del lenguaje y de la
norma presuponen, por qué se expresan, por qué son audibles de esa
forma, con la tesitura de una insistente melodía crepuscular.

Habría que invertir la trayectoria interrogativa: no desde un nosotros hecho de certezas y veredictos sobre principios, finales y cambios, hacia un objeto, la literatura, perdido o decepcionante, sino de
un nosotros, los que convertimos al estudio de la literatura en
profesión, una profesión a la que las sociedades ya no le atribuyen un
lugar claro y una función valorizada, partir de ese nosotros hacia nosotros mismos. El hecho de que los diagnósticos sobre el fin o la
inoperancia de la literatura sean tan disímiles según el contexto cultural del que se trata (Francia y Estados Unidos, figuran en ese

sentido como antípodas) es sin lugar a dudas un indicio que refuerza la necesidad de una mirada autorreflexiva. Al menos ése sería un gesto de fértil discreción para enmarcar y orientar, luego, cualquier hipótesis sobre los cambios que en nuestra época está viviendo la masa de textos denominados literatura, cambios que seguramente son multiformes, paulatinos y paradójicos, como lo fueron en todas las épocas.

Digamos para terminar que el resultado de esta mirada autorreflexiva sí podría ser un –modesto– albur profético sobre el futuro de los estudios literarios.

BIBLIOGRAFÍA CITADA

Barthes, Roland. *El placer del texto. Lección inaugural.* Madrid: Siglo XXI, 1982.

Beckett, Samuel. *Lo innombrable.* Barcelona: Lumen, 2007.

Bessière, Jean. *Inactualité et originalité de la littérature française contemporaine (1970-2013).* Paris: Honoré Champion, 2014.

Borges, Jorge Luis. "La obra de Flaubert". Conferencias dadas en la Biblioteca Nacional, 1952. En http://centroborges.bn.gov.ar/node/68 (02/06/2019).

Citton, Yves. "La fin de l'hégémonie et le début de quelque chose". En Dominique Viart y Laurent Demanze, eds. *Fins de la littérature. Historicité de la littérature contemporaine.* Paris: Armand Colin, 2012. 45-73.

Demanze, Laurent. "Les mots de la fin". En Dominique Viart y Laurent Demanze, eds. *Fins de la littérature. Esthétique et discours de la fin.* Paris: Armand Colin, 2011. 51-63.

——. *Un nouvel âge de l'enquête.* Paris: José Corti, 2019.

Forest, Philippe. *Le roman, le réel et autres essais. Allaphbed 3.* Nantes: Editions Cécile Defaut, 2007.

Fortin, Jutta, y Jean-Bernard Vray, eds. *L'Imaginaire spectral de la littérature narrative française contemporaine.* Saint-Étienne: Presses universitaires de Saint-Étienne, 2013.

Foucault, Michel. *Las palabras y las cosas.* México, DF: Siglo XXI, 1968.

Freud, Sigmund. *El malestar en la cultura.* En *Obras completas,* tomo 3. Madrid: Biblioteca Nueva, 1996. 3017-3068.

Garramuño, Florencia. *Mundos en común. Ensayos sobre la inespecificidad en el arte.* Buenos Aires: FCE, 2015.

Gefen, Alexandre. *Réparer le monde. La littérature française face au XXIe siècle.* Paris: José Corti 2017.

Giordano, Alberto. "¿A dónde va la literatura? La contemporaneidad de una institución anacrónica". *El taco en la brea* 4, 5 (Santa Fe, mayo 2017). 133-146. En https://doi.org/10.14409/tb.v1i5 (02/06/19).

Lantelme, Michel. *Le roman contemporain. Janus postmoderne*. Paris: L'Harmatan, 2009.

Jenny, Laurent. *La fin de l'intériorité*. Paris: PUF, 2002.

Leclair, Bertrand. "La littérature, à la fin comme au debut". En Dominique Viart y Laurent Demanze, eds. *Fins de la littérature. Esthétique et discours de la fin*. Paris: Armand Colin, 2011. 237-249.

Ludmer, Josefina. *Aquí América Latina. Una especulación*. Buenos Aires: Eterna Cadencia, 2010.

Maingueneau, Dominique. *Contre Saint Proust ou la fin de la Littérature*. Paris: Belin, 2006.

Marx, William. *L'adieu à la littérature: histoire d'une dévalorisation XVIIIe-XXe siècle*. Paris: Minuit, 2005.

—. *La haine de la littérature*. Paris: José Corti, 2014.

Millet, Ricard. *Désenchantement de la littérature*. Paris: Gallimard, 2007.

Montaldo, Graciela. "Ecología crítica contemporánea". *Cuadernos de Literatura* 21, 41 (2017): 50-61. Cuadernos de Literatura, Web, 2 jun. 2019.

Narjoux, Cécile, ed. *La langue littéraire à l'aube du XXe siècle*. Dijon: Presses universitaires de Dijon, 2010.

Oyarzún, Pablo. *La letra volada. Ensayos sobre literatura*. Santiago: Diego Portales, 2009.

Pauls, Alan. "El arte de vivir en el arte". En *Temas lentos*. Santiago: Diego Portales, 2012, 166-184.

Piglia, Ricardo. *Las tres vanguardias. Saer, Puig, Walsh*. Buenos Aires: Eterna Cadencia, 2016.

Premat, Julio. *Non nova sed nove. Inactualidades, anacronismos, resistencias en la literatura contemporánea*. Roma: Quodlibet, 2018. Quodlibet, Web, 15 ago. 2019.

Rosenthal, Olivia, y Lionel Ruffel. "Introduction". En *La littérature exposée. Les écritures contemporaines hors du livre. Littérature* 2010-4, 160, 3-13. Cairn, Web, 2 jun. 2019.

Ruffel, Lionel. *Le dénouement*. Paris: Verdier, 2005.

Schaeffer, Jean-Marie. *Petite écologie des études littéraires. Pourquoi et comment étudier la littérature?* Vincennes: Marchaisse, 2011.

Vaillant, Alain. *La crise de la littérature. Romantisme et modernité*. Grenoble: ELLUG, 2005.

Viart, Dominique, y Bruno Vercier. La littérature française au présent. *Paris: Bordas, 2005.*

Viart, Dominique. "Les menaces de Cassandre et le présent de la littérature". En Dominique Viart y Laurent Demanze, eds. *Fins de la littérature. Esthétique et discours de la fin*. Paris: Armand Colin, 2011. 11-35.

NOTAS

REVISTA DE CRÍTICA LITERARIA LATINOAMERICANA
Año XLV, N° 90. Lima-Boston, 2do semestre de 2019, pp. 265-266

PERMANENCIA DE ROBERTO FERNÁNDEZ RETAMAR

Raúl Bueno Chávez
Dartmouth College

Con el fallecimiento de Roberto Fernández Retamar el 20 de julio del 2019 se nos ha ido uno de los grandes héroes culturales de Nuestra América. Alguien que nos hizo repensar la condición y el sentido de nuestras Letras desde los fundamentos de una teoría propia, que asumiera la originalidad y la condición instrumental, históricamente motivada y, por ello mismo, orgánica de aquéllas. Alguien que, en sus más de treinta años dirigiendo Casa de las Américas y sus fundamentales órganos –la Revista, los Premios Casa–, engrandeció una sólida y consecuente razón integradora del latinoamericanismo, al fomentar un pensamiento crítico descolonizado y un decisivo impulso a una vasta biblioteca descolonizadora –antigua y nueva– que ahora nos llena de contenido y orgullo continentales. Alguien que, sobre todo, nos puso a los herederos del atropello colonial en el lado correcto de la historia –y de las identidades–. Nuestro mundo no será el mismo a partir de ahora: nos hará mucha falta la amable y siempre estimulante brillantez intelectual del teórico, crítico, inspirador cultural y poeta. Y la desafectada sencillez del amigo.

La literatura latinoamericana era su fuente primaria de pensamiento y su lugar de batalla. No como una entidad en sí y por sí, sino como un conjunto en evolución, indesligable de la cultura, la historia y la realidad. Así vio su mayor necesidad: disponer de una teoría propia que la constituyera como un sistema integral de sus variadas especificidades. Y es a partir de una simple pero memorable verdad suya –una teoría de la literatura es la teoría de *una* literatura– que produjo el más amplio y provocador sustento epistemológico para un pensamiento teórico propio, a la vez fiel a lo concreto literario y sus referentes, a su variedad y originalidad. Desde entonces –1973–, investigar la especificidad y la organicidad de nuestra literatura se afianzó como la piedra de toque de Nuestra América. No pocos son los trabajos teóricos o de base teórica que, a partir de su invitación, están rindiendo o fomentando la verdad de esa literatura nuestra en algún aspecto de su pluralidad. Basta pensar en cuánto, a partir de su llamada, ha crecido lo nuevo en los estudios sobre lo heterogéneo, transcultural, testimonial, popular, alternativo, referencial, ensayístico, migrante, histórico-literario, histórico-cultural... Desde entonces, el tuerto pensamiento sobre la literatura por la literatura se tornó en fantasma que, no obstante las desentonadas voces de un esteticismo trasnochado, se disipa en la esterilidad de lo tautológico. Como muchos, quien esto escribe se incluye, modesta pero jubilosamente, en esas líneas de trabajo y creación inauguradas por el maestro. Estamos en deuda con él y, claro, con quienes lo acompañaron en esta verdadera revolución del pensamiento en estas tierras.

En el cruce de literatura, cultura e historia que tanto le interesaba halló el lugar idóneo para discutir el asunto de nuestras identidades. Y, junto a otros dos grandes antillanos, en un sentido reivindicador de los arrasados por la historia, propuso como nuestro símbolo a Calibán. No la figura lastrada de grotesco primitivismo creada por el amo para su beneficio y contento, y que aun ahora complace a quienes acobardados por lo nuevo y lo diferente se abrazaban a ideologías de exclusión, sino la ennoblecida figura de aquellos que, a despecho de las tecnologías de guerra que los ató a la multiforme explotación, pudieron resistir. Es decir, resistir y crecer mientras con su nervio y sangre sentaban las bases materiales de la modernidad que otros se ufanan en llamar suya; mantener viva la llama de la tradición, el pensamiento y la creatividad propios; modelar la semilla de una nueva línea de humanidad sobre el planeta; y alzarse como agente vital de su propio destino.

Desde esta otra perspectiva, entonces, el mundo será mejor gracias a Roberto Fernández Retamar. Porque su legado pasará de discurso a convicción y credo, de invitación a necesidad y aun urgencia. Es hora de *vivir* –y no sólo asumir– la condición calibanesca de nuestra cultura. De vivirla creativa y jubilosamente. Este es, creo, el llamado mayor que surge de esta partida que nos duele a todos.

Dartmouth. San Agustín. San Marcos.

REVISTA DE CRÍTICA LITERARIA LATINOAMERICANA
Año XLV, N° 90. Lima-Boston, 2do semestre de 2019, pp. 267-276

LA CUBANIDAD, UN POSTULADO ESENCIAL EN LA LUCHA POR LOS DERECHOS DEL CUBANO NEGRO DENTRO DEL PROYECTO CIVIL DE GUSTAVO URRUTIA

Marta Lesmes Albis
Instituto de Literatura y Lingüística
"José Antonio Portuondo Valdor", La Habana

El 2018 se cumplieron sesenta años del fallecimiento del destacado arquitecto, periodista y pensador cubano Gustavo E. Urrutia y Quirós (1881-1958), momento oportuno para la recordación de una figura capital de la cultura cubana, luchador esencial por los derechos civiles y sociales de los afrodescendientes cubanos durante la época de la república neocolonial[1]. Urrutia es muy conocido en dicho contexto por la participación al frente de la página cultural "Ideales de una raza", del *Suplemento literario* del *Diario de la Marina*, y después en la sección "Armonías", del propio diario, espacios que convirtió en tribunas de su pensamiento, contrario a todo tipo de discriminación, racial, de género y de clase, por lo que no sería exagerado situarlo, por lo avanzado de sus ideas, como un adelantado de los estudios culturales, en los cuales su modo de enfocar el análisis tomó, desde

---

[1] El presente trabajo es una versión de mi participación en el panel de homenaje a la figura de Gustavo E. Urrutia, celebrado en diciembre de 2018 con motivo del sesenta aniversario de la muerte del destacado intelectual cubano, en la Biblioteca Nacional José Martí. Dicho panel contó, además, con las intervenciones de su organizador, el investigador Tomás Fernández Robaina, del Dr. Eduardo Torres Cuevas, director de la Biblioteca Nacional, y del crítico y ensayista Víctor Fowler.

[2] El suplemento literario estaba dirigido por el destacado intelectual de izquierda José Antonio Fernández de Castro.

sus incipientes perspectivas teóricas, un declarado compromiso político y social[3].

Emplear el *Diario de la Marina* como plataforma editorial resultó una estrategia muy inteligente y un gran desafío por parte de Urrutia, por tratarse de un periódico de gran circulación, leído por un público muy diverso, pero de una orientación ideológica conservadora. El *Suplemento* en particular era notable por su calidad, ya que en él colaboraban importantes escritores cubanos y extranjeros, pero de diversas filiaciones políticas e ideológicas. Urrutia también extendió su labor en favor de las reivindicaciones civiles y sociales a programas radiales como Universidad del Aire y Hora Afrocubana. La aparición de *Motivos de son* en "Ideales de una raza", del mencionado *Suplemento*, sería un acontecimiento de gran trascendencia no sólo por el hecho de ajustarse a uno de los temas principales de la labor reivindicativa del destacado intelectual, sino también por el hecho de que tanto los novedosos poemas, como el autor mismo, Nicolás Guillén, constituían una absoluta novedad dentro del panorama literario cubano del momento.

Si bien el concepto afrodescendiente es oportuno como reivindicativo del aporte inconmensurable, como demostrara Fernando Ortiz, de las culturas africanas –como hizo, además con las aborígenes e hispanas, más otras también presentes, pero de menor impacto en la conformación de nuestra nacionalidad–, por otra parte, reduce, siguiendo nuevamente a Ortiz, como ya vemos, la verdadera esencia de ese proceso que él denominara transculturación. El lugar desde el cual enuncio mi reflexión es un lugar asentado en el Caribe, donde es impensable reducir la pertenencia cultural, aunque como individuo se desconozca la totalidad de los orígenes biológicos y culturales, a la sola ascendencia africana. Mujer negra del Caribe implica una condición en la que es imposible desentenderse de todas las

---

[3] No es ocioso recordar que los conceptos de género, de clase y de raza que tanto han aportado al estudio del arte y la cultura desde la crítica marxista y los estudios culturales, fueron perfilándose en la práctica a través de las luchas por las reivindicaciones de los derechos de la clase obrera, de las mujeres y de los negros desde las primeras décadas del siglo XX. La sistematización parcial o integrada de dichos enfoques en desarrollo paralelo con dichos acontecimientos, no alcanzaría su plenitud hasta bien avanzado el siglo.

mixturas, por lo tanto y en buena ley no me considero menos que una afroeuropea –y presumiblemente más– descendiente[4].

El término afrocubano lo asumo, pues, en el sentido que el propio Urrutia le da en uno de sus trabajos:

> Puesto que lo africano existe hondamente mezclado con lo español, lo portugués, lo francés, lo inglés, lo holandés, lo indio en la moderna cultura de la América esclavista, es inteligente conocer el factor africano, al menos tan cabalmente como nos esforzamos por conocer los otros factores de nuestros pueblos de América: el factor español en Cuba, el francés en Haití, el inglés en los Estados Unidos y Jamaica, el portugués en el Brasil, etc.
>
> Y puesto que a la rama negra del pueblo de Cuba es a quien se le suele imputar insidiosamente un ancestro salvaje y bárbaro; y como es al afrocubano a quien se pretende abochornar, coaccionar con supuestas herencias de inferioridad, con taras raciales denigrantes; por lo mismo es al afrocubano a quien más perentoriamente le incumbe conocer a ciencia cierta, dar a conocer y explicar los valores religiosos, morales y artísticos de sus abuelos negros, que nada tienen que envidiar en moralidad ni en refinamiento espiritual a los de sus abuelos blancos, y que, por lo contrario, vienen nutriendo muy generosamente la cultura blanca sin que el blanco se haya dignado enterarse, reconocerlo y agradecerlo, hasta fecha bien reciente y en los países más avanzados del mundo (Urrutia, G.E., Programa radial Hora afrocubana, diciembre, 1935).

Con el advenimiento de la república neocolonial, como sabemos, quedó sin solución una de las tres contradicciones principales de la época anterior, la que establecía la diferencia irreconciliable entre blancos y negros. Contradicción que se arrastraría como un estigma a pesar de un cambio de signo histórico y de paradigma político y cultural. No fueron suficientes los sacrificios de los negros cubanos, hombres y mujeres, junto con los blancos, en las cruentas guerras por la independencia de Cuba, ni siquiera por el hecho de que no dieron la vida en los campos de Cuba por la reivindicación de la raza, sino por la independencia de la nación. Méritos militares y cívicos no

---

[4] Agradezco al investigador Tomás Fernández Robaina por propiciar mi descontinuada atención a asuntos en los cuales ya yo había incursionado si bien no de manera sistemática, pero siempre desde la perspectiva del negro como sujeto de producción simbólica y no como objeto de representación en trabajos como "Oralidad, teatralidad y performance en la poesía de Marcelino Arozarena" (XXII Congreso de Latin American Studies Asociation, LASA, EEUU, 2001) y "La idea de España en poetas negros cubanos del siglo XX", *La Letra del Escriba*, enero 2007 (fragmento)/ Cubaliteraria revista digital cubana, diciembre, 2008.

fueron suficientes para recibir el respeto y el reconocimiento pleno de su condición de ciudadanos, en el contexto político y social del recién estrenado siglo XX.

Como parte del proceso de reordenamiento producido al inicio de la centuria quedó pendiente este asunto de vital importancia nacional, el lugar de los negros dentro de la nueva estructura social. Dos aspectos conspiraron contra la posibilidad de integración y tratamiento igualitario. La de carácter objetivo: el hombre negro, por su posición subalterna no había podido acceder a la necesaria preparación que le permitiera estar a tono con los reclamos de la sociedad dominada por blancos cultos. La de carácter subjetivo: los blancos cultos seguían promoviendo a escala social, a través de diferentes medios, el temor al negro justamente por la ignorancia y marginalidad en la que habían mantenido a esa parte considerable de la población cubana.

El temor al negro, surgido en condiciones específicas de la época colonial, adquirió nuevos significados y se mantuvo como arma de dominación y sostenimiento de una supremacía. ¿Cómo revertir esa condición subordinada? ¿Cómo desmentir el mito de la demonización del negro? ¿Cómo demostrar los valores cívicos y el aporte del negro a la sociedad, si la intención de la clase en el poder, los blancos burgueses ahora sin plantaciones, pero con latifundios, no los consideraban ya animales o cosas, pero los seguían considerando seres inferiores? No bastaba que negros como Juan Gualberto Gómez, Martín Moría Delgado y Gustavo Urrutia se convertieran en los paradigmas que desmentían tanto el mito del demonio negro que perpetuaba el miedo como su supuesta inferioridad y que demostraban que el negro, en posesión de las oportunidades de estudio y superación de los blancos, también podían alcanzar el ascenso social que los redimía y dignificaba.

Como se conoce, Urrutia provenía de una familia de negros libres. Se había iniciado como contador en la tienda El Encanto y posteriormente se había graduado como arquitecto, profesión que ejercería hasta 1928, momento a partir del cual desarrolla el periodismo por más de 30 años, laborando en el *Diario de la Marina*, "donde era la excepción negra entre los periodistas". Desde el periodismo como tribuna, desarrolló Urrutia una reflexión continua acerca del negro, su condición marginada y las posibles vías para su superación, lo que aun sin un fundamento filosófico explícito le vale, y bien merecido, el calificativo de pensador. Su pensamiento está basado en una profunda observación de la sociedad cubana y de sus relaciones, no siempre desde el centro del problema, sino desde la periferia, atendiendo asuntos de carácter legal, civil, político, histórico y social. Con ello deseo advertir que, si bien el análisis de las relaciones raciales tiene un lugar predominante en su escrutinio, no será el único, como tampoco puede desentenderse su punto de vista del supra objetivo de esa reflexión que es la cubanidad, a cuya pertenencia del negro se dirige en primerísimo lugar su activismo social.

Consagrado ya Urrutia como acreditado intelectual negro, Jorge Mañach, pensador blanco de sólida formación humanística que analiza el problema racial desde los límites de la fenomenología, remanentes del positivismo y declarado antimarxismo, y ya una de las voces más altas de la lengua española en aquellos momentos, sería uno de quienes prodigara los mejores elogios a Gustavo Urrutia como pensador y activista por el lugar digno que merecían ocupar los negros en la sociedad cubana. No siempre acertado al tratar el tema racial, Mañach argumenta con fina claridad sus ideas:

> Hace tiempo se comentaba en esta columna un proyecto arquitectónico originalísimo –que resultó frustrado, tal vez por su misma audaz originalidad–, de Gustavo Urrutia, el distinguido arquitecto de color (ya se verá por qué traigo a colación la epidermis). Y si digo "de color" y no "negro", es porque acaso no siempre ha de verse –como cree Araquistaín– "un eufemismo vergonzante" en aquella manera de señalar. Lo que hay es que negros, en todo el rigor cromático del adjetivo, ya van quedando pocos en Cuba, excepción hecha de los haitianos y jamaiquinos que aún se nos cuelan, carne de latifundio.

En el texto ya vimos el elogio de Mañach a Urrutia como arquitecto y también lo haría sobre su proyecto de "Ideales de una raza" desde el *Diario de la Marina* por la "elegancia y serenidad y franqueza", por el tono jovial y fraterno y por lo que llama "penetrante y cristalina sensatez" de Urrutia al tratar estos temas: "A estos temas 'delicados' suele llevar el escritor blanco una deliberada hipocresía, en tanto que el escritor de color vacila entre una excesiva reticencia, que hace imposible la ventilación eficaz del problema, y un tono de reivindicatoria acritud, cuyo disimulado rencor nubla la argumentación. De ambos extremos ha sabido guardarse el señor Urrutia".

La prolongación del "miedo al negro" en la república, lastre here-
dado del sistema colonial español, sus condiciones y consecuencias
es una de las principales inquietudes de Gustavo Urrutia y tema capital de su importante conferencia "El problema negro", de ciclo Universidad del Aire:

> Si al hablarse del "problema negro" se le llamara "el peligro negro" el mundo
> captaría mejor la implicación de amenaza que para ellos contiene aquella frase
> inventada por ellos.
>
> "Problema negro" es una denominación equívoca, pero acuñada y circu-
> lante, que suscita en la mente superficial la intuición de que el asunto con-
> cierne activamente a los negros, conocida la posición subordinada que la raza
> negra ocupa en el mundo histórico [...]
> El negro no es sujeto, sino objeto del problema. Su participación es pa-
> siva como la de un prisionero sometido por los enormes poderes de la civi-
> lización blanca ("El problema negro", en *Cuadernos de la Universidad del Aire*,
> La Habana, n. 27, jul. 1933, p. 193).

Como demuestran sus trabajos periodísticos, la preocupación de
Urrutia por la situación de negro en Cuba rebasa el tema meramente
racial, debido a que no se limita a la simple denuncia de la discriminación del negro y a su llamado a la unidad y reconocimiento consciente, sino que asciende al rango de programa político para contribuir a su solución basado en los siguientes postulados:

1. Igualdad racial, de sexo y de clase.
2. Libertad de religión.
3. No auto segregación.

Aunque las ideas de Urrutia aun requieren de un estudio y de un
reordenamiento necesarios, puede tomarse el texto titulado "Programa mínimo" como modelo ya que no es más que un proyecto de
república inclusiva en ciernes:

> He aquí algunos renglones del programa mínimo político-social que me pro-
> pongo defender en el Congreso. No es una total estructuración programática,
> porque ella correspondería mejor a los partidos políticos.

ANTIRRACISMO

> A-Todos los cubanos son iguales ante la Ley. La República no reconoce
> fueros ni privilegios personales de sexo, clase o raza, y las leyes establecerán
> sanciones contra toda infracción de este principio. Se prohibirá también la
> mención de la raza en toda expresión oficial o pública.
>
> B-Constitucionalmente se asegurará a todo cubano una igualdad de oportuni-
> dad para ganarse la vida con un trabajo productivo y se dictarán medidas

efectivas para evitar que por motivos de religión, raza, sexo u otro análogo quede excluido cualquier cubano de esta igualdad.

C- Se prohibirá en la Constitución la formación de partidos políticos y de candidaturas políticas (así para cargos públicos o como para la organización y funcionamiento de los partidos políticos) que estén integradas por individuos de una sola raza.

D-Garantías constitucionales para los conceptos y las sanciones antirracistas contenidos en el vigente Decreto-Ley número 51 de marzo 5 de 1934.

E-Sanciones legales, especialmente municipales, contra los establecimientos públicos o semipúblicos que nieguen, dificulten o establezcan distingos en sus servicios por motivos de raza, color, sexo, religión o clase especial ("Programa mínimo", 15 de noviembre de 1925).

En "Formulario anodino", especifica los campos de reivindicación del negro: el intelectual (educación); en lo político (el ejercicio del voto); en lo económico (la participación en la pequeña empresa); en lo social (con el respaldo de una legislación adecuada) ("Formulario anodino", 15 de julio de 1931).

Sin embargo, el activismo de Urrutia no admitía paternalismos. No se trataba de promover a los negros a puestos y cargos solo por el hecho de serlos, sino a aquellos que realmente estaban en condiciones y méritos de hacerlo. Un texto elocuente es el titulado "Memorándum oscuro":

Memorándum Oscuro

EN UNA SERIE de artículos, he procurado exponer sin iras ni rencores, lo más esencial de los planes de cultura con que yo pensaba dar vida práctica a la organización del Departamento Municipal de Cultura que proyectamos, en colaboración entusiasmada, el doctor Gustavo Gutiérrez, el doctor Beruff Mendieta y yo; organización hoy es una realidad administrativa de nuestro municipio por su vigencia presupuestal, y que podrá también ser realidad para el pueblo si el alcalde respalda debidamente la misión del nuevo jefe del Departamento de Cultura.

Dichos planes no comprenden sino el primer año de fecundación cultural y se ciñen a la reducida capacidad pecuniaria del Tesoro municipal. Su aplicación debería haberse comenzado a preparar en estos meses de mayo y junio para que entrasen en vigor desde el primer día del próximo año económico. Para esto era preciso haber nombrado a tiempo el personal que yo tenía convenido con el señor Alcalde, u otro equivalente en número y calidad.

No obstante, este servicio de cultura municipal es tan perentorio, y el doctor Beruff Mendieta sigue hablando de él con tanto amor, que es de esperarse una intensificación de esfuerzo para salvarlo del fracaso. Repito que me sentiría feliz con poder ayudar de algún modo en este salvamento, con tal que fuese de fuera de la alcaldía.

∗   ∗   ∗

Los hechos son más convincentes que cualquier alegato. Y los hechos desmienten la "bola" de que mi discrepancia con el alcalde consistió en que yo quería convertir en una Abisinia municipal el Departamento de Cultura. Así lo hizo decir, hasta por radio, algún alma en pena. La verdad verdadera es que ni el doctor Beruff Mendieta ni yo somos racistas. El nombró para segundo jefe del Departamento de Cultura al señor Ezequiel Sarracent, sargento político, honrado e inteligente, pero que, a mi juicio carece de cualificación cultural para el cargo. Este buen amigo mío es un afrocubano, más negro que yo.

En cambio, el joven alcalde rehusó mi propuesta para esa segunda jefatura, que recomendaba al doctor Antonio González López, blanco, alumno eminente y ex catedrático de la Universidad, adornado de una brillantísima ejecutoria de cultura social, periodista, hombre de corazón, que se interesa tanto por los problemas del Vedado, como los del reparto Las Yaguas, espíritu de misionero social que estuvo colaborando sin treguas con nosotros por dos meses en la preparación de nuestros planes. Yo propuse un blanco y el alcalde nombró un negro. No hubo pugnas de racismos bastardos ("Memorándum Oscuro", 30 de mayo de 1936).

De gran importancia resulta el concepto del nuevo negro dentro del proyecto nacional esbozado por Urrutia, donde negros y blancos debían participar por igual. Este concepto es retomado y largamente desarrollado en su conferencia "Puntos de vista del nuevo negro", donde, a propósito del mismo, analiza los tipos de racismos (el del blanco hacia el negro y el del negro hacia el blanco) y las otras formas de discriminación política y social. Al respecto, aun cuando su visión del problema está enmarcada en límites de su formación y de un pensamiento liberal, Urrutia advierte:

> Mientras no se llegue a un cambio de régimen capaz de impedir las exclusiones y privilegios de "facto", convendrá aunque sólo fuera por respeto a la técnica jurídica, redactar el artículo correspondiente de la Constitución, más o menos en esta forma: "Todos los cubanos son iguales ante la Ley. La República no reconoce fueros y privilegios personales, de sexos, de religión, de razas, ni de colores. Las leyes establecerán sanciones contra las transgresiones de este principio, ya sean éstas ostensibles o subrepticias". Lo cual, desde luego, no es pedir, como sofísticamente se ha dicho, privilegios para el negro. Se pide que no sigan practicándose impunemente los privilegios contra el negro.

Desde sus primeros estudios sobre comercio, ya Urrutia desco-
llaba como un negro aplicado, talentoso y competente capaz de ga-
narse la estimación y hasta el respeto de cierto sector de la clase burguesa y los sectores de la intelectualidad blanca:

> Los "Solís Entrialgo y Ca.", los "García y Sisto", "los Soto y Fernández" y
> otros comerciantes, me acogieron con tanto afecto, apreciaron tanto mi serie-
> dad y actividad, que hoy, después de tantos años, ajeno ya a aquellas tareas
> comerciales, me honran todavía con su amistad, y cuando visito sus casas
> bellas y poderosas, me dispensan esa cordialidad alegre, llana y leal carac-
> terística de los españoles, que aman o repudian, pero no disimulan.

El acercamiento a la figura de Gustavo Urrutia, a las ideas expresadas a través de sus trabajos reflexivos acerca del tema racial
como problema central y no aislado de la sociedad republicana, nos
permite trazar un retrato suyo pleno. En estos textos revisitados, el
destacado intelectual cubano se nos manifiesta como un hombre de
ideas y de ejercicio reivindicativo, pero también y sobre todo como
un defensor admirable de la cubanidad, de la integración de blancos
y negros en el entramado social cubano de una república urgida de
renovaciones.

Las ideas expresadas en "Puntos de vista de nuevo negro"[5], am-
plían nuestro conocimiento acerca de su manera de encauzar los
reclamos de los negros y los medios para lograr sus propósitos de
integración social. Hombre, por sobre todo de pensamiento, entiende
que el problema requiere de un análisis objetivo, alejado del resentimiento que aún hoy día lastra este tipo de debates:

> estas cuestiones raciales, que no suelen ser causa sino efecto, están subordi-
> nadas a una serie de imperativos remotos e inexorables, que son producto
> del devenir histórico en el pasado y de la ley del progreso humano en su
> sucesivo desarrollo hacia el futuro, imperativos que, en definitiva rigen por
> sobre la voluntad de los hombres y los pueblos ("Puntos de vista del nuevo
> negro", Instituto Nacional Previsión y Reformas, La Habana, 1937, s. p.).

El concepto de "Nuevo negro" está enfocado a mujeres y hombres, niños y viejos, y está dirigido a las clases obrera y media, ya que
negros ricos no había en Cuba. El Nuevo negro se ha librado del
complejo de inferioridad "impuesto por la presión esclavista". El

---

[5] Conferencia inaugural correspondiente al ciclo de carácter social, científico
y educacional iniciado por el Instituto nacional de revisión y reformas sociales,
1937.

nuevo negro no explica o demanda, por un racismo que ha sufrido, a la inversa. No reconoce denominaciones de dudoso carácter antropológico a tenor de las diversas definiciones que de él dieran los blancos. El Nuevo negro se autodefine y alcanza una conciencia de sí mismo "como ser racional y culto". Es el afrocubano que ama al "blanco progresista y revolucionario" como "a un hermano gemelo y un compañero en la lucha por las reivindicaciones nacionales y humanas". El Nuevo negro está convencido de que la democracia liberal no puede "garantizarle la justicia económica y social colectiva, por su esencia individualista y plutocrática". Este Nuevo negro "se ha orientado hacia la promoción de alguna forma de socialismo [...] compatible con nuestra idiosincrasia y con la realidad de nuestras relaciones internacionales". El Nuevo negro cubano "está persuadido de que nuestros problemas nacionales –el de razas, inclusive– no pueden resolverlo ni el negro solo, ni el blanco solo". La conciencia de su condición racial, entraña grandes valores para el afrocubano, pues, "al hacer el Nuevo negro caudal de sus propios valores para movilizarlos en pro de la comunidad, inicia este proceso de autodetereminación espiritual definiéndose a sí mismo lo que el negro significa para el mundo y para Cuba" (*ibidem*).

Urrutia mismo se revela en su conducta toda como el paradigma del nuevo negro cubano: un hombre decente y sencillo, sin falsas modestias, consciente de su origen cultural; de ahí el empleo del término afrocubano como autodefinición; con la cultura como herramienta integradora de saberes diversos como su aliada; y con el convencimiento de la importancia del cumplimiento de la ley como escudo en esa gestión trascendental de equidad social que propone como solución al problema de las discriminaciones, en donde la de tipo racial no era sino apenas "un capítulo y no el principal" de un gran drama de alcance universal.

RESEÑAS

Rubén Quiroz Ávila. *Divina metalengua que pronuncio. 16 poetas TRANSBARROCOS 16.* Lima: El Lamparero Alucinado, 2017. 214 pp.

"tandis que dans le cas du Baroque il s'agit de savoir si l'on peut inventer un concept capable (ou non) de lui donner l'existence" (Gilles Deleuze, *Le pli. Leibniz et le Baroque.* Paris: Éd. De Minuit, 1988. 47).

El barroco es considerado generalmente como un período que se despliega en el siglo XVII. Características de este fenómeno serían la ornamentación compleja y excesiva, el contraste, el movimiento, la combinación de disciplinas y el concepto operativo del pliegue como elemento que tiende al infinito (Deleuze). Al mismo tiempo, se puede hablar de un barroco latinoamericano con características peculiares (Adán, *De lo barroco en el Perú*; Bustillo, *Barroco y América Latina*; Arriarán, *Barroco y neobarroco en América Latina*) o, también, de *lo* barroco como elemento fundamental de la modernidad (Echevarría, *La modernidad de lo barroco*). Carpentier ha afirmado –en una línea afín a d'Ors (*Lo barroco*)–, incluso, la existencia de un "eterno retorno del barroquismo" y califica a múltiples y diversas obras y autores de barrocos. Por contraste,

Lezama Lima señala que la palabra barroco se emplea comúnmente de manera genérica, amplia y, por tanto, inadecuada.

Frente a esta discusión sobre el confinamiento temporal y geográfico del barroco tanto como su sentido conceptual, quizás no del todo evidenciada y confrontada, Rubén Quiroz (*Divina metalengua que pronuncio*) nos ofrece un término para pensar la recurrencia histórica de tal discursividad en el ámbito peruano por oposición, aunque no exclusión, a otras latitudes: lo transbarroco. Afirma: "El barroco, desde su intensa presencia y asimilación americana, ha perdurado en diversas dimensiones y circulado con muchas intensidades en periodos y ciclos de la vida cultural peruana" (6). Características de este concepto serían la versificación extensa, culta, herética, metalingüística y políglota, entre otros, la cual –para decirlo con una expresión de Deleuze y Guattari (*Mille Plateaux*)– se desarrolla en rizomas y "gira sobre las propias fronteras del lenguaje y explora todos los canales y soportes de la lengua" (Quiroz, *Divina metalengua que pronuncio* 9). Autores transbarrocos serían, a juicio del autor, Vallejo, Adán, Marrokin, Carlos Germán Belli, Ojeda, Lauer, Ramírez Ruiz. El prefijo "trans" denota, por tanto, atravesamiento e iteración en la dinámica cultural peruana. No obstante, Quiroz acierta al afirmar en paralelo que los movimientos poéticos son una homogenización imaginaria de múltiples matrices y que en ellos funciona muchas veces una maquinaria filial, amical, mercantil, mediática, esto es, los conocidos procedimientos externos de prohibición, separación y rechazo donde se conjuga el discurso con el poder (Foucault, *L'ordre du discours*).

A partir de tal definición, se presenta en el texto 16 poetas transbarrocos: José Morales Saravia, José Antonio Mazzotti, Edgar Guzmán Jorquera, Roger Santiváñez, Ana María García, Reynaldo Jiménez, Gonzalo Portals Zubiate, Rodolfo Ybarra, Paolo de Lima, Alfredo Román, Manuel Liendo, Willy Gómez, Rosario Rivas, Alberto Valdivia Baselli, Gladys Flores y Paul Forsyth Tessey. La selección acotada de poemas está precedida en cada caso por una semblanza biográfica del respectivo autor a partir de las experiencias personales del compilador.

La heterogeneidad poética es patente a partir de la superficie, los nombres y edades. Optaremos en esta reseña por elegir un hilo conductor para exhibir algunos versos presentados, la cual por supuesto no dejará de ser discutible tanto en su alcance como en su existencia efectiva. La *referencia metalingüística* guiará y seleccionará aquí la exposición de versos de algunos autores. Por lo demás, la multiplicidad de propuestas presentadas permite una mayor diversidad de hilos conductores transversales que no son abordados en este análisis.

Morales Saravia presenta "Es la imagen que se va diciendo y dase inicio, / Sea extensa y amplia como el fuego que la forja" (*Divina metalengua* 19). La referencia al metalenguaje se da aquí en la forma de lo que denominaremos metaimagen. Mazzotti, con el verso que da título al libro reseñado, "Yegua es la hembra del caballo y yegua es mi mujer impronunciable / divina metalengua que pronuncio y no decoro" (33) propone también "Centurias aguardando palabras / De un idioma extinto excepto / Para la secta" (42-43) que, extrapolados, muestran una obsesión por lo impronunciable, lo irreductiblemente heterónimo y la finitud temporal y semántica de una lengua, esto es, el lenguaje en cuanto tal. El verso "El pez que traza un número y arroja una palabra / Como un dardo quemante y posesivo" (53) de Guzmán Jorquera plantea una imagen donde el número y la palabra se piensan a partir de la naturaleza, o el mar. Si abstraemos un verso de Santiváñez "Es el antiguo tema del poema / una especie solitaria en extinción" (64); obtenemos que no solo el "Venado asesinado" aludido en el título del poema puede ser pensado como sujeto de predicación, sino también la palabra misma y el poema. Ybarra, aunque con una temática mayoritariamente disímil, no hurta la orientación metalingüística cuando escribe "para coger el verbo de la cola y golpearlo contra las paredes" (100). La línea "y es el poema el que nos medita en el desorden" (117) perteneciente a de Lima avanza, por lo menos brevemente, hacia la metapoética. Liendo, en fin, propone con "muéstrame tu cosmética lengua no hay aprisco ni reluciente enjambre violáceo / [...] abusa el contenido y no dice nada sino envuelve lo soberano trasluce su definición" (144), una tematización sobre los límites, el contenido y el alcance, además de la estetización, del lenguaje.

En suma, el texto de Quiroz presenta una muestra interesante que, por un lado, contribuye a la difusión de múltiples poetas peruanos y, por otro lado, enriquece la teorización y discusión sobre la poesía en el Perú proponiendo un concepto, a nuestro entender, polémico –lo transbarroco– que discute las hegemonías discursivas tanto cuanto concibe, quizás paradójicamente, constantes históricas en la literatura peruana. De lectura, recomendable; y de discusión, inaplazable.

Ysmael Jesús Ayala Colqui
Universidad Nacional
Mayor de San Marcos

Gabriela Núñez Murillo. *José María Arguedas a través de sus cartas.* **Lima: CELACP, Latinoamericana Editores, 2018. 242 pp.**

Gabriela Núñez Murillo, Doctora en Comunicaciones por la Universidad de Pittsburgh (USA), docente en el departamento de Comunicaciones de la Pontificia Universidad Católica del Perú, nos presenta un estudio interesante: *José María Arguedas a través de sus cartas.* El prólogo escrito por Mercedes López Baralt destaca la percepción de Núñez con respecto al autorretrato de Arguedas como poeta; no sólo en sus obras, sino en sus cartas. Núñez, en el prefacio, justifica el propósito

de su investigación: "examinar la manera en que Arguedas construye su voz a través de sus cartas" (23). Además, la autora recurre a la entrevista y a la visita a Andahuaylas como estrategias para recolectar mayor información acerca del escritor. La introducción nos ofrece el contexto sociocultural de mediados del siglo XX en el que se desarrollaron la vida y obra de Arguedas. La autora explica, en este sentido, la indiferencia de los peruanos al no reconocer las injusticias sociales que padecían los pueblos indígenas desde la colonia. Con respecto al análisis de las cartas, Núñez recurre a los estudios arguedianos, estos incluyen fuentes literarias, antropológicas, sociológicas y comunicativas.

La autora analiza las cartas con especial énfasis desde el enfoque comunicativo. Por ello, apela a la investigación de Julio Ortega, "que aborda la relación de comunicación y cultura en *Los ríos profundos*" (37) y de Fernando Rivera, quien "estudia la comunicación sensorial en la literatura de Arguedas" (37). Ambos le brindan pautas para explorar y delimitar la construcción que Arguedas presenta de sí mismo en su correspondencia personal dirigida a sus familiares, amigos, editores, psicoanalistas, entre otros. Así también, recurre a los estudios de Sara Castro Klein, Antonio Cornejo Polar, Ángel Rama, William Rowe, Martin Lienhard, Alberto Escobar y Roland Forgues; críticos literarios que analizaron la producción creativa de Arguedas y cuyos estudios son considerados clásicos.

El estudio propiamente dicho se estructura en dos partes. En la Parte I, "Construcción de sí mismo", la autora analiza la construcción del autorretrato de Arguedas a partir de su memoria autobiográfica. En el capítulo 1, "Recuerdos de infancia", atiende al uso de la memoria, desde la teoría freudiana de los recuerdos encubridores que revelan sentimientos ambivalentes de ternura y sufrimiento. En el capítulo 2, "Personificación de la nación", la investigadora explora las razones por las cuales Arguedas se erigió como representante de la nación peruana; y las influencias ideológicas de César Vallejo y Walt Whitman asimiladas por el escritor. En cuestiones políticas, Núñez afirma: "no le gustaba que lo enmarcaran en ningún dogma ideológico" (92). Sin embargo, Arguedas llega a reconocer la influencia ideológica de José Carlos Mariátegui a través de la revista *Amauta*. Por último, muestra cómo el escritor buscaba preservar la cultura quechua, en particular la tradición oral. En síntesis, Núñez sostiene que Arguedas cumple un rol mesiánico, al constituirse como un puente entre las diferentes clases sociales y razas del Perú moderno. En el capítulo 3, "El ser en tanto autor", la autora argumenta la concepción que Arguedas tiene de sí mismo como intelectual y escritor. En las cartas dirigidas a su hermano Arístides y amigos como Emilio Westphalen y John Murra confiesa sentirse más cómodo como escritor creativo que como científico social. Por ello, llega a afirmar en una carta escrita a su hermano Arístides: "odio profundamente la vida de intelectual que estoy llevando; yo no quiero ser de ninguna manera un intelectual" (111).

Núñez, por otro lado, constata dos tradiciones discursivas en las cartas: la oral y la escrita. En estas se revelan el estado emocional, la intensidad del lenguaje y el tono afectivo del escritor. La autora sostiene, por otra parte, que Arguedas siempre se empequeñecía ante otros académicos, a pesar de su bagaje cultural, debido a que "la construcción retórica de sí mismo como un escritor que creaba como si fuese un médium, sintiendo más que pensando, le impedía presentarse como intelectual o mostrar sus logros académicos" (130). Por consiguiente, advierte la ambigua personalidad que el autor construye de sí mismo.

La Parte II, "Arguedas en su mundo", se divide en dos capítulos. El capítulo 4, "Relación con la gente" analiza las interacciones mundanas del escritor con su familia, sus amigos y sus relaciones afectivas. En muchas de sus cartas y testimonios, según Núñez, el escritor exagera su condición de huérfano (*wakcha* en quechua). El sentimiento de orfandad es proyectado en su relación afectiva con algunas mujeres: su primera esposa Celia Bustamante, a quien el escritor percibe como una madre sobreprotectora y celosa. Así también, se menciona a las chilenas Lola Hoffmann, su psicoanalista, a quien incluso la llama madre, Beatriz (un amor platónico), Gaby Heneike (amiga); y a la peruana Vilma Ponce (amante), quienes cumplen un papel afectivo en el impulso creativo del escritor. Para Arguedas, por otro lado, un amigo era un protector; en efecto, destacan José Ortiz Reyes, Alejandro Ortiz Rescaniere (hijo de Ortiz Reyes), el violinista Máximo Damián, Manuel Moreno Jimeno,

Emilio Adolfo Westphalen, Juan Mejía Baca, Pedro Lastra (chileno). Núñez acota que los recuerdos buenos y tormentosos de la infancia marcaron en Arguedas sus relaciones con la gente de su entorno y con la decisión personal de suicidarse.

El capítulo 5, "La atención por el entorno", se desarrolla en dos acápites: "Impresiones de viaje" y "La música y la naturaleza". Núñez, en el primer acápite, explica el proceso migratorio que realizó el escritor desde su infancia: primero en los pueblos pequeños hasta llegar a la capital. Luego, indica las razones profesionales por las que viajó a diferentes países como Chile, México, Cuba, Estados Unidos (Washington DC, New York), Francia (París), España, Alemania, Austria y Marruecos. También anota la percepción acerca de los países visitados; así, por ejemplo, Estados Unidos le inspira respeto; en contraposición, la ciudad de París, afecto. Los viajes, asevera Núñez, ampliaron su visión geográfica y su comprensión acerca de la realidad peruana. Desde *Agua* hasta la novela *El zorro de arriba y el zorro de abajo*, la autora observa el cambio del entorno geográfico que se desplaza de la aldea hacia la ciudad portuaria. En este punto, destaca la noción de sujeto migrante, propuesta por Cornejo Polar. En el segundo acápite, "La música y la naturaleza", la investigadora apela al estudio de William Rowe, quien considera que la música representa un modelo de conocimiento que no separa al sujeto del objeto en toda la obra de Arguedas.

Desde el enfoque comunicativo, Núñez contribuye en la construcción biográfica de Arguedas, ya que el análisis de las cartas revela la subjetividad ambigua y compleja del escritor, expresada en diversos ámbitos: como ser humano, escritor creativo y científico social. Por otro lado, el estudio es ambicioso. Núñez delimita muy bien el corpus a analizar; sin embargo, la complejidad subjetiva de Arguedas sugiere mayor detenimiento en la exploración de su actitud mesiánica, al sentirse responsable por dar a conocer la realidad de los pueblos indígenas a la sociedad peruana. Las conclusiones, el apéndice y la bibliografía presentadas son pertinentes en el estudio. Finalmente, la lectura del libro es recomendada para la comprensión y reflexión de las relaciones interculturales entre el mundo andino y occidental; proyectada –entre luces y sombras– en la vida y obra del escritor, del Amauta excepcional, José María Arguedas.

Emma Aguilar Ponce
Universidad de Piura/ Universidad Católica Sedes Sapientiae

Héctor Costilla Martínez y Francisco Ramírez Santacruz. *Historia adoptada, historia adaptada. La crónica mestiza del México colonial.* **Madrid: Iberoamericana / Vervuert, 2019. 127 pp.**

De reciente aparición, *Historia adoptada, historia adaptada. La crónica mestiza del México colonial* se ocupa de cuatro cronistas mestizos novohispanos, Diego Muñoz Camargo, Fernando de Alva Ixtlilxóchitl, Hernando Alvarado Tezozómoc y Domingo Francisco de San Antón Muñón Chimalpáhin Cuatlehuanitzin, "hombres excepcionales" que quisieron cambiar el rumbo de la Historia por medio de la escritura" (7). De esta excepcionalidad en la autoría y obra trata este libro fundamental de Héctor Costilla Martínez y Francisco Ramírez Santacruz, doctores en Literatura, profesores de la Benemérita Universidad Autónoma de Puebla y reconocidos especialistas del área. En este texto asumen el arduo desafío de suplir un vacío común en la crítica literaria colonial, esto es, la escasez de estudios que abordan las crónicas desde una perspectiva literaria. El objetivo es ambicioso, pero los autores lo cumplen con creces.

La lúcida propuesta de Costilla Martínez y Ramírez Santacruz es que estos "hijos de los vencidos" (7) han compuesto verdaderas "escrituras de adaptación" que se caracterizan por una expresión híbrida propia de la cronística novohispana y propulsora de un imaginario nacional, por esto sus textos deben ser considerados prosas fundacionales del actual México.

El corpus seleccionado para este análisis es acertado e idóneo: *Historia de Tlaxcala* de Muñoz Camargo, *Historia de la nación chichimeca* de Alva Ixtlilxóchitl, *Historia mexicana* de Alvarado Tezozómoc y *Crónica mexicana en español* de Chimalpáhin revisan las perspectivas tlaxcalteca, texcocana, mexica y chalca, respectivamente. Es esta una atinada elección por parte de los autores quienes se proponen atender a aquellos textos menos revisados de los cronistas e incluir los relatos de los principales representantes de los pueblos cabecera de Nueva España.

Nada escapa al análisis de Costilla Martínez y Ramírez Santacruz. A lo largo del libro, revisan los rasgos característicos de las crónicas, entre los que destacan la adopción de una posición que intenta amoldarse al nuevo orden social, la reelaboración de lo indígena desde el universo novohispano, la heterogeneidad y versatilidad del *locus* enunciativo, la condición inestable y en contradicción constante de la que emergen estos sujetos subalternos. A la vez, estudian con profusas citas textuales la postura enunciativa frente a prácticas contrarias a las impuestas por la Colonia, el énfasis por demostrar su conocimiento sobre el espacio descrito, la formación de una "imagen de autoridad" ante los dos mundos. Atendiendo a esta capacidad de reelaboración, "carácter diglósico" de quienes escriben desde el espacio colonial sobre el pasado y presente de sus pueblos, los autores proponen el concepto de "sujeto bicultural novohispano", sujeto en tensión entre ambas tradiciones que se caracteriza por la intención de demostrar su pertenencia al linaje noble prehispánico con el fin de obtener ciertos privilegios en la Colonia.

Historia adoptada, historia adaptada está conformado por un conciso Preliminar, en que Costilla Martínez y Ramírez Santacruz presentan sus objetivos y explicitan sus hipótesis, cuatro capítulos que se ocupan de cada cronista mestizo y de una de sus crónicas, y un Ultílogo a modo de conclusión. Los capítulos son breves, ya que la propuesta de lectura no radica en el análisis exhaustivo de cada texto, sino en la selección de núcleos temáticos que den cuenta de su hibridez. De esta manera, peregrinación de los pueblos amerindios, relato sobre los orígenes, descripción de los gobernantes, discurso bélico, llegada de Cortés y conquista de México son observados transversalmente para atender a la "operación transculturadora" (29) preponderante de cada historia.

En el primer capítulo, "Diego Muñoz Camargo y la búsqueda del lector", los autores se ocupan de *Historia de Tlaxcala* (1592). Luego de un breve recorrido biográfico, analizan la reconstrucción del pasado indígena y focalizan en los puntos más significativos de la crónica: la peregrinación de los tlaxcaltecas hasta su asentamiento, la creación arquetípica de ciertos personajes, el relato sobre los *tlatoque* de las cuatro cabeceras. Los autores subrayan de *Historia de Tlaxcala* su condición de texto híbrido, entre la relación y la historia, que reinventa hechos y personajes en beneficio de su potencial lector.

El capítulo 2, "Hernando Alvarado Tezozómoc y la grandeza interrumpida", analiza *Crónica mexicana* (1598) de Tezozómoc. Los autores destacan la descripción de las deidades mexicanas, intento por trazar una continuidad extraordinaria con los ascendientes del cronista, y el énfasis del narrador en la descripción de los *tlatoque* (Tlacaélel, Moctezuma I, Axayaca, Ahuízotl y Moctezuma II). Relevante resulta, a su vez, la atención puesta en los agüeros, presagios y señales, y en el discurso escatológico que se complementa con imágenes bíblicas, recurrentes en estos textos. La estrategia de Tezozómoc, detectan los autores, consiste en apelar a las virtudes del pasado para observar su continuidad en el presente.

A lo largo del tercer capítulo del libro, Costilla Martínez y Ramírez Santacruz se ocupan de la crónica menos estudiada de la extensa obra de Chimalpáhin, *Crónica mexicana en español* (*circa* 1621). De ella, resaltan la ardua tarea de consulta de fuentes indígenas y occidentales, gesto de acercamiento al archivo colonial mediante el cual todo cronista mestizo pretende autorizar su historia. Los autores destacan, a su vez, el panegírico de algunas figuras (Itzcóatl y Tlacaélel, entre otras) que Chimalpáhin releva no por sus aptitudes guerreras, sino por posibilitar la expansión del reino. Observando sagazmente la síntesis como recurso rector y la focalización de la voz narrativa, los autores conjeturan que la decisión del cronista de omitir la descripción del choque bélico y destacar, en su lugar, a ciertos personajes partícipes de la conquista (como Cuitláhuac y Cuauhtémoc), obedece a la pretensión de mostrar una natural transición entre los mundos pre y posconquista.

El último capítulo está dedicado al relato sobre Texcoco y su áureo pasado. Los autores aquí distinguen una tradición discursiva texcocana que inicia con *Relación de Texcoco*, atribuida a Juan Bautista Pomar, y que alcanza su punto álgido en la obra de Ixtlilxóchitl, en particular, *Historia de la nación chichimeca* (*circa* 1625), "la más importante dentro del circuito literario que conforma la cronística mestiza" (120). De esta crónica, los autores señalan el empeño del enunciador por demostrar el carácter excepcional de Texcoco mediante el relevamiento de figuras fundantes de dicho pueblo (el señor chichimeca Xólotl, señor de Anáhuac, por ejemplo). Nezahualcóyotl es destacado, a su vez, como sujeto predestinado a forjar la grandeza texcocana, luego de la muerte de su padre Ixtlilxóchitl I. *Tlatoani* astuto y con el don de la palabra, que lidia guerras y disputas varias, el Nezahualcóyotl de *Historia de la nación chichimeca* es un personaje arquetípico común en estas crónicas en tanto recurso narrativo moralizante. Esta conducta se traslada a sus herederos, gestando así una red de *tlatoque* texcocanos rectos y valerosos. De esta forma, proponen los autores, la aparición de un Cortés que busca una conquista más espiritual que material forma parte de esta sucesión de líderes positivos que combinan lo bélico y lo espiritual. Según Costilla Martínez y Ramírez Santacruz, es la obra de Ixtlilxóchitl la que mejor subraya el *continuum* histórico que inicia con los chichimecas y finaliza con la hermandad hacia el conquistador.

En el Ultílogo, los autores profundizan sobre el carácter híbrido de estas "discursividades mestizas" (120) y revisan brevemente cada capítulo: Muñoz Camargo y su cristianización de personajes tlaxcaltecas; Tezozómoc y la reconstrucción del origen de su pueblo; Chimalpáhin y el discurso dinástico sobre los chalcas; Ixthlilxóchitl y la excepcionalidad de los *tlatoque* desde su origen chichimeca.

Son muchos los aciertos de *Historia adoptada, historia adaptada*: el abordaje en cruce mediante ejes temáticos comunes a las cuatro crónicas, la propuesta de categorías tales como "adopción" y "adaptación" y de nuevos conceptos útiles a la investigación cronística para reflexio-

nar sobre su biculturalidad, la opción por el análisis textual antes que histórico que, no obstante, contempla la contextualización siempre necesaria para adentrarnos en este tipo de escritura, la lectura profunda de las fuentes, la atención a los recursos constitutivos de estas "expresiones híbridas" como la comparación, la descripción, el símil, la intertextualidad, entre otros. No menos importante resultan las notas al pie, profusas y claras, que complementan la información histórica, y un amplio abanico de referencias bibliográficas que da cuenta del enfoque interdisciplinario de las obras anunciado en el Preliminar. Además, la edición incluye imágenes varias de códices, mapas, láminas y manuscritos que contribuyen a la lectura y sugieren una comprometida labor archivística por parte de los autores.

En conclusión, *Historia adoptada, historia adaptada. La crónica mestiza del México colonial* resulta una apasionada y erudita investigación sobre la cultura mexica desde su archivo más complejo: las crónicas mestizas. Los interesados en la cronística novohispana celebramos la publicación de este valioso libro, que constituye un verdadero e insoslayable aporte a los estudios coloniales.

María Inés Aldao
Universidad de Buenos Aires/
Universidad Nacional
de La Plata/CONICET

Francisco Ramírez Santacruz. *Sor Juana Inés de la Cruz: la resistencia del deseo.* Madrid: Cátedra, 2019. 320 pp.

Francisco Ramírez Santacruz plantea que su biografía *Sor Juana Inés de la Cruz: la resistencia del deseo* "propone una exégesis lo más objetiva posible de todos los datos que se conocen de sor Juana", en contraste con explicaciones basadas exclusivamente en lo que identifica como el "liberalismo laico" o la "interpretación hipercatólica" de la vida y obra de la intelectual mexicana (12). Añade el autor que sor Juana "no fue monja y poetisa profana pese a su época, sino precisamente gracias a las circunstancias de dicha época, en la que prevaleció una excesiva porosidad entre corte y convento" (14).

La claridad de esta aseveración contrasta con el reto que enfrenta cualquier biógrafo de la poeta: escribir sobre una vida escindida entre la fama acarreada por el triunfo editorial y la falta de respuestas a preguntas que se han hecho sus lectores. De su relación con la condesa de Paredes, sus experiencias juveniles en la corte virreinal, o de las presiones eclesiásticas que llevaron al retiro de la vida pública persisten las interrogantes. Escribir la vida de sor Juana conlleva entonces una necesaria puesta al día de la evidencia textual disponible, a partir de la cual se pueda explicar lo que ocurrió allí donde haya lagunas biográficas.

Ramírez Santacruz, profesor de la Benemérita Universidad Autónoma de Puebla, ha dedicado anteriormente estudios a la poesía de la monja y a la obra de Mateo Alemán,

demostrando una erudición infatigable al servicio de la dilucidación de textos. Dividida en un prólogo y siete capítulos ceñidos a un orden cronológico, su biografía da cuenta de una labor minuciosa que recorre los hitos vitales de sor Juana. El capítulo 1 arranca con un rastreo genealógico de la familia de la poeta, reconstruyendo una infancia marcada por cierta holgura en la hacienda de Panoayan. Ramírez reúne fragmentos autobiográficos de la *Respuesta a sor Filotea*, así como datos que invitan a pensar en la influencia del abuelo materno en la formación de Juana Inés. (La mención del *Illustrium Poetarum Flores*, único tomo sobreviviente de aquella biblioteca familiar, con notas del abuelo a la poesía de Ovidio, da cuenta, en parte, de la predilección de sor Juana por el poeta sulmonés). El capítulo 2 narra los años de sor Juana en la corte, deteniéndose en los hechos que marcaron el resto de su vida: su primera publicación, el estímulo de los virreyes de Mancera, el apoyo inicial del confesor Núñez de Miranda y su primer ingreso fallido al convento carmelita de San José. El capítulo 3 ofrece una historia del convento jerónimo de Santa Paula (luego llamado San Jerónimo), al que la poeta perteneció hasta su muerte. El análisis se centra en la década de los 70, refiriendo el cambio de virreyes y la actividad literaria de sor Juana como autora de villancicos y versos para efemérides oficiales y familiares.

Glosando los inicios de la década de los 80, el capítulo 4 repasa el encargo del *Neptuno alegórico* y la poesía efusiva dedicada a la virreina de la Laguna, tomando en cuenta la presencia central de los virreyes de la

Laguna y Carlos de Sigüenza y Góngora, mecenas y colaboradores de sor Juana. El capítulo 5 ahonda en la vida de Núñez de Miranda y la tensa relación que sostuvo con la poeta. El recuento de la ruptura con su confesor da pie a una discusión de la biblioteca de la escritora que deviene en un recorrido de sus retratos. Los triunfos y polémicas que marcaron los años 1689 a 1691 ocupan el capítulo 6, que aborda la *Inundación Castálida*, la producción dramática de sor Juana y el intercambio que desembocó en la *Respuesta a sor Filotea*. El capítulo 7 cubre los años de 1692 a 1695, marcados aún por celebradas reediciones de la obra poética de sor Juana y su abandono de la escritura profana y epistolar, deteniéndose en las versiones encontradas que desde finales del siglo XVII tratan de explicar su "transformación" (215) o crisis espiritual.

Toda biografía es, en cierta medida, el relato de una vida acompañada de otras. La sor Juana de estas páginas es el centro en torno al cual giran quienes influyeron en su vocación y quehacer literario. Así, la presencia alentadora del virrey-arzobispo fray Payo Enríquez de Ribera (92), el incierto final de la condesa de Paredes (107), la muerte del admirador y biógrafo Diego Calleja, que nunca conoció a la poeta en persona (235), la trayectoria intelectual de Sigüenza y Góngora, los perfiles contrastantes de Núñez de Miranda, Aguiar y Seijas y Fernández de Santa Cruz desfilan por estas páginas iluminando la idea de que sor Juana floreció gracias a esa porosidad entre corte y convento señalada en el prólogo. El estricto cotejo cronológico de la poesía publicada con otras

fuentes acentúa aspectos de la vida excepcional de la poeta que contribuyen a entender su impacto. Estamos pues ante una sor Juana global, con encargos de Portugal (209) y estrenos de sus comedias en Manila (172), hábil inversionista y administradora conventual (132) cuya celda, al morir, desmiente la imagen de una entrega a la vida ascética, sin escritura, que a menudo circula como versión de sus años últimos. La incorporación de los retratos de la monja hechos en pleno siglo XVIII comprueba además una fortuna iconográfica que invita a pensar el lugar decisivo que sor Juana ocupó entre siglos como paradigma de una modernidad letrada.

En ocasiones, el afán de transmitirnos la intimidad de la biografiada produce una escritura no exenta de tintes novelescos. Verbigracia: las nalgadas que sor Juana de niña pudo haber recibido (28). En otras, el uso de poemas para entender momentos de la vida de su autora produce resultados variables. La glosa a un soneto dedicado a la muerte de Leonor Carreto, virreina de Mancera, demuestra lúcidamente que la poesía de encargo, aun inscrita en rituales cortesanos, también puede estar mediada por redes de afectos cotidianos. En cuanto a los versos de sor Juana a María Luisa, Ramírez Santacruz señala que la relación entre ambas bien puede explicarse en términos de mecenazgo y modalidades poéticas áureas (117). Ello no desmiente el hecho de que a los editores del siglo XVII alguna inquietud los movió a calificar un romance dedicado a la condesa como "sin deseo de indecencias". Examinar este gesto a la luz de los entresijos de la escritura lírica y sus modalidades hubiera enriquecido la discusión sobre sor Juana y su mecenas predilecta. (Cosa que el biógrafo sí ha llevado a cabo en su artículo "La dicha de poseer: deseos y retratos en sor Juana Inés de la Cruz"). Estas observaciones no menoscaban, sin embargo, la aportación valiosa de Ramírez Santacruz al sorjuanismo. Contamos con una biografía que nos devuelve, en prosa ágil e impecablemente documentada, los ajetreos y contradicciones del mundo virreinal que habitó sor Juana con sus interlocutores, aquellos primeros lectores cautivados por una obra –y vida– tan famosa como enigmática.

Antonio J. Arraiza Rivera
Wellesley College

Yolanda Martínez-San Miguel, Ben. Sifuentes-Jáuregui y Marisa Belausteguigoitia, editores. *Términos críticos en el pensamiento caribeño y latinoamericano: trayectoria histórica e institucional.* **Boston: Revista de Crítica Literaria Latinoamericana, 2018. 424 pp.**

La labor epistemológica requiere de una asidua revisión de términos cuyas acepciones pueden variar lo largo de la historia. El uso de conceptos de amplio significado conlleva, en ocasiones, a ambigüedades imprevistas por el mismo investigador. En el caso de los estudios latinoamericanistas, esta problemática es crucial a la hora de examinar cuestiones histórico-políticas cuyas connotaciones cambiaron diacrónicamente de manera significativa.

Asuntos acerca de la raza o la identidad criolla, por ejemplo, son básicos para todo acercamiento científico al latinoamericanismo como objeto de análisis. No obstante, su rigurosidad puede perderse si no se delimita con exactitud la noción a que se alude. Teniendo en cuenta la problemática expuesta, nace el volumen *Términos críticos en el pensamiento caribeño y latinoamericano: trayectoria histórica e institucional* (2018), traducción ligeramente modificada del volumen en inglés *Critical Terms in Caribbean and Latin American Thought: Historical and Institutional Trajectories* (New York: Palgrave Macmillan, 2016). Ya desde su título se deduce la intención perseguida: pasar revista a palabras empleadas con frecuencia por la crítica, cuyo significado fluctuante puede llevar a equívocos. La expresión *trayectoria histórica e institucional* deja ver su doble objetivo diacrónico y académico, al proponer una cronología pedagógica que explique cómo se diversifica el sentido de ciertos términos a partir de la circulación del conocimiento académico en el tiempo y en el espacio. Consiste en una intrusión epistémica de la historia y de la institución simultáneamente mediante la relectura de categorías fronterizas, es decir, términos que se definen por oposición y que implican jerarquías a veces nebulosas. La revisión diacrónica de los mismos explicaría el significado actual de expresiones tales como modernidad, cultura popular, etc.

Términos críticos tiene como meta acabar con la falsa universalización de la crítica latinoamericanista al denunciar las rutas paralelas y alejadas entre las instituciones norteamericanas y las iberoamericanas. La ausencia de comunicación entre sí, a pesar de compartir el mismo objeto de estudio, es una problemática a la hora de evaluar los resultados científicos. El reclamo de este libro se centra en señalar la necesidad de un diálogo que sería constructivo para ambas instituciones y enrique-cería la visión acerca de Latinoamérica como objeto de análisis crítico. Con este fin, se ofrecen nuevas interpretaciones transnacionales como marco de referencia. Así, el volumen se presenta como una traducción lingüística y cultural para la labor del investigador.

El interés de unificar ámbitos académicos se concreta a partir de la perspectiva de tres figuras fundamentales de la crítica literaria: Antonio Cornejo Polar, Raymond Williams y Edward Said, quienes sirven como eje nuclear del objetivo de *Términos críticos…* El primero, como es sabido, es un referente para todo estudio latinoamericanista por su afán de generar una crítica vernácula en el propio continente. El presente libro surge en el marco del "Proyecto de palabras clave latinoamericanistas" (2005-2014) cuyo propósito es atender a la advertencia apuntada por Cornejo Polar en 1998; para el peruano, la proliferación de estudios latinoamericanistas en lengua inglesa, publicados en Estados Unidos, excedía en cantidad a aquellos producidos en Iberoamérica. Atendiendo a esa llamada de alerta, los investigadores reunidos en este libro asumieron la tarea de escoger una serie de *keywords* (Williams, 1985) o conceptos clave de uso frecuente entre la crítica latinoamericanista. Partiendo de la *traveling theory* (Said,

1983) o "teorías viajeras", su propósito se centró en descubrir el desplazamiento de tales *keywords* a lo largo de la historia y entre ambas instituciones. Sin perder de vista la observación idiomática de Cornejo Polar, se ha atendido especialmente a cuestionar los falsos cognados entre el español y el inglés —*modernism* y modernismo es quizá el ejemplo más ilustrativo—. Ello lleva, asimismo, a discutir las diferencias genéricas entre el ensayo creado desde Latinoamérica —durante el proceso de organización nacional decimonónico— del académico.

Términos críticos… está estructurado en capítulos dialógicos que abordan doce *keywords* en torno a cuestiones de identidad, formación nacional y culturas subalternas. Consiste en una discusión colectiva interna, un debate entre los propios investigadores, quienes no necesariamente concuerdan entre sí. Cada capítulo está escrito por una dupla de autores que se interrogan por una categoría concreta. La originalidad del libro reside precisamente en que no se da una respuesta cerrada a las cuestiones que se plantean, sino que se invita a futuras investigaciones que enriquezcan sus propuestas. La ausencia de un consenso total es, sin duda, una virtud, pues se proponen una multiplicidad de perspectivas que invitan a desarrollar estudios en el futuro.

La primera parte del libro la componen los seis primeros capítulos que desarrollan el tema de la identidad a través de los siguientes términos: *indigenismo, americanismo, colonialismo, criollismo, mestizaje* y *transculturación*. En el primero, Belausteguigoitia Rius ofrece la evolución de la palabra *indio,* su renovación en el indigenismo decimonónico, y su deriva posterior en el movimiento zapatista. A la autora responde Saldaña-Portillo con una profundización en el problema de la autonomía del indigenismo a partir de las diferencias entre los cognados indio e *indian.* En el segundo, Juan Poblete define el americanismo dentro de espacios cotidianos de los Estados Unidos según la dinámica espacial de dentro/fuera, y de aceptación/rechazo, en un contexto postsocial. John Carlos Rowe parte de su hipótesis para denominar *nacionalización de lo internacional* al proceso por el cual el neoimperialismo norteamericano se establece mediante la importación de inmigrantes. En el siguiente capítulo, Maldonado Torres reconceptualiza la noción de *frontera geopolítica* en relación con lo colonial para destacar el eje de implicación entre la expansión imperial y el nacionalismo en continuo cambio. A continuación, Lee-Oliver pone en relación tales presupuestos con categorías vinculadas a la resistencia: indio, raza y género.

La evolución que José Antonio Mazzotti propone del término *criollo* en el capítulo cuarto descubre la ambivalencia de una noción que es ajena y, a la vez, pertenece a dos culturas distintas, la indígena y la europea. Ello lleva a H. Adlai Murdoch a sugerir una diferencia clave para entender la distinción entre el Caribe hispano y el resto del Caribe, debido a su distinta criollización. Hablar de criollización implica, necesariamente, aludir a mestizaje, de lo cual se ocupan José Buscaglia-Salgado y Kathleen López. El primero insiste en la definición de *raza* como

invención en la cultura judeo-cristiana desde una ideología racialista, y advierte que en el contexto latinoamericano se tiende a excluir la ascendencia africana y asiática a favor de la indo-americana. Ello motiva la respuesta de López, quien se decanta por analizar lo asiático en Latinoamérica. Para finalizar esta primera parte, no podía faltar la revisión de un término central de la crítica latinoamericanista, la *transculturación,* cuya relación con las nociones de hibridez y sincretismo es compleja. Jossiana Arroyo reivindica la primera por describir con acierto el modo en que se configura el sujeto americano, y propone la posibilidad de aplicar la transculturación a otros órdenes teóricos sobre América Latina (género, nación, etc.). Laura Catelli aprovecha su sugerencia para comparar los términos de raza y cultura, a partir de la carga política que adquieren la transculturación, hibridez, sincretismo, e invita a profundizar en la representación cultural que se deriva de su uso.

La segunda parte del libro la integran estudios centrados en las formaciones nacionales: modernidad y nación. El problema de la modernidad resulta clave, pero sus distintas acepciones acarrean malentendidos. Ello lleva a Graciela Montaldo a definir *moderno* como el proceso en que la propia modernidad se piensa a sí misma, y el modo en que esa autoconciencia se tematiza. Siguiendo el paradigma modernista de la autora, Alejandra Laera centra su discusión en torno a la existencia de la posmodernidad, considerando la posibilidad de que esta sea una mera continuidad de la primera. Con respecto a la cuestión nacionalista, la originalidad de Román de la Campa estriba en que vuelve sobre uno de los ensayos más citados por la crítica, pero desde una perspectiva novedosa.

Campa alude al ensayo *Comunidades imaginadas* de Anderson, pero para matizar que su autor reivindica a los estados criollos americanos, algo que no había sido señalado hasta el momento. Héctor Hoyos retoma la cuestión para reflexionar acerca de su implicación en un contexto concreto, como es la Copa Mundial de Brasil en 2014.

Términos críticos se completa con los cuatro últimos capítulos que giran alrededor de lo subalterno. Los dos primeros se enfocan en el género y la sexualidad. La Fountain-Stokes hace una necesaria aclaración acerca de cómo hablar de género no significa únicamente aludir a mujeres ni a la feminidad. Monserrat Sagot se ciñe, en su respuesta, al contexto de América Latina, arguyendo que allí el género adquiere nuevas particularidades distintivas. Algo similar esbozan Fiol Matta y Carlos Figari al escoger el tema *queer* como centro de su debate. La primera considera que la amplitud de su significado provoca la pérdida de su carácter incisivo, dando como resultado una inclusión meramente simbólica. Figari propone lo *queer* desde la identidad, entendida como antagonismo y como proceso histórico que cristaliza necesariamente en la desigualdad.

Si hay un común denominador entre los temas de género, sexo, *queer* y mujeres, ese sería la resistencia de lo subalterno. Así define Ana Forcinito la narrativa de testimonio en el capítulo once, género que representa a toda una colectividad. Al

ser un acto de delegación en un sujeto concreto, el testimonio significa la traducción de una voz subalterna al lenguaje dominante. No obstante, Arturo Arias duda de su carácter subalterno a partir de su origen latinoamericano en 1970, cuando la literatura era el modo hegemónico de formación de identidades. La representación de una comunidad se vincula directamente con la cuestión de la cultura popular, cuya revisión cierra el libro. Sánchez Prado se centra concretamente en quién produce, a quién se dirige y a qué se opone lo popular. El crítico explica cómo la performance y/o el contexto espacial de una obra –el museo, por ejemplo–, la transforma en popular, o viceversa, la despoja de esa condición. Susan Antebi, por su parte, analiza la noción de autor que genera la cultura popular a partir de los nuevos cauces de producción que permiten las nuevas tecnologías.

En suma, podemos concluir que *Términos críticos en el pensamiento caribeño y latinoamericano: trayectoria histórica e institucional* resulta una novedosa propuesta metodológica que desborda sus intenciones originales. Si bien está dirigida a los estudios latinoamericanos, no hay dudas de que su enfoque puede ser enriquecedor para un acercamiento a cualquier fenómeno cultural que implique revisar las cuestiones de identidad, nación y subalteridad.

Ana Davis González
Universidad de Sevilla

Ofelia Ros. *Lo siniestro se sigue riendo en la literatura de Lamborghini, Aira y Carrera, y en la producción cultural poscrisis 2001.* **Pittsburgh: Instituto Internacional de Literatura Iberoamericana, 2016. 114 pp.**

Ofelia Ros resalta en este libro la importancia del psicoanálisis como instrumento crítico de la producción cultural contemporánea. Sus páginas revalidan la afirmación de Joan Copjec: "el psicoanálisis es la lengua materna de nuestra modernidad [...] los temas importantes de nuestra época son difíciles de articular fuera de los conceptos que éste ha forjado" (*Imaginemos que la mujer no existe*, Buenos Aires: FCE, 2006, 24). Asimismo, el aparato crítico conceptual de Ros remarca la reactivación del marxismo en el pensamiento crítico latinoamericano, retomando las tesis de un Marx más secularizado, menos sujetado a las experiencias políticas y los sistemas ideológicos del siglo XX, como sostienen Horacio Tarcus y Manuel Sacristán (Sacristán, Manuel, ed., *Antología Antonio Gramsci*, selección, México: Siglo Veintiuno, 2007; Tarcus, Horacio, comp., *Antología Karl Marx*, Buenos Aires: Siglo XXI, 2015).

El eje conceptual de la crítica literaria desarrollada por la autora articula el psicoanálisis con el marxismo reciente, habitando el campo de saberes delineado por críticos como Fredric Jameson, quien abocado al estudio del marxismo y la dialéctica, dedicó uno de sus trabajos tempranos a Jacques Lacan (*Imaginario y simbólico en Lacan*, Buenos Aires: El Cielo por Asalto, 1995). En esta tradición de los estudios

literarios, Ros afianza la potencia interpretativa y crítica del psicoanálisis, en especial cuando se lo integra al pensamiento posestructuralista y a la crítica marxista.

Lo siniestro se sigue riendo analiza la literatura de César Aira, Osvaldo Lamborghini y Arturo Carrera, y la producción cultural poscrisis 2001 argentina, en torno a la noción estética de lo siniestro u ominoso (*Unheimlich*) de Sigmund Freud. La noción de lo siniestro es emblema psicoanalítico de la ambigüedad de los sentimientos; no ya en el sentido más elemental de la ambivalencia afectiva, como amor-odio, sino en el de un sentimiento misterioso, por definición, que, siendo profundamente subjetivo y mundano, se abre a las más grandes paradojas estéticas en la Modernidad. La extrañeza propia de lo siniestro adviene cuando aquello percibido, comúnmente, como extraño, lejano, ajeno y amenazante se devela inquietante cercano, conocido, íntimo y familiar (Ros 32). La autora articula lo siniestro freudiano con la "fantasía ideológica" de Slavoj Žižek, en la cual dialogan la teoría del fetichismo de la mercancía marxiana y la teoría de la fantasía inconsciente psicoanalítica (Žižek, *El sublime objeto de la ideología*, Bs. Aires: Siglo XXI, 2003).

En el Capítulo I, "La idea siniestra en la literatura de César Aira", Ros construye la noción de "idea siniestra" como recurso literario característico de la narrativa de Aira: una idea engorrosa, irrisoria, extravagante y sórdida, pero aún así verosímil, que refiere a duros núcleos de la realidad argentina de finales de siglo XX. Sin embargo, "más allá de denunciar la realidad social en la que se inscribe, ésta destaca el discurso en el que la misma se naturaliza" (Ros 29). La idea siniestra visibiliza el discurso en el que se naturaliza la crisis económica y humana de la Argentina de fin de siglo, señalando las estructuras de pensamiento que determinan, a priori, una realidad repetitiva, dolorosa y grotesca. La autora propone que la idea siniestra es clave en la reformulación tanto del realismo entendido como valoración de la semejanza con la realidad, como de la vanguardia entendida como quiebre con el lenguaje representacional.

En el Capítulo 2, "La risa desconcertante de la literatura de Osvaldo Lamborghini", Ros analiza, a través de la novela *La causa justa* (1982), cómo el desconcierto que caracteriza el humor lamborghiniano se articula con la noción lacaniana de "desmentida" (Lacan, Jacques, *Los cuatro conceptos fundamentales del psicoanálisis*, 1964. Libro 11. 27 vols. Buenos Aires: Paidós, 2000, 163): mecanismo psíquico mediante el cual el sujeto puede afirmar y, a la vez, negar una determinada percepción o juicio. El humor lamborghiniano subraya una risa siniestra, "parecida a la de quien se sorprende descubierto en la mitad de algo que no se atreve a confesarse ni a sí mismo" (Ros 59). Ese humor ácido y punzante entrevé "el autoritarismo, la xenofobia, el racismo y las brutales pretensiones de poder" (Ros 73) en ámbitos cotidianos, íntimos y familiares, que prendíamos libres de toda ideología. La autora propone a la desmentida como mecanismo psíquico crucial del cinismo contemporáneo, teorizado

por Peter Sloterdijk en su libro *Crítica de la razón cínica* (2003).

En el capítulo 3, "La infancia extrañando al dinero y al lenguaje en Potlatch de Arturo Carrera", Ros analiza la extrañeza inquietante que introduce la infancia en la lógica de partición y repartición propias de la estructura del dinero, pero también del lenguaje. Su análisis visibiliza el acorralamiento de la infancia en la lógica del dinero, caracterizada por el cálculo económico de un toma y daca que coloniza el vínculo afectivo. El goce que se amalgama en el dinero, como fetiche (Marx, *El Capital. Crítica de la economía política*. 3 vols. Buenos Aires: Cártago, 1956, t. 1, p. 37), se asocia a hábitos que se reproducen doblegando al sujeto ante un mandato de consumo. "El dinero se perpetúa como objeto sublime que, por encima del vínculo con el otro, o sirviéndose de él, sostiene la ilusión de un goce sin límites" (Ros 136) asociado al gasto y al derroche. La autora propone que la inocencia de la infancia, articulada en el lenguaje poético, desnaturaliza y hace visibles "las creencias, los mitos, la superstición, los fetiches, las ilusiones y los goces que forman parte de los intercambios económicos más sofisticados del mercado moderno" (Ros 149-50).

El capítulo 4, "Cultura de la basura en la Argentina del cambio de milenio", Ros aborda algunas de las más llamativas formas de producción cultural de la Argentina poscrisis 2001, para centrarse en la literatura de Washington Cucurto y la editorial independiente Eloísa Cartonera. Este popular proyecto editorial se hizo rápidamente conocido por su propuesta de libros hechos en base a cartones desechados. La materia prima prístina que confluía en la materialidad sublime del libro es sustituida por una materia residual. Esto habilita una baja del costo del libro cartonero en relación con el promedio de los libros, accesibles, únicamente, para un reducido porcentaje de la sociedad en la Argentina de fin de siglo. La autora propone que este gesto, inscrito en la materialidad de los libros cartoneros, introduce una extrañeza inquietante en la que se dignifica la escasez de recursos de la pobreza, ampliando la circulación de jóvenes autores latinoamericanos. Mediante el mismo mecanismo de inversión, la literatura de Cucurto invita al lector a conocer la cultura de los inmigrantes internos y externos del gran Buenos Aires, a la cadencia y el ritmo de la cumbia villera, comúnmente blanco de denigraciones y motivo de vergüenza para los bonaerenses.

En suma, *Lo siniestro se sigue riendo* ofrece una lúcida interpretación de la literatura de César Aira, Osvaldo Lamborghini y Arturo Carrera, y de la producción cultural poscrisis 2001 en la Argentina. Su clave interpretativa se destaca al proponer la noción freudiana de lo siniestro como vía regia a los núcleos ideológicos de la realidad en la que se inscribe la producción cultural trabajada. La relevancia otorgada por Ros a lo siniestro, como concepto crítico para el análisis literario, es análoga a la preponderancia que Eugenio Trías confiere a lo siniestro como último criterio configurador de la sensibilidad artística en la Modernidad, centrados en las artes plásticas y la música. Donde hallábamos lo sublime, adquiere cada vez mayor importancia lo siniestro como recurso artístico y literario que interpela al sujeto en su fuero íntimo, poniendo en cuestión aspectos ideológicos constitutivos de la propia subjetividad, pero comúnmente percibidos como lejanos, ajenos y amenazantes.

Joaquín Venturini Corbellini
Universidad de la República

Javier Morales Mena. *La representación de la literatura en la ensayística de Mario Vargas Llosa.* **Buenos Aires: Katatay, 2019. 172 pp.**

El libro de Javier Morales Mena es un desafío para la crítica latinoamericana del presente. Y lo es por partida doble: por un lado, porque pretende, con justicia, hacer visible el género menos estudiado, menos atendido y menos apreciado de Mario Vargas Llosa: el ensayo; y, por otro, porque lo que (se) propone indagar en la ensayística vargasllosiana es la pregunta por la literatura que, como sabemos, no ha podido ser sustraída de los obsesivos y por cierto compulsivos funerales que ha decretado con frecuencia la Teoría literaria durante el siglo XX. Es una pregunta que, como todas las que se ocupan de declarar la muerte ya sea al sujeto, ya al autor o incluso al hombre mismo —como lo hiciera Foucault al final de su imprescindible *Las palabras y las cosas*— habilitan el debate sobre la posibilidad de su propia inexistencia. Desafío que es, también, en el fondo, una paradoja, pues ésta se halla en el corazón de este libro en un momento histórico en que se ha decretado su fin o mejor: su final de juego, como si derivara indefectiblemente hacia una fecha de caducidad en el maremágnum de la post- o la trans-modernidad. Por eso, sería una paradoja de alto riesgo porque es menos la que atañe al libro que la que alcanza al mismísimo autor, quien, disponiéndose a hacer un trabajo crítico sobre el ensayo de Vargas Llosa, no se distrae del conflicto que lo atraviesa: si consigue o no alcanzar la literatura su propio estatuto ontológico en los debates del presente, puesto que es, desde la noción benjaminiana de "ahoridad" que todo el libro se sostiene como análisis: no solo luchar contra la crítica (o más acertado será decir contra los críticos) que ha dejado a un costado la ensayística de Vargas Llosa, sino agregarse encima un problema no menor, esto es, resolver nada menos que la tan mentada (tan mentida) cuestión de la muerte de la literatura.

Entre los teóricos más eminentes citados en el libro, leemos esta sentencia lapidaria de Jacques Rancière que Morales Mena transcribe en uno de los tramos más acuciantes del libro: "La literatura no existe, hablando con propiedad, más que como ficción de la literatura" (93). Tal vez esta cita nos lleve lejos y tengamos que buscar también en el ensayo como forma su carácter ficcional, una cuestión inaugurada por la teoría literaria moderna, nacida en los umbrales del Romanticismo de Jena cuando la teoría misma era concebida como literatura. Por consiguiente, como tantos otros decretos de muerte emitidos por la teoría literaria, sin olvidar la estela nietzscheana de la muerte de dios, el

trabajo crítico de Morales Mena se lleva a cabo a dos fuegos: enfrentarse de un lado a un análisis metacrítico a partir de los estudios que la obra vargasllosiana ha generado a lo largo de varias décadas (desde la del 60) y del otro, enfrentarse con las complejidades del discurso teórico de la contemporaneidad, oscilante entre otorgar o no un estatuto ontológico a la literatura, como la cita de Rancière condensa de un modo bastante nítido si lo situamos en un horizonte histórico-cultural que rearticula los saberes de la literatura o, más exactamente, que pone en tela de juicio el potencial gnoseológico que de ella pueda emanar contra toda diagnosis de inexistencia.

No quedan dudas respecto de la tarea agónica de la crítica de Morales Mena cuando sostiene que lo silenciado por los estudios dedicados al ensayismo vargasllosiano se ha sostenido y se sigue sosteniendo sobre la falacia de que "las ideas [del autor de *Historia secreta de una novela*] no tienen un basamento teórico" (63). De allí que el autor de este libro considere fundamental insistir en interrogarse sobre la ardua cuestión de discernir acerca de los puntos de contacto de la escritura ensayística de Vargas Llosa con los postulados básicos de la teoría literaria.

De hecho, no se trata —y el autor lo sabe— de definir la literatura de un modo esencialista, sino más bien de entender que su existencia —si efectivamente se prueba que la tiene— no es otra que la condición de habla sobre la que, necesariamente, se fundamenta. De allí que Morales Mena tome el atajo más inteligente en este debate del siglo XXI respecto de los sucesivos decretos de muerte hacia la literatura. Lo que el libro deja claro es una verdad palmaria: la literatura existe en las prerrogativas que se abren, en el sentido de acontecimiento, a la locución, esto es, a los procesos de enunciación que tienen lugar en el lenguaje, entendiendo este proceso como "experiencia radical" en términos de Rancière, para quien deviene, además, un *pathos* sagrado. La locución, que impulsa una interlocución como respuesta o como réplica, resulta la base desde la cual se le confiere existencia a la literatura. Esta interpretación, alimentada por teóricos como Rancière, Eagleton, Todorov entre otros, promueve en el libro de Morales Mena un *aggiornamento* completo de los límites de este debate al tiempo que sitúa el núcleo de su propuesta crítica en la más ostensible actualidad, ya que no es posible leer los ensayos de Vargas Llosa sin confrontarlos con los debates sobre la teoría literaria del presente y más específicamente sobre la pregunta constante acerca de la vigencia o no de la literatura.

Es menester volver una vez más a lo que consideramos la paradoja del libro: que la posibilidad de que la literatura no exista para la teoría contemporánea conviva con el firme propósito de abocarse a un estudio crítico y riguroso acerca de la concepción de la literatura que Vargas Llosa tiene o fue elaborando a lo largo de los años desde la temprana pero fundamental escritura de su tesis de bachiller en 1958 sobre Rubén Darío. Este es, precisamente, un dato significativo: el hecho de que el poeta padre del modernismo hispanoamericano y autor de los *Cantos de vida y esperanza* se encuentre justa-

mente allí en el lugar del comienzo de una escritura. Este inicio es como la marca indeleble en la escritura ensayística de Vargas Llosa que hay que descifrar. Es, como todo signo, un vector que dispara hacia un territorio significante al que será necesario otorgar sentido. Resulta, también, un emblema, un umbral que persiste en cada tramo de la escritura de Vargas Llosa. Y Morales Mena no oculta este signo al que señala de modo concreto y le da, asimismo, la justa relevancia que contiene; cabe decir que no busca mimetizarlo porque sabe que, en la contienda crítica que le espera, esto es, luchar con algunos monstruos sagrados de la crítica latinoamericana (como Ángel Rama, Antonio Cornejo Polar, José Miguel Oviedo, Mabel Moraña, entre otros) se aloja uno de los sentidos más resistentes de la obra vargasllosiana. Cabe, entonces, advertir que, tratándose, como se trata, de una pelea por el sentido, el ejercicio del saber crítico genera una doble dimensión: literatura y conocimiento. Así, el autor de este libro propone organizar en tres líneas de lectura la crítica sobre la ensayística de Vargas Llosa: la vertiente de quienes le niegan a sus ensayos el estatuto de producción de conocimiento (lo que el autor llama el "vacío epistemológico"); la de quienes piensan sus ensayos como un mero espejo, casi una práctica narcisista entre ensayo y la propia ficción –quizás descartando de entrada que no es posible la ficción en el interior del ensayo–; y la de quienes homologan las categorías vargasllosianas vertidas en sus ensayos con nociones de teóricos y pensadores del siglo XX. Estas líneas críticas desembocan por igual en el indudable corolario de que el de Vargas Llosa es, en el mejor de los casos: o bien un ensayismo de escritor o, en el caso quizás aún más óptimo, un ensayismo de creador. La propuesta de Morales Mena (otro más de los tantos aciertos) es que el ensayo no está excluido del ámbito de la literatura, vale decir, pues su estatuto es el de la literatura y no un discurso parasitario de esta última. Dicho de otro modo, este libro indaga en los procesos inventivos de la creación, pero no desactiva el firme propósito de probar que la ensayística del escritor peruano se halla estrechamente conectada con la teoría literaria. Por el camino de la invención se llega asimismo a una reflexión sobre la literatura que encuentra por fin su dimensión teórica porque, como plantea Morales Mena, "la literatura es otra forma de manifestar la razón crítica" (151). En síntesis: razón crítica pero también ficción crítica, esto es, la reivindicación del ensayo como una fábrica de producir teoría, producir reflexión, producir literatura que tienen en común un registro ficcional de complejo alcance.

La vida social incurre en la ensayística como una corriente subterránea: hable tanto de la literatura ajena como de la propia, su autonomía termina rozando las funciones que la literatura involucra. Esta observación fundamental en la medida en que se basa en la constitución de la literatura latinoamericana como parte de la historia social del continente, continúa, como trabajo crítico, el de otros críticos fundamentales, sólo para nombrar uno, como el de Rafael Gutiérrez Girardot que se ocupó de este asunto en *Temas y*

problemas de una historia social de la literatura hispanoamericana (1989). Digamos que la prodigalidad formal del ensayo como género es una veta no todavía indagada como amerita serlo en el marco no sólo de la literatura, sino también de la así llamada historia de las ideas. Quizás sea este cruce —en verdad una auténtica encrucijada— entre la literatura y las ideas el que hace del ensayo una matriz genérica capaz de rebasar los límites clásicos de un género sin soporte formal fijo.

Es, desde estas perspectivas atinentes tanto al género como al contenido, que Morales Mena radicaliza la vinculación literatura y vida social, en el sentido en que es expuesta la investigación crítica de Gutiérrez Girardot en su libro arriba citado, y este asimismo en correlación con otros trabajos como el escrito cinco años después, en 1994, por Antonio Cornejo Polar: *Escribir en el aire. Ensayo sobre la heterogeneidad socio-cultural en las literaturas andinas* (1994) y sin olvidar el libro póstumo de Ángel Rama *La ciudad letrada* que el autor cuyo libro reseñamos cita y confronta con la noción de "ciudad científica". Es, justamente, a partir de este dilema social y cultural que Morales Mena escribe, de modo deslumbrante, una reflexión muy fructífera a la hora de pensar cómo inscribir su propio libro en la frondosa tradición de los autores-padres de nuestra crítica latinoamericana: "una situación tensional entre el escritor y la sociedad: el primero con las exigencias éticas del quehacer literario y la segunda con el imperativo de servicio al curso de la historia" (116). De todos modos, hay que reconocer que hay allí una verdad a todas luces conflictiva (en punto de tensión) puesto que Morales Mena lleva a cabo la tarea de traducción crítica de diversas nociones que la teoría literaria ha hecho circular durante el siglo XX. Lo que nos interesa del fragmento citado es, fundamentalmente, el modo como su autor aborda tales conceptualizaciones no desatendiendo la vida social en la que se inserta el escritor latinoamericano cuando deviene exiliado, cuando no cuenta con la infraestructura suficiente para realizar su obra, ya sea por la pobreza, ya sea por serias dificultades económicas, o cuando se vuelve un escritor que extraterritorializa sus propias manifestaciones formales como ocurre con Vargas Llosa.

El ensayo que el autor de *La orgía perpetua* escribió a lo largo de décadas y que vino acompañando de manera alterna la obra de ficción, es la escritura que Morales Mena viene a defender para recuperar el infinito potencial que constituye lo que se podría llamar "el pensamiento" de Vargas Llosa entendiendo esta nominación en el sentido de aludir a una historia de las ideas en América Latina, una historia que parte de una seria reflexión sobre la literatura para vectorizar otras esferas que se hallan vinculadas al espacio literario. Por ello, cuando Morales Mena orienta la noción de vida social nada menos que hacia el campo de la historia (la esfera de lo historiográfico) está en lo cierto, quiero decir, acierta, y no importa que, después, tenga que vérselas con las contradicciones de la ideología y las incomodidades odiosas de los cambios de posicionamientos del escritor, ya que, al final de cuentas, la literatura

no se somete a la derrota de las ideas sino más bien les da pelea, pierda o gane, venza o caiga, porque en definitiva Morales Mena lo que pone a prueba no es la cuestión ideológica como parteaguas del pensamiento vargasllosiano, sino más bien (y esto es más productivo) qué hace este escritor con la literatura en relación con el mundo de las ideas, la literatura defendida a toda costa como un vasto, infinito, complejo, inconcluso espacio dialógico abierto al lector. Cabe resaltar que este libro, en varios tramos, apela a la noción de la literatura como estrategia dialógica, en la estela de Bajtín, un teórico de la literatura que obtiene en la concepción vargasllosiana un rol importante más allá de si es comprobable su conocimiento por parte del autor peruano, ya que hay ciertas ideas que se instalan con fuerza en una determinada época. Así, como muy plásticamente lo expresa Morales Mena, la literatura deviene "el espinoso objeto" que es menester repensar casi de manera constante. No es casual que el autor de este libro decida cerrarlo bajo la invocación de Cervantes como el nombre que lleva sin rodeos a la literatura y, por ende, a la lectura: es esta figura la que campea en cada página de este enjundioso estudio sobre el ensayo de Vargas Llosa.

Por lo dicho, se trata de un libro sólidamente fundamentado en el dominio de la teoría literaria y de las pautas analíticas que rigen en la institución universitaria. Pero al mismo tiempo, se nota en él la huella de otro sujeto que se superpone al de su autor: el profesor que primero ha desmenuzado la teoría y sólo después la ha vuelto asequible para llevarla al aula –al tamaño infinito del aula– allí donde el conocimiento se elabora y se lo vuelve apto para emprender otros procesos. La figura del sujeto profesor deja sus rastros en el manejo de las ideas claras y distintas que cartesianamente se difuminan en el libro, el cual, sospechamos –es tan sólo una conjetura justificada por algunos guiños y cierta insistencia en el estilo que apela al recurso retórico de la redundancia propio del discurso pedagógico que necesita repetir y machacar aquello que no queremos que se olvide– sospechamos que se ha tenido muy presentes a los alumnos en el momento de escribir este libro, pues de continuo aparece implícitamente configurado ese auditorio de estudiantes a la espera de la palabra del profesor, a la espera también de la ordenada   exposición de la clase para que nada obstaculice la comprensión de su contenido. Señalo como hipótesis estas consideraciones porque puede leerse en el libro, entre líneas, una suerte de mutua regulación discursiva de una prosa que se interna en los tembladerales posmodernos de la teoría literaria y al mismo tiempo se sopesa de modo cartesiano, esto es, un estilo que no simula ninguna entidad imaginaria ni se vuelve críptico para aparentar profundidad y que, por esta misma razón, termina ganando diversos ámbitos a los que aúna con firmeza. Me estoy refiriendo, sobre todo, a una tradición en la que se inscribe el libro de Javier Morales Mena: la del crítico latinoamericano que comparte su actividad de escritura con la que se ejerce, simultáneamente, en las aulas universitarias. Tales vasos comunicantes se retroalimentan y,

sin ir más lejos, encuentran en la tradición de críticos peruanos un modelo a seguir, un modelo para armar.

Recordemos que visibilizar es, siempre, un acto político, entre otras razones porque asume el gesto de la reivindicación y cuando alguien decide reivindicar es porque ha habido un silenciamiento que no ha permitido reconocer un valor o, en último caso, un derecho: la literatura se constituye, además, jurídicamente, porque la última palabra de la literatura es por la justicia o mejor: por la injusticia reinante en el mundo. Morales Mena nos dice con este análisis tan riguroso como fruitivo que el ensayo es cosa seria en la historia social de América Latina y es en esta dimensión del discurso latinoamericano en la que se inserta, con justicia, el consistente estudio que faltaba escribir sobre la ensayística de Mario Vargas Llosa.

Enrique Foffani
Universidad de Buenos Aires
Universidad Nacional
de La Plata/ CONICET

Javier Morales Mena. *La representación de la literatura en la ensayística de Mario Vargas Llosa.* **Buenos Aires: Ediciones Katatay, 2019. 172 pp.**

Este libro viene auspiciado por el crítico literario inglés Gerald Martin, el biógrafo oficial de Mario Vargas Llosa, que en la contratapa lo califica como "un libro notable".

El profesor Morales Mena argumenta que la crítica literaria no ha dedicado suficientes estudios a los ensayos literarios de Mario Vargas Llosa, género que el novelista peruano-español practica desde los inicios de su carrera. Según Morales, la explicación de este hecho estaría en que la crítica literaria ha asumido "acríticamente", y siguiendo las viejas lecturas de Ángel Rama y de José Miguel Oviedo en los años 70 y 80, que los ensayos de Vargas Llosa no tienen "valor epistemológico". Para el académico peruano, la crítica que sigue estas ideas es una crítica ideológica y ha llegado el momento de desideologizarla siguiendo los avances de los estudios teóricos sobre la literatura actuales. Para esto propone una lectura acorde con la última teoría literaria del siglo XXI. En esta nueva lectura las ideas sobre literatura propuestas por Vargas Llosa en sus ensayos literarios serían comparables a las teorías sobre el hecho literario planteadas en las dos últimas décadas por los teóricos Terry Eagleton, Derek Attridge, Jacques Rancière, John Carey, y Tzvetan Todorov, entre otros.

Dada la estructura del libro sería útil resumir capítulo por capítulo las ideas centrales de cada uno de ellos. El libro tiene una introducción corta y tres capítulos.

El capítulo 1, "La recepción crítica de los ensayos de Mario Vargas Llosa (1972-2015)", el más extenso de los tres, está dedicado explicar en detalle la recepción de la crítica literaria de los dos primeros ensayos más extensos de Vargas Llosa, y de donde, según Morales, proviene toda la crítica negativa que ha influido en las lecturas posteriores de éstos y del resto de sus ensayos. Se dedica bastante espacio a revivir la recepción crítica que tuvo el libro de Vargas Llosa *García Márquez: historia de un deicidio* (1971),

especialmente a la polémica que el autor tuvo con el crítico uruguayo Ángel Rama sobre esta obra. Según Morales, Rama desprecia el libro al denominarlo "ensayo" porque no tenía, o no le daba el valor de una crítica literaria científica acorde con los tiempos, calificándola de una crítica anticuada y romántica por las ideas que proponía Vargas Llosa y por la metodología utilizada por el autor de *La casa verde*. De aquí Morales deduce su primera tesis del "vacío epistemológico", que él sitúa cronológicamente en 1972. Para la segunda tesis, la de la "autorrepresentación" o "autorreferencialidad", que sitúa en 1982, se basará en el libro de José Miguel Oviedo *Mario Vargas Llosa: la invención de una realidad* (1982). Oviedo, en una sección de su libro dedicada al ensayo de Vargas Llosa sobre García Márquez y al más reciente *La orgía perpetua: Flaubert y Madame Bovary* (1975), dirá lo mismo que habían dicho otros sobre los ensayos de Vargas Llosa, y además agregará que lo que le resta la cientificidad propia de la crítica literaria es la intervención o participación del autor en el discurso crítico, descalificándolo como una crítica no académica. Para Morales la cronología (1972, 1982) es muy importante porque ésta le permitirá llevar a cabo sus interpretaciones y conclusiones finales. Morales llamará su tercera tesis la "homologación conceptual"; la sitúa en 1988 porque es la fecha de publicación del libro de Sara Castro-Klarén *Mario Vargas Llosa: análisis introductorio*, en donde la crítica peruana dedica un capítulo a los ensayos largos de Vargas Llosa publicados hasta ese momento. Para

Morales, esta tesis es la más importante porque le permitirá replantear la lectura de la ensayística de Vargas Llosa y "homologarla" con las propuestas teóricas de los teóricos mencionados anteriormente. A pesar de que Castro-Klarén coincide con Rama y Oviedo con respecto a la ensayística de Vargas Llosa, según Morales la crítica propone, aunque de manera tenue, una comparación de las ideas de Vargas Llosa sobre la literatura con las del teórico ruso M. M. Bajtín. De acuerdo con Morales, esta lectura "provocativa" de Castro-Klarén no ha tenido seguidores, aunque ha habido otros críticos como Castañeda Belén en un artículo de 1990, y el crítico estadounidense Raymond L. Williams en su libro *Vargas Llosa: otra historia de un deicidio* (2002), que han interpretado los ensayos de Vargas Llosa en esa misma dirección, aunque –agrega Morales– sin mucha fortuna, pues las tesis de Rama y Oviedo han prevalecido en la mayoría de los críticos que se han ocupado de los ensayos de Vargas Llosa. La prueba más fehaciente y más reciente sería el caso de Mabel Moraña en su libro *Arguedas/Vargas Llosa: dilemas y ensamblajes* (2013), que, según Morales, no sólo retoma estas ideas sino que las lleva al extremo en su estudio comparativo entre José María Arguedas y Vargas Llosa. Finalmente, hay que notar que Morales se alinea en varios momentos del libro con el crítico Efraín Kristal para explicar las razones por las que "cierta crítica latinoamericana" (41) no le ha dado la validez que merecen los ensayos de Vargas Llosa porque no le perdona "un conjunto de hechos"

(41) que tienen que ver con la persona y la ideología del intelectual y ciudadano Mario Vargas llosa y su crítica al socialismo, que vendrían desde su ruptura con el régimen de Fidel Castro a inicios de la década del 70.

El segundo capítulo, de título "Marco teórico", es el que uniría las propuestas de los dos primeros capítulos y serviría al autor para "crear su propio marco teórico" (71) a fin de sustentar su tesis de la "homologación conceptual" de los ensayos de Vargas Llosa con las teorías literarias del siglo XXI. Siguiendo con su intención progresiva temporalmente en la evolución de la crítica sobre los ensayos de Vargas Llosa y la teoría literaria del siglo XXI, se concentra en teóricos de la academia inglesa, francesa y estadounidense que teorizan sobre "El lugar de la literatura en el pensamiento teórico contemporáneo". Estos son, como se ha mencionado al inicio, Eagleton (*El acontecimiento de la literatura*, 2013, y *Cómo leer literatura*, 2016), Rancière (*La palabra muda: ensayo sobre las contradicciones de la literatura*, 2009), Attridge (*La singularidad de la literatura*, 2011), Carey (*¿Para qué sirven las artes?*, 2007), y Todorov (*La literatura en peligro*, 2009). Las fechas y los títulos corresponden a las de las traducciones al español, que son las que Morales utiliza. El autor ha elegido estos textos teóricos porque lo conducirán "por los laberínticos corredores conceptuales... sobre la literatura: ¿Qué ideas, argumentos, imágenes o metáforas proveen las aproximaciones teóricas sobre la literatura?" (70), se pregunta, siguiendo con su idea de la evolución progresiva de la teoría. Al autor le interesa lo producido en lo que va del siglo XXI, particularmente porque esos textos cuestionan las teorías estructuralistas y posestructuralistas y están abocadas a discutir la posteoría, y en ese sentido, Morales se enfoca principalmente en las propuestas de Attridge a quien cita extensa y profusamente, y en Eagleton.

El tercer capítulo da el título al libro y ahí el autor se concentrará en llevar a cabo la tercera tesis que había mencionado desde el primer capítulo, y que en el caso de Castro-Klarén era "solo una valiente provocación" (115), y que ni Castañeda ni Williams habrían llegado a concretar: la "homologación conceptual", es decir, la equiparación de las ideas sobre la literatura que propone Mario Vargas Llosa en sus ensayos con las ideas sobre la literatura expuestas por los teóricos mencionados arriba. A esta semejanza el autor llama a lo largo del libro "aires de familia".

Para desarrollar su tesis de la producción ensayística de Vargas Llosa, el autor selecciona siete ensayos de los más conocidos: "La literatura es fuego" (1967), "Literatura y exilio" (1968), "El arte de mentir" (1984), "La cultura de la libertad" (1985), "La literatura y la vida" (2001), "Literatura y política" (2003) y "Elogio de la lectura y la ficción" (2010). A partir de estos textos, Morales encuentra algunos temas comunes que serían característicos de la ensayística de Vargas Llosa: un componente dialógico, el suspenso narrativo, los biografemas, y lo que él llama personajes conceptuales. Morales argumenta que estas características particulares no ha-

bían sido tomadas en cuenta por los críticos de los años 70 y 80, y que, por el contrario, a los ensayos se les había exigido características que no son constitutivas del género: "tesis, hipótesis, demostración; apego i-rrestricto a un método, estilo argumentativo descriptivo impersonal, etc." (116). Finalmente, Morales incluye el concepto de los *afeptos* que había venido anunciando desde el inicio del capítulo y había dejado en suspenso hasta que finalmente da su definición: "es decir, palabras que articulan la dimensión conceptual y afectiva de la obra" (142). Obviamente, este concepto está asociado al efecto que el ensayo tendría en el lector desde el punto de vista de la estética.

El libro de Morales es un libro complejo, no por el lenguaje pretendidamente teórico, sino por las propuestas, el estilo repetitivo, sinuoso y, en muchos casos, contradictorio.

Morales dedica el primer capítulo, y el más extenso, a discutir las lecturas que Ángel Rama y José Miguel Oviedo hicieron de los primeros ensayos de Mario Vargas Llosa y concluye que son lecturas equivocadas principalmente porque son lecturas ideológicas. Esto le dará pie para decir en el tercer capítulo que estos críticos buscaban en los ensayos de Vargas Llosa características que no pertenecían a este género literario. Es importante notar este gran desfase porque las críticas de Rama se referían al libro sobre García Márquez de 1971, y en el caso de Oviedo tanto al libro sobre García Márquez como al dedicado a Flaubert de 1975. Entonces es problemático equiparar esas críticas con las características de los siete ensayos, realmente discursos, que ha elegido Morales para su estudio, pues todos ellos son muchísimo más cortos y tenían diferentes propósitos. Como es sabido, las 667 páginas de *García Márquez: historia de un deicidio* fue la tesis que Vargas Llosa presentó para obtener el grado de doctor en la Universidad Complutense de Madrid, y por eso la mayoría de la crítica académica, entre ellos, Rama y Oviedo, señalaron la falta de un aparato teórico y crítico acorde con lo que el libro representaba, y subrayaban también el componente autobiográfico del mismo. Era lógico que a un libro que había servido al novelista para obtener el más alto grado académico que brinda el sistema universitario occidental se le exigiera cierto rigor. Por otro lado, no fueron Rama y Oviedo, o la crítica en general, los que llamaron a este libro "ensayo" como una forma de menosprecio y para rebajarle el verdadero valor de crítica literaria que supuestamente tenía, pues, así lo había calificado el propio Vargas Llosa en la contratapa de su libro cuando escribe "El propósito de este ensayo...". Toda crítica es ideológica, pero equiparar a Rama, Oviedo y Castro-Klarén es un despropósito, sobre todo porque Oviedo no solo es amigo de Vargas Llosa desde su niñez, ha acompañado y promovido a Vargas Llosa en muchos momentos, y fue el primero que dedicó un libro monográfico a la vida y la obra de Vargas Llosa. Pero Oviedo es un académico que en varios casos ha dicho sobre la obra de Vargas Llosa lo que tenía que decir sin considerar su relación personal. Quizá hubiese sido útil para Morales consultar del mismo

Oviedo su libro *Breve historia del ensayo hispanoamericano* (1990) y su *Dossier Vargas Llosa* (2007). Tampoco es exacto acusar a Rama de iniciar una polémica con Vargas Llosa sobre el libro de García Márquez, y en este caso no es necesario tener acceso a las entregas de esa polémica que se inicia en mayo de 1972 en la revista *Marcha* que dirigía Rama. Bastaría con leer con criterio *García Márquez y la problemática de la novela*, el volumen en que se reunieron las intervenciones de ambos autores publicado a fines de 1973. Es claro que no era la intención de Rama escribir una reseña que evaluara todo el contenido del libro, sino escribir una nota corta que tituló "Demonio vade retro" sólo para comentar el concepto de "demonios" que Vargas Llosa usaba no sólo para explicar la narrativa de García Márquez y la suya, sino de la literatura en general, y que para Rama era un concepto que venía del romanticismo. Fue Vargas Llosa quien, rompiendo su "convicción de que los libros deben defenderse solos" (13), decidió entablar una polémica con el crítico uruguayo. Quién ganó la polémica, o por qué Vargas Llosa decidió polemizar, es algo que no corresponde a esta reseña, pero hay que recalcar que ninguno de ellos era ajeno a este ejercicio; por el contrario, es sabido que polemizar es algo que Vargas Llosa ha practicado desde muy joven, y en la misma revista *Marcha*, en 1969, había mantenido una polémica con Óscar Collazos en la que también intervino Julio Cortázar, y que se publicó en un pequeño volumen como *Literatura en la revolución y revolución en la literatura* (1970). En esa oportunidad su intervención se titulaba "Luzbel, Europa, y otras conspiraciones"; o sea que para mayo de 1972 el tema del demonio o demonios no era nuevo para Vargas Llosa.

Al parecer la cronología y las fechas son muy importantes para la argumentación de la evolución de la crítica sobre los ensayos de Vargas Llosa y de la crítica o teoría literaria en general. Sin embargo, este interés o método en varios momentos traiciona al crítico porque las fechas que da no son exactas, y son fácilmente comprobables, y esto va en contra de su argumentación. Especialmente en el primer capítulo en que las fechas son tan importantes cuando afirma que la crítica de Oviedo es diez años posterior a la de Rama y cita la edición del libro de Oviedo de 1982, por alguna razón no menciona las ediciones de 1970, ni la segunda de 1977. Y si bien en la edición de 1970, Oviedo, por obvias razones, no incluye un capítulo sobre los ensayos de Vargas Llosa, sí lo hace en la edición de 1977, aunque en la edición de 1982 hace revisiones, pero en general el contenido es el mismo de la edición anterior. Además, esta no era la primera vez que Oviedo escribía sobre el libro que Vargas Llosa había dedicado a García Márquez, pues, como era lógico, siendo el especialista más importante en la obra de Vargas Llosa en ese momento, en el número de marzo-abril de 1972 de la revista colombiana *Eco* publica una nota-reseña sobre este libro titulada "La crítica como confesión de parte", que servirá de base para el capítulo sobre los ensayos de Vargas Llosa en la edición de su libro de1977 y de la revisada de 1982.

Esto descalifica la idea de la persistencia en leer los ensayos de Vargas Llosa de cierta manera a través de los años, pues en verdad tanto la crítica de Rama como la de Oviedo son del mismo año 1972. Se podría mencionar muchas inconsistencias como estas que verdaderamente entran en conflicto con las tesis propuestas.

Finalmente, las conclusiones que el autor saca de la lectura del capítulo 5 del libro de Castro-Klarén titulado "El novelista como lector" son problemáticas. Morales concluye que Castro-Klarén, "aunque tímidamente", está proponiendo leer los ensayos de Vargas Llosa como equivalente de las teorías de Bajtin. Comentar esto es importante porque esta idea que el autor extrae de su lectura, muy particular, del capítulo de Castro-Klarén le va a servir de apoyatura para la tesis central de su libro que se propone llevar a cabo en el tercer y último capítulo. Castro-Klarén, además de coincidir con Rama y Oviedo en los temas ya mencionados sobre *García Márquez: historia de un deicidio*, dice de paso en su libro de 1988 que algunas de las ideas sobre la novela propuestas por Vargas Llosa se asemejan a las del crítico ruso propuestas en *The Dialogic Imagination* (85). Sin embargo, no desarrolla esta idea porque solo la toma como una coincidencia. Al igual que Oviedo, esta académica también, en su momento, había escrito una reseña en inglés sobre el libro de Vargas Llosa que apareció en el número de otoño de 1972 de la revista *Latin American Literary Review*. Morales podría haber propuesto la idea de de estudiar los ensayos de Vargas Llosa y compararlos con la teoría literaria actual sin utilizar a Castro-Klarén, y quizá hubiese sido algo original, pero, probablemente usar las ideas de una reconocida especialista en Vargas Llosa le daba más autoridad. Además, el incluirla compaginaba con su cronología progresiva sobre los ensayos de Vargas Llosa, es decir, Rama: 1972, Oviedo: 1982, Castro-Klarén: 1988, Belén Casta-ñeda: 1990, Raymond L. Williams: 2002, etc. El mismo problema de las fechas tiene el libro de Williams de 2002, que es una versión rehecha y puesta al día, y en español, de su libro en inglés *Mario Vargas Llosa* de 1986.

El capítulo 2 es el más problemático porque aunque se presenta como la teoría que sustentará la tesis final, el lector se pregunta qué tan pertinente es dedicar un capítulo completo de 38 páginas a resumir las ideas sobre la literatura por teóricos franceses e ingleses, en una época que se proclama la posteoría, para finalmente sólo analizar siete ensayos de Vargas Llosa. El mismo problema de las fechas se da en este capítulo porque al crítico peruano le interesa especialmente la producción teórica del siglo XXI porque sería la más apropiada para ser comparada con las ideas de Vargas Llosa sobre la literatura, pues al ser contrastada con la teoría y critica estructuralista y postestructuralista del siglo XX no le había sido favorable. Por otro lado, las propuestas teóricas sobre la literatura, el papel del lector, y la reacción del lector sobre la literatura, y la supervivencia del concepto de autor no son nuevas, pues el mismo Attridge –tan citado– las ha venido discutiendo desde muchos años

antes en sus estudios sobre Jacques Derrida, y especialmente en su libro *Peculiar Language: Literature as Difference from the Renaissance to James Joyce*, de 1988. Lo mismo se podría decir sobre la teoría de la lectura propuesta por Attridge, tan importante y tan siglo XXI para Morales, pero el mismo Attridge afirma en *The Singularity of Literature* (2004) que "A writer who has elaborated a theory of reading whith some similarities to mine is Wolfgang Iser" (144). Attridge se refiere a *The Implied Reader* (1974) y *Acts of Reading* (1978). Lo mismo se puede decir de Eagleton. Pero lo que debe quedar claro es que Morales está tomando y promoviendo como ideas nuevas y del siglo XXI algunos planteamientos que se discutieron ampliamente en el siglo pasado.

El tercer y último capítulo del libro podría haber sido la contribución verdadera de este volumen si se hubiera limitado a analizar las características que Morales encuentra en esos siete discursos que ha seleccionado de la abundante y variada producción ensayística de Vargas Llosa. Pero el problema está en que Morales extrae conclusiones generales sobre la ensayística de Vargas Llosa. Considerando que la producción ensayística del célebre novelista es abundante y que sus ensayos se pueden contar por cientos, y que no solo cubren temas literarios, sino políticos, sociales, y de actualidad en un espacio de más de cincuenta años de producción, siete ensayos es una muestra minúscula para sacar conclusiones tan generales. El estilo de este capítulo es muy inseguro y le falta convicción en sus afirmaciones, pues el concepto de "aires de familia", tomado de Wittgenstein, que es punto central de su tesis, no queda ni bien explicado ni es convincente. El autor se contradice continuamente desde un principio cuando dice que su idea de "homologación conceptual" en Castro-Klarén solo es "una valiente provocación", en Williams "esta tesis aparece y desaparece intermitente y fragmentariamente" (115), pero no hay forma de explicar mejor cómo el autor casi al final de este capítulo va en contra de sus propias argumentaciones sobre el valor del ensayo vargasllosiano sino con una larga cita de su libro: "El lector acostumbrado a la argumentación teórica y al señalamiento preciso de los principales referentes de las ideas que se presentan puede objetar con razón que se trata de una postura que no dialoga con las fuentes críticas que existen respecto al tema de la literatura y la sociedad, por tanto, carece de sólida argumentación y, por defecto, no logra ingresar como insumo argumentativo al mercado de los valores conceptuales. En parte, el juicio puede tener asidero, pero más que por debilidad argumental, por falta de diálogo con la tradición teórica sobre el tema. *No obstante, nos permitimos recordar que el registro desde el que se enuncian estas ideas sobre la literatura es el ensayístico, y el lenguaje elegido para tal fin es el afeptivo, esto es, uno que combina lo sensible con lo conceptual, uno que no tiene pretensión universal ni rango de ley... un lenguaje no hipotecado a ninguna tecnología expresiva*" (147, subrayado nuestro).

Es cierto que hacen falta estudios monográficos que examinen la ensayística de Vargas Llosa en su amplitud y complejidad, pero no es tan cierto que no se le haya prestado atención. Por el contrario, cada vez que el novelista publica ensayos la crítica ha estado atenta a comentarlos y evaluarlos. Que algunas de esas críticas no le hayan sido favorables, por muchos motivos, es otra cosa. El mismo Morales ofrece una sección de seis páginas de bibliografía sobre la ensayística de Vargas Llosa que incluye muchos críticos y académicos peruanos que han escrito sobre los ensayos más actuales, pero estos no han sido tomados en cuenta. Lo mismo podría decirse de la larga lista bibliográfica sobre teoría y crítica literaria general, y sobre el ensayo, en particular.

Morales Mena informa que este libro ha sido su tesis para optar el grado de maestría en Perú, y que elabora un trabajo más extenso sobre el mismo tema. Ojalá en su próxima entrega tome en cuenta que el "instrumentalismo" que Attridge cuestiona en la crítica literaria y de lo cual Morales hace eco porque usa un texto para para obtener una interpretación estable-cida de antemano, por lógica, no solo se aplica a las críticas marxistas o de la izquierda ideológica, sino a cualquier interpretación o análisis. En la academia cualquier nueva interpretación o revisión para corregir, refutar errores de hermenéutica, o para desmantelar una crítica que se cree equivocada o que requiere de una puesta al día siempre es bienvenida; en realidad, es necesaria, pero las nuevas interpretaciones o nuevas propuestas deben venir sustentadas por una investigación exhaustiva.

Christian Fernández
Louisiana State University

Laura J. Torres-Rodríguez. *Orientaciones transpacíficas. La modernidad mexicana y el espectro de Asia.* Chapel Hill: North Carolina Studies in the Romance Languages and Literatures, 2019. 264 pp.

Este libro de la investigadora puertorriqueña Laura J. Torres-Rodríguez, profesora asociada del Departamento de Español y Portugués de la Universidad de Nueva York, abre nuevas perspectivas para entender la modernidad en México desde la influencia oriental o asiática. El libro inicialmente nació como una tesis doctoral en la Universidad de Pennsylvania. Posteriormente, según se deduce de los Agradecimientos y de la Introducción, tal tesis se enriqueció con distintas metodologías que van desde la crítica literaria, los estudios culturales, los estudios poscoloniales, el imaginario popular y otra serie de materiales heterogéneos. La crítica literaria constituye la principal metodología de Torres-Rodríguez, pues aporta el mayor rigor a su investigación a juzgar tanto por sus análisis del archivo japonés de José Juan Tablada, como de los ensayos de José Vasconcelos en torno al hinduismo y de los de Roger Bartra sobre el modo de producción asiática, sin dejar de mencionar el detallado análisis de la novela de Rafael Bernal, *El complot mongol* (1969). La metodología basada en los estudios culturales es más bien marginal, pues corresponde al último capítulo y al epílogo. El libro de Torres-Rodríguez asume la relectura de autores hasta cierto punto canónicos de la literatura mexicana

(Tablada, Vasconcelos, Bartra, Bernal y, en menor medida, Reyes, Paz y Rulfo) bajo una perspectiva comparada que acude a la teoría poscolonial, particularmente a la del famoso ensayo de Edward Said, *Orientalismo* (1978), aunque advirtiendo varias diferencias al momento de aplicarlo al contexto mexicano.

Últimamente, desde la academia angloamericana, se han producido trabajos icónicos sobre la genealogía de la modernidad mexicana como el de Rubén Gallo, *New Tendencies in Mexican Art* (2005), y el de Mauricio Tenorio Trillo, *I Speak of the City* (2012). Torres-Rodríguez se reconoce en tales trabajos, pero también se aparta de ellos. Se pregunta por qué, a pesar de que México tiene 7828 km de costas sobre el océano Pacífico y que en tiempos novohispanos fue centro del comercio interoceánico entre el archipiélago filipino y la península ibérica, pareció darle la espalda a Asia durante el siglo XX. Torres-Rodríguez no hace mucho hincapié en la guerra hispano-estadounidense de 1898, en que Cuba y Filipinas comenzaron un proceso de des-españolización (¿o des-europeización?); prefiere hablar más bien de un ocultamiento fenomenológico del continente asiático por parte de la intelectualidad mexicana posrevolucionaria. Ella lo denomina con el concepto lacaniano de *extimidad,* es decir, de extrañeza o intimidad inquietante; acude también a otro concepto datado por Jacques Derrida, *invaginación,* cuyo sentido refiere a lo abierto a la exterioridad desde la interioridad textual. Semejante léxico "psicoanalítico", sin embargo, no arroja muchas luces. Hay mayor claridad, en cambio, cuando Torres-Rodríguez acude a las fuentes principales de la historia intelectual mexicana. Pues, al comentar un epígrafe de Alfonso Reyes en que éste sugiere que la pasión de José Vasconcelos por el brahmanismo hindú corresponde a cierto despotismo asiático muy propio de su Estado natal, Torres Rodríguez indica que ya desde principios del XX había un imaginario mexicano del Oriente cifrado en Oaxaca, donde nacieron Benito Juárez y Porfirio Díaz, este último de perfil autoritario como el de los sátrapas. Lástima que Torres-Rodríguez no consultara también los informes de Reyes a la Secretaría de Relaciones Exteriores, recogidos recientemente por Víctor Díaz Arciniega, donde el autor de *Visión de Anáhuac* (1917) se opuso a la migración de asiáticos a México bajo la idea de que el indígena mexicano necesitaba *occidentalizarse*.

Lo que caracterizó a la intelectualidad mexicana con respecto al continente asiático, para Torres-Rodríguez, fue un imaginario más que una realidad, es decir, "una entidad reproducida por la imaginación y las instituciones del saber mexicanos" (p. 25). Si la modernidad mexicana reconoce su genealogía en el Porfiriato, es de notar que el viaje de Tablada a Japón en 1901 como corresponsal de la *Revista Moderna* constituye uno de los primeros acercamientos a un tipo de modernidad asiática fundada en la elegancia del poderío militar. Las conclusiones a las que llega Torres-Rodríguez sorprenden por su capacidad de síntesis. Si el fin de la estética porfirista, por decirlo así, puede hipostasiarse en el saqueo que las tropas zapatistas

hicieron contra la colección de arte japonés en la casa de Tablada en Coyoacán hacia mediados de 1914, el fin de la *estética priista* (si tal cosa existió) puede representarse con la publicación en 2002 de un libro de fotografías de Daniela Rossell, *Ricas y famosas*, que retrata a las mujeres de la élite del PRI que entre 1994 y 2000 rodeó el sexenio de Ernesto Zedillo. Pues Torres-Rodríguez analiza especialmente una fotografía de este libro, en que dichas mujeres posan recostadas en alfombras a la manera de un harén oriental. Lo cierto es que si Tablada escribió en su exilio *En el país del sol* (1919) e *Hiroshigué* (1914), resulta difícil hallar algo equiparable entre la intelectualidad priista de la primera década del siglo XXI.

Torres-Rodríguez aporta un aspecto novedoso al indagar en una colección de estampas japonesas eróticas, denominadas comúnmente como *shunga*, que permanece hasta la fecha cerrada al público aun cuando se encuentra en los archivos del Museo Nacional de Historia del Castillo de Chapultepec (82). Atribuida informalmente a Tablada, la colección de estampas data de 1896 y 1904, el año de la Guerra Ruso-Japonesa, en que el gobierno nipón suplió material erótico a sus soldados. Es de notar que tales imágenes remiten a hombres en uniforme militar y a mujeres en trajes de enfermeras, lo que haría pensar en que encajaban muy bien en cierta estética militarista afín al Porfiriato. La caída del régimen de Díaz no eliminó esta afinidad. Durante los primeros gobiernos posrevolucionarios, en que José Vasconcelos lideró la política cultural y educativa, el orientalismo retomó nuevos bríos. Vasconcelos, en *Estudios indostánicos* (1920), propuso una modernidad muy parecida a la de las élites brahmánicas, es decir, basada en la espiritualidad autóctona como estrategia de la descolonización cultural. Vasconcelos, pues, formalizó el imaginario de su misión política y cultural para que los intelectuales y artistas mexicanos se convirtieran en una casta religiosa (114). Allanó el camino para que más tarde la burocracia priista hiciera de los discursos identitarios los ejes del poder coercitivo del Estado a la manera del maoísmo o el estalinismo (150). Vasconcelos pareció arrepentirse de su entusiasmo revolucionario en sus memorias noveladas, cuyo primer tomo, *Ulises criollo*, sugiere cierto deseo de *helenizarse* o *re-occidentalizarse*. Pero ya muy tarde.

En el nuevo orden mundial surgido tras la Segunda Guerra se impuso en México un tipo de modernidad oriental fundado en el concepto marxista de modo de producción asiático, concepto que Roger Bartra teorizó en *Marxismo y sociedades antiguas: el modo de producción asiático y el México prehispánico* (1975) y en *Estructuras agrarias y clases sociales en México* (1974). En este último, en efecto, Bartra afirmó que la burguesía mexicana pagó a muy alto precio el radicalismo populista a cambio de que el PRI gozara de estabilidad política. Más adelante, en *Oficio mexicano* (1993), Bartra reafirmó su argumento de que el Estado ha "orientalizado" a sus ciudadanos para dominarlos (151), lo que lo llevó a él a oponerse al movimiento zapatista (EZLN). Otro de los acercamientos originales de Torres-Rodríguez al espectro asiático en la modernidad

mexicana lo constituye su análisis de *El complot mongol* (1969), la novela de Rafael Bernal. Además de analizarla como un correlato de la masacre de Tlatelolco, en la que parecieron enfrentarse fuerzas maoístas contra las estalinistas de Lombardo Toledano (174), Torres-Rodríguez resalta también la experiencia diplomática de Bernal en Perú y Filipinas, lo que ya lo había llevado a publicar dos ensayos históricos por lo general olvidados por la crítica literaria mexicana, *México en Filipinas* (1965) y en *Diferentes mundos* (1967), así como otro ensayo publicado póstumamente, *El gran océano* (Banco de México, 1992).

No ignora Torres-Rodríguez lo difícil que resulta aplicar en México la teoría poscolonial de Said. Pues, por un lado, la teoría poscolonial parece fundamentarse en la destrucción en sentido heideggeriano de la ontología que ha hecho posible la denominación colonial europea del mundo (cf. M. Heidegger, *Para una destrucción de la historia de la ética*, 1969), bajo la suposición o justificación de la angloamericana como no-europea, es decir, bajo la máscara orientalista. Por otro lado, y con base en *El Nomos de la tierra* (1950) del jurista alemán Carl Schmitt, resulta muy sospechosa la superioridad de Occidente con respecto a Oriente. Si se analiza bien un mapa, Rusia, China, India constituyen una masa coherente de países firmes, los más poderosos de la Tierra en recursos, territorio y población. En cambio, lo que llamamos Occidente es un hemisferio abierto por los grandes océanos, el Atlántico y el Pacífico, en donde naturalmente, como istmo azotado por huracanes subtropicales y ahora mismo por la guerra comercial entre China y Estados Unidos, se encuentra México. De modo que en ningún momento pierde valor el libro de Torres-Rodríguez. Entre más claro se explicite el imperialismo asiático, vía China o vía Estados Unidos, más claro resultará entender la hegemonía del PRI durante buena parte del siglo XX y las tentativas actuales para reestablecerlo, mediante nuevos dispositivos culturales.

Diana Hernández Suárez
ILA, Freie Universität Berlin

Víctor Vich. *Poetas peruanos del siglo XX. Lecturas críticas.* Lima: Fondo Editorial de la Pontificia Universidad Católica del Perú, 2018.

Dentro de algún tiempo habrá que leer los libros que Víctor Vich ha escrito sobre poesía peruana desde el punto de vista de un cierto proyecto crítico que, intuyo, se tornará legible conforme sigamos recibiendo las entregas que está preparando —el libro sobre Vallejo es el siguiente—. Ya habrá tiempo para ello, pero quisiera adelantarme un poco y discutir su más reciente libro, *Poetas peruanos del siglo XX. Lecturas críticas* tomando algunas notas teóricas de su anterior colección de ensayos del 2013 (*Voces más allá de lo simbólico. Ensayos sobre poesía peruana*, Lima: Fondo de Cultura Económica). Esas indagaciones en la poesía peruana de las últimas décadas fueron enmarcadas por tres preguntas sobre el fenómeno poético: ¿qué es el sujeto? ¿qué es el lenguaje? y ¿cómo funciona el vínculo social? (*Voces más allá de lo simbólico* 12) Además,

sostuvo que dichas preguntas son *internas* al decir poético, aquel que objetiva la palabra bajo una determinada forma que sintetiza dos movimientos contrapuestos, pero articulados:

Si la *subjetivación* es un proceso mediante el cual el sujeto se construye a través de interacciones muy tensas entre los mandatos existentes y todo un conjunto de negociaciones con lo real, la *desubjetivación* (o "desidentificación", para ser más precisos) impide, para bien, que el proceso de subjetivación termine estancado en una sola identidad –rígida o fija– donde el sujeto pueda perder su deseo. La desidentificación es, por tanto, el recorrido inverso mediante el cual el sujeto falla en sus articulaciones de lo real y en su propia inmersión en el mundo. En mi opinión, la poesía da cuenta de este proceso y es una maniobra que el sujeto realiza, desde el lenguaje, con aquellos restos no simbolizados que vienen de lo real y que le permiten posicionarse ante el mundo de una manera diferente. En ese sentido, el sujeto –y el lenguaje que lo nombra– es siempre un "proceso de ida y vuelta", pues se constituye, por un lado, como una búsqueda de permanentes identificaciones, pero, por otro, como una terca resistencia a todas ellas (*Voces más allá de lo simbólico* 17).

Notemos cómo aquí la teoría, aún como preámbulo a que la mirada se pegue a la letra del poema, busca dar cuenta del movimiento que engendra la forma poética; de aquello que podría desaparecer al enfrentarnos al poema como un objeto acabado que ha borrado las marcas de su carácter procesual. El par subjetivación-desubjetivación indica un doble movimiento que va del establecimiento de cierta posición subjetiva hacia su autocrítica al interior del propio acto de escritura; una cierta inercia hacia el auto-reconocimiento en el poema ("Siempre yo", dice Blanca Varela) y su desestabilización, puesta en duda o franca declaración de imposibilidad ("Siempre saliéndome al paso", continúa Varela). En suma, se trata de leer el poema como el resto de una operación contradictoria en la que el sujeto queda puesto en algún sitio, sin duda, pero lo hace como resto o huella de la escritura y no como quien construye una morada definitiva ("yo / y el gran aire de las palabras", finaliza el mismo poema de Varela del libro *Luz de día*). Ese movimiento es lo que Vich intenta restituir en sus lecturas críticas de la poesía peruana, en un arco que va desde la vanguardia histórica pasando por la llamada neovanguardia, hasta llegar a lo que hoy sencillamente llamamos "poesía contemporánea" –y que se despliega en su anterior libro–. En lo que sigue quisiera indagar un poco en las direcciones a las que apuntan esos movimientos de subjetivación y desubjetivación una vez captados, y hacia dónde nos lleva la lectura que propone este nuevo libro de ensayos.

Volviendo a las tres preguntas que lanzó en el 2013 –sujeto, lenguaje y vínculo social–, Vich sostiene ahora que, si Georges Bataille

planteaba la poesía como una *creación por medio de la pérdida*, se trata "de una pérdida encarnada en el sujeto, en el vínculo social y en el propio lenguaje" (Vich, *Poetas peruanos del siglo XX* 12). Al estar atravesado por el deseo, el sujeto le imprime a la poesía sus propias fallas, por una parte, y, por otra, aquellas propias de un mundo "mal hecho": el mundo de la modernidad, es decir, del capitalismo. Frente a esta doble condición fracturada, sin embargo, la poesía muestra también la voluntad del sujeto por enmendarse y rehacer el mundo. Vich lo dice así: "podemos definir a la poesía como un discurso que encara, con coraje, su propia derrota y que da cuenta de la brecha entre lo dicho y la imposibilidad de decir, entre lo consciente y lo inconsciente, entre lo individual y lo colectivo, entre el presente y la historia, entre lo nombrado y el silencio" (*Poetas peruanos del siglo XX* 16).

Esta idea de la poesía como brecha puede ser planteada de varias formas, todas más o menos condensadas en la anterior cita, pero que convendría intentar desacoplar. Una primera, a mi juicio insatisfactoria, estaría del lado de la estética de Jacques Rancière (*El malestar en la estética*, Buenos Aires: Capital Intelectual, 2011) y buscaría dar cuenta de la obra de arte como una brecha respecto de sí misma –lo que equivale a decir que ella es siempre un artefacto de desidentificación, algo en apariencia cercano a la estética negativa adorniana–. Por momentos Vich parece suscribir esta primera forma de concebir la noción de brecha, pues encontramos algunos enunciados sobre la poesía como algo que *siempre* cuestiona lo dado desde su propio carácter fracturado (esa pérdida que ahora estructura su vínculo con el sujeto, el lenguaje y el lazo social), o por su resistencia a la forma mercancía. El problema con estas tesis es que su efectividad depende demasiado de la interpretación –algo que Vich constantemente defiende frente a los reduccionismos, sean éstos tradicionales (la pobre lectura de la "vida y obra" de alguien como una sumatoria de contextos y descripciones) o seudorrevolucionarios (cierta estética marxista más ansiosa por determinar el carácter de clase del poeta que de leer sus versos)–, y por ello uno podría reclamar más historia, o mejor, más historización sobre cómo la figura del coraje, tan presente en este último libro, se transforma en los distintos momentos históricos que los versos alegorizan. Pero la opción de Vich no se resuelve en el voluntarismo de declarar al poema como una práctica que, *a priori*, logra resistir a los mandatos de la cultura. Mejor dicho, esa declaración –en la que Vich insiste reiteradas veces– debe ser entendida como una *respuesta* a un conjunto de condiciones históricas que encuentra en su análisis de la poesía peruana del siglo XX.

Lo que está en juego en estos ensayos es una historia de la poesía peruana que viene marcada por una crisis que alcanza un carácter crónico. Podríamos decir que desde los robles en llanto de los que habla José María Eguren atendemos a "un intento de reconstrucción mítica en un mundo que ya había comenzado a perder toda posibilidad de construir relatos." (Vich, *Poetas peruanos del siglo XX* 30) La de Eguren es una poesía sólo en apariencia evasiva,

sostiene Vich, pues, al contrario, se escribe "contra el ingenuo optimismo de la República aristocrática, contra aquellas décadas del inicio del delirio capitalista en el Perú..." (*Poetas peruanos del siglo XX* 31) Contra ese mismo optimismo vendrán también el hambre y el despojo tal como los registró y pensó César Vallejo, desde sus primeros poemas hasta su conversión al socialismo, y contra ese optimismo delirante regenerado una y otra vez a lo largo del siglo es que las apuestas poéticas –al menos muchas– se han escrito en nuestro país.

Eguren frente a Vallejo serían dos polos opuestos en una organización estándar de la "poesía pura" frente a la "poesía social", pero Vich ha optado por alejarse de esa oposición para pensar más bien cómo ambas formas poéticas responden a la misma historia, aquella de la crisis de la experiencia moderna –algo parecido al vínculo interno que Jameson ("Reificación y utopía en la cultura de masas", en *Signaturas de lo visible*, Buenos Aires: Prometeo Libros, 2012, 41-77) encuentra entre el modernismo y la cultura de masas, por cierto–. Entre lo puro y lo social se establece una brecha que Vich señala con insistencia como un espacio que la poesía habita, o mejor, un espacio estructurante del sujeto moderno mismo, entendido "como un permanente diferir, como el paso de un lugar a otro, como la imposibilidad en encontrar un anclaje seguro en la vida" (*Poetas peruanos del siglo XX* 122)–. Desde allí, la subjetividad se posiciona, mediante los instrumentos del sueño y la palabra (decía Martín Adán en su *Escrito a ciegas*) para responder a lo real en crisis, aquello que, pensaba el poeta, no se le coge, sino que se le *sigue*.

Lo que todos estos poetas han *seguido* es la crisis de la experiencia moderna, aquella que prometió vivir una vida plena, reconciliada consigo misma y con los demás; una crisis del modo de producción capitalista que pasa de un evento periódico a una condición existencial, aquí vista desde el ángulo de la experiencia. Es ella la que empezó a ser figurada por Eguren, denunciada por Vallejo, rastreada en lo inconsciente por el surrealismo, examinada desde lo íntimo por Varela y, a su manera, Jorge Eduardo Eielson, y contrarrestada mediante la palabra por Alejandro Romualdo y Wáshington Delgado. A esa crisis se le opusieron formas simbólicas como los árboles de Eguren que luego fueron desestimadas como veladuras de lo real por Romualdo, aquel que vino "a decir sencillamente / que esto es un árbol y esto es una piedra". Esa trayectoria de la figura a la palabra transparente describe bien el período signado como la modernidad literaria en el Perú.

En este libro son dos los poetas que se paran en el umbral hacia otra configuración histórica: Carlos Germán Belli y Antonio Cisneros. El primero retorna a viejas formas del decir poético –con diccionario en mano– y consigue ubicarnos en un mundo burocrático en el que todo sirve a la propiedad privada. Pero también está en Belli el Hada Cibernética, aquella figura utópica que convoca a la tecnología como aquello que desatorará a la historia de su impase. En Cisneros, por su parte, Vich advierte la emergencia de una subjetividad que ya no confía en la

voluntad de nombrar el cambio, sino que apuesta por adentrarse en la "objetividad social" propia del capitalismo, esa sociedad donde el fundamento de la dominación ya no se encuentra recubierto por la religión (un disfraz externo) sino por un bucle interno a las propias relaciones de producción que es la ideología. En Cisneros, entonces, atendemos a un cambio mayor en la historia de la poesía peruana del siglo XX: ya no habrá un "afuera" figurado por la poesía –la vida rural, el socialismo realmente existente, el pasado precolombino, etc.- como escape a la crisis de la modernidad capitalista (o a su promesa bajo la dominación oligárquica, que es la condición compartida por casi todos los poetas aquí reunidos). Desde entonces, habrá que forjar una *salida* de la barriga de la ballena de la que hablaba Cisneros, aunque en su anterior libro Vich examinó al detalle varias trayectorias poéticas que no necesariamente continuaron por esa ruta.

Estas figuras de la crisis rastreadas en el libro pautan el movimiento histórico general dentro del cual la poesía peruana se ha posicionado como una práctica que desea señalar las brechas identificadas por Vich: lo dicho y la imposibilidad de decir, lo consciente y lo inconsciente, lo individual y lo colectivo, el presente y la historia, lo nombrado y el silencio. Todas ellas, en buena cuenta, son oposiciones modernas que, siguiendo a Jameson (*El postmodernismo revisado*, Madrid: Abada, 2012), colapsaron a favor de uno de sus lados en un proceso que empezó en la década de los 70: la posmodernidad, esa condición histórica en la que, me parece, la figura del coraje que Vich encuentra en estos poetas modernos pierde algo de piso, si no todo. Y es desde esta condición que sus lecturas críticas buscan recuperar la energía que el coraje le imprimiera a los versos. Busca recuperarla para nosotros precisamente porque la crisis de la experiencia bajo el capitalismo no ha cesado, pero sí que se desplomó la certeza de que había otro mundo dentro del nuestro, uno que podríamos construir con el simple gesto de hablar bajo una forma nueva. Contra esta histórica derrota es que Víctor Vich escribe sus ensayos, y contra ella también es que nos dice, como haciendo explícito su deseo, que la poesía *siempre* ha sido una práctica contra lo dado. Porque se trata de insistir en su capacidad crítica, de hacer que la poesía hable una lengua alejada del optimismo y del delirio capitalista. Se trata de hacer que la poesía recomience su tarea de *seguir lo real*, y para ello, qué mejor que lo afirmado por Wáshington Delgado, en un tono casi benjaminiano: "Escucharé a los muertos hablar/ para que el mundo no sea como es".

Mijail Mitrovic Pease
Pontificia Universidad
Católica del Perú

Guissela Gonzales Fernández. *Tengo el color mismo de mi Madretierra: rito andino y decolonialidad en la poética de Efraín Miranda Luján.* Lima: Centro de Estudios Literarios Antonio Cornejo Polar/Universidad Nacional del Altiplano-Puno/Fondo Editorial de la Universidad Nacional Mayor de San Marcos/Latinoamericana Editores, 2019. 250 pp.

En una revisión somera de la crítica moderna de la poesía peruana se debe mencionar como uno de sus pilares fundacionales a Estuardo Núñez Hague (1908-2013) por su *Panorama actual de la poesía peruana* (1938, 1994), del que el crítico literario Jorge Cornejo Polar (1930-2004) en *Estudios de literatura peruana* (1998) dice que es "un hito en la crítica literaria del Perú y específicamente de la crítica sobre poesía".

Esta concluyente valoración debe resaltarse, porque Núñez propone una primera sistematización del proceso poético peruano después del movimiento de vanguardia. Su planteamiento considera tres rutas principales por las que se conducirá la poesía peruana en los años siguientes: purismo, neoimpresionismo y expresionismo indigenista. Considera esta última como una "neta afloración peruana".

De la misma manera, tiene un espacio muy bien resguardado el estudio de Luis Monguió *La poesía postmodernista peruana* (1954), donde considera que el "abandono del modernismo" produjo cuatro formas poéticas: vanguardismo, nativismo literario, poesía social y poesía pura.

Ambos trabajos, hoy vistos como clásicos y coincidentes, han originado las futuras discusiones y estudios de los sistemas poéticos peruanos fundacionales y las líneas de ruptura y continuidad en los diversos momentos, secuencias o periodos de su desarrollo en el siglo XX.

A estos tratados sobre poesía, se deben agregar –entre tantas otras– las opiniones de Antonio Cornejo Polar (1936-1997) esbozadas en *Historia de la literatura del Perú republicano* (1980), donde planteaba una dualidad para abordar la vanguardia: poesía pura y poesía nativista. Según el destacado crítico, el postmodernismo devino rápidamente en vanguardismo que bajo el influjo del surrealismo produjo el artepurismo, desplegando su influencia hasta los años 50. Mientras tanto, la poesía indigenista, forjada en el espíritu de la revista *Amauta*, podía entenderse "como parte de la poesía nativista" en diversas manifestaciones: cholismo, criollismo y cierto negrismo, siendo las dos primeras las de mayor impacto y continuidad, pues, también se prolongaron hasta los años 50 en cierta poesía social.

Hace varios años, en una visita que hiciera a la ciudad de Arequipa, el poeta Arturo Corcuera (1935-2017), autor del célebre poemario *Noé delirante* (1963), dijo en una conferencia sobre la poesía peruana que en la Generación del 50 no sólo se dieron la poesía pura y la social, sino también que hubo una tercera vía, la indigenista, y que esta tenía como principal protagonista a Efraín Miranda.

Traigo a colación estos juicios de Estuardo Núñez, Luis Monguió, Arturo Corcuera y de nuestro más importante crítico literario, Antonio Cornejo Polar, a partir del libro de Guissela Gonzales Fernández, en el que se discute el papel de Efraín Miranda en la poesía peruana. Si bien con *Muerte Cercana* (1954) el poeta nacido en Puno en 1925 y fallecido en Arequipa el 2015 transitaba por lo purista, con la aparición de *Choza* (1978) irrumpe en esa vertiente indigenista, cuyos antecedentes más próximos eran *Urpi* (1949) de Mario Florián, *Temblar/Katatay* (1972, póstumo) de José María Arguedas o, en los años del *Boletín Titikaka* del grupo puneño Orkopata, el libro *Ande* (1926) de Alejandro Peralta Miranda.

A pesar de sus diferencias formales, técnicas o temáticas, tanto el cholismo como el indigenismo poéticos tienen varios rasgos en común. Destaco sólo dos componentes que Antonio Cornejo Polar describe: su "apego a lo nacional" y su "endeudamiento con la vanguardia". Estaríamos entonces frente a dos sistemas literarios vigentes y actuantes en la década del 50, donde el estudio de Guissela Gonzales ubica la producción poética de Efraín Miranda Luján, seguramente por *Muerte cercana*. Además, la autora, en su propuesta de clasificación para este grupo generacional, lo signa como un poeta "marginal respecto del canon" después de la aparición de *Choza* (1978).

El estudio que realiza Guissela Gonzales sobre la poesía de Efraín Miranda Luján trae un hermoso título, *Tengo el color mismo de mi Madretierra*, verso prestado del poeta que con apasionada entrega examina. El subtítulo del libro esclarece su intencionalidad crítica: *Rito andino y decolonialidad en la poética de Efraín Miranda Luján.* En la contracarátula, Aymará de Llano, docente de la Universidad Nacional de Mar del Plata, nos anuncia que dicho estudio "aborda, de manera sistemática e integral, el poemario *Choza* (1978) del puneño Efraín Miranda Luján, notable autor indio –excluido injustamente del canon literario moderno– que vuelve palmarias las contradicciones entre Occidente y el mundo andino". En la Presentación, Mercedes López-Baralt, profesora emérita de la Universidad de Puerto Rico, también aporta algunas ideas sobre "el enjundioso libro" de Guissela Gonzales y reconoce en el poemario *Choza,* "la estructura de un rito de paso, sustentada en la oralidad". La docente puertorriqueña considera al poeta Efraín Miranda, como "alguien que piensa en quechua y escribe en español". En la Introducción, la docente sanmarquina reconoce que Choza "marca una distancia respecto del panorama lírico peruano del 50 hacia adelante: frente a las poéticas en las que predominaban lo cosmopolita y los temas vinculados a lo urbano" hasta constituirse en una "figura solitaria pero briosa, en cuya bronca voz se sintetizan no solo preocupaciones estéticas sino también éticas y epistemológicas" y que con su propuesta poética "supera con creces el indigenismo, desbordando los ámbitos locales y alcanzando la universalidad".

El sustento de su tesis tiene fuentes teóricas como las de "pensamiento desde el borde", "semiosis colonial" de Walter Mignolo, "opción decolonial" y "decolonialidad del poder" de Aníbal Quijano y "contramestizaje", "carácter disrup-

tor" o "sujeto migrante" de Antonio Cornejo Polar. En este sentido, los intereses de su estudio están demarcados por tres ejes: perspectiva decolonial, geopolítica del conocimiento y diferencia colonial, a fin de revalorar no sólo "los aportes de los grupos hegemónicos locales contrapuestos a las perspectivas hegemónicas globales, sino también posicionar perspectivas de la realidad colonial, olvidadas o marginadas, como las de los pueblos indígenas".

En esta aventura académica interdisciplinaria en la que se estrechan fraternalmente la mano tanto la historia como la antropología simbólica y la nueva crítica literaria latinoamericana, Guissela Gonzales ha organizado su estudio del poemario *Choza* de Efraín Miranda Luján en cinco capítulos.

En el capítulo I destaca el juicio crítico denominado la "crisis de la palabra", que le sirve no sólo para definir a ésta como una "respuesta a la experiencia modernizadora", sino también para revisar las vertientes poéticas de la Generación del 50 y plantear la propia en tres líneas de fuerza: a) poetas intimistas, existencialistas o conceptuales; b) poetas rebeldes, contestatarios (sociales, revolucionarios); y c) poetas marginales. A estos, a su vez, los clasifica en: a) subjetivos o interiores (caso Jorge Eduardo Eielson); y b) marginales respecto del canon (caso de Efraín Miranda).

También es sugerente el deslinde de la categoría "generación", cuando afirma que no debe ser tomada en un sentido estrictamente literario, sino más bien abierto hacia lo intelectual, tal como lo han aconsejado Miguel Gutiérrez Correa y Antonio

Cornejo Polar. Igualmente, cuestiona la periodización en base a "ismos" y discute los juicios críticos basados en las clases sociales. En sus páginas se muestra el esfuerzo teórico y crítico por plantear estudios comparativos entre las reflexiones críticas regionales (puneñas) con las nacionales (limeñas). Tópico novedoso por el registro de información sobre el poeta y por los recursos metodológicos y valoraciones de los estudiosos locales que casi nunca se han tomado en cuenta en otras investigaciones. En esta relación nacional/regional o regional/nacional se va construyendo un discurso crítico innovador que presenta las diferencias y coincidencias entre Lima (provincia central) y Puno (provincia periférica).

En el Capítulo II revisa el singular proceso poético de Efraín Miranda desde su primer libro, *Muerte cercana* (1954), hasta *Choza* (1978). Consigna aspectos biográficos del autor, luego revisa la recepción crítica, tanto mediata como inmediata de ambos poemarios. Destaca la polémica en torno al tópico de lo "indio" que destaca Ernesto More en la presentación del poemario *Choza*. Gonzales Fernández postula que la visión crítica última ha sido elaborada desde un contexto postmoderno y fuertemente occidentalizado. Lo prudente es considerar al poemario *Choza* como un objeto escrito por un sujeto "intersticial" (migrante) que propone un discurso decolonial desde la cultura andina y con una formación discursiva en lengua española, pero también en lenguas originarias. La opción epistémica de "traductor cultural", o de "cronista moderno" también puede

utilizarse en defensa del poeta y la poesía escrita en Choza. Lo discutible es el *continuum* que plantea Guissela Gonzales entre los poemarios *Muerte cercana* y *Choza*, desde una poética decolonizadora que cuestiona el supuesto indigenismo del autor.

En el tercer capítulo, el más complejo del libro, describe la situación enunciativa para demostrar la estética decolonizadora en el marco de la pragmática y del autor implícito. Considera el espacio geopolítico y la estructuración del discurso poético de Miranda en *Choza* que porta el deseo de "acabar con la situación de colonialidad que experimenta el pueblo andino" para pasar al hablante lírico que lleva a cabo la performance ritual. En este sentido, la "condición intersticial" del autor le sirve para contrastar los dos espacios culturales por los que se desplaza y afirmar su condición de indígena en su palabra "analógica" y su carácter "distintivo", según los planteamientos de Enrique Dussel.

El cuarto capítulo es el analítico y responde al subtítulo del libro (rito andino). En él se estudia la referencialidad del poemario, así como la cosmogonía, la liminalidad, el conflicto, la intersticialidad, la posibilidad del cambio y el desconcierto ante lo fallido de su empresa liberadora. El análisis ritual parte de la confrontación que aparece en *Choza* entre el logocentrismo de la palabra y las formas poéticas occidentales, contrastados a partir de algunos principios de la episteme andina: relacionalidad, correspondencia, complementariedad y reciprocidad.

El resultado del análisis determina que la condición intersticial del sujeto, le ha permitido acceder a dos sistemas culturales distintos: el occidental y el andino. A su vez le ha posibilitado el empoderamiento del idioma castellano para mostrar la igualdad de condiciones de ambos sistemas y, de paso, patentizar las diferencias, no sólo desde lo mítico, sino también desde lo nativo contemporáneo.

El último capítulo se dedica a la otra categoría del subtitulo del libro, la decolonialidad. Se hace una lectura pragmática de tres poemas de *Choza* para esclarecer la geopolítica del conocimiento, la colonialidad del saber y el racismo y colonialidad del poder. Luego de esta ruta analítica, la autora postula que *Choza* se constituye como un sistema complejo de interacciones semióticas, desde las cuales se decoloniza, tomando en cuenta la concepción holística y relacional del mundo andino. El poemario no sólo es una obra lírica, sino un conglomerado semiótico, donde confluyen la épica, la memoria, el testimonio, la oralidad, el rito y representaciones simbólicas, con la finalidad de visibilizar las "tensiones entre oralidad y escritura" así como la contraposición de dos epistemes.

Finalmente aparecen las conclusiones y la bibliografía correspondiente. La conclusión fundamental y original de Guissela Gonzales Fernández plantea que entre los dos primeros libros de Efraín Miranda, *Muerte cercana* y *Choza*, existe una continuidad en base a la sensibilidad andina y no una ruptura como creía la crítica existente sobre ellos. Respecto de *Choza* nos dice contundentemente que el poemario posee una estética decolonizadora, porque su intención manifiesta el deseo de acabar con la situación de colonialidad del pueblo andino.

Tengo el color mismo de mi Madretierra: rito andino y decolonialidad en la poética de Efraín Miranda Luján, nos deja constancia –con meridiana claridad– del posicionamiento crítico de su autora y el surgimiento de una innovadora crítica de la poesía peruana. En cuanto al autor estudiado, Efraín Miranda Luján, el solitario del Ande, es visto en su dimensión continental y universal, no sólo como expresión de un *continuum* del indigenismo, sino como un escalón más en su avance hacia su configuración sistémica en la literatura peruana, desde que Ernesto More nos dijera en la presentación de *Choza* (1978): "el libro es indio y el poeta que lo ha escrito es indio… en *Choza* está la epifanía (revelación) del indio".

Diríase también que Efraín Miranda trató de no traicionar a la poesía, es decir que obedeció al mandamiento de no traicionar la realidad, menos al desarrollo del pueblo indígena peruano, asumiendo ese papel del artista comprometido con una total interdicción de la historia, desde los vencidos, y en contra de los herederos de los vencedores que reinstalaron –gracias a la república– una criolledad aristocratizante y encomendera en el mundo andino peruano.

La poesía de Efraín Miranda se conecta, desde la mirada de la heterogeneidad cultural de lo nacional, con la de Vallejo, Churata, Alejandro Peralta, José María Arguedas y Mario Florián, consagrándose como un representante cimero de la Generación del 50 en la poesía peruana, donde la crítica sólo había visto la dualidad puro/social, olvidándose de lo indio, indígena e indigenista.

Los actuales estudios literarios peruanos, como el que acabo de reseñar y comentar, deben propender a resolver el conflicto de muchos textos poéticos, a partir de un sutil entrecruzamiento de variables e intercambios disciplinares que relacionen lo literario, lo artístico, lo social, lo histórico y lo político desde la implementación del modelo capitalista y la tardía modernidad, pero sin dejar de lado los históricos procesos culturales evidenciados en tres espacios: el urbano, el andino y el amazónico. De esta manera, el problema de lo nacional no sólo existirá enmarcado dentro de la identidad, sino también desde lo estético, lo ético y lo ideológico.

José Gabriel Valdivia Álvarez
Universidad Nacional de San Agustín de Arequipa

Manuel González Prada. *Ensayos y poesías*. Edición, introducción y notas de Isabelle Tauzin-Castellanos. Madrid: Cátedra, 2019. 563 pp.

La permanencia de la obra y del legado intelectual de un pensador pueden ser calibrados mediante numerosas herramientas: la realización de congresos, la implementación de cátedras con su nombre en las principales universidades, las defensas de tesis, la publicación de libros sobre el autor, la recolección, sistematización y edición de sus escritos dispersos y la reedición de sus obras. Una figura decisiva para el trabajo de investigación en archivos, cotejo de manuscritos, compa-

ración de versiones y establecimiento definitivo de un corpus textual, es el editor. Conceptualmente, el editor es el investigador que conoce detalladamente la producción intelectual del autor sobre cuya obra vierte todos sus conocimientos. Así, es no sólo quien edita el texto, sino el que también propone los recursos informativos textuales que acompañarán el texto editado para facilitar su comprensión (estudio introductorio, notas de comentario, cronología, índice onomástico, índice analítico, anexos fotográficos). Pese a la importancia de su quehacer intelectual, la figura del editor aún se mantiene en la sombra. Quizás esta situación se explique porque la idea que nos hacemos de un libro se asocia únicamente con el producto final, y no con el objeto material que ha seguido un proceso cuyo orden genético se inicia siempre por las hojas sueltas, los borradores, muchos papeles rotos, las anotaciones, las tachaduras, las correcciones, etc. La historia de la literatura latinoamericana no le ha guardado al editor un espacio junto al nombre de los autores. Invisibilizado, entonces, aún es tarea pendiente construir el relato que nos cuente la historia del drama y celebración de sus trabajos y sus días.

La reciente publicación de una selección de los textos poéticos y ensayísticos de Manuel González Prada (1844-1918), editados y anotados por la destacada peruanista Isabelle Tauzin-Castellanos (1960), debe enmarcarse en la dinámica de continuidad y vigencia de la obra de este singular poeta y librepensador peruano, no sólo a lo largo del siglo XX, sino también en estas primeras décadas del siglo XXI; asimismo, debe permitirnos resituar y visibilizar la labor de la editora toda vez que continúa realizando contribuciones significativas al conocimiento sistemático y riguroso de la obra del maestro de las juventudes americanas. Tauzin-Castellanos ya había realizado una contribución importante cuando publicó la primera edición genética de algunos de los ensayos (1885-1916) de Manuel González Prada, haciéndolos acompañar de un estudio introductorio, notas y cronología (2009); una minuciosa investigación de genética textual que dio con el paradero hemerográfico de las versiones iniciales de buena parte de los ensayos que integran *Pájinas libres* (1984) que hasta la fecha se desconocían, y que accedió también a los manuscritos de González Prada que atesora la Biblioteca Nacional del Perú, para efectos de experimentar *in situ* toda aquella fenomenología de la composición ensayística que está detrás de cada tachadura o párrafo intercalado del autor, pues como precisa metodológicamente la editora: "en lugar de retomar la edición de *Pájinas libres* establecida por Luis Alberto Sánchez en 1946 [fuente de casi todas las ediciones existentes en el Perú y Latinoamérica], hemos vuelto al volumen corregido de puño y letra del escritor, conservado en la Biblioteca Nacional del Perú. Ese ejemplar presenta un sinfín de enmiendas con pluma y a lápiz, textos pegados al margen o sobre la versión primigenia, partes borradas o tachadas, hojas intercaladas, en suma, toda clase de correcciones

que hacen de *Pájinas libres* un libro inconcluso" (2009: LXI). El resultado de esta intervención de alta cirugía textual es la revisión de aquel organismo viviente llamado el pensamiento González Prada: palabra por palabra, verso a verso, idea tras idea; lo acota la editora cuando explica dónde encontrar las puntadas de su poética de la edición: "las cursivas nuestras vienen a traducir visualmente los agregados manuscritos que representan pasajes a veces muy largos. En los casos menos complejos hemos señalado con notas marginales las modificaciones introducidas por el escritor mientras que las notas a pie de página aclaran las referencias históricas o literarias y revelan la amplia cultura política y literaria de Prada. Cuando se trata de notas del autor o de su hijo, Alfredo, lo indicamos" (2009: LXI).

La reciente publicación de los ensayos y poemas de González Prada, la primera en España desde 1938, y, probablemente, una de las primeras ediciones cuidadosamente anotadas en Latinoamérica, contiene una riquísima variedad de notas que combinan acertadamente la información histórica y los datos bibliográficos con la precisión documental y el seguimiento de añadidos y variantes. Es la edición que propone al lector seguir el texto del autor y los detalles que la editora desgrana para efectos de que se tenga mayor conocimiento de la historia del texto, así como también para que se comprenda cada una de las alusiones realizadas en el cuerpo argumentativo, desde las alusiones a literatos, filósofos y políticos, hasta libros y momentos de la historia nacional y universal. Así, en la anotación que contextualiza la "Conferencia en el Ateneo de Lima", se precisa que: "fue pronunciado el 29 de julio de 1888 ante un público de niños y adultos, con motivo de una velada musical organizada para recaudar fondos destinados a rescatar las provincias de Tacna y Arica ocupadas por el ejército chileno. Lo leyó un estudiante miembro del Círculo Literario en presencia del presidente de la República, el general Cáceres acompañado de varios ministros" (2019: 156, n. 39). Se trata, sin duda, de información que permite construir un marco interpretativo para el texto, es decir, advertir que el ensayo se compuso para ser leído frente a un público determinado. Esto introduce una serie de variables para la interpretación; una de estas se asocia con la elección de enunciados performativos, los mismos que empujan a los lectores u oyentes a realizar alguna acción toda vez que lo leído u oído incita a hacerlo, es el caso de la formación de la conciencia histórica que separa a una generación progresista, revolucionaria y crítica, de otra más bien conservadora y decadente: "Niños, sed hombres temprano, madrugad a la vida, porque ninguna generación recibió herencia más triste, porque ninguna tuvo deberes más sagrados que cumplir, errores más graves que remediar ni venganzas más justas que satisfacer" (157).

Pero como las anotaciones no son monotemáticas, la editora proporciona también información sobre cada una de las operaciones textuales que realiza para establecer o fijar el texto. Precisa en una nota del ensayo "Conferencia en el Ateneo de Lima", haciéndole saber al lector que González Prada no dejaba de corregir sus textos constantemente, aun cuando estos habían sido publicados. Así, el proceso de corrección del autor y la escueta descripción del estado del documento con el que está trabajando son las escenificaciones que la editora quiere dejar claras: "Además, numerosos párrafos fueron trasladados, fragmentados y reescritos. Satisfecho después de tales cambios, M.G. Prada apuntó escasas enmiendas en el volumen conservado en la Biblioteca Nacional del Perú. El texto presenta tachaduras y raspaduras sobre las que escribe a lápiz o en tinta negra, imitando la tipografía de la imprenta. Se integran las correcciones manuscritas al presente texto" (2019: 128, n. 13). Es como avanzan las anotaciones mediante comentarios y presentaciones de los ensayos más significativos de *Pájinas libres (*1894), *Horas de lucha* (1908), *Bajo el oprobio* (1933), *Anarquía* (1936), *Propaganda y ataque* (1939), *Prosa menuda* (1941), *Nuevas páginas libres* (1941), *El tonel de Diógenes* (1945) y *Textos inéditos* (1945).

El proceso de edición de los textos poéticos sigue el mismo procedimiento crítico. Se presentan los poemas, se cotejan las versiones, se precisan los agregados y se realizan las anotaciones correspondientes, y si es que existen dos versiones de un mismo poema se coloca ambas; es el caso de los que integran la primera edición de *Minúsculas* (1901), poemario editado por Adriana de Verneuil y Alfredo González Prada con motivo del onomástico de don Manuel, y cuyo tiraje fue solo de cien ejemplares para obsequio a los familiares, y la segunda edición del mismo en 1909, en este caso, la editora coloca los poemas de ambas ediciones para que el lector pueda comparar y advertir los ajustes realizados por el autor, acto seguido anota debajo del poema una serie de datos que explican la procedencia y las conexiones que existen entre el poema y otros que pertenecen a tradiciones poéticas distintas. Precisa de "Pántum": "La forma del pántum malasio que encadena una estrofa con otra mediante la repetición de un verso fue introducida por Víctor Hugo en las *Orientales*, con el motivo de las mariposas, retomado por el parnasiano Leconte de Lisle y traducido por Prada en *Minúsculas* [...] siendo muy distintos los textos de 1901 y 1909 se reproducen a continuación los dos poemas" (2019: 442, n. 427). Como se advierte, se trata de una anotación que no deja suelto ningún detalle sobre la procedencia del poema y las conexiones que se pueden realizar con cada uno de los elementos que componen su estructura y que enriquecen su semántica. Pero también existen escenas donde la editora se autorrepresenta realizando una comparación entre la primera edición del poema y la variante que tiene con respecto al manuscrito. A propósito de *Letrillas* (1975) y el poema inicial, anota: "La edición consultada es la primera en la que Luis A. Sánchez dio a conocer las letrillas (1975) [...]. Las letrillas recopiladas han sido cotejadas por la editora siguiendo las indicaciones de Sánchez, con uno de los cuadernos manuscritos de Manuel G. Prada archivados en la Biblioteca Nacional del Perú" (2019: 539, n. 500). De

este modo transcurren las precisiones de edición que realiza Tauzin-Castellanos a los poemas seleccionados de *Exóticas* (1911), *Baladas peruanas* (1935) y *Grafitos* (1937). Se trata de un pausado recorrido textual a doble banda. Con ello se sugiere claramente que, así como en la prosa González Prada busca la perfección de la idea a través del uso de un lenguaje lapidario y contundente, cuando se trata de la poesía, esta búsqueda se plasma también en la sucesiva corrección de los poemas y los versos; esto es, el entendimiento de que el lenguaje poético está haciéndose siempre.

Si bien se podría exigir mayores anotaciones explicativas y de comentario para los poemas, así como las variadas notas que se dedican a los ensayos, para lograr una suerte de equilibrio de la edición, no obstante, se imponen a este curioso detalle, el despliegue del conocimiento sobre el autor, los procesos formativos de su escritura y la pericia para operar con una variedad de insumos textuales sobre el conjunto de sistemas que envuelven la producción intelectual de Manuel González Prada. Isabell Tauzin-Castellanos, con esta edición, nos ha enseñado que otro de los escenarios desde donde se puede sabotear y resistir los embates del sistema, es el margen: el de las introducciones y las anotaciones.

Javier Morales Mena
Universidad Nacional
Mayor de San Marcos

Paolo de Lima, editor. *Lo real es
horrenda fábula. Acercamientos,
desde Lacan y otros, a la violencia política en la literatura peruana.* Lima: Editorial Horizonte, 2019. 294 págs.

La tarea de interpretar el conflicto armado interno peruano de fines del siglo XX ha sido planteada
por la crítica literaria desde diversos
ángulos, los cuales son de mucha
importancia para ver con nuevos
ojos lo acaecido en el Perú hace casi
tres décadas atrás. Tenemos un par
de aproximaciones a la violencia política (peruana y latinoamericana respectivamente) desde la crítica literaria en el libro editado el 2018 por
Enrique Cortez, *Incendiar el presente*,
así como también el libro *Pasados
contemporáneos*, editado por Lucero de
Vivanco y María Teresa Johansson
el 2019. Estos dos textos, así como
también el que comentaremos en
esta nota, se sirven de teorías contemporáneas que permiten asumir
planteamientos novedosos que ex-
cedan el análisis meramente formal,
logrando de ese modo un mejor diálogo entre texto y contexto, en
donde participa tanto lo político
como lo social.

Por ello, es muy significativo el
aporte del libro del poeta y crítico
Paolo de Lima, puesto que se plantea como tarea desentrañar ese nudo
problemático que ha sido para los
peruanos e investigadores la guerra
interna de los años 80 y principios
de los 90, tema que pone en suspen-
sión la política contemporánea, así
como también la predisposición de
algunos críticos que rehúyen esta temática, argumentando que el silencio es la mejor salida ante ese dolor

inaprehensible de las víctimas del
conflicto. Esta última idea refuerza
la indiferencia de un sector de la crítica literaria ante un evento de semejante magnitud que todavía nos interpela hasta la actualidad. Es entonces a contracorriente del saber común de la crítica literaria como ha
sido planteado este libro de ensayos,
compilados por Paolo de Lima
como producto de sus clases impar-
tidas en el doctorado en la Universidad Nacional Mayor de San Marcos.
Estos trabajos toman como objeto
de estudio unificador las producciones literarias (específicamente el
cuento y la poesía), cuyas representaciones evidencian las huellas de lo
que dejó la violencia política en el
Perú. Es decir, a partir de una aproximación a la literatura se busca
comprender cómo es que la estructura ficcional (tanto en la forma,
como en el contenido) problematiza
el encuentro traumático de la subjetividad con la irrupción de la violencia política.

El libro está compuesto por dos
partes. La primera mitad consta de
lecturas críticas sobre cuentos y poemas donde se evidencian las marcas
del encuentro traumático con la violencia política de los 80 y 90 en el
Perú, y en la segunda mitad se reú-
nen los textos analizados en la primera parte, para construir de ese
modo un libro que puede ser leído
de distintas maneras. Por ejemplo:
primero se podrían leer los textos
ficcionales, y luego los textos críticos; también podría ser leído a la inversa: primero los breves ensayos y
posteriormente los cuentos o poemas; y por último, la lectura interca-
lada entre ambas. Esto es muy resaltante, ya que la intención del editor

no es sólo dejarnos las indagaciones críticas que han realizado sus exalumnos del posgrado, sino que ofrece como complemento los textos primarios en los que ellos basan sus análisis, de manera que el futuro lector por cuenta propia podrá comprobar o disentir lo planteado por los autores. A continuación, pasaremos a comentar primero la composición de la segunda parte, para luego volver a la primera. Así, comprenderemos mejor el sustrato en el que se basan los estudios críticos compilados al principio.

Dentro del corpus ficcional seleccionado para el análisis crítico en el libro, tenemos poemas de Pablo Guevara, Alejandro Romualdo, Marco Martos, Luis Fernando Chueca, Róger Santiváñez, José Antonio Mazzotti, Domingo de Ramos, Raúl Mendizábal, entre otros, así como también cuentos de Pilar Dughi, Antonio Gálvez Ronceros, Carmen Ollé, Julio Durand, los hermanos Pérez Huarancca, y demás narradores. Lo resaltante de este conjunto de lecturas ficcionales es que no están unificadas en una misma tendencia estética, sino que cada una se sirve de propuestas que marchan por distintos caminos, con lo cual la experiencia sensible se ve replanteada hacia modos distintos que sólo la obra de arte (en este caso, la literatura) puede recoger mediante el lenguaje. Sin embargo, pese a las particularidades formales que cada texto pueda presentar, todos convergen en la enunciación de significantes que están atrapados en la red de actos que remiten a la violencia política.

Entonces, los breves artículos que componen la primera parte del libro se enfocan en estudiar a los autores mencionados en el anterior párrafo, a través del marco teórico interpretativo del psicoanálisis lacaniano, específicamente la triada propuesta por Jacques Lacan de lo imaginario, lo simbólico y lo real, introduciendo a la vez a pensadores como Fredric Jameson, Slavoj Žižek, Mladen Dolar, Rancière o Agamben, quienes sintonizan con aquellos conceptos teóricos. De manera que se actualizan y se hace posible la aplicación de estos a marcos sociales y culturales, donde el lenguaje queda en entredicho por la aparición de sucesos de violencia social y política que llevan al límite la experiencia del sujeto. Diseccionar esa imposibilidad o interrupción del lenguaje que se manifiesta en las obras literarias va a ser la tarea que emprendan Jim Anchante, Carlos Arámbulo, Jhonny Pacheco, Judith Paredes, Emma Aguilar, Fátima Salvatierra, Roxana Caman y Jonathan Suárez. Desde distintas perspectivas que asuma cada autor(a) van a llegar a conclusiones novedosas, de las cuales podemos resaltar algunos artículos a continuación.

"Artesanía y proletariado en 'Mi padre, un zapatero' de Pablo Guevara", de Jim Anchante, es un ensayo que problematiza la enunciación de un artesano (zapatero) que no tiene participación en el campo del arte. Reflexionar sobre el paso de un régimen de enunciación (marcado por el factor socioeconómico) a otro es lo que logra realizar el autor, dejando abierta la tarea pendiente en la crítica literaria por seguir ese derrotero. "La paradoja de la violencia: un análisis del cuento 'Muerte y celebración' de Antonio

Gálvez Ronceros", de Judith Paredes, examina la posición perversa que ronda en este texto. A partir de la muerte de un hombre atropellado, el receptor de la noticia conmina a su amigo por celebrar la muerte. Es decir, la violencia extiende su núcleo de goce a la celebración de aquella, formando sujetos que gozan con la desgracia del otro. "Hombre, justicia y política de la verdad en 'Día de mucho trajín' de Hildebrando Pérez Huaranca", de Roxana Caman, discute el cuento del título, en el cual se toma como marco referencial ficcional la marcha por la gratuidad de la enseñanza en Ayacucho y Huanta, donde miles de personas salieron a protestar y tuvo como consecuencia la represión de las fuerzas del orden estatal. Tal es el caso en el que el protagonista del cuento, Rudesindo Contreras, permite a la autora introducir las reflexiones de Alain Badiou para actualizar la idea de Hombre que se resiste a la identificación de víctima, y más bien, busca la inmortalidad siendo fiel a sus ideas.

Finalmente, no debemos olvidar que *Lo real es horrenda fábula* ha sido posible gracias a la iniciativa de Paolo de Lima, quien ha propuesto la potencia del psicoanálisis como herramienta hermenéutica dentro de la academia para desatar los nudos literarios donde se filtran voces o fantasmas del conflicto armado interno peruano que siguen acosándonos, como ya lo decíamos al empezar, no sólo en las decisiones políticas, sino también en la representación de obras artísticas que abordan la misma temática. Introducir a Jacques Lacan dentro de los estudios literarios contemporáneos, es encomiable y urgente también, ya que

estimula a recurrir a otros paradigmas teóricos que buscan el entrecruzamiento de saberes académicos para lograr una mejor comprensión de los textos. Todo lector atento del psicoanálisis lacaniano sabe que esta teoría no se basa en abstracciones desligadas del orden de las cosas, sino que trabaja con un nudo en la realidad que es lenguaje, el cual nos constituye como sujetos sociales y culturales. De allí que sea necesario interpretar la literatura desde el psicoanálisis, pero suplementándola con una teoría que tenga un norte más preciso. Es menester seguir insistiendo por este camino interpretativo, ya que siempre echa nuevas luces donde la razón no puede comprenderlo todo.

Víctor Ramos Badillo
Universidad Nacional
Federico Villarreal

Alejandro Sánchez Lopera. *José Revueltas y Roberto Bolaño: formas genéricas de la experiencia.* Carolina del Norte: Editorial *A Contracorriente*, 2017. 275 pp.

Este trabajo analítico, más que pensar *a* la obra de José Revueltas y Roberto Bolaño, nos invita a pensar en ciertos problemas epistemológicos propios de América Latina *desde* Revueltas y Bolaño. En otras palabras, tomar como punto de partida la producción literaria de tanto el escritor mexicano como el chileno para sopesar cuestiones tales como la identidad cultural de Latinoamérica, la idea de la soberanía en la Revolución Mexicana (Revueltas), la concepción (a)histórica del 68 en México (Revueltas y Bolaño) y el golpe militar de 1973 en Chile (Bolaño). Para ello, se discute una serie de problemas desde una perspectiva teórica primordialmente basada en la filosofía de Nietzsche y Deleuze. La idea subyacente de esta obra, por ende, se basa en el anti-moralismo del primero: anti-moralismo entendido como un desligamiento de los prejuicios valóricos e ideológicos sedimentados en la conciencia histórica del humano. Ver las cosas desde *afuera*, en este sentido, y según la tesis de este libro, deviene no sólo un rasgo compartido entre la escritura de Bolaño y Revueltas, sino también un estímulo para (re)pensar constantemente nuestra realidad latinoamericana.

En primer lugar, este libro inicia postulando que Revueltas resiste al concepto convencional de soberanía que tiene su raigambre en el pensamiento filosófico basado desde Hobbes a Smichtt, y, por el contrario, propone –por medio de obras tales como *El luto humano*– una "soberanía genérica" desligada de los conceptos de autoridad vertical y la propiedad privada comunes a la concepción occidental. Esta nueva soberanía estaría basada en un eterno retorno de lo diferente, en el sentido que los protagonistas de *El luto humano* simbolizarían un *huir permaneciendo*: la idea de permanecer en la tierra como un símbolo de constante reinicio, un volver a empezar eterno, dejando lo "humano" –entendido como la antigua manera de entender la soberanía– atrás. La nueva soberanía es una, consecuentemente, impersonal, distante de cualquier antropocentrismo, poniendo al mismo nivel la naturaleza y la vida de los hombres en vistas de

introducir lo diferente en el continuo de lo eterno.

Aquella lógica situada en lo "extrahumano" –o bien, que se sitúa fuera del moralismo propio de lo humano– se repite en los textos y novelas de Revueltas ligados a la concepción de lo latinoamericano. La hipótesis de este libro invita a pensar a Latinoamérica como una imagen desligada del historicismo que la victimiza o bien la concibe desde la moral del sufrimiento (44); por el contrario, Revueltas estaría proyectando la idea de América Latina como isla, con su propio centro y liberado de relaciones verticales colonialistas, en donde no hay esencia, sino más bien un conglomerado de perspectivas –con una dinámica cercana a lo que el propio Revueltas concibe como imagen cinematográfica–. En este sentido, no hay un *deber ser* de lo latinoamericano, en cuanto América Latina simplemente *es*: existe en la medida de su propia verdad.

El estudio crítico prosigue diseccionando el análisis histórico y discursivo en torno al 68 mexicano. En relación con esto, postula que la catástrofe del 68 ha sido concebida tradicionalmente como el efecto de un *continuum* lógico referido como el derecho de crueldad por parte del Estado. Este último, en este sentido, tendría el *derecho* al castigo de los estudiantes de acuerdo con su propia ley. Revueltas, antes bien, por medio de textos como *Hegel y yo*, estaría propugnando el 68 mexicano desligado de una lógica historicista que funciona bajo una dinámica de la promesa y la concepción de soberanía vertical previamente mentada; por el contrario, estaría concibiendo el 68 como *acto profundo*, evento fantasmagórico que no está en el pasado, sino que *sigue existiendo* en el presente y lo seguirá haciendo en el futuro. Así, si el 68 sigue sucediendo, no es cuestión de explicarlo retroactivamente, "sino de *construir* el acontecimiento" (124, mis cursivas): un (re)pensar del evento constante, una reflexión del 68 en sí mismo que se aleja de las nociones cerradas de éxito y fracaso para en cambio *reiniciar, revivir* productivamente su singularidad histórica. Consiguientemente, y al igual que su contraparte mexicana, Bolaño, por medio de *Amuleto*, concibe una memoria desligada del historicismo y el moralismo con el que habitualmente se aborda el 68 mexicano (en lo que es, por tanto, el evento bisagra que une el análisis entre Revueltas y Bolaño). La memoria de Auxilio Lacouture en dicho relato simbolizará el eterno retorno del 68 en su totalidad, con todos sus claroscuros. No obstante, lo que entra en juego aquí es la *preferencia* de lo que retorna, de lo que vuelve a repetirse al infinito: "eterno retorno entonces como principio de selección, como 'selección creadora'": se trata de elegir cómo vivir… de clarificar qué resiste y qué se quiebra" (164).

Posteriormente al análisis de la memoria en *Amuleto,* el libro aborda la figura de Carlos Weider, personaje artista y asesino en *Estrella distante* de Roberto Bolaño. Este trabajo postula que el accionar de Weider –su accionar artístico y criminal, todo concebido en uno– corresponde a un orden distinto a aquel del fascismo, del cual es oficialmente representante. Weider, en cambio, responde a un orden distin-

to: a aquel del *sadismo*. Mientras que el fascismo responde a una ley moral, artificiosamente humana, en donde conceptos como orígenes míticos o bien el concepto de nación son primordiales, el sadismo, por el contrario, responde a una ley *natural*, desligada de la moralidad de lo humano, en donde la expresión de lo abyecto es una expresión orgánica del todo, injuzgable por su misma condición profunda, *anterior* a lo humano. No obstante, el sadismo *per se*, tal como lo ha leído Deleuze, no es una expresión caótica de las fuerzas naturales, sino, más bien, su expresión recae en una expresión *sistemática* de lo destructivo y el mal. Dicha normativización llevada hacia un extremo hallaría su eco en el Chile neoliberal propio de la dictadura: Weider, en este sentido, serviría como un punto de transición entre la estética-mística del fascismo hacia la normativización de las relaciones humanas centradas en el mercado, en donde la reificación produce aquella misma des-humanización propia del sadismo, sólo que esta vez el individuo es visto como *objeto*, como mercancía intercambiable.

Es en este último punto donde encontramos una transición lógica al análisis de la siguiente y última figura bolañana presente en este trabajo: Sebastián Urrutia-Lacroix, figura central de *Nocturno de Chile.* Según la hipótesis de este libro, el sacerdote/crítico literario chileno, en la obra bolañana, simboliza la transición de la figura del letrado convencional a uno que es capaz de legitimizar el predominio del *money doctor* en la sociedad chilena –dígase, aquel que concibe a lo capitalista-mercantil como el motor y centro de toda organización social–. Para aquello, ahora bien, las condiciones sociales tienen que ser propicias, y es lo que Bolaño demuestra por medio de Urrutia-Lacroix: la figura de intelectual que, situado en medio de la dictadura chilena, sostiene ideológicamente a la ideología neoliberal apoyado por una singularidad particular: su pertenencia al Opus Dei. De esta forma, el libro nos invita a pensar en cómo la religión católica, encarnada en la figura del sacerdote, sirve como fuerza transformadora que en última instancia erige y consolida ideológicamente al Chile neoliberal.

José Revueltas y Roberto Bolaño: formas genéricas de la experiencia, en conclusión, nos plantea una serie de agudos problemas filosóficos en donde Bolaño y Revueltas nos sirven como catalizadores para pensar nuestra realidad –a la vez que son partes de esa misma totalidad que se piensa y repiensa–. O en otras palabras: nos ayudan a pensar las obras del chileno y mexicano como puntos de fuga desde el cual deconstruir los determinismos históricos de la moralidad humana y abordar el acontecimiento –o bien, la experiencia– en sí misma, en su propia verdad, con todos sus claroscuros. La experiencia desvinculada del bien o el mal –una invitación eterna a seguir repensando nuestro porvenir– por el medio literario, el cual, en palabras del autor mismo, "adiciona y adiciona en una suma que no totaliza" (246).

Pedro Salas Camus
Slippery Rock University

Juan Carlos Ubilluz. *La venganza del indio. Ensayos de interpretación por lo real en la narrativa indigenista peruana.* **Lima: Fondo de Cultura Económica, 2017. 262 págs.**

El indigenismo peruano ha sido explorado con sumo interés por la crítica literaria desde distintos ángulos teóricos. Sin embargo, desde la propuesta de la revista *Amauta*, que pensaba al indio como motor de la emancipación, han sido muy pocos los críticos que decidieron conectar sus lecturas con el factor político que permea a los textos indigenistas. Es en sentido que el crítico Juan Carlos Ubilluz busca recuperar el estatuto político de algunas ficciones indigenistas peruanas. No se trata de forzar la interpretación literaria, sino que desde el mismo texto literario se produzca un lazo como lectores implicados en la diégesis, en la cual se aúnan la política y el deseo de emancipación del indio. Es necesario, antes de seguir avanzando, entender que la palabra indio no remite a un significado meramente cultural para el autor, sino que lo entiende como el lugar que ocupa toda persona excluida del proyecto de modernidad en el contexto semifeudal peruano. Es decir, aquella persona que es tomada como no-ciudadano y que es propensa al despojo, elemento importante para conectar literatura y política en *La venganza del indio* que aclararemos más adelante.

Para lograr su propuesta de análisis, el crítico literario empleará como herramientas la narratología y el psicoanálisis lacaniano. La primera, un instrumento efectivo para desentrañar los modos de narrar y su relación con el lector, instancia sumamente importante, pues es este quien servirá de punto medio para desplegar su lectura singular de las conexiones sociopolíticas del indigenismo. Ahora bien, de la segunda herramienta se toma la propuesta del goce que convoca al lector desde su experiencia estética. Para sedimentar la idea, Ubilluz localiza tres tiempos de interpretación del relato. En el primero, hace mención del tiempo estructuralista, en el cual se busca llenar el vacío de sentido que se tiene al sumergirse en una lectura. Siguiendo una interpretación lacaniana, en este tiempo, dice el autor, se establece la relación entre la dimensión imaginaria y la simbólica. El segundo tiempo vendría ser el postestructuralista. Si en el anterior tiempo se buscaba completar el sentido, ahora se busca excederlo, desplazarlo infinitamente. Ya no se trataría de completar perfectamente las aberturas que deja la narración, sino de que existan múltiples salidas que pueden completar ese vacío de sentido. Ambos tiempos, como nos vamos dando cuenta, transitan en el par simbólico-imaginario. Es entonces, desde una lectura del psicoanálisis, como el crítico peruano complementará ese binomio introduciendo su modelo de interpretación por lo real, siguiendo este concepto de Jacques Lacan, y, en un tono más sociopolítico, por medio del filósofo Slavoj Žižek. En este punto, la interpretación por lo real permite convocar la experiencia sensible del lector al revisar las ficciones. Aquello que resuena en el lector y lo remece es lo que no pueden atrapar los dos tiempos narrativos mencionados líneas atrás, sin embargo, esto sí puede

realizarlo este tercer tiempo. En este punto, lo real se conecta con la categoría de goce, que es aquella parte que no ha quedado totalmente simbolizada. En otras palabras, su revés. Es por eso que lo real del goce no tiene fundamentos metafísicos o abstractos como los críticos renuentes frecuentemente señalan, sino que guarda una estrecha correspondencia con la dimensión simbólica, ya que es su "afuera", aquel excedente que no puede ser apropiado por aquella.

En una cercanía quizás con la teoría de la recepción (pero desde unas coordenadas que dan un paso más adelante del mero deleite artístico solipsista que persigue dicha teoría), Juan Carlos Ubilluz trae de vuelta el papel del lector en los estudios críticos literarios, pero desde una mirada transversal, con la cual moldea y da un norte a su tarea hermenéutica como veremos a continuación. Habíamos dicho, entonces, que el psicoanálisis es su herramienta metodológica, pero no basta sólo ella para lograr sus objetivos. Si se había mencionado que el lector es un lugar que convoca a la dimensión real del goce es porque desde la temática ficcional seleccionada se produce un nudo problemático con aquel. Es por ello que los textos indigenistas que ha seleccionado Ubilluz para su análisis cobran un relieve importante, puesto que su lectura busca conectar la literatura con la política en una propuesta que explora las posibilidades emancipatorias del indio desde la ficción literaria. Para realizar tal empresa, el crítico nos puntualiza tres vías que dirigen su lectura: "la pasión insurreccional", la particularidad andina y el universo socialista" (10). Estas tres aristas desde donde se pretende leer los textos indigenistas no son para nada mecánicas, al contrario. Respecto al horizonte socialista, se toma la dimensión moderna de igualdad como factor que distribuye las condiciones materiales de vida por una sociedad con menores antagonismos. Sobre el componente andino, se diría que es el marco diegético de los textos analizados, y a la vez interpela al lector respecto de los modos posibles de emancipación que persigue el indio. Y finalmente, la pasión insurreccional es el engranaje que unifica a ambas partes, tanto el factor étnico, pero con una dimensión más universalista de sus luchas, evitando recaer en el resentimiento con los terratenientes o gamonales. Los objetivos que se persigue con esta triada es establecer los límites y posibilidades de vehiculizar un proyecto socialista desde América Latina, potencializado por el papel del indio dentro de ese proyecto de emancipación que está en marcha aún. Veamos ahora, con mayor detenimiento, el concepto de despojo que mencionamos al empezar, el cual nos ayudará a clarificar algunas cuestiones.

Juan Carlos Ubilluz nos menciona que la propuesta del despojo que se inscribe en la narrativa indigenista es el puente que conecta la dimensión subjetiva del lector con su dimensión política. Es decir, al producirse una rabia en el lector frente a las condiciones de opresión que sufre el indio dentro de la diégesis, se persigue un deseo de ver materializada una venganza y justicia por parte de este. Aquella rabia es un elemento causal importante para dar

marcha a su propuesta interpretativa, pues, como vemos, está conectada con la venganza y la justicia. Sin embargo, los entrecruces entre ambas son problemáticos, pues habría que instrumentalizar la venganza y desanudarla del goce si lo que buscamos es un deseo de emancipación real del indio, pues de lo contrario se caería en una pulsión (es decir, en repetición que impide conseguir el deseo, posponiendo a este último indefinidamente) violenta dirigida a los perpetradores, con lo cual se perdería por *knock out* si lo que se busca es una justicia real frente al abuso de los terratenientes y gamonales. Ahora bien, como vamos notando, no se trata de que esto se consiga de "buenas maneras", sino que también implica el papel de la venganza como factor que reestablece las cuentas pendientes en una redención violenta, muy afín a los alzamientos andinos o a los preceptos del marxismo ortodoxo, como señala el autor. En este punto se juegan posiciones ideológico-políticas claves, pues habría que comprender el papel que desempeña la violencia para conseguir un horizonte social y políticamente distinto del presente, por medio de un socialismo que tomaría en cuenta el estatuto andino para concretar esa revolución por venir.

Respecto del libro *La venganza del indio*, el corpus analítico está compuesto en cuatro partes importantes. En la primera, el crítico analiza *La venganza del cóndor*, cuentario de Ventura García Calderón, centrando su pesquisa en el cuento que lleva el mismo nombre del libro. Desde una interpretación por lo real, el meollo de la narración es la incertidumbre que se crea al final del relato, pues se problematiza cuáles son las posibles muertes del capitán González, al momento de subir a las alturas de un cerro. La muerte no es representada, con lo cual el deseo de saber del narrador-personaje teje varias salidas: desde una venganza mítica, hasta una venganza social orientada hacia el hacendado, en las cuales se da movimiento a la rabia. En el segundo apartado, se aborda el libro de cuentos *Agua*, de José María Arguedas, en el cual lo más resaltante es la manera progresiva de representar el malestar de Ernesto (el narrador), frente a la dominación ejercida sobre los indios. Lo resaltante aquí es el movimiento que opera en los cuentos, transitando desde "Warma Kuyay" que tematiza el amor no correspondido por medio de una rabia personal, frente a un indio que es incapaz de reaccionar, pasando posteriormente por "Los escoleros", en donde ya hay una rabia frente al amo gamonal, hasta llegar al último cuento, "Agua", donde se logra conectar la rabia con el deseo de justicia en un proyecto de emancipación andino. En la penúltima sección, el crítico literario relocaliza el cuento "Calixto Garmendia", de Ciro Alegría, dentro su novela inconclusa *Lázaro*, proyecto narrativo de resonancias políticas afirmativas. Si en el cuento mencionado la rabia frente a la ineptitud de los aparatos estatales dirige a Calixto (personaje principal) hacia un deseo de venganza individual y, posteriormente, a un fracaso y muerte física, por el contrario, al insertar el cuento en la dimensión novelesca se asume que esos reclamos de justicia por parte de él van a permanecer incólumes en las generaciones futuras, pues los antago-

nismos permanecerán latentes. Finalmente, la última sección aborda el cuento "Juana la campa te vengará", de Carlos Eduardo Zavaleta, en el cual se pone en entredicho si verdaderamente el acto de venganza permitirá reestablecer la justicia social. En este relato, Juana aparentemente direcciona al lector hacia el deseo de venganza, pero posteriormente veremos que la dominación social se ejerce desde el Otro, en términos lacanianos. Es decir, desde el pensamiento y el lenguaje ya estamos colonizados por una ideología, en el caso específico del cuento, la colonial. En ese sentido, para invertir la dominación social y conseguir un proyecto de emancipación ético, se debe también reordenar el factor simbólico, pues es gracias al otro como se sostiene el poder simbólico del Otro.

La lectura que nos propone Juan Carlos Ubilluz en este libro nos permite saldar debates pendientes en la articulación entre literatura y política en el continente latinoamericano. A partir de los textos ficcionales indigenistas se busca reflexionar sobre un proyecto de emancipación radical que pueda conectar las demandas indígenas con un socialismo no-eurocéntrico, el cual debería tomar como base una liberación universal, sin caer en el juego pospolítico del paradigma identitario. Esperamos que este modelo interpretativo se ramifique en otras temáticas y se pueda rescatar lo potencial ético-político que opera en las ficciones literarias. Toda interpretación tiene un horizonte político, como nos recuerda Fredric Jameson, sin embargo, hay que pensar a la vez (siguiendo a Bruno Bosteels) en la lógica del desencuentro entre el marxismo y América Latina, cuya actualidad debe ser problematizada y replanteada en tiempos de crisis del capitalismo neoliberal.

Víctor Ramos Badillo
Universidad Nacional
Federico Villarreal

Antonio Cornejo Polar. *La formación de la tradición literaria en el Perú.* **Lima: Centro de Estudios Literarios Antonio Cornejo Polar/Latinoamericana Editores, 2017. Volumen 8 de** *Obras completas.* **166 pp.**

La producción crítica de Antonio Cornejo Polar (1936-1997) ha devenido en una obra de consulta obligada para quien se acerque a la literatura peruana y latinoamericana. El recorrido que testimonia su pensamiento literario, brillante y original, se fue desarrollando durante tres décadas (1964-1994) y ha sido recogido –casi en su totalidad– en sendos tomos de sus *Obras completas* que desde el año 2000 se han venido publicando.

La praxis literaria peruana siempre ha manifestado un mosaico de realidades que han sufrido complejos procesos históricos, interpretados con categorías como transculturación, hibridación, imbricación –considerando sólo las más afamadas– y que sirven hasta la actualidad para aproximarse al gran fenómeno de lo heterogéneo, lo plural o lo diverso de su carácter y naturaleza. La búsqueda de una explicación para esa realidad peruana, revisitando y revisando el pasado, no ha sido ajena a los estudios literarios

contemporáneos, liderados por el pensamiento de Antonio Cornejo Polar que se ha caracterizado por esa franca interdicción de la historia y no "sesgo historicista", permitiéndole producir novedosas categorías de interpretación del fenómeno literario en particular y de la vida peruana en general.

Muchos son los tópicos que el crítico ha revisado y le fueron útiles para elaborar, a lo largo de su trayectoria intelectual, sus tesis de los tres sistemas literarios (culto, popular e indígena), la totalidad contradictoria, el sujeto migrante y la oralidad de nuestra cultura. Su reflexión se originó en los conflictos venidos desde los confines lingüísticos originarios, la dominación española colonial y la gesta republicana hispanizante y occidentalizada. La diversidad de ritos, mitos, tradiciones orales, leyendas y demás comportamientos socioculturales o formas literarias, para el eminente crítico "venían desde muy lejos", parafraseando a Pablo Neruda cuando se refirió a la poesía de Enrique Huaco en *Piel del tiempo.*

Algunos de sus libros, como el que reseñamos, han sido considerados clásicos en el proceso de reflexión literaria en nuestro país. *La formación de la tradición literaria en el Perú* fue escrito en la cruenta y violenta década del 80, en la que también se consideran imprescindibles *Sobre literatura y crítica latinoamericanas* (1982) y *La novela peruana: trece estudios* (1988). A estos, en la ruta de los clásicos, se pueden sumar algunos escritos anteriormente: *Discurso en loor de la poesía: estudio y edición* (1964), *Los universos narrativos de José María*

Arguedas (1973) y uno posterior, final y trascendente: *Escribir en el aire* (1994).

En la primera edición de *La formación de la tradición literaria en el Perú* hecha en 1989, los editores estaban convencidos de que este trabajo marcaba "un decisivo cambio de rumbo en la manera de concebir y hacer historia de la literatura en el Perú". Mientras, el autor señalaba su origen en unas conferencias dictadas a partir del año 1983 y en una nota al pie de página justificaba la inserción del Apéndice, escrito un año antes (mayo de 1982) y redondea la organicidad establecida hasta el quinto capítulo y que, *grosso modo*, en el sexto se abre hacia una incitante propuesta crítica: la existencia de una nueva tradición literaria vista desde lo popular y lo indígena, contraponiendo al concepto de pluralidad el de totalidad.

Este libro, producido hace tres décadas exactamente, tiene en José Carlos Mariátegui su antecedente espiritual, porque la concepción crítica de ACP, "obedece a preocupaciones de filósofo, de político o de moralista", y su concepción estética también "se unimisma, en la intimidad de mi (su) conciencia con mis (sus) concepciones morales, políticas y religiosas", tal como el Amauta confiesa en el "Testimonio de parte" que inicia su ensayo *El proceso de la literatura* de 1928. Además, el crítico literario retoma la idea del "colonialismo supérstite" para desarrollar algunos tópicos y emparentar historia y literatura, desde una perspectiva ideológica, analizando originalmente cómo lo histórico se expresa en la literatura peruana del XIX.

El concepto inaugural de tradición que desarrolla Cornejo Polar ya lo utilizó en su reflexión sobre el yaraví melgariano. El que aplica en este libro parece venir de distintos enfoques, pero dialoga también con otros conceptos similares o parecidos, como el de Antón Popovic o el de Eric Hobsbawm. Esta relación habrá de provocar posteriormente una nueva agenda de reflexión acerca de la pertinencia del concepto de tradición en la elaboración de las historiografías literarias o de los cánones literarios peruanos, considerando que toda tradición es abierta, amplia y diversa.

Algunos especialistas, conocedores de la obra cornejiana, consideran que el texto está muy inspirado en el crítico brasileño Antonio Cándido, en cuanto se interesa por la formación de la tradición y como ésta sirve para el futuro. En el caso peruano, Cornejo afirma que la república intentó ser cancelatoria y la tradición le importó poco, porque no tuvo una conciencia histórica. Por eso, en la literatura peruana del siglo XIX se expresa lo histórico, muy a pesar de que los literatos se esfuerzan por "inventar" su tradición y construir su proyecto literario futuro.

Este tomo VIII de las *Obras completas* viene con un prefacio del poeta y crítico Raúl Bueno Chávez y un prólogo de la profesora española Eva Valero Juan. Ambos realizan una revisión exhaustiva de la trascendencia de estas ideas cornejianas publicadas por primera vez en mayo del año 1989, e incitan a una valoración no solo retrospectiva, sino más bien prospectiva y teleológica, en relación con el contexto actual.

La trayectoria intelectual de Cornejo Polar es calificada en el Prólogo de la profesora Eva Valero como "apasionada, de gran agudeza crítica, solidez argumental, lenguaje esclarecedor y 'compromiso comprometido' por las hondas raíces políticas y sociales de su proyecto crítico e historiográfico". Mientras que el mayor mérito de su pensamiento literario en este libro es, según el Prefacio de Raúl Bueno, "desenganchar de lo sólido y estable el carro del proceso de la literatura peruana y engancharlo en una historia cambiante y fluida que recompone el pasado para ajustarlo a un presente de conveniencia, cuando las intenciones no son justas, o de necesidad, cuando se apunta a reivindicaciones históricas que obedecen a criterios de origen, etnicidad, clase, ideología o formación".

El propio autor, en la parte final de la Introducción del libro, considera que, en los intersticios abigarrados de la tradición, quizás se transparente el más inteligible y permeable concepto de nación que nos permita "una manera de comprender, hacer y soñar el espacio y la historia de la patria", y así poder acercarnos al futuro nacional, integrador y realizable.

En este sentido, coincido con Raúl Bueno, y pienso que el legado mariateguiano es inspirador de buena parte de este libro que se centra en la primigenia concepción del Amauta sobre el problema de lo nacional en nuestra literatura: "la idea de nación es ideológica y de allí se trasvasa a lo literario" y que "todo nacionalismo es político y no estético en toda historiografía literaria", puesto que en ésta, el concepto de literatura nacional "no es intemporal ni demasiado concreto, no traduce una realidad mensurable e idéntica", sino más bien parece deambular en el aire y también en el suelo de todas las patrias que la engendran, cobijan y modifican, en beneficio de esa "totalidad nacional", ansiosa de justicia y desarrollo.

En el primer capítulo, ACP examina el costumbrismo desde su representación de la "cotidianeidad del presente", desprendida del pasado inmediato independentista y orientada al futuro inminente republicano que en su horizonte principal trata de vincular solo la colonia a la nueva república y no al incario ancestral. Por eso caracteriza a la literatura costumbrista como una literatura sin historia ni tradición, dado su desmedido afán presentista y su asunción de la lengua española solo con las manchas étnicas y sociales de los criollos ya independizados y ahora republicanos.

En el segundo capítulo reconfigura la valoración de Ricardo Palma, quien, sin querer o queriéndolo, entre irónico y ambiguo, al literaturizar la vida colonial contribuyó al continuum de la herencia colonial, pero ya como peruana. El capítulo tercero es una demostración de lo que Mariátegui llamó el "colonialismo supérstite" y ACP rebautiza como "desvío hispanista", concentrándose en el análisis del pensamiento de José de la Riva Agüero, la figura de Garcilaso y la poesía de Chocano. Este último expresa en su poema *Blasón*, no un "orgullo mestizo", sino un "doble aristocratismo", encubierto en las figuras del inca y el conquistador: de un lado, la nobleza imperial incaica y del otro, la nobleza virreinal hispánica.

En el capítulo siguiente llega a los finales del siglo XIX y los albores del XX. Su estudio de la modernidad literaria que, después de la guerra con Chile, busca combatir el 'tradicionalismo palmiano', se centra en Manuel González Prada y su culto positivista al Progreso, la Razón y la Ciencia que lo lleva a impulsar un "programa internacionalizador y modernizante" para vencer la tradición hispanista y sus manifestaciones nacionales. Este deseo de ruptura y forja de otra tradición literaria nacional, según el crítico, terminó derrotado, al igual que el indianismo romántico y su reclamo de la herencia prehispánica que deberá esperar hasta el advenimiento del primer indigenismo representado en las novelas *Aves sin nido* (1889) y *Herencia* (1895) de la escritora cusqueña Clorinda Matto de Turner.

En el capítulo cuarto observa el tránsito de los brotes indianistas hacia la modernidad. En primer lugar, vincula la reivindicación de la colonia hecha por Palma con el hispanismo de Riva Agüero. Luego se centra en el apetito de modernidad de Manuel González Prada y la polémica con Ricardo Palma, debida a "un encono personal que obedeció a una incompatibilidad de sus proyectos nacionales, culturales y literarios" (94). Finalmente, analiza el indianismo del momento, calificándolo como romántico, arcaizante, idealista, conciliador y casi enemigo del primer indigenismo que empezó a denunciar la creciente explotación de la raza indígena y postular la urgencia de integrar al pueblo indio a

la nación, desde una perspectiva ético-pedagógica.

En el siguiente capítulo, el más complejo y vibrante de todos, plantea el surgimiento de una nueva tradición, a partir de la insurgencia de un nuevo sujeto social mesocrático que se va a identificar principalmente con el nacionalismo y la modernidad. A continuación, revalora el rol trascendente de Luis Alberto Sánchez en la liquidación de la historiografía literaria hispanista y la incorporación de lo prehispánico en la historia de la literatura peruana. Revisa luego la aparición de las primeras traducciones de poesía quechua y destaca el pensamiento de Mariátegui como el inaugurador de una perspectiva nueva de concebir el Perú, así como su enorme influencia en la producción indigenista. El capítulo se cierra con una interesante valoración del cosmopolitismo mariateguiano y el indigenismo, a fin de considerar como "otra modernidad" la fusión de lo foráneo (cosmopolitismo europeísta) con lo nativo (derrotero indigenista), dando pie al surgimiento de un "cosmopolitismo vanguardista", es decir, una modernidad de nuevo cuño, anclada en lo nacional y en lo indígena, y expresada en la poesía de César Vallejo, la reflexión de José Carlos Mariátegui y las novelas de José María Arguedas que nos enseñan a construir, a la vez, una nación antiquísima y modernísima.

En el último capítulo, el más novedoso, trata de la tradición literaria indígena y de la popular, a las que considera "tradiciones marginales", dado que la literatura peruana solo ha construido su imagen histórica desde un único sistema, el culto o ilustrado. En el Apéndice, que cierra el libro y parece la parte que lo signa y simboliza, desarrolla la hipótesis más original de su pensamiento respecto de la literatura nacional peruana: "totalidad contradictoria".

En este singular apartado, a la manera de una breve evolución histórica, define la literatura peruana inicial como hispánica y luego como mestiza, pero en esta etapa percibe una crisis que afecta a la "unidad" nacional, teniendo en cuenta los yaravíes melgarianos. Estos son algo más que una triste canción de amor (romántica), o una praxis exclusivamente regional o de provincia, puesto que se constituyen en una forma poética popular, emparentada con el término "harawi", alterno de "poesía", o el nombre dado a su practicante, "haravicus", alterno de poeta.

La doble propuesta de Mariátegui: a) "la literatura peruana tiene un carácter no orgánicamente nacional" y b) "una periodización pertinente de su desarrollo literario debe contemplar lo colonial, cosmopolita y nacional", es vista como una nueva opción que permite entender el carácter y el proceso de la literatura peruana, en función de su corpus que exhibe un campo de contradicciones, donde "se sobreponen y combaten diversas fuerzas literarias", provenientes de tiempos históricos distintos. Esto le permite afirmar que nuestra literatura es plural, porque en ella coexisten, desde una perspectiva histórica, varias literaturas peruanas.

La consideración sobre la literatura de la conquista, desde las "versiones de los vencidos", como un producto disgregado y heteróclito, resulta de su aproximación a las crónicas –indefinido, vario e infinito hipertexto testimonial, producido preferentemente entre los siglos XVI- XVII– que nos informan de los acontecimientos ocurridos en esos momentos cruciales para ambas civilizaciones en conflicto, y nos han descrito desde distintos puntos de vista, los encuentros y desencuentros de los procesos de ruptura e instalación de dichos horizontes.

En este hipertexto, los estudiosos han encontrado una fuente cuasi inagotable de la inaugural explicación, comprensión o interpretación, no solo de los imaginarios en pugna, sino de los eventos centrales o capitales que han permitido una "entrada" transhistórica, a fin de relacionar racionalmente la vida antigua con la vida contemporánea nacional. En el caso de Antonio Cornejo Polar, estas le sirvieron para estudiar los momentos de la conquista y analizar las versiones y discursos sobre la muerte de Atawalpa. Acontecimiento que se mantuvo en el imaginario y en la producción literaria por más de dos siglos, y no sólo en obras teatrales o dramas, sino en una especie de lírica elegiaca que empezó a escribirse casi inmediatamente después de la captura del inca y la caída de su imperio.

El fatídico episodio no sólo formó parte de la memoria oral, sino que su literaturización a lo largo de la historia del pueblo indígena, se convirtió en tema recurrente y tradicional, ligado al dolor o la gran pérdida del hijo del Sol, así como al trágico desencuentro entre culturas diferentes: una oral, la otra escrita. La interrupción del horizonte cultural inca o quechua con la conquista española, así como la instalación paulatina, cuando no violenta o negociada, del nuevo horizonte cultural castellano, distinto y ajeno, e identificado posteriormente como hispánico y en el marco global de lo europeo u occidental, es una constante línea de estudio del pensamiento histórico peruano contemporáneo, al que ACP se vincula en ese extraordinario estudio sobre literatura y cultura andinas, *Escribir en el aire*, que corresponde al volumen III de sus *Obras completas*.

En suma, el libro recoge un original y sistemático análisis del proceso de la literatura peruana, a través de una serie de distintos hechos literarios emblemáticos de la época republicana que sirvieron para construir una valoración crítica unitaria y homogénea, desconociendo y negando que la literatura nacional peruana es como la realidad peruana misma: múltiple, plural y heteróclita, resultado de transformaciones impuestas, negociaciones violentas y resistencias estridentes o pasivas que han dispersado una serie de elementos, conservado otros y desaparecido algunos que, en opinión de Antonio Cornejo Polar, se resume en su ser como una "totalidad contradictoria" que aguarda la resolución de sus contradicciones y pueda convertirse en una "totalidad nacional", fruto de una "justicia fraternal e integradora".

José Gabriel Valdivia Álvarez
Universidad Nacional
de San Agustín de Arequipa